U0111209

三聯學術文庫

重 塑 中 華

近 代 中 國 「 中 華 民 族 」 觀 念 研 究

黃 興 濤 ／ 著

JPC

出版說明

　　上世紀八十年代以來的中文學術出版，從以譯介西方學術和思想精華為主，逐漸發展至開掘本土學術資源與引進世界級學術成果並重。在過去三十年間，學科體系漸趨完備，中文原創學術作品與論述體系已成規模，學術出版也因此而獲得源源不斷的知識資源。

　　三聯書店素負有「傳播新銳思想、弘揚中國文化」的使命，自三十餘年前便開始出版不少學術系列叢書，如「近代中國學術名著叢書」、「三聯精選・學術系列」、「西方文化叢書」等。當時的出版風格已相當超前，不拘囿於學科界限，為我們今天的學術出版打下了堅實的基礎。在中西文化交匯、多元學術價值並存的今日之香港，傳承和發揚這一獨特的出版傳統，並使之在與外部世界的對話中迸發出新的火花，是我們的使命，更是夙願。

　　「三聯學術文庫」正是為發揚這一傳統而新設立的開放、多元、自由的學術出版平台。文庫收入人文與社會科學領域的海內外中青年學者以中文寫作、富有學術創見的原創專著，每年分輯推出。作品需交由學術專家評審通過，並符合學術規範，方可入選。文庫以嚴格的標準接納多元思維，尤其強調作品能夠體現新

視角、新見解或是新的研究方法。

學術研究對於世界的意義，從來不限於在經濟、社會及文化上提供量化的價值。儘管世界在急遽變化，思想卻愈需要空間去沉澱。學術研究是複雜且糾結、漫長且孤獨的過程，我們願一如既往，鼓勵和襄助海內外優秀學者，將他們歷經多年思考與積澱的論述，以樸實而典雅的形式，凝聚為充實而有光輝的著作，呈現於讀者面前，真正實現以學術出版引領社會思潮。我們期待海內外學人不吝賜稿、充實文庫，在當代學術史上劃下光亮的軌跡。

三聯書店（香港）有限公司編輯部

目錄

Table of Contents

Chapter Two: *The Republic and the Nation*

Chapter Three: *Symbolic Intensification and Deepening of the Consciousness of "the Chinese Nation"*

Conclusion: *Rethinking the Characteristics of the Modern Nation*

Appendix: *Emotions, Ideas and Campaigns: The Historiography of Modern Chinese Nationalism* / 533

《新民叢報》第 5 號刊影

1902 年，梁啟超在《新民叢報》上連載〈論中國學術思想變遷之大勢〉一文，最早使用了「中華民族」一詞，指代漢族（載《新民叢報》第 5 號，第 62 頁）。1905 年，他又在該報第 65-66 號發表〈歷史上中國民族之觀察〉一文，以漢族之義七次使用「中華民族」一詞，成為自覺書寫「中華民族」之史的先驅。

《中國新報》刊影

1907 年，楊度在立憲派喉舌《中國新報》上發表〈金鐵主義說〉一文，較早倡導「五族大同」，並開始大體在國內各民族整體意義上，嘗試使用現代中華民族概念。

《大同報》創刊號刊影

1907 年 6 月，清宗室恆鈞、滿人烏澤聲等滿蒙旗人在東京創辦《大同報》（東京編輯、北京發行），主張君主立憲、開國會，致力於「滿漢人民平等、統合滿、漢、蒙、回、藏為一大國民」，揭開了中國國內各民族現代意義上的一體化運動之先聲。

孫中山

從 1919 年起，孫中山明確倡導應以「大熔爐」為特色的美利堅民族為榜樣，對於中國現存各民族，「努力於文化及精神之調洽」，積極建設以「國族」為政治基礎的「一大中華民族」，產生了複雜而深遠的影響。

1912 年 5 月，袁世凱授意姚錫光等成立的「五族國民合進會」《會啟》封面及首頁。中國人民大學圖書館藏有線裝小冊。

辛亥革命爆發後，基於「五族共和」理念建立起來的中華民國的領導者們，很快意識到國內各民族實現一體化，即「大同」與「合進」的必要性與緊迫性。臨時大總統孫中山迅速批准黃興等發起組建「中華民族大同會」，可謂前驅先路；繼任的總統袁世凱，也很快授意成立聲勢浩大的「五族國民合進會」，強調各族本來「同源共祖」，當取長補短，「舉滿、蒙、回、藏、漢五族國民合一爐以冶之，成為一大民族」，具有標誌意義。可以說民國建立後，現代中華民族觀念才得以真正確立，但其真正廣泛傳播開來，則是在 20 世紀 20 年代初期之後。

1928 年由上海愛文書局出版的《中華民族小史》書影

常乃惪（字燕生）為青年黨核心人物之一，是最早基於現代中華民族觀念撰寫並出版中華民族史專著、系統闡發有關認知的學者。

該書是在其著作《中國史鳥瞰：中華民族之構成及發展》（第 1 冊）基礎上修改而成，對傳播現代中華民族觀念發揮了積極作用。

1943 年由正中書局出版的《中國之命運》一書書影

從 1942 年起，蔣介石開始明確闡發其以「宗族論」為基礎的單一性「中華民族」觀，公開否認國內各民族為「民族」，而稱之為「宗族」。《中國之命運》一書將此一觀點系統發揮，一時影響很廣，但也遭到多方批判。此論公開傳播時間僅四年，1946 年國民制憲大會期間，蔣氏即已被迫將其放棄。因此，若以此論概括民國時期國民黨民族政策的全部和主導型「中華民族」觀念，似均有未妥之處。

（左）抗戰時期廣為傳唱的歌曲《中華民族的復興》（載《江西地方教育》1939 年第 159、160 期合刊）

（右）兒童馮穎達書法《中華民族不會亡》（載《兒童世界》1939 年第 42 卷第 5 期）

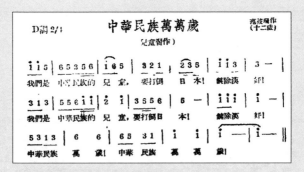

年僅 12 歲的兒童范筱珊所作歌曲《中華民族萬萬歲》（載《新音樂》雜誌 1941 年第 3 卷第 5 期「新人曲選」欄）

我前方忠勇的抗戰將士們：

你們現正在着戈浴血，和我們的敵人日本帝國主義者作殊死戰。你們以血肉之軀集成了堅強的長城，以百折不撓打碎了敵人的迷夢，你們的精神是何等偉大。你們的功勛將與日月河山而共垂不朽！代表著蒙藏回各族同胞，向你們致最真誠的敬意。

日本帝國主義者懷抱「欲征服中國」的幻想，其處心積慮，便以滅「我國家」，滅「我民族」，為其傳統政策，對我經濟文化及各項建設的肆意摧殘，對我壯丁青年的大量屠殺，所以我們為保障整個國家民族兒窩起見，便以滅亡我的生命，為其生命，對我殘酷之手段，絕滅我種族與的種子，可為他這種殘暴政策的證明。

蒙藏回族慰勞抗戰將士團敬告全國抗戰將士書

1938 年〈蒙藏回族慰勞抗戰將士團敬告全國抗戰將士書〉

1938 年 4 月，蒙古代表巴文峻、達密琳多爾濟等，藏族代表貢覺仲尼、羅桑堅贊等，新疆回族代表堯樂博士、麥斯武德、艾沙等組成「蒙藏回族慰勞抗戰將士團」，並發佈〈告全國同胞書〉和〈敬告全國抗戰將士書〉，宣稱國內各族「同為組成中華民族的份子」，「存亡與共，相依為命」，並高呼「中華民族萬歲！」此圖為〈敬告全國抗戰將士書〉（載《蒙藏月報》1938 年第 2 期）。

1938 年〈康藏民眾代表慰勞前線將士書〉

1938 年夏，愛國藏族人士青攘呼圖克圖、貢嘎呼圖克圖、格桑澤仁、相子翁堆等發起組織「康藏民眾抗敵赴難宣傳團」和「西康民眾慰勞前線將士代表團」，趕赴重慶和各大戰區慰勞前線抗日將士。在〈康藏民眾代表慰勞前線將士書〉中，也表達了共同抗擊日寇、認同並保衛「中華民族」共同體也即「中華國族」的同胞深情（載《新華日報》1938 年 7 月 12 日）。

《解放日報》所載〈回回民族英雄、中華民族英雄馬本齋同志〉片段

1944年2月，回民支隊司令馬本齋去世，《解放日報》在1944年3月13日發表長文〈回回民族英雄、中華民族英雄馬本齋同志〉，敘述了他的生平事跡，強調了他屬於「中華民族」和「回族」這兩種大小民族身份，也表明了當時中共對「中華民族」觀念結構的理解。

毛澤東手書「起來，為中華民族的獨立自由而奮鬥到底」

1940年7月，毛澤東為《美洲華僑日報》創刊題詞：「起來，為中華民族的獨立自由而奮鬥到底」。這是對中華民族獨立和解放的期盼與呼喚。圖中可見當年毛澤東對「中華民族」的書寫及其內在激情。

「中華民族」：

近代國人民族自覺的新符號與新概念

「中華民族」是近代中國才出現的新名詞和新概念。它是 20
世紀初現代性民族意識和國家意識生成之後，特別是清王朝臨近
崩潰之際和最終覆亡之後，在中國逐漸產生發展起來的，具有政
治、社會文化符號意義的民族觀念凝結物。起初，「中華民族」一
度被用來指稱「漢族」，進入民國後，這一用法在一部分人那裡
也仍然有所延續。但與此同時或稍後，指稱中國國內包括漢族和
其他各族人民在內的大民族共同體之「中華民族」概念用法，
也逐漸傳播開來並日益強勢，最終於 20 世紀 20 年代之後特別是
「九一八事變」之後，成為主導國內政治輿論的「中華民族」概念
之流行用法。這後一種主導型、符號化的「中華民族」概念，明
確強調中國境內各族人民作為國民或公民的平等身份，他們由歷
史延續下來的政治、經濟、文化乃至泛血緣聯繫的特殊性及其強
化趨勢，以及依託在新的現代共和國家形式上的民族共同體之整
體性和統一性，包括各族人民擺脫帝國主義列強侵略、實現全民
族獨立和現代化發展的共同命運。筆者將這一主導型「中華民族」
概念所直接傳導和涵括的族類認同意識，及其運用展開的民族一
體化理念和信念等，稱之為現代中華民族觀念。[1]

1　此種主導型「現代中華民族觀念」，與那種只把漢族視為「中華民族」的非主導型中
　　華民族觀念可以區別開來。而筆者將主導型和非主導型兩者都包括在內的那種觀念形
　　態，一般稱之為「『中華民族』觀念」。這裡，稱「觀念」而不使用概念史方法中常
　　用的「概念」，則是鑒於漢語中的「概念」一詞內涵較為狹窄，似無法充分涵括運用
　　主導型「中華民族」概念所直接傳達的理念、信念與命運感知等認同性觀念的廣闊內
　　容之故。

現代中華民族觀念，主要由複合性中華民族和單一性中華民族這兩種觀念形態，以及處於兩者之間的各種含混觀念形態所構成——這些具體的觀念形態間彼此纏繞，相互滲透和作用。就其生成和發展機制而言，現代中華民族觀念一直伴隨著中西思想的遇合與古今因素的交匯，體現著民族和國家的糾結與互動；就其主體的自我感知與認同來說，則又始終包含著情感和理智的衝突與融合，見證著理想和現實的矛盾與調適。作為一種思想史現象和社會文化史現象，此一重要而複雜的觀念，不能不對中國近代史的研究者產生強烈的吸引力。

現代中華民族觀念的形成與演變、思想論證和社會接受，凝聚著作為現代國民的中國人之整體認同的政治文化底蘊與時代精神走向，它不僅強烈影響了 20 世紀以來中國的歷史進程，還將繼續影響其未來的發展。考察該觀念在 20 世紀前半期中國的萌生、內涵的演變以及它廣泛傳播開來的符號化過程，揭示和分析其社會認同的歷史情形、特點及其功能，也即探討清末民國時期現代中華民族認同的觀念變遷史之核心部分，筆者以為當屬於中國近代政治思想史和社會文化史研究所不容忽視的重要課題。[2]

早在 20 世紀 80 年代，費孝通先生曾從民族學角度提出「從『自在』到『自覺』」的中華民族認識論，強調「中華民族作為一個自覺的民族實體，是近百年來中國和西方列強對抗中出現

2　筆者甚至以為，對一個具有強烈復興意識的民族來說，輕忽對其自身現代認同歷史的深入研究，不啻是缺乏歷史感的表現，也終將被證明是真正缺乏遠見的。

的，但作為一個自在的民族實體，則是幾千年的歷史過程所形成的」。[3] 這一具有創發性的著名論斷，對我們認知清末民國時期現代中華民族觀念的形成、演變及其社會認同的意涵，具有直接的啟發和反思價值。無疑地，此一「自覺」的實現不僅包含著民族因素得以延續的意義，也內蘊著某種現代性的政治轉換之義。從某種意義上說，「自覺」同時也意味著一種「重塑」、一種「再造」。因為現代「民族」一詞所指代的，就是一個帶有強烈政治意蘊的新概念。正是經由現代政治啟蒙和國家意識所引發的現代民族自覺，古老的中國人才最終得以自立於現代世界民族之林。因此也可以說，從長期歷史積澱而成的「自在」中國人，到清末民國「自覺」[4] 的中華民族演化過程，同時也是一個從「傳統」到「現代」的發展過程。當然，這裡所謂傳統和現代，又都包含著中國自身有別於西方的歷史文化特徵。

那麼，清朝到民國，「自在」的中國人與「自覺」的中華民族之間，或者說人們通常所言的傳統中華民族和現代的中華民族之間，究竟有何區別呢？

筆者以為，其中最為重要的區別就在於，除了兩者的構成成分仍有歷史演變之外，其成員一則為「臣民」或「藩民」，一則為「國民」或「公民」，也是根本的不同。即便是在清朝鼎盛的康乾

---

3 見費孝通：《中華民族多元一體格局》，北京：中央民族學院出版社 1989 年版，第 1 頁。

4 雖然不少中國國內學者像費孝通先生那樣強調「自在」的中華民族形成是幾千年歷史發展的結果，但究竟其何時得以最終形成，目前學界意見仍有分歧，其中至清朝鼎盛期即康乾盛世時期大體形成或根本奠定說，似較有說服力。

盛世時期，現在通常所說的中華民族之主要民族構成成分和領土範圍已基本奠定的階段，也仍然存在著這種與現代「自覺體」民族之間的明顯差別。那時，國人對於其彼此之間已然不同程度存在、並不斷得到發展和加強的各種聯繫和一體性趨勢，還缺乏自覺認識的各種條件（包括西方外來民族入侵的打擊與強烈主權刺激、自身現代國家體制的建立，以及逐漸發達的交通、通訊和出版印刷等現代媒體條件）；對於共同的利益安危，在感情上還缺乏強烈體認的可能，更不用說具備內外「主權」等現代權利意識了。在交往上，也存在著語言溝通等方面的更多隔閡，等等。而在清末與民國時期，上述諸情形則基本都得到了程度不同的改變，即便在語言溝通上、現代媒體和通訊條件上，也有了相當的改善。尤其值得注意的是，此期基於各民族間新的全方位「一體性」的強烈體認，還形成了一個共同擁有、廣泛認同的大民族共同體的總符號或總名稱——「中華民族」。

這樣一個大民族共同體「自覺化」的過程，自然是一種全方位、多層次，內涵極其豐富複雜的現代民族認同運動。但如果只從思想觀念史的角度來看，它則首先表現為一種現代中華民族觀念或意識生成、演化和不斷強化深化的歷史行程。就社會接受角度而言，也就是現代中華民族觀念從少數人的精英思想，到最終得到社會上廣泛認同的過程。這是一個誰也無法漠視和否認的重要歷史行程。但在過去很長時間裡，由於種種原因，這一過程曾為中國近現代思想史界所忽略，也是民族學、人類學等其他領域

學者以往重視不夠、探索不足的領域和課題。[5]

關於現代「民族意識或觀念」，民族學界的認識雖還存在一定分歧，但一般認為，它大體包括兩個方面的內容，即：（一）人民對於自己歸屬於某個民族實體的意識；（二）在不同民族交往的關係中，人們對本民族生存、發展、權利、榮辱、得失、安危、利害等等的認識、關切和維護。[6] 如果以此為依據，那麼現代中華民族意識或觀念，也就主要由認同「中華民族」這個一體化的大民族共同體，關切其共同的安危榮辱，維護其權利尊嚴，以擺脫外來欺壓、實現獨立解放和現代發展兩方面的內容構成。而其中，又顯然以前者作為前提和基礎。

這裡，筆者想強調或補充的是，在「人民對於自己歸屬於某個民族實體的意識」中，不僅包括對於同一個民族符號或命名稱謂的標舉和認同，而且這一點在其中還理應居於十分特殊的地位。甚至可以說，它乃是現代民族自覺最為突出的標誌之一。因此，作為華人現代族群認同的標舉符號或核心稱謂，「中華民族」

5　2001 年筆者開始發表這方面的有關成果時，國內前期的專題研究，主要有陳連開先生的〈中國・華夷・蕃漢・中華・中華民族〉一文（1988 年 12 月完成，收入其論文集《中華民族研究初探》，知識出版社 1994 年版），徐迅的《民族主義》（中國社會科學出版社 1998 年版）一書中的第六章〈中國民族主義問題〉等。費孝通、史式、馬戎主編的有關著作的相關章節，也涉及到這一問題。很長時間裡，學術界對近代中國「民族主義」思潮的研究較多，對它最為典型的具體形態之一的「中華民族」一體獨立與發展的現代觀念，卻較為忽略。這些年，國內情況發生了一些變化，有了新的相關成果問世，筆者將會在後文提到。

6　參見馬戎、周星主編：《中華民族凝聚力形成與發展》，北京大學出版社 1999 年版，第 58 頁。此種觀點可以熊錫元先生為代表。

一詞究竟何時出現？何時開始具有現在的主導型內涵？又在何時成為人們口耳相傳、共知共鑒和共享共愛的常用名詞和概念，其內涵的異同、互動融合及其背後的民族觀依據又如何等等問題，也就成為認知現代中華民族觀念或意識不容忽視的重要內容。對於上述問題，學界的各個學科均已有過程度不同、視角有異的研究，但對於「中華民族」概念及運用這一概念所直接表達的認同觀念之整個近代歷史，其孕育、萌芽和形成，內涵的演化與變異，歷史因緣、民族觀依據，以及民國時期國人的認同情形等等，總體說來，曾長期缺乏既精細深入又全面系統的歷史探討，在筆者探索該問題之初，就更是如此。這些年，此種情況應當說已經得到一定程度的改變，又出現了一些相關成果，[7] 有的還相當出色，但仍然存在可以進一步拓展深化的學術空間。

　　本著樸實梳理、求真探索的精神，筆者擬對近代中國的「中華民族」觀念問題，作一整體的歷時性考察，並給予那些為這一觀念的形成、傳播、演化發揮過作用的人們及其相關「文本」，以一種歷史的彰顯和揭示。在我看來，一種廣泛流傳的思想觀念或思潮發展史的真正富有歷史感的研究，是應該同該思想或思潮

7　代表性的論著，如高翠蓮的《清末民國時期中華民族自覺進程研究》（中央民族大學出版社 2007 年版）；劉超的〈現代中華民族觀念的形成 ── 以清末民國時期中學中國歷史教科書為中心〉（載《安徽史學》2007 年第 5 期）；中山大學文明超 2009 年的博士學位論文〈中華民族建構中的政治鬥爭：以中國共產黨為中心〉（肖濱教授指導）；楊思機 2010 年的博士學位論文〈指稱與實體：中國「少數民族」的生成與演變（1905-1949）〉（桑兵教授指導）；鄭信哲、周競紅主編《民族主義思潮與國族建構》（社會科學文獻出版社 2014 年版），以及土家族學者鄭大華關於「中華民族」觀念的系列新

的主要概念群，特別是其核心主題詞、標誌性符號的內涵演變、社會傳播與認同結合起來進行考察認知，才能得以實現的。尤其是像「中華民族」這樣具有政治符號意義、影響深遠，並帶有葛兆光先生所謂「一般思想史」特徵的思想概念及其以之為核心的一體認同觀念，就更是如此。[8] 筆者的探討，也正因此而特別重視圍繞「中華民族」概念符號這一線索來展開，也重視對各個時期體現或影響現代中華民族觀念的關鍵因素，如體制、政策、重要人物和重大政治事件的意義分析，相信這能有助於人們深入瞭解20世紀上半葉中華民族的現代塑造和自我認同的歷史進程。

在本書正式出版之際，還需要作出說明的是，筆者從事這一問題的研究斷斷續續已有15個年頭。2001年10月，在武漢召開的紀念辛亥革命九十週年的國際學術討論會上，筆者宣讀了〈「中華民族」觀念萌生與形成的歷史考察 —— 兼論辛亥革命與中華民族認同之關係〉一文（後發表在《浙江社會科學》2002年第1

論文等。特別是楊思機的學位論文從「少數民族」概念史的角度，較多地涉及該課題的內容，資料豐富、研究深入。此外，松本真澄、沈艾娣、費約翰、杜贊奇、雷博德等國外學者的相關研究，也值得關注。在本書中，筆者將會適度地參照和吸收這些成果，同時補充一些新發現的資料和論述，以使自己的研究內容能更趨系統、豐富和深化。

8　2003年時筆者曾強調：「同『民族主義』的理論形態相比，現代中華民族觀念顯然更具有『一般思想史』意義。」參見黃興濤：〈近代中國新名詞的思想史意義發微 —— 兼談對於「一般思想史」之認識〉，《開放時代》2003年第4期。

期），受到海內外不少同道的鼓勵，可以說正式「上道」。[9] 2002
年 2 月，筆者又在此基礎上擴充完成了近五萬字的〈民族自覺與
符號認同 ——「中華民族」觀念萌生與確立的歷史考察〉的長文，
發表於香港《中國社會科學評論》創刊號上。該刊主編鄧正來在
「編者按語」中特別強調，此文「改變了中華民族形成和發展研
究中重『自在的民族實體』而輕『自覺的民族實體』的偏向，這
一研究對於中華民族的獨立、統一和復興具有重要的意義」。這
一評論當然過譽了，記得當年筆者一見之下，曾很覺不安，但不
能不承認，此一鼓勵卻無疑增添了自己繼續深究該問題的動力。
2003 年底至 2004 年初，筆者應邀參加了程歗先生主持的一個關
於 20 世紀思想文化研究的課題，在他的敦促下，圍繞著原來的問
題，筆者利用在美國訪學的機會，繼續挖掘資料，最終完成了題
為《20 世紀上葉「中華民族」的現代認同 —— 一個觀念史的考察》
約 10 萬字的文稿，並將其中的一部分以〈清末民國時期「中華民
族」觀念認同性質論〉為題，發表在《北京檔案史料》2004 年第
2 期上。兩年之後，筆者還與王峰合作發表了〈民國時期「中華民
族復興」觀念之歷史考察〉一文（載《中國人民大學學報》2006
年第 3 期），這應當是學界最早討論這一問題的學術專論之一，

9　此文後收入中國史學會編的《辛亥革命與 20 世紀的中國》（中央文獻出版社 2002 年
　　版）和陳理、彭武麟主編的《中國近代民族史研究文選》（社會科學文獻出版社 2013
　　年版）。金沖及先生選編的紀念辛亥革命一百週年的《辛亥革命研究論文集》（生活·
　　讀書·新知三聯書店 2011 年版），也收錄了此文。這是筆者近年來最受關注的論文
　　之一，或可見此一主題本身的重要性。

從而大體構成了本書的雛形。另外,〈民族自覺與符號認同 ──「中華民族」觀念萌生與確立的歷史考察〉一文於 2006 年被收入郭雙林等主編的《中國近代史讀本》(北京大學出版社出版)時,徵得主編的同意,筆者又對該文內容有所增補。[10]

遺憾的是,2006 年之後幾年,由於其他課題和工作的牽扯,筆者無法繼續深入進行這一課題的研究,不得不整體上將其暫時放下。但搜集資料的工作卻一直沒有停止,有關的思考時斷時續,且又發表了幾篇相關論文。時間過得真快,轉眼又過去了 10 年,這次在友人的一再鼓勵和催促下,筆者終於集中精力,沿著最初的命題、思路和認知框架,發掘充實了新的思想資料,整體上修改和深化了以往的有關研究,並繼續增補了對一些問題的新探討,總算差強人意地完成了全書的寫作任務。

不過,長期拖延結題也有一個好處,那就是自己在不斷吸收新知識的過程中,對這一問題的認知水平也會逐步有所提高。這些年,通過涉獵「新文化史」,筆者還是豐富和深化了對現代中華民族觀念及有關認同的認識。在研究方法上,自己也愈來愈強烈地意識到,應將傳統精英思想史同「新文化史」的某些長處結合起來,不僅要注意對上層精英重要思想文本進行解讀,還應當重視呈現其有關思想觀念通過各種政黨意識形態、政治符號和文

---

10 2010 年,馬戎教授將此文選入《民族社會學研究通訊》第 67 期,2014 年許紀霖教授將其選入《現代中國思想史論》(上海人民出版社同年出版),就都是採用的這一增補本。

化媒介，以實現上下互動的那些歷史面向。[11] 具體到近代中國「中華民族」觀念及其接受史的研究來說，就是希望在較為清晰地揭示該一般思想觀念演變過程的同時，還能夠盡量多地去把握和反映一點其不同階段的傳播途徑、社會化認同等方面的內容。實際上，筆者有關現代中華民族觀念及其社會化的研究本身，不過是以傳統的精英思想史為其骨骼，同時又藉助了「新文化史」的某些做法，如概念史、話語符號的實例分析等形式，以力圖豐滿其論述血肉、彰顯其思想呈現的語境，並活其經絡而已。

　　但願這本小書，對於人們具體深入地瞭解和理解近代史上的「中華民族」觀念及其社會化過程，豐富和深化對於這一時期的民族問題、民族主義、民族關係以及其他一些相關思想觀念問題的認知，能夠有所助益。

---

11 2007 年，筆者談到文化史研究方法時，曾強調：「即使從策略上講，現在更為迫切的，或者說更具有方法論意義的，也應該是那些直接以上下層文化溝通為目標的研究實踐。以我自己正在進行的『現代中華民族觀念認同』研究為例，它究竟是怎樣由典型的精英觀念轉化為普通民眾的社會文化意識的？這個問題就極其重要，而我至今仍沒有能力很好地完成它。」見黃興濤：〈文化史研究的省思〉，《史學史研究》2007 年第 3 期。

第一章

清代中國「中華民族」觀念的醞釀

「中華民族」由「中華」與「民族」兩詞組合而成，作為一種觀念，它的形成既同古老的「中國」、「中華」和「中國人」概念之內涵及其認同在清朝的延續與演變密不可分，也與外來的現代「民族」概念於此期被吸納與運用，存在著直接的關聯。這就決定了本書的探討，首先必須要著眼於清朝滿人的「中國認同」、中西的有關認知與認同的互動，以及現代「民族」概念在中國的最早形成和傳播運用等諸如此類的問題。

清代是中國歷史上各主要民族大規模碰撞與空前融合的時期，也是中國與主導「現代世界體系」的西方列強直接接觸、衝突並深受其影響的時代，這些都為現代中華民族觀念的孕育創造了必要的歷史條件。

一、延續與轉換：從清朝滿人的「中國認同」說起

1.「中國」、「中華」及其歷史上的認同

作為古老的名詞與概念，「中國人」乃至更為基礎的「中國」、「中華」等，都無法只從清朝講起，它們的範圍、內涵經歷了漫長的延續與演化過程。據目前所知，最早的「中國」一詞，出現在周成王時青銅器《何尊》銘文上。其言曰：「惟武王既克大邑商，則廷告於天曰：余其宅茲中國，自茲乂民。」[1] 這裡的「中

1　馬承源：〈何尊銘文初釋〉，《文物》1976 年第 1 期，第 64-65 頁。

國」，一般認為指的是京師成周洛邑，也代指天命擁有王權的「天下」之核心。類似含義的「中國」，在《尚書》、《詩經》等經書中常可見到。

歷史上的「中國」，最初之義為「中央之城」，即周天子所居之王畿；後來又用來指稱「中原」，引申為中原王朝。其近義詞有「中土」、「中州」、「中夏」等等，經常與「四夷」相對使用，指稱「諸夏」即華夏族及其活動的地域。晚周以降，「中國」一詞還從地理中心、政治中心派生出文化中心的內涵。[2] 到兩漢前後，不僅作為覆蓋全國的專稱之「中國」用法已經出現，作為歷史上王朝國家通稱的「中國」用法，也開始形成。在這一過程中，傑出的歷史著作《史記》和《漢書》，發揮了不容忽視的巨大作用，尤其是司馬遷那部「究天人之際、通古今之變、成一家之言」的《史記》，不僅把「中國」用作與當時的「匈奴」等相對待的當下漢王朝國名的代稱，而且開始將「中國」作為「自古至漢」歷朝歷代共有的歷時性名稱，因為在他看來，此前生活在中國這塊土地上的各民族都是「黃帝子孫」，而堯、舜、禹、夏、商、周、秦、漢，乃是一系相連的王朝國家傳承序列，概括此一歷史，需要有一個能夠超越各具體朝代的貫通稱謂，而「中國」也就成為

2　最近，考古學者韓建業對商代晚期以前的考古資料進行梳理，系統論證指出史前時期存在一個「文化上的早期中國」，或者叫「早期中國文化圈」，認為這是中國「成為世界上唯一一個連續發展而從未中斷的文明古國」的重要基礎。這一觀點頗值得注意。見嚴文明：〈序〉，載韓建業：《早期中國：中國文化圈的形成和發展》，上海古籍出版社 2015 年版。

了他的自然之選。與此同時，「中國人」一詞也在《史記》中多次出現。正如有的學者所指出的：「在《建元以來侯者年表》中他歌頌漢使『中國一統』，在《天官書》中卻言『秦遂以兵滅六王，併中國』。…… 把『中國』作為歷朝歷代的通用國名，始於司馬遷，這對以後的歷史產生了重大影響。另外，司馬遷雖不把匈奴、西域看作『中國』，但卻也把其看作黃帝後裔，這對此後各族加入『中國』大家庭起了推動作用。」[3]

「中華」一詞，大體起源於魏晉時期，最初用於天文方面，乃是從「中國」和「華夏」兩個名稱中各取一字組成。從現有的文獻來看，「中華」一詞較早見於《晉書·天文志》。該志載《天文經星·中宮》之言曰：「東蕃四星，南第一星曰上相，其北，東陽門也；第二星曰次相，其北，中華東門也；…… 西蕃四星，南第一星曰上將，其北，西太陽門也；第二星曰次將，其北，中華西門也 …… 。」以「中華」來命名宮城的中間之門，兩旁之門分別以太陽、太陰名之，這在中國是很古老的習慣。正如有學者所清楚說明的：「陰和陽，古人常用以表示天和地，而天地之間，中國為大，所謂『中於天地者為中國』（揚雄：《法言·問道》）。然中國之名又不便用於宮門，於是從中國和華夏兩個名字中各取一字，複合而成中華，以配合太陽、太陰之名。」[4]

3　何志虎：《中國得名與中國觀的歷史嬗變》，西安：三秦出版社 2002 年版，第 97-98 頁。

4　胡阿祥：《偉哉斯名：「中國」古今稱謂研究》，武漢：湖北教育出版社 2000 年版，第 283 頁。

「中華」一詞產生後，又逐漸具有了「中國」、中原文化和漢人、文明族群等內涵（漢族和少數民族統治者都曾選擇其中的部分含義加以使用）。[5] 雖然，其在具體使用中往往更偏於文明族群之義，但當它被用來指代歷朝歷代的一種國家通稱，或對外自稱國名之時，則與「中國」一名並無大的不同，也就是說，「中華」也逐漸成為了中國古老國家的又一個持久習慣的貫通性名號。

秦漢以後的中國，傳統的國家認同不僅表現為對某一君主的認同，對某個具體朝代的認同，還開始表現為對超越朝代的具有歷史文化延續性的通稱——「中國」或「中華」之認同（同時甚至伴隨著某種自以為是「黃帝子孫」或「炎黃子孫」的泛血緣認同）。自稱「中國」、「中華」，或被後一朝代認同為「中國」、「中華」者，不僅是那些漢人主導的政權，也包括眾多少數民族建立的政權。認同自己為炎黃子孫的，也不僅是漢人，還有眾多少數民族的統治者。如鮮卑族人建立的北魏，契丹人建立的大遼，女真人建立的大金，蒙古人建立的大元，滿人建立的大清，等等，莫不如此。

以建立大遼的契丹人為例。受其先祖鮮卑人的影響，他們建國之後即因襲鮮卑人附會自己為「炎黃子孫」自稱「中國」的觀念，開始以「中國」自居。但遼人在自稱「中國」的同時，仍然稱宋朝為「中國」，正如有學者所指出的：「遼人的『中國觀』具有遼宋同為中國、華夷懂禮即同為中國以及『正統』與『非正統』都是『中國』等特點。遼人的這種『中國觀』，實際上是一種『多

5　王樹民：〈中華名號溯源〉，《中國歷史地理論叢》1985 年第 1 期。

元一體」的『中國觀』，對後來的金、元等王朝產生了十分重要的影響。」[6] 不僅如此，有通曉契丹文的學者甚至認為，1930 年出土的《遼道宗哀冊》篆蓋上的契丹小字「契丹」二字之義即為「大中」，「契丹國」本身就是「大中國」的意思。[7] 金人的中國觀也與此相似。他們自稱「中國」的同時，同樣不把遼、宋排除在「中國」之外，實際萌生了多統意識，也即比較寬泛的「中國」意識，或稱「大中國」意識。[8]

這種王朝相連、不斷賡續的以「中國」或「中華」為對象和標誌的自覺認同，既具有歷史文化認同的性質，也帶有傳統政權治理模式長期得到繼承發展，各個大一統王朝統治的核心思想得以延續，統治的中心地域大體不變，疆域或縮或擴、交疊更替，作為臣民的各族群卻因之不斷融合壯大、反覆結為一體和聯通一氣的治理圈之政治趨同與認同特徵。那種僅將「中國」或「中華」純粹視為一種地域或文明指稱概念，而完全漠視其用來指稱傳統王朝國家時即內具一種獨特政治性也即同時為某種傳統政治實體的觀點，是偏頗和片面的。作為一種數千年延續不斷的、獨具特色的傳統王朝國家認同，「中國」或「中華」認同在世界史上都是相當少見的現象。特別是時至清朝，此一認同在延續中又恰好面臨了《威斯特伐利亞和約》生效後新的國際環境、並在被迫與當

6　趙永春：〈試論遼人的「中國」觀〉，《文史哲》2010 年第 3 期。

7　即實：〈契丹文字字源舉隅〉，《民族語文》1982 年第 3 期。

8　趙永春：〈試論金人的「中國」觀〉，《中國邊疆史地研究》2009 年第 4 期。

時代表「現代世界體系」的西方列強打交道的過程中，逐漸發生了新的帶有現代性的政治變化，尤其是晚清時期，通過預設彼此承認主權的現代條約國關係的建立，「中國」更成為被列強承認的主權國家之名稱。因此，瞭解清朝滿人特別是其統治者的「中國」和「中國人」認同之內涵與演變，包括其所認同的「中國」從王朝國家的通稱與大清朝名的合一，到向現代國家名稱的轉化本身，對於認知現代意義的「中華民族」觀念的形成，無疑具有直接而重要的意義。下面，我們就專門探討這一問題。

2. 清朝滿人的「中國認同」及其現代轉換 —— 兼談作為現代國名的「中國」究竟始於何時

眾所周知，在入關之前，大清的最初奠基者努爾哈赤等曾對當時稱為「中國」的明王朝表示臣服和尊崇，被封為明朝的「建州衛指揮」。他們尊大明為「天朝上國」，自認為華夏邊緣之「夷」。不過，他們雖承認在當時，作為華夷天下秩序之中心的「中國」，天命仍暫繫於明朝，卻已開始認定，「中國之主」並非明朝皇帝和漢人可以永久獨佔，他們也有能力和機會參與競爭。事實上，正因為如此，在入主中原之後，滿人皇帝正式以「中國」自稱其全部統治區而絕非僅漢人居住區的王朝國家認同便加快形成了。[9]

---

9 見郭成康：〈清朝皇帝的中國觀〉，《清史研究》2005 年第 5 期。此文對相關問題的認識很有成績，筆者多有參考受益之處。同樣在這個問題上有高明見解的，還有趙剛的英文文章，可惜筆者讀到較晚。見 Gang Zhao, "Reinventing China: Imperial Ideology and the Rise of Modern Chinese National Identity in the Early Twentieth Century," (2006) *Modren China* 32(1), 3-30.

順治時期，清朝的政治文書中已經出現了將整個清朝統治區域稱為中國的「中國」用法。到康熙朝中期以後，這種「中國」用法已隨處可見，並因體現國家意識形態精神而迅速成為「中國」用法的絕對主流。至此，可以說滿人高層認同「中國」、自稱「中國人」的情形，已成為一種自覺的常態。特別是在與外來西洋人尤其是已逐漸成為近代或現代國家體系成員國人民打交道的過程中，人們總是「中國」與「西洋」、「中國人」與「西洋人」對稱。皇帝、滿人大臣、漢臣乃至在華西方傳教士，均是如此。

　　康乾盛世時，表示原明代漢人統治區含義的「中國」一詞雖仍有某種遺留，但這種範圍較狹的「中國」概念已無法在表示王朝國家身份認同的正式場合使用。在《清聖祖實錄》對第一個正式的國際條約《尼布楚條約》劃定中俄邊界之碑文的記述裡，作為包括整個大清國國土在內的國家名稱之「中國」和作為全部大清臣民的中國人稱呼之「華民」已多次使用，其發祥地的東北滿洲，也被明確認定為「中國」的組成部分。在《尼布楚條約》滿文本裡，「中國」被稱之為 "Dulimbai Gurun"〔條約「一開始即用 Dulimbai Gurun-i enduringge xôwangdi（中國的至聖皇帝）一詞，拉丁文本作 Sinarum Imperatoris」**10**〕。1711 年，康熙為測繪東北地

---

10 甘德星：〈康熙遺詔中所見大清皇帝的中國觀〉，載汪榮祖主編：《清帝國性質的再商榷 —— 回應新清史》，台北：遠流出版 2014 年版，第 113 頁。趙剛在他的 "Reinventing China" 一文中更早地指出這一點。滿文本出現的使用「中國」的語句還包括 dulimbai gurun-i niyalma（中國之人）；dulimbai gurun-i bithe（中國的文字）；dulimbai gurun-i harangga（中國的所屬地）等。

區，特詳論大學士哪些係「中國地方」，哪些係「朝鮮地方」，以甚麼為界線，在他那裡，滿洲已被明確稱之為「中國」的「東北一帶」。其論文如下：

　　自古以來，繪輿圖者俱不依照天上之度數以推算地里之遠近，故差誤者多。朕前特差能算善畫之人，將東北一帶山川地里俱照天上度數推算，詳加繪圖。視之混同江自長白山流出，由船廠打牲烏拉向東北流，會於黑龍江入海，此皆係中國地方。鴨綠江自長白山東南流出，向西南而往，由鳳凰城、朝鮮國義州兩間流入於海。鴨綠江之西北係中國地方，江之東南係朝鮮地方，以江為界。……土門江西南係朝鮮地方，江之東北係中國地方，亦以江為界，此處俱已明白。但鴨綠江土門江二江之間地方知之不明，即遣部員二人往鳳凰城會審朝鮮人李萬枝事。又派打牲烏拉總管穆克登同往，伊等請訓旨時，朕曾秘諭云：「爾等此去並可查看地方，同朝鮮官沿江而上，如中國所屬地方可行，即同朝鮮官在中國所屬地行；或中國所屬地方有阻隔不通處，爾等俱在朝鮮所屬地方行。乘此便至極盡處詳加閱視，務將邊界查明來奏」。[11]

　　由此可見，「中國」此時不僅已明確成為康熙帝大清國家認同的政治符號，而且這一符號還與帶有現代意義的國家觀念、特別

11《清聖祖聖訓》卷 52。參見孫喆：《康雍乾時期輿圖繪製與疆域形成研究》，北京：中國人民大學出版社 2003 年版，第 40-41 頁。

是國界意識緊密聯繫在一起。

晚年的康熙還敏銳地感受到自己的國家「中國」面臨來自西方殖民國家的現實威脅，聲稱：「海外如西洋等國，千百年後，中國恐受其累。此朕逆料之言。」[12] 到乾隆朝之時，此種表明其整個國家認同含義的「中國」概念之使用已然制度化，特別是對外自稱之時。1767 年，乾隆本人便明確規定：「夫對遠人頌述朝廷，或稱天朝，或稱中國，乃一定之理。」[13] 因為只有在不斷面對外來「他者」時，國人才會有此種表明自我國家身份認同的需要和動機。自稱「天朝」或「中國」，雖然體現出某種虛驕自大，但同時也是實指自己王朝國家的政治實體。當時，康雍乾等清朝皇帝，對於世界上存在眾多國家的事實，其實相當瞭解。值得注意的是，乾隆強調對外應稱「中國」時，恰恰針對的是永昌府檄緬甸文中「有數應歸漢一語」，他明諭「歸漢」的說法為「不經」，[14] 這很典型地表明了乾隆皇帝對其所認同的「中國」包括大清國全部地域和各族人民在內的總體理解。毫無疑問，可以用來對外自稱且與「大清」能夠互換的王朝國家通稱之「中國」，朝廷也絕不會允許它只指代漢人和漢人聚居區。這是當時國內最大的公開意識形態。

最近，青年學者鍾焓發表〈非漢文史料中所見「中國」一名

12《清聖祖實錄》卷 270，康熙五十五年十月壬子。北京：中華書局 1985 年影印版。
13《清高宗實錄》卷 784，乾隆三十二年五月上。北京：中華書局 1986 年影印版。
14 同上。

及「中國意識」輯考〉一文，不僅指出滿文中「中國」（dulimbai gurun）一詞在入關前就已存在的事實，而且舉出了中俄《尼布楚條約》之外其他一些關於滿人認同「中國」的有力的滿文證據。比如，長期生活在明末清初中國的葡萄牙傳教士安文思（Gabriel de Magalhães），1668 年用葡萄牙文寫作了《中國的十二特性》一書，1688 年被譯成法文以《中國新史》為名出版，接著又轉譯成英文，成為對西方人認知清前期中國產生了較大影響的漢學名著。該書的第一章裡，安文思的記述即可反映出，康熙前期，入主中國的清朝統治者便已不再避諱使用「中國」名稱，書中所謂 tulimpa corum，就是滿語 dulimbai gurun 的轉寫形式。又比如，雍正元年（1723），曾被康熙派遣出訪土爾扈特的清朝使臣圖理琛刊行《異域錄》滿文本（後又出漢文本），其中以「中國」（dulimbai gurun）自稱的情形更是屢屢出現，而且一般多用在與俄國官員和土爾扈特阿玉其汗的當面交談中，可見其「中國意識」之自覺。尤其是圖理琛還習慣使用「我（們）中國」（meni dulimbai gurun）這樣的說法（趙剛此前的英文論文已指出此點），更能突出體現其對「中國」國家的認同態度。**15**

---

15 鍾焓：〈非漢文史料中所見「中國」一名及「中國意識」輯考〉，載中國人民大學歷史學院編：《「寫歷史：實踐中的反思」系列會議之二：「差異與當下歷史寫作」國際學術研討會論文集》，2016 年 10 月 14-16 日，第 446-459 頁。鍾焓並指出，meni 的字面含義雖是「我們的」，但此處卻屬於代名詞，後面可以不跟名詞而直接作主語或賓語，故與「我們」無異。絕不能將其機械地作為所有格對待，造成誤解。有關問題，亦可參見趙剛：〈新清史可以無視史學規範嗎？——評柯嬌燕對清代皇帝中國觀的新說〉，《中國社會科學報》2016 年 10 月 13 日。

鍾焓同時強調，不僅如此，清朝皇帝還較早就用蒙藏文在蒙、藏地區以「中國君主」的形象和身份，自覺傳導一種新的「中國意識」。如 1763 年在《首楞嚴經》的蒙文序言中，乾隆帝就特別以 dumdadu ulus（中國）代替明朝時蒙人慣用的 kitad(-un) 或 nanggiyad(-un) 的舊稱，在藏文序言中，則以 yul dbus（中國）取代對明朝中國的稱呼 rgya nag。這種新的「中國意識」的傳導，對蒙古貴族產生了切實的影響。針對日本學者中見立夫教授始終認為民國以前的蒙古人缺乏所謂的「中國」意識，以至於蒙古語的「中國」（dumdadu ulus）一詞是在清朝滅亡後才創製出來的觀點，鍾焓則提出了眾多的反證，給以有力的糾正和澄清。他指出，中俄《恰克圖條約》中就使用了 dumdadu gürün-ü qaraɣul（中國卡倫），dumdadu gürün-ü mongɣol qaraɣul（中國之蒙古卡倫）等語，代表清朝談判的蒙古王公策凌的署銜上，也以滿蒙文同時標明是「中國副將軍扎薩克多羅郡王和碩額駙」。乾嘉時期，清廷鄭重頒發給蒙古王公貴族的《理藩院則例》蒙文本裡，更是將從滿文裡移植改易過來的 gürün，轉化為更符合蒙語習慣的 ulus，多處使用 dumdadu ulus un obo（中國的卡倫鄂博，與滿文 dulimbai gurun-i karun 對應），adu ulus un mongɣol qaraɣul（中國的蒙古卡倫，與滿文 dulimbai gurun-i monggo karun 對應）。其他諸如「中國辦理俄羅斯事務的大臣們」、「中國的理藩院」和「中國邊境的……汗王」等，也都有相應的滿蒙對應語，可見清朝的「中國認同」及其相關之意識。此外，羅密、拉西明素克、袞布旺濟勒等許多蒙古王公在其蒙文著作中，也都使用過 dumdadu ulus 一詞，不一

而足。正因為如此，1849 年出版的科瓦列夫斯基所編《蒙俄法語辭典》將 dumdadu ulus（中國）一詞正式收錄，也就自然而然、理所當然。**16**

晚清時期，在與歐美等國簽署的各種中外條約中，作為整個國家名稱的「中國或中華」與「大清國」同時交替使用、在相同意義上使用的情形更是極為普遍，甚且很少有例外。如果說此前「中國」或「中華」的使用，在大清君臣一方還與「天朝上國」的不可一世的虛驕聯繫在一起，那麼到晚清時，無論中西雙方，尤其是對西方國家而言，「中國」或「中華」實際上已「淪」為一種與 China 對等的、被迫與西方各國「平等」的國家名號，換言之，「中國」作為主權國家的國名，此時已實際得到以西方為代表的國際社會的認可。如 1842 年中英第一個不平等條約《江寧（南京）條約》的漢文文本中，就是「中國」和「大清」混用不分的；中法《黃埔條約》亦然。而中美第一個不平等條約《望廈條約》的漢文文本開頭更稱清朝為「中華大清國」，結尾簽字處則註明「大合眾國欽差全權大臣駐中華顧盛」。十餘年後的中美《天津條約》裡，也稱清朝為「中華大清國」，稱大清皇帝為「中華大皇帝」。1861 年，美國駐華公使蒲安臣（Anson Burlingame, 1820-

---

16 見前引鍾焓〈非漢文史料中所見「中國」一名及「中國意識」輯考〉一文。早在 1984 年，中見立夫教授就提出蒙古語中所出現的「中國」（dumdadu ulus）一詞直到清朝解體後才從漢語「直譯」到蒙古語的看法，至今其觀點似仍未見有何改變。可見其所著《「滿蒙問題」的歷史構圖》（《「滿蒙問題」の歷史の構図》）一書，東京大學出版會 2013 年版，第 7 頁。

1870）入駐北京，遞交漢文、英文國書各一份。其漢文國書也稱中國為「大清中華國」，稱自己為「住箚〔駐〕紮中華便宜行事全權大臣」。[17] 凡此不僅表明了以滿人貴族為核心的清朝統治者對「中國」或「中華」這一國家名稱自我認同的延續，也意味著它實際上已得到當時國際社會較為廣泛的承認。

　　尤其值得注意的是，當時最主要的西方強國在與中國簽署條約的本國文字條約文本中，有時乾脆就直接將「大清」二字譯成 China。如前面提到的中英《南京條約》的英文本裡，大清皇帝的對應詞就寫作 Emperor of China；大清國也直接寫作 Chinese empire（明末西方傳教士來華之後，在中西交往的文書裡，以 Chine、Cina、China 等來對譯「中國」或「大清」，已成為習慣）。可見在當時的英國人看來，「大清」和「中國」根本上就是對等、可以互換的一回事罷了。美國和法國等的使用，也是如此。就像一個中國傳統士大夫，除了有「名」、往往還有「字」和「號」，可以用在不同場合一樣。誰說一個國家就只能有一個名字？！在那個特定時代，在與西方近代民族國家打交道的過程中，具體的王朝國家名稱與歷代的通稱「中國或中華」兩者並用，是極其自然的。不僅中國如此自稱，當時的歐美政府對這兩個名稱的「對等性」及其並列使用，也非常瞭解和理解，運用起來已然相當自覺和熟練。

---

17 見「美國國書」，中華書局編輯部、李書源整理：《籌辦夷務始末》（同治朝）第 1 冊，卷 8，北京：中華書局 2008 年版，第 355 頁。

為了更加明確地論定這一問題，我們不妨再以 1868 年《中美天津條約續增條款》（又稱「蒲安臣條約」）中首次涉及中外「國籍」問題的條款文字，來進一步加以說明，這是因為現代「國籍」問題通常都與「國名」稱謂緊密相關。該條約漢文版的第五款和第六款規定，「大清國與大美國切念民人前往各國，或願常住入籍，或隨時來往，總聽其自便，不得禁阻為是。……除彼此自願往來外，如有美國及中國人將中國人帶往美國，或運於別國，若中國及美國人將美國人勉強帶往中國，或運於別國，均照例治罪」；「美國人民前往中國，或經歷各處，或常行居住，中國總須按照相待最優之國所得經歷、常住之利益，俾美國人一體均沾；中國人至美國……俾中國人一體均沾。惟美國人在中國者，不得因有此條，即特作為中國人民；中國人在美國者，亦不得因有此條，即特作為美國人民」。表面上，該條約還將中國視為現代獨立主權國，反覆強調「中國轄境」的主權地位，以及彼此尊重宗教信仰自由和互與留學優待等權利。別有意味的是，為了顯示其有別於其他西方列強，美國一方還在條約第八條中特別表示：「凡無故干預代謀別國內治之事，美國向不以為然。至於中國之內治，美國聲明並無干預之權及催問之意，……總由中國皇帝自主，酌度辦理。」[18] 該條約的英文版，無論是「大清大皇帝」還是「中國

---

18 該條約中英文的原初形式，可見沈呂巡、馮明珠主編：《百年傳承、走出活路：中華民國外交史料特展》，台北：故宮博物院 2011 年版，第 30-33 頁。感謝台北的陳維新先生贈送此書影本。另見王鐵崖編：《中外舊約章彙編》第 1 冊，北京：生活・讀書・新知三聯書店 1957 年版，第 261-262 頁。該彙編中稱此條約為「中美續增條約」。

大皇帝」，一律都譯成 Emperor of China，完全不加區分。

　　1869 年，特別看重《中美天津條約續增條款》在中美關係史上之重要地位的美國傳教士倪維斯（John Livingston Nevius），特將該條約作為附錄收進其英文名著《中國與中國人》一書中。同時，該書關於中國的國名部分明確告訴其國內的美國人：「中國人講起自己的國名，最常用的是『中國』（Chung Kwoh）Middle Kingdom；另一個名字是『中華國』（Chung Hua-Kwoh）Middle Flowery Kingdom；⋯⋯ 此外，統治王朝的各朝代名稱也經常被用，比如目前就又稱作『大清國』（Ta Tsing-Kwoh）。」[19] 可見，當年美國人對於中國的王朝名和歷朝通稱國名的混用一點，已然十分清楚。不僅如此，他們在與中國打交道的過程中，相應地或稱中國為 empire（帝國），或稱中國為 nation（民族國家或國民國家），並不統一，且不特別在意分辨其彼此國家的政治體制之性質，儘管在英文條約中，他們有時會將「中國人」譯為 Chinese subjects（中國臣民），將「美國人」譯為 citizens of the United States（美國公民），以示區別。[20]

　　在中國歷史上，一旦掌控中原的大一統王朝統治穩定下來之後，國人的王朝認同與「中國」國家認同就趨於一致，特別是當其遇到「華夷天下」之外的外國或外國人時，該王朝就理所當然地代表「中國」，並自稱中國和中國人，兩者實際上就變成一

19 John Livingston Nevius, *China and the Chinese* (New York: Harper and Brothers, 1869), p.22.

20 同上，第 455-466 頁。

回事。而同時「中國」也就當然成為自在的、中外雙方均自然習慣使用的通用國名，在明清時代，尤其是《威斯特伐利亞和約》生效後的清朝時期，就更是如此。與此相一致，從 19 世紀初開始，由西方來華傳教士編撰並在中外公開出版的各種英漢、漢英辭典，一般也都是將 China 與「中國」、「中華」對應、互譯。這一中西文化交流史上的常識，以往卻很少被人用來討論清朝時期「中國」國名的中西互動問題。

美國部分「新清史」學者不願直接稱大清為中國，倒樂於簡單直接地稱入關後兩百六十多年的大清國為「滿洲帝國」，這從入關後滿人的國家自我認同角度來看，嚴格說來才真正不妥。以往，學者們曾長期認為「滿洲」一名為皇太極所臆造，後來據中外學者特別是日本學者的有關研究，「滿洲」也可能曾是努爾哈赤所統舊部（或國，滿語為 gulun）的原名，或曾作為一種以族名名國的泛稱而非正式國號存在過（類似於所謂「諸申國」）。但從現有的具有說服力的材料來看，其正式的國號，至少從 1616 年之後的兩三年開始至 1636 年改國號之前，就一直是「金國」（aisin gurun），「金」的滿語譯音為「愛新」。**21** 1635 年，皇太極為了斬

---

21 可參見姚大力、孫靜：〈「滿洲」如何演變為民族 —— 論清中葉前「滿洲」認同的歷史變遷〉，《社會科學》2006 年第 7 期。有關這一問題，日本學者三田村泰助在《清朝前史研究》（京都同朋舍 1965 年版）一書中的看法很有代表性。他利用《滿文老檔》，認定滿洲國（固倫）作為努爾哈赤統一建州女真所建之國確實存在過。不過萬曆末年年降葉赫、完成統一女真民族大業後，對外便稱後金國，對內則稱諸申國，滿洲國的國號於是取消。1972 年，神田信夫氏又在三田村泰助基礎上將《滿文老檔》與《滿文原檔》相對照，撰〈滿洲國號考〉一文，進一步提出滿洲國名並未因採用「諸申」

斷與「諸申」(jushen 或 juchen，即此前遼東女真語各部之總名)的關聯，嚴禁用「諸申」稱謂，而令恢復使用所謂「滿洲」舊名。次年他又正式改國號「金」為「清」。不過此後的大清國雖「首崇滿洲」，卻已絕非滿洲一族之國，而是其主導之下的滿、漢、蒙等族人民共享的國家。「滿洲」與「大清」也並非含義等同的概念，它主要作為族稱使用，或被用來指稱大清的發祥之地。清朝皇帝入關後所發佈的對內的重要國家公文中，都不曾正式以「滿洲」名其國，這與其認定大清是滿人祖先建立的國家這樣一種意識並不矛盾。可以斷言，入關之後的「滿洲」基本上是滿人的族群認同符號，總體說來，它與其自稱「中國」或「大清」的國家認同之間，存在著根本差別。

（1）滿人統治者「中國認同」的內涵、特點及有關問題辨析

就入關之後而言，清朝滿人的「中國認同」，不外包括以下兩個方面的主要內容：一是如前所述的國家名稱層面的自認「中國」和自稱「中國」。至少從康熙時代起，這種做法在滿人高層，已經逐漸成為日常習慣。包括滿人在內的清朝皇帝之所有臣民都屬於「中國人」，包括滿人發祥地的「滿洲」地區在內的所有大清國土都是「中國」的一部分，這種認識起碼在康乾盛世的國內，

或「後金」國名而中斷的看法，認為此後它仍是其滿語國名，並與後起的「愛新」之滿語國名並行不悖（見神田信夫：〈滿洲國號考〉，收入其由山川出版社 2005 年出版的《清朝史論考》一書中）。但這一說法目前尚難令人信服。即便其說成立，也不影響筆者的結論。因為其國號改為「大清」後，尤其是清朝入關之後，「滿洲」為族稱而非國名的意義確然無疑。感謝張永江教授在這方面所提供的資料說明。

已經成為包括滿族官員在內的清朝之官方常識，並得到了當時及此後國際社會的承認；二是與國名認同相關，清朝皇帝及其滿人上層對此前傳統中國的歷史和文化的主體（以漢文化為核心代表），明確加以認同，尤其是明確將儒家思想作為治國的根本理念，對傳統的帝系帝統自覺接續，並以中華儒學正統（所謂道統和治統的結合）自居，確然自認清朝是自古及今中國的一個朝代（如稱明朝為中國前朝）。這從清朝的帝王祭祀的內容中不僅有遠古以來的漢人皇帝，也涵括入主中原的蒙古和滿洲等族的帝王，可以概見一斑。[22]

關於清朝皇帝及其滿人上層對傳統中國歷史文化的認同現象，以往學界常常愛稱之為「漢化」，其實正如何炳棣先生在回應羅友枝（Evelyn Sakakida Rawski）有關「新清史」觀點時曾表明過的那樣，或許稱之為「中國化」或「華化」，要更為準確。[23] 這不僅因為清代以前的傳統中國文化已非漢人文化所能囊括，更重要的是，清代在「中國」或「中華」的名義整合下，其文化也是各民族彼此互動的結果。就康雍乾三帝所代表的滿人上層而言，他們在認同儒家文化的同時，實際上也對之加以了選擇性改造。

---

22 可參見 2010 年中國人民大學清史研究所發起和主辦的「清代政治與國家認同」國際
　學術研討會上黃愛平提交的〈清代的帝王廟祭與國家政治文化認同〉、常建華提交的
　〈國家認同：清史研究的新視角〉，以及張壽安提交的〈清儒凌廷堪（1755-1809）的
　正統觀〉一文。

23 Ping-ti Ho, "In defense of Sinicization: A Rebuttal of Evelyn Rawski's 'Reenvision the Qing',"
　(1998) *Journal of Asian Studies* 57(1), 123-155.

有學者強調這一時期朝廷的官方儒學是帶有滿人統治特點的專制性極強的「清代皇家新儒學」，認為它乃是「融華夷觀、君臣觀、正統觀、禮樂觀、災祥觀以及有關養民、察吏、明刑、封建、井田、科舉、鄉約、教化等各方面認識於一爐」的獨特的新儒學思想體系。[24] 這的確很有道理，對認識相關問題甚有啟發。

就政治制度而言，雖說是「清承明制」，但滿人皇帝卻建立起了獨特的「軍機處」和「秘密立儲制度」，改革了中國傳統的君相體制和皇位繼承制，從而表現出自己的個性。與此相一致，在統治少數民族、拓展和有效管轄遼闊疆土的策略上，至少就清前中期而言，他們也已顯示出別具一格的滿人特性和傳統，如尚武重騎射、實行滿蒙聯盟、重視喇嘛教、允許一定程度的多元文化並存，乃至自覺抵制好虛文之「漢習」，等等，其超越前朝的統轄成效不僅為今人所熟知，也早已為清朝滿人皇帝自身所自覺。不過清朝皇帝的此類自覺，往往又與認同「中國」和希望被漢人士大夫真心接受的心理有直接關係。如雍正皇帝在《大義覺迷錄》中，就針對視滿人為夷狄、不願接受其為「中國之主」的漢人士大夫代表曾靜等，理直氣壯地自讚大清為中國擴展疆域的汗馬功勞，其言曰：「自古中國一統之世，幅員不能廣遠，其中有不向化者，則斥之為夷狄，……是以有此疆彼界之分。自我朝入主中土，君臨天下，並蒙古極邊諸部落俱歸版圖，是中國之疆土

---

24 參見 2010 年「清代政治與國家認同」國際學術研討會上夏明方提交的〈多重變奏中的災異論與清代王朝認同 —— 以《大義覺迷錄》為中心〉一文修改稿。

開拓廣遠，乃中國臣民之大幸，何得尚有華夷中外之分論哉！」在《大義覺迷錄》中，為了説服那些仍然反清的漢人士大夫，雍正有時不得已也偶爾使用明代時狹義的「中國」概念，但更多的時候則是以「中國」自稱，或者説其對「中國」一詞的絕對主要用法，乃是將滿人等族群自身也包括在內的、擴大了範圍且古今貫通的「中國」含義（絕非自外於中國）。至少康熙中期以後，就是如此。因為其所謂「本朝」或「我朝」乃至「天朝」，都是「中國」朝代的自承之稱。所以雍正在諭旨中又特別指出：「夫滿漢名色，猶直省之各有籍貫，並非中外之分別也。」[25] 只要反覆閱讀《大義覺迷錄》，總體上把握其完整內涵，並參照其他官文書，就不會對其所使用的「中國」一詞的主要含義產生誤解。[26] 不僅如此，雍正還強調清朝結束戰亂、實現新的大一統是「大有造於」中國，所謂：「我朝統一萬方，削平群寇，出薄海內外之人於湯火之中而登之衽席之上，是我朝之有造於中國大矣、至矣！」[27] 可見他不僅認同於「中國」，還以滿人能夠建立「中國」新朝代並得以再造「中國」、實現其開疆拓土的發展為之自豪。

實際上，清朝滿人統治者的「中國認同」，就是在與漢、蒙、

---

25 《清世宗實錄》卷 130，雍正十一年四月己卯。北京：中華書局 1985 年影印本。

26 有關這一問題討論的不同觀點，可參見岸本美緒：〈「中國」和「外國」——明清兩代歷史文獻中涉及國家與對外關係的用語〉，載《覆案的歷史：第四屆國際漢學會議論文集》，台北：中央研究院 2013 年版，第 381-385 頁。

27 以上所引《大義覺迷錄》中的文字，均見中國社會科學院歷史研究所清史研究室編：《清史資料》第 4 輯，北京：中華書局 1983 年版，第 5-6 頁。

回等族人特別是漢人複雜的矛盾合作關係中，逐漸發展並得到深化的。這一認同，既以滿、蒙、漢等民族政治合作為基礎的「大一統」之實現為其條件，又以文化上的多元並存、不斷融合和對外維護其整體尊嚴為鮮明表徵之一。1727 年，在召見西方傳教士、駁斥羅馬教廷關於信仰天主教就不能祭孔祭祖的規定時，雍正就曾以滿洲人身為中國人的一支而自豪，並因此堅定地以中國文化的「護法」自任。他鄭重表示：「作為一個滿洲人，…… 朕豈能幫助爾等引入那種譴責中國教義之教義？豈能像他人一樣讓此種教義得以推廣？喇嘛教最接近爾等的教，而儒教則與爾等之教相距甚遠。爾等錯了。爾等人眾不過二十，卻要攻擊其他一切教義。須知爾等所具有的好東西，中國人的身上也都具有，然爾等也有和中國各種教派一樣的荒唐可笑之處。」[28] 他甚至還更為明確地聲言：「中國有中國之教，西洋有西洋之教；彼西洋之教，不必行於中國，亦如中國之教，豈能行於西洋？！」[29] 最終，禁止天主教在華傳教的政策在他那裡得到進一步強化。這其中自然含有國家政治考量的因素在內，但「中國認同」的歷史文化背景也是十分明顯而重要的。

其實，早在康熙時代，對西國傳教士以「中國」或「中國人」自稱，自覺捍衛中國文明和國家的尊嚴，就已經成為一般士

---

28 宋君榮：〈有關雍正與天主教的幾封信〉，載杜文凱編：《清代西人見聞錄》，北京：中國人民大學出版社 1985 年版，第 145-146 頁。

29《世宗憲皇帝上諭內閣》卷 56，載《影印文淵閣四庫全書》第 414 冊，台灣商務印書館 1986 年版，第 597 頁。

大夫、清朝官員乃至大清皇帝的習慣。西方來華傳教士、外交人員在翻譯有關西國文書為漢文時，都已習慣直接稱大清國為「中國」、其臣民為「中國人」。現存康熙皇帝親筆刪改的有關康熙與羅馬教皇來華使節關係問題的 14 通漢文文書裡，凡是提到清朝所指涉的國家時，全就使用「中國」二字，且觸目皆是，無一例外。當時，正值所謂「中西禮儀之爭」時期，羅馬教皇第十一世頒佈禁令，規定不許在中國的天主教徒稱造物主為「上帝」，不許他們祭孔祭祖，「不許依中國規矩留牌位在家」等等，還強調「從今以後，凡西洋人在中國傳教或再有往中國去傳教者，必然於未傳教之先在天主台前發誓，謹守此禁止條約之禮」。為此，教皇使者嘉樂親到中國傳佈諭令，由傳教士將此禁令譯成漢文，上呈給康熙皇帝，請求「中國大皇帝俯賜允准」。[30] 康熙看過之後，不禁大怒，立下朱批：

　　覽此告示，只可說得西洋人等小人，如何言得中國之大理。況西洋人等，無一同〔通〕漢書者，說言議論，令人可笑者多。今見來臣告示，竟是和尚道士、異端小教相同。此亂言者莫過如此。以後不必西洋人在中國行教，禁止可也，免得多事。[31]

30 陳垣整理、李天綱點校：《康熙與羅馬使節關係文書》，見馬國賢著、李天綱譯：《清廷十三年 —— 馬國賢在華回憶錄》附錄，上海古籍出版社 2004 年版，第 160、169-170 頁。
31 同上，第 171 頁。

康熙皇帝本來輕視天主教，以為其講求「祈福求安」，與「佛道之理」並無大的差別，無法與孔儒的敬天之道相提並論，故他只願意留下身懷特殊技能的西人在宮廷服務，至於其傳教與否，實在覺得可有可無。因此當羅馬教廷使節嘉樂來華時，他便痛斥教皇諭令「與中國道理大相悖戾」，逼得中國非禁止傳教不可。[32]他還就此面諭在京的西洋人說：「朕因軫念遠人，俯垂矜恤，以示中華帝王，不分內外，使爾等各獻其長，出入禁庭〔廷〕、曲賜優容致〔至〕意。爾等所行之教，與中國毫無損益，即爾等去留，亦無關涉。」[33]由此，可以得見這位以「中華帝王」自居自傲的皇帝對待天主教的真實態度如何。

在這些現存的文書裡，康熙反覆告誡羅馬教皇的使者和在華傳教士，「辯論道理，語言必重。爾西洋人自己流入異端之處，自己不知，反指中國道理為異端，及至辯論之處，一字又不能回答」，實在輕狂可惡；要想在中國傳道，必先學會中國語言、尊重中國的文教義理，採取利瑪竇的傳教方式即所謂「隨利瑪竇規矩」，「依中國的律例」方可，否則「斷不許在中國居住，必逐回去」。[34]他不斷譴責教皇來華使者「不通中國詩書、不解中國文義」，卻「妄辨中國道理」，「輕論中國理義之是非」的荒唐，聲言「中國人不解西洋字義，故不便辨爾西洋事理，爾西洋人不解

---

32 同上，第160頁。

33 同上，第157頁。

34 同上，第148、152、167頁。

中國字義，如何妄論中國道理之是非？」而且「中國道理無窮，文義深奧，非爾西洋人所可妄論」[35] 云云。不僅如此，他還表示，「爾教王條約只可禁止爾西洋人，中國人非爾教王所可禁止」。[36] 以此，康熙表明了他作為一個「中華帝王」維護國家法度和文化尊嚴的嚴正立場。

由上述 14 通文書可知，康熙帝四十五年至五十九年（1706 至 1720 年），在日常政務活動中使用漢語漢文，並在與來自西方的外國人打交道時，已習慣以作為國家名號的「中國」和「中國人」自稱，且堅守儒教敬天法祖之道並視其為「中國之大理」，這實在可謂不爭的事實。它與趙剛教授所指出的 1712 年康熙上諭裡自稱「我中國」、以及《清聖祖實錄》裡所載關於尼布楚界碑文裡與俄羅斯國對等劃界的「中國」國名使用，還有筆者前文提到的《清聖祖聖訓》裡在與朝鮮國並列、平等勘定疆界意義上使用「中國」國名的其他材料相互印證，均可說明「中國」已被康熙帝用作應當有明確疆土範圍、實與其他鄰國並存的國家名號（儘管內心深處難免仍存「天朝」的虛驕）。目前，海內外學者談論有關清朝的「中國」認同問題時，均很少使用康熙朝有關「中西禮儀之爭」的這些材料，甚為遺憾。至於康熙帝那份以滿漢雙語擬定的著名遺詔裡自稱「中國至聖皇帝」，更是為研究清前期政治史者所熟知的史實。

---

35 同上，第 157、161-163 頁。
36 同上，第 160 頁。

覽爾告示只可說得西洋人等小人如何
言得中國之大理。況西洋人等。無一人同
漢書者。說言議論令人可笑者多。今
見來臣告示。竟是和尚道士。異端小教
相同。彼此亂言者。莫過如此。以後不必
西洋人在中國行教。禁止可也。免得多
事

1727 年康熙皇帝關於羅馬使節來華告示的諭批

〔轉錄自北平故宮博物院編、民國 21 年（1932）製《康熙與羅馬使節關係文書影印本》〕

此種滿人認同「中國」所表現出來的滿人主體性，同樣是體現清朝特性的滿人主體性之重要內容，自然也是關心滿人族群認同的一些美國「新清史」學者所不當忽略和迴避的問題。[37] 至於後者中有人把滿人的某種族群主體性地位與所謂「族群主權」（ethnic sovereignty）相混同，將族群認同與傳統王朝國家認同對立起來，就更值得商榷了。事實上，入關後，「滿洲」始終是滿人的族群認同符號，與「大清」或「中國」的王朝國家認同符號，具有不同的性質。

---

[37] 筆者在〈清代滿人的「中國認同」〉一文（載《清史研究》2011 年第 1 期）中批評「新清史」時，一方面明確認可其「強調滿人在清朝的某種主體性地位，注重從滿人主體性的角度研究清史」的做法，以為「對於豐富清史研究的意義不言自明」，只是同時提醒其「在正視清朝歷史這一獨特性時，也不應走到另一個極端：有意無意地輕忽乃至淡化其大一統國家的『中國性』，更不能將兩者簡單化地對立起來」，而美國「新清史」代表歐立德（Mark C. Elliot）在回應中卻認定，筆者對於「滿人主體性」的視角「仍然堅持其不肯接受的態度」；另一方面，筆者指出，既然「新清史」從滿人主體性出發，樂於強調滿人自身的族群認同，那就不應該同時忽略和迴避滿人的「中國認同」問題，因為清朝入關後，滿人認同「中國」與否，如何認同「中國」，其所認同的「中國」究竟只是大清國的一部分，還是其全部，這是個非常嚴肅的問題，不僅同樣體現其滿人的主體性，而且直接關涉部分「新清史」骨幹所謂的「清朝非中國」的論調是否符合事實。「新清史」學者應該對此予以重視，做出認真切實的回答，遺憾的是，他們卻沒有。更令人感到吃驚的是，在歐立德對包括筆者在內的有關批評所作的回應裡，這種滿人「中國認同」問題的明確提出，竟還莫名其妙地成為了美國「新清史」學者的積極作為與貢獻，他甚至揶揄說，「新清史」學者將這「一個『非常嚴肅的問題』提出來，這看來就帶有某種『挑釁』意味了。」見定宜莊、歐立德：〈21 世紀如何書寫中國歷史：「新清史」研究的影響與回應〉，載彭衛主編：《歷史學評論》第 1 卷，北京：社會科學文獻出版社 2013 年版，第 129、137 頁。實際上他們所提出的，乃是「大清非中國」、兩者間大有界限、根本為兩回事的問題，而不是清朝滿人是否認同「中國」、或他們所認同的「中國」範圍如何等一類問題。

美國的部分「新清史」學者總愛強調清朝皇帝的多重形象或身份，可入主中原之後的清朝皇帝，特別是康熙中葉以後，其最主要的身份或最高身份仍當是「中華皇帝」或「中國大皇帝」，其他的身份均籠罩在「中華皇帝」的光環之下，實無法與之分離，並且因之獲得更大的權威。[38] 與此相應，在文化上，此後清朝總的來說雖是多元文化並存，但儒家正統卻是其建設政治文化合法性的最大價值來源，它是清朝專制皇權得以整體維繫的根本所在，可以說在多元文化中實處於核心地位。

筆者贊成「新清史」諸人強調在清朝，滿、蒙、漢等多種民族文化之間彼此「涵化」（acculturation）的提法。可問題在於，參與涵化的各族文化對於清代中國發展之實際影響、地位和作用，並非完全對等。總的說來，入關以後，漢文化的影響無疑是最大並不斷加大的。統治廣大漢人的現實需要，以及對清代以前中國傳統歷史文化認同的強化和深化，必然導致漢文化在清朝政治生活和社會生活中的地位日益提高，而相應地，滿文滿語的實際地位卻在逐漸下降中。到清代中葉時，已有不少滿人官員不會使用滿語草擬奏摺，這成為稍後乾隆多方面採取措施、強化滿人自身認同的一個直接契機。但根本趨勢已無法扭轉。以清朝最重要的

---

38 郭成康教授在〈清朝皇帝的中國觀〉一文中，曾廣為引證材料，如準葛爾博碩克圖汗噶爾丹向康熙一再表白「中華與我一道同軌」，「我並無自外於中華皇帝、達賴喇嘛禮法之意」，蒙古僧俗人眾相信「中華皇帝，乃活佛也」，土爾扈特以「大聖皇帝（指乾隆）甚為仁慈，廣興黃教」，遂決策從俄羅斯依然回歸中國，等等，筆者以為，它們均能直接或間接地說明本書的這一觀點。

政書《清實錄》的纂修為例，最初，《清實錄》是先修滿文本，然後譯成漢文本，再由漢文本轉譯成蒙文本。康熙時代起，因各種史料大都來自漢檔和漢籍，所以從雍正朝修《清聖祖實錄》開始，實錄滿漢文本之間的修纂順序不得不顛倒了過來，是先修成漢文本，再分別據之譯成滿文本和蒙文本（康熙遺詔裡只用滿漢兩種文字，也是先寫漢文、後寫滿文）。有的學者認為，這一改變不僅體現了「清朝漢化進程的加深」，甚至還表明了漢文作為大清國「共同語言地位」之確立。[39] 這一看法是否切當，當然還可討論，但它至少表明康熙時代起漢文化對滿人的影響程度已然相當深化，卻是毋庸置疑。

進入晚清後，在應對西方列強和日本的侵略以及在廣大漢人地區大規模的反抗過程中，這種漢文化影響強化和深化的趨勢又得以進一步加劇。筆者發現，在晚清，西方諸列強與中國簽訂不平等條約時，除俄羅斯還偶爾使用滿文本之外，其他西方國家乃至東方的日本，都只使用漢文本與其本國文字本，以致光緒在 1875 年談到中國和祕魯換約等事宜時竟明確諭稱：「惟換約事宜，中國總以漢文為憑。」[40] 可見在這一文化權勢轉移的過程裡，外國殖民者特別是歐美列強，也曾起到某種推波助瀾的作用。最能生動地體現這種文化地位轉化的，或許還是漢文中「國語」一詞含義最終的滿漢倒置。晚清以前，「國語騎射」是清朝皇帝所自豪的滿人特性，「國

---

39 見謝貴安：〈《清實錄》稿底正副本及滿漢蒙文本形成考論〉，《史學集刊》2008 年第 2 期。
40《清德宗實錄》卷 13，光緒元年七月上。北京：中華書局 1986 年影印版。

語」自然是指滿語，而到了清末最後十年，流行的「國語」一詞卻已逐漸明確地指稱漢語「官話」。1911年夏，清廷竟以通過《統一國語辦法法案》的方式，將漢語官話定為「國語」一點正式確認，通令全國傳習。這種認同情形對於滿人來說，自然也存在某種不得已的苦衷，它應當是在清末新的時代背景下，多族群文化現實互動和社會歷史強勢選擇的結果。而這種以「官話」作為各族人民相互溝通工具的現代「國語」地位之最終形成，對於現代意義的「中華民族」觀念的孕育和生成，其基礎意義顯而易見。

在清朝尤其是清末以前，滿人的「中國認同」基本由專制皇權和滿洲上層貴族所主導，一般滿人基本沒有甚麼選擇的餘地。這乃是那個時代滿人「中國認同」的突出特徵。而實現大一統格局之後的清朝皇帝及滿族上層之「中國認同」，又可謂堅定不移、毫不含糊。不難想像，要是盛清尤其是晚清時，哪個滿人和其他族群的中國人敢像歐立德那樣聲言「不應直接把清朝稱為中國或是把大清皇帝稱為『中國』的皇帝」，[41] 大清皇帝非但絕不會允許，肯定還要對其嚴加治罪。這是今人討論這一問題時所應該具有的起碼歷史感。

此外，值得注意的還有，清朝滿人的「中國認同」，曾經歷前後演變的過程。不僅入關前後有區別，通常所謂的清朝前期、中期和晚清也有不同。時至清末，為了抵禦激進的「排滿」運動，

41 歐立德：〈關於「新清史」的幾個問題〉，載中國人民大學清史研究所編：《「清代政治與國家認同」國際學術研討會論文集》（上），2010年，第14頁。

一部分主導政局、參與新政的滿人官員和留日學生的「中國認同」得到昇華，在他們身上，初步實現了從認同傳統的「專制中國」到自覺批判八旗制度、認同各民族平等融合的「立憲中國」之近代轉變。從中我們可以很清楚地看到新型的滿族官員和知識人具有時代特點的民族認同和政治選擇。

在整個清朝滿人的「中國認同」中，其所依據的思想資源前後雖不無變化，但儒家的「大同」理念卻是其始終貫穿如一的思想基盤。「大同」概念出自儒家經典《禮記》，它所追求的是破除一切彼此界限、平等融合、追求共性的人生和國家至上境界。所謂「求大同，存小異」，也是從這裡延伸出來的為人與行事原則。在中國，這既是一種重要的人生觀和世界觀，也是一種與其他族類交往的族群觀和政治觀。乾隆帝在〈西域同文志序〉中談到「天」的各種語言說法有別但無不「敬之」時，就曾使用過「大同」概念。其言曰：「漢人以為天而敬之，回人以為阿思滿而敬之，是即其大同也，實既同名亦無不同焉。」[42]「大同」的前提是「同文」，同文並不意味著以其中一種代替其他，而是互釋共認同存，相互溝通。晚清洋務派所奏辦的「同文館」，也是此義。不過清末端方等滿人所頻繁使用的「大同」觀念，與《禮記》泛論的普世性和康有為《大同書》中的「大同」主張之超越國界仍有區別，其所使用的範圍還只限於國內。但很顯然，他們對「大同」

42《清高宗（乾隆）御製詩文全集》第 10 冊，北京：中國人民大學出版社 1993 年版，第 416 頁。

觀念與「中國」國家整體認同之間關係的把握，已經更加自覺、清晰和深入了。這一點，我們在後文還會詳細談到。

在筆者看來，研究「中國歷史」及其有關問題的時候，不能一方面極端強調「中國」含義的模糊、「斷裂」和變化，而同時又偏頗僵硬地執定一個狹隘不變的「中國」定義來評斷有關歷史——也即把「中國人就是漢人，中國就是漢人統治的國家或地區」這一某些特定朝代的「中國」之歷史含義固定化，並始終不變地以這個固定化的「標準」來判斷此後變化著的或變化了的那些「非漢人」的中國人身份，及其所屬王朝國家之屬性。[43] 如今，

---

43 如歐立德就一方面強調「中國」內涵的不斷變化，另一方面又無視清朝入關後朝廷認同的「中國」範圍已擴大到包括清朝全境的事實，而仍堅持認為在整個清朝，「中國」僅是「滿洲帝國」的「一部分」。他說：「也許『新清史』要提出來的最大問題是，我們可否不經質疑地直接將清朝等同於中國？難道我們不該將其視為一個『滿洲』帝國，而中國僅是其中一部分？部分『新清史』的史家因此傾向於『清朝』與『中國』間劃下一條界線，避免僅僅稱呼清朝為『中國』，也不僅僅稱呼清朝皇帝為『中國皇帝』。」（見歐立德：〈滿文檔案與「新清史」〉，台北《故宮學術季刊》2006 年冬第 24 卷第 2 期）。實際上，類似看法，很容易讓中國人聯想起 20 世紀 20 至 30 年代日本以矢野仁一為代表的支持日本「大陸政策」的御用學者們，曾提出所謂「支那非國論」、「滿蒙藏非支那本來領土」論，意謂「支那≠清」、「支那＝支那本部」、「支那＝漢民族之領域」等論說〔見矢野仁一當時發表在日本《外交時報》、《東亞》、《東亞經濟研究》等上面的系列論文，如〈滿蒙藏非支那本來領土論〉（載《外交時報》35 卷 1 號，1922 年 1 月）等。日本首相田中義一在《田中奏摺》中，就對矢野仁一的論述大加讚揚。至於當時中國國內學者的有關反駁，則可參見葉碧苓：〈九一八事變後中國史學界對日本「滿蒙論」之駁斥——以《東北史綱》第一卷為中心的討論〉，《國史館學術集刊》2006 年 9 月第 11 期〕。因此有學者批評歐立德等沒能明確地與後者的一些說法劃清界限，顯得不嚴謹和慎重，儘管兩者間存在本質的不同。姚大力教授雖提請國內學者多關注「新清史」的長處、切忌政治化批判，但他也明確批評其所謂「大清非中國論」之錯誤，不過他似乎並不看重「認同」視角本身。見姚大力：〈不再說「漢化」的舊故事——可以從「新清史」學習甚麼〉（載《東方早報·上海書評》，2015 年 4 月 12 日）等文。

許多受「後現代」思潮影響的思路或論斷，常坐此病。因其並不能將自己的論述立場貫徹到底，往往陷於此類思維矛盾之中而不自知。在近代中國，有一個流傳甚廣的名詞「中國本部」，體現出的恰是此種荒唐思維。該詞長期被日本侵略者在「明朝時期漢人統治地域才是真正的和原本的中國」之義上惡意利用，曾帶給中國人以歷史的警示。1939 年元旦，顧頡剛就在《益世報・星期論評》上發表〈「中國本部」一名亟應廢棄〉一文，認定該詞乃日本人「杜造」出來以「分化」和「欺騙」中國人，專為攘奪我國滿蒙等邊疆領土的陰謀服務的。他感慨我國的「知識分子」們卻被矇騙，竟然不加反省地盲從跟用，「中了敵人的詭計，危害了國家的前途而尚不覺察」，實在糊塗之至，令人痛心疾首。他還指出，在近代英文中，也有與「中國本部」具相同意味的詞 China proper，當是由日本的「中國本部」翻譯過去。不過，這後一結論目前似仍有待認證和探討。據筆者粗略查考，China proper 的產生可能比日文中的「中國本部」一詞還要更早。[44] 它在 18 世紀末開

---

44 China proper 早在 18 世紀末的英語中即有零星使用。筆者查閱 ProQuest Historical Newspapers: Chinese Newspapers Collection, 1832-1953〔該資料庫包括了《中國叢報》(*The Chinese Repository*)、《教務雜誌》(*The Chinese Recorder*) 等晚清民國時期在中國創辦和發行的十二種英文報刊（中國人辦的很少，多為歐美人所辦）〕，從中得見 1830 年代該詞即使用 28 次，較早的一次是 1832 年《中國叢報》中的使用。1930 年代到最高峰，達 934 次之多，這與偽「滿洲國」建立後有關的西文宣傳有關。儘管以英美等國為主導的國聯在政治上並不承認作為日本傀儡的「滿洲國」，堅持認為其所在地為中國的國土，但對英美語言中 China proper 一詞的使用卻長期缺乏反思。在現代英語中，China proper 的使用已越來越少，但當今有些美國學者，如歐立德等，有時仍然喜歡使用該詞。如其英文著作《乾隆皇帝傳》裡有幅 1780 年的大清帝國圖，就將中國內地十八

始即被來華西方人使用，19世紀之初時使用漸多，起初不過表明清代「中華帝國」的範圍已經在明代的基礎上有所擴大之整體印象，不過後來在使用中，卻給西方人長期留下了「中國」原本就是或應該是明代漢人統治區的刻板印象和認知陳見，並不時被不當使用甚或惡意使用，往往自覺或不自覺地受制於西方那種樂意將內蒙、新疆和西藏等少數民族地區排除在「中國」之外的獨特意識形態。[45] 不過，顧頡剛認為漢文中的「中國本部」一詞直接來自日本，卻是毋庸置疑的。如1899年，日人桑原騭藏所著《東洋史要》一書被譯成漢文出版，此後該書又出現多種漢譯本或改編本，其中即反覆使用「支那本部」或「中國本部」概念。

筆者未曾見到過清朝政府和滿人皇帝在完全China proper意義或日文漢字相同詞意義上正式使用過「中國本部」概念，因為入關後的大清既認同於中國，且以繼承中國王朝體系的正統自居，又怎麼會願意將其滿人故園和大清「龍興之地」的「滿洲」也自外於「中國本部」？！相關的稱呼通常都是「內地」，所以有

省特別總標為 China proper，與 Manchuria，Mongolia，Xinjiang 和 Tibet 並列，見 Mark C. Elliott, *Emperor Qianlong: Son of Heaven, Man of the World* (Upper Saddle River, New Jersey: Longman, 2009), p.15.

45 早在顧頡剛之前的1935年，著名史家鄭鶴聲對帝國主義利用「中國本部」概念行別有用心之謀，已有明確揭露，指出：「外人為割裂我國計，於地圖上『中國』二字，只書於十八省之上，余均以滿蒙藏及土耳其斯坦標之。外人敘述我國國內之事，則以『中國人』與『滿人』、『蒙人』、『藏人』等對稱，其用心昭然。我國上下，反受其愚，而中其計，竟已有『中藏』等類大錯特錯之對稱名詞，何異自裂我國為若干單位？」見鄭鶴聲：〈應如何從歷史教學上發揚中華民族之精神〉，《教與學》第1卷第4期，1935年10月1日。

「內地十八省」之稱，與蒙回藏等邊疆地區相對而已，內地和邊疆則都通稱中國、統屬中國。儘管今天的國人在英譯漢時，往往願意將 China proper 譯成「內地」或「中原」，實則兩者之間在含義上，卻存在區別。

眾所周知，康雍乾時代及其以後的中國已非昔日的明代中國，而是被清帝、滿人和漢人等其他族群共同認同、又加以再造過的中國。對於這樣一個變化了的和正變化著的中國，以「中國」自稱並成為一個中國朝代的清朝及其最高代表皇帝何曾有過美國部分「新清史」學者所謂的「超越」？又何從「超越」？它有所超越的不過是明代及其以前的中國而已（你可以說清朝超越明朝，也可以說「大清中國」超越「大明中國」，卻不能籠統地說入關後自稱「中國」、成為一個中國朝代的「大清」超越「中國」，否則難免有語病）。

其實，作為傳統國家的「中國」，它的地域範圍、居住人民、主導族群在不同時代固然不斷有所變化，但其每個佔有中原的王朝國家卻都無一例外地、連續不斷地認同於「中國」或「中華」，以「中國」或「中華」自名、自稱、自表、自得、自尊乃至自大，堅定地遵從於儒家政治文化，並表明自己是中國的一個正統朝代。這種朝代可以更替興亡、作為傳統政治與文化共同體的「中國」國家卻永續永在的獨特的歷史延續性認同，並非今人以現代民族國家意識加以主觀反推的結果。它長期形成並不斷強化了一種「中國天下」的共識，其內涵絕非狹隘的「漢人國家」所能概括。撇開政治文化不談，僅就疆土而言，它可以說就集中體現為

一以貫之的、中心不變而邊界模糊但認同相當明確的「中國」傳統國家特徵。這一點與其獨特的儒家政治文化相結合，毋寧說正是構成歷史悠久的前近代傳統中國有別於西方古今主要國家、特別是近現代民族國家的重要特色之一。[46]

20 世紀初的清末十年間，作為啟蒙思想家的梁啟超等人震懾於西方現代民族國家的強盛，迫切需要激發國人現代民族國家式的愛國心，因而痛責傳統中國有「王朝」而無「國家」，並對中國缺乏西方式的憲法規定的、確然無疑的統一國名一事而憂心如焚。熟悉萬分且歷史悠久的「中國」之國名明明自在心中，卻仍在無意間把國家歸結為純粹的現代民族國家或國民國家之專屬，這正是當年強勢的西方政治文化霸權的典型表現之一。

如今，一些堅持認為「大清」和「中國」為兩回事的學者，總愛拿梁啟超 1900 至 1901 年間在〈少年中國説〉、〈中國史敘論〉等文中批判中國「無國名、非國家」的過激之言説事，以為自己的偏頗觀點服務。且不提其忽略了梁氏所言之具體語境與背景，未能完整準確把握其內涵，至少也是對當時的思想缺乏再反思的結果。君不見梁啟超一面批判中國無國家無國名，一面又滿口「我國」、「我中國」、「老大中國」和「少年中國」乎！君不知梁啟超重新書寫本國之史的開篇〈中國史敘論〉中，同樣偏激地聲

---

46 在這方面，汪暉對帝國和民族國家二元對立模式的反思，有助於今人的認識。見汪暉：《現代中國思想的興起》上卷第一部「導論」部分，北京：生活・讀書・新知三聯書店 2004 年版，第 23-47 頁。

稱「雖謂中國前者無史，殆非為過」——難道我們竟也要真地相信他「中國前者無史」之說乎？！事實上，不是此前的中國沒有國名，而是存在兩種眾所周知的傳統國名，一是以朝代命名的國名，一是超越各朝代的通稱「中國或中華」之名，而它們當時又有其國外的習慣對譯名。在西方主導的現代國際關係體系之內，對外部世界陌生的中國人，一時竟不知如何標稱自己的國名，這才是人們經常提到早期國人出洋留學日本早稻田大學時，將祖國之名填得五花八門的原因。

但學者們應當注意的是，梁啟超激言中國無國名，實際指的是當時中國無確定唯一、對內既體現國民的主權者地位，對外又不妄自尊大，還能將古今貫通起來的合用的現代國名而已；並且最終，他也並未能找到「中國」以外的其他選擇，而還是認定，相對說來仍只有「中國或中華」作為國名既具有歷史延續性、也符合「名從主人」的現代主權原則，故其文仍保留「中國」名稱，名之為〈中國史敘論〉。論者往往徵引梁啟超所論之前半段，而刪掉其後半段，實不免造成不必要的誤解。**47**

---

47 為方便認知，特將梁啟超那段關於這一問題的典型論述完整摘錄如下：「吾人所最慚愧者，莫如我國無國名之一事。尋常通稱，或曰諸夏，或曰漢人，或曰唐人，皆朝名也。外人所稱，或曰震旦，或曰支那，皆非我所自命之名也。以夏、漢、唐等名吾史，則戾尊重國民之宗旨；以震旦、支那等名吾史，則失名從主人之公理；曰中國、曰中華，又未免自尊自大，貽譏旁觀。雖然，以一姓之朝代而污我國民，不可也；以外人之假定而誣我國民，猶之不可也。於三者俱失之中，萬無得已，仍用吾人口頭所習慣者，稱之曰中國史。雖稍嫌驕泰，然民族之各自尊其國，今世界之通義耳。我同胞苟深察名實，亦未始非喚起精神之一法門也。」見梁啟超：〈中國史敘論〉，載張

民國時期，已有中國學者專從政治學的國家類型的角度，相當敏銳地見及清末民國之前的傳統中國有別於西方「帝國」（empire）、「族國」（民族國家，nation）的國家特性所在，在無法精準歸類的情況下，十分自覺地將其作為一種獨特的國家類型來概括，並稱之為「中國之國」、「中國天下」或「中國天下國」，[48] 以此來特別強調其傳統的王朝國家特性、政治品格和獨具的政治文化，從而表現出一種可貴的自知之明。這種王朝國家，既帶有一種超越現代民族主義狹隘性的「天下」追求，又具有自己獨特的政府機構和日益明確的管轄範圍（清中葉以後，在與歐洲近代國家打交道的過程中，中國的國家特性自身也在不斷發生變化），因此絕不能將其簡單視為非政治體（state）的所謂純粹「文明體」。[49] 而與此同時，中國王朝國家自身又彷彿帶有某些「帝國」

　　品興主編：《梁啟超全集》第 1 冊，北京出版社 1999 年版，第 449 頁。定宜莊、歐立德〈21 世紀如何書寫中國歷史：「新清史」研究的影響與回應〉一文只引錄此段文字的前半部分來說明自己的觀點，且將其出處弄錯，誤為〈少年中國說〉。見彭衛主編：《歷史學評論》第 1 卷，第 138 頁註釋 1。

48 可見羅夢冊：《中國論》，商務印書館 1943 年版。筆者得見此書，恰巧在 2010 年「清代政治與國家認同」國際學術會議召開前夕，感謝夏明方教授的及時提示和資料贈與。

49 在這方面，美國學者白魯恂（Lucian W. Pye）所謂「中國（迄今）是偽裝成國家的文明」之論〔其英文原文表述為：China is not just another nation-state in the family of nations. China is a civilization pretending to be a state. 參見 Lucian W. Pye, "China: Erratic State, Frustrated Society," (1990) *Foreign Affairs* 69(4)〕，曾導致許多政治學者和歷史學者對中國的現代國家性質發生誤解。有學者批評白魯恂這是以歐洲經驗來評判中國，屬歐洲中心主義的典型。其實即便作為一種學術觀點，此種論說也並不新鮮。早在 1927 年，出生於印尼的華人、國民黨員湯良禮的英文著作《反叛的中國：一個文明怎樣成為一個民族國家》一書中，就稱傳統中國乃有別於 nation 的 civilization。不過他認為中國經過西方侵略、民國建立，特別是經過五四運動至五卅運動等民族主義思潮的洗

和「民族國家」的部分特徵。

　　現今美國的一些「新清史」學者，似乎也重視清朝國家的政治文化特質，每好以「帝國」稱清朝，但他們要麼同時樂於將清朝前期對準噶爾政權等的征服行為與某些西方近代殖民主義帝國的海外侵略擴張相提並論，甚且等而觀之，要麼根本不理會 20 世紀初年清朝開始自稱「大清帝國」時，其所謂「帝國」不過是模仿已經立憲的「日本帝國」或「大英帝國」的稱謂，僅表明一種存有帝王或君主的「大國」含義而已，且其所表達的國家理想追求，恰恰是日、德、英等國那種「君主立憲」制的國家形態，而並非有別於現代國家的那種所謂包容「多元政治體制及其文化」含義上的 empire。因此，美國部分「新清史」學者對「帝國」概念的有關認知和學術使用，實多有未妥之處或彼此衝突之點，也沒能準確把握清前期征服準噶爾政權等行為的內在動因與政治特質，以及清末時清廷自稱「帝國」的歷史語境。

　　另外，就「認同」本身而言，多元認同同時並存而各自居於不同層次，乃是再正常不過的人類現象。在清朝入關、政權統治逐漸穩定之後，滿人的「中國認同」和「大清認同」就迅速趨

禮，已然成為現代 nations 中的一員。在他看來，當時中國成為現代民族國家的主要障礙不在自身，恰在於列強侵奪了中國的國家主權和完全獨立的地位〔可見 Leang-Li T'Ang, *China in Revolt: How A Civilization Became A Nation* (London: Noel Douglas, 1927), p.149, "Introduction", p.xvi〕。這與義和團運動時期辜鴻銘在其英文著作《尊王篇》一書〔Hung-Ming Ku, *Papers From A Viceroy's Yamen* (Shanghai Mercury Ltd., 1901)〕中為中國辯護，呼籲列強尊重中國文明，保持中國作為一個君主國的獨立、享有治理主權的思路，一脈相承。

於同一，並與其自身的「滿洲認同」以一種交織的方式同時並存著，它們之間在特殊情況下特別是滿漢矛盾激化的特定時期，也會以有些漢人不認同其為「中國或中華」的方式，表現出某種緊張，但更多的時候則是並行不悖，而且入關以後的「中國認同」，作為一種兼顧對內對外、歷史與現實的超越族群利益之上的國家認同（前期為傳統王朝國家認同，後期特別是清末開始向近代或現代國家認同轉化），總體說來要處於更高層次。從某種意義上說，將更為廣闊地區的「非漢人」族群徹底有效地陶鑄成「中國人」，使他們以主人翁的姿態公開認同並滿足於「中國人」身份，且在晚清特別是清末實現一定程度的現代性轉換，不僅是清王朝超越以往中國各王朝主導族群的「滿人特性」獨特作用的結晶，也恰恰正是體現其統治時期最為鮮明的「中國特性」所在。[50]

美國「新清史」代表歐立德（Mark C. Elliot）強調說，「中國」是「一種超越歷史的，比較籠統而容易改變的信念和概念」，沒有甚麼不變的「中國性」。[51] 誠然沒有甚麼絕對不變的「中國性」，但誰又能否認，在一直以「中國」自稱的「中國人」長期生存、以朝代相續的國度裡，存在著一些「在變化中傳承與延續的中國特性」呢？比如，滿人的「中國認同」及前文所提及的與之相應的政治和文化上的各種「中國化」事實，難道不正是這種特性的

50 關於以上部分更完整的論述，請參見黃興濤：〈清代滿人的中國認同〉，《清史研究》2011 年第 1 期。

51 見前引定宜莊、歐立德：〈21 世紀如何書寫中國歷史：「新清史」研究的影響與回應〉一文。

體現嗎？ [52] 人文、政治和社會的延續不同於純自然的過程，它恰恰包含了像清朝滿人「中國認同」這樣的自覺努力在內。實際上，「中國」和「中國人」的概念及其認同中，有些內容並非是那麼容易改變的。延續抑或斷裂同樣都體現歷史的真實。誰說只有一味強調「中國」的斷裂和變異，才是「歷史的」，而強調和確認「中國」和「中國人」的延續，就是「超越歷史」？

（2）「中國」作為現代國名之時間確認及其意義

這裡，還有必要再次明確提出「中國」究竟何時成為代表我們這個國家的現代國名之問題。它與中國何時成為一個現代民族國家的問題有關係，[53] 但也存在區別；同時，它與現代中華民族意識和觀念的形成，同樣具有密切的關聯。

如今，學術界在談到「中國」成為現代意義的國家名稱的時

52 關於「中國」在變遷中延續的獨特性和整體性，以及成為歷史書寫對象的必要性，可參見葛兆光：《宅茲中國——重建有關「中國」的歷史論述》一書（北京：中華書局2011年版）；亦可參見許倬雲：《說中國——一個不斷變化的複雜共同體》一書（桂林：廣西師範大學出版社2015年版，2016年重印）。

53 關於晚清中國的國家性質問題，學界的看法並不統一。一方面，西方國家要求中國履行一個現代國家的義務，當然她同時也就承認或被賦予了現代國家的主權等權利。實際上，在與西方近代國家打交道的過程中，中國已逐漸從傳統王朝國家向現代主權國家演變，特別是在清末新政階段。如于逢春就認為，1820年《嘉慶重修大清一統志》及其所附《皇輿全圖》的編繪，標誌著大清國「已具備了近代意義上的民族國家基本要素——領土、主權與國民（臣民）意識」，「已存在著近代意義上的疆域、邊界與邊境制度」，「對其疆域、邊界已能有意識地自我認定、法理確定」，其疆域、邊界「已取得了國籍法意義上的國家承認」。見于逢春：《時空坐標、形成路徑與奠定：構築中國疆域的文明板塊研究》，哈爾濱：黑龍江教育出版社2012年版，第63-64頁。此見值得今人思考。

候，流行的説法通常認定是在中華民國建立之後。國內如此，國外亦然。人們普遍認為，此時的「中國」正式成為了「中華民國」的「簡稱」，[54] 所以也就成為了正式的現代國名。這種看法幾乎是眾口一詞，筆者過去亦曾人云亦云。但現在看來，這一結論卻未必靠得住。據筆者考察，民國以來，並沒有哪個正式頒發過的憲法乃至草案型的憲法，有過類似的「簡稱」規定。它毋寧説乃是數千年王朝國家通稱「中國」的某種歷史延續：大明稱「中國」，大清稱「中國」，中華民國稱「中國」，中華人民共和國還是稱「中國」，它就是一種中國人延續下來的國家稱謂習慣而已。這一點，從 1911 年 11 月 11 日武昌起義的革命黨人成立謀略處後，公開聲明的五項決定中「稱中國為中華民國」的第二項決定中，[55]

---

54 如澳大利亞學者費約翰就強調指出：「近代以前，『中國』一詞既不指民族，也不指領土意義上的國家，而是指皇帝在世界中心的位置。作為一個國家的正式指代，它在 1912 年首次以『中華民國』這一詞彙縮略而成，儘管民國時期它既指國家也指民族。然而即使在那時，這一用法也不普遍。」見費約翰著，李恭忠、李里峰等譯，劉平校：《喚醒中國：國民革命中的政治、文化與階級》，北京：生活·讀書·新知三聯書店 2004 年版，第 174 頁，原註釋 2。英文本見 John Fitzgerald, *Awakening China: Politics, Culture, and Class in the Nationalist Revolution* (Stanford University Press, 1996), p.366. 果真如此嗎？非也。海外漢學家的類似觀點並不奇怪。在國內，此類看法也是隨處可見，甚至研究有素如胡阿祥先生，有時也難免落入窠臼，見其早年論著《偉哉斯名：「中國」古今稱謂研究》，武漢：湖北教育出版社 2000 年版，第 274 頁。不過，胡先生也並非完全沒有見及於此，其書有關觀點或前後矛盾，他有時強調「直到 1912 年中華民國建立前，『中國』都只是地域的或文化的概念」（見此書第 253 頁），有時則又指出，秦漢以後「作為政治概念使用的中國走向定型」，到明清時期的國際交往中，「政治的中國，無論是空間抑或時間，其指稱都相當明確」（見此書第 264、273 頁等）。

55 張難先：《湖北革命知之錄》，載武漢大學中國近代史教研室編：《辛亥革命在湖北史料選輯》，武漢：湖北人民出版社 1981 年版，第 149 頁。

可以得到集中體現。很顯然,「中國」作為國名是在「中華民國」之前早就存在的,而不是相反,故所謂「『中國』乃『中華民國』簡稱」之類的說法不過是想當然,恐怕很難成立。

由於辛亥革命時,王朝國家因「中華民國」的建立而根本轉型,「中國」或「中華」也就從王朝通稱轉而變成與新生的共和國——「中華民國」可對等互換的另一個習慣性國名。當然,在「中國」或「中華」與「中華民國」兩種名稱之間,此時已經有了直接的語詞重合部分,因而能夠更鮮明地凸顯其彼此之間的對等關係,毋庸諱言地,也反映了在現代民族平等建國原則下漢族作為中國最大民族之地位的提升,這正乃其有別於昔日同具體王朝之名對等互通之外的新特點。換言之,此時的「中國」作為具有現代意義的國家名稱,同她正式宣佈成為「共和國」這一新的現代國家形態,兩者更為鮮明地統一起來了。因此,筆者以為,與其說「中國」是「中華民國」的簡稱,不如說「中華民國」是以否定帝制之王朝國家的新的「共和國」形式,再次確認了「中國」這個歷代王朝共享之通用國名,從而實現了一種獨特的歷史延續。

實際上,作為各朝代通稱的傳統國名之「中國」,正如前文已經部分提及的事實所顯示的,不僅被入關後的清朝統治者和一般臣民用之為與「大清」對等的習慣性國名,明末清初以降還開始得到西方列強的瞭解、接受和強化。這與西方資本主義列強在進入現代民族國家的國際關係體系之後,也就是在 1648 年《威斯特伐利亞和約》正式生效後,逐漸明確地稱清朝中國為 China(或其他相應的西文詞如 Chine、Cina 等)並一直延續至今的歷史進

程，大體相一致。儘管 China 及相關西文詞中所帶有的某些歧視性的歷史內容，在今天的中國人看來，可能會感到不快。

應該指出，China、Chine 和 Cina 等成為歐美流傳至今的對應漢字「中國」國名的相對固定之稱謂，有一個歷史過程。早在明末清初，這一過程實際上就已逐漸開始。明末時，法國傳教士金尼閣將《利瑪竇中國劄記》一書整理後在歐洲出版，風行一時。書中明確告知歐洲人：這個古老的帝國曾以各種名稱為歐人所知悉，最古老的名稱是 Sina，馬可波羅稱之為 Cathay，「最為人所知的名稱 China 則是葡萄牙人起的，而葡萄牙人之所以稱之為 China，則是由交趾人和暹羅人稱這個帝國為 Cin 而來。China 這個名稱被意大利人和其他幾個歐洲國家稍加改變，因為他們不熟悉和拉丁語略有不同的西班牙語的發音。所有西班牙人讀 China 的發音都和意大利人發 Cina 這個音相同。」利瑪竇還告訴歐洲人，「除了新王朝一來就取一個名字以外，這個國家還有一個各個時代一直沿用的稱號，有時候別的名字就和這個稱號連用。今天我們通常稱呼這個國家為中國（Ciumquo）或中華（Ciumhoa），第一個詞表示王國，另一個詞表示花園。兩個字放在一起就被翻譯為『位於中央』。我聽說之所以叫這個名稱是因為中國人認為天圓地方，而中國則位於這塊平原的中央。」**56** 這種 China（包括 Chinese empire 等詞）與「中國」對應關係的逐漸實現和日益明確化，也使得「中國」作為國家名稱，開始逐漸帶有了西方人基於

---

56 利瑪竇、金尼閣著，何高濟等譯：《利瑪竇中國劄記》，北京：中華書局 1983 年版，第 3-6 頁。

現代國際關係體系原則所要求、賦予和認可的某種潛在並將持續下去的現代特性。

在當時通行的漢語詞彙中，作為人們熟知的國名，唯有「中國」或「中華」具有可與 China（或 Chinese empire）、Chine、Cina 等古今相續之內容相互對應的歷史縱深。各具體王朝之名如漢、唐、明、清等，均無一能夠勝任。事實上，明清以降，由於西方在近代政治和文明上持續保持強勢地位的，在此後的中西歷史上，可以說 China、Chine、Cina 等與「中國」或「中華」的國名之間，實具有著某種相互對應、規約、彼此互動的特性，這一歷史事實，今人決不當忽視。20 世紀初年時，出自佛教典籍、後又作為 China 等西文音譯詞從日本返回的「支那」之稱，在中國新興知識分子那裡曾同「中國」國名一道並行使用，還曾一度相當時髦，也可以說與前述那種相互規約作用不無關係。但「支那」畢竟不如國人熟悉的「中國」稱謂來得更為習慣自然，且事關「名從主人」的國家尊嚴問題，故「支那」之稱很快被梁啟超、黃遵憲等人所放棄。後來，此稱更因甲午戰爭之後日本國內對「支那」一詞的使用逐漸帶有了對華歧視的意味，開始為中國人所嫌惡。1930 年，民國政府已公開拒絕接受來自日本政府的「支那」之稱。第二次世界大戰勝利後，日本政府並在國內也要求其國人，不再公開稱中國為「支那」。[57]

---

57 參見黃興濤：〈話「支那」〉，《文史知識》1999 年第 5 期。該文後擴充為〈「支那」一詞的近代史〉一文，在網絡上得到更為廣泛的傳播。

直言之，西方世界貫通中國古今歷史的 China、Chine、Cina 等國家名稱詞的逐漸固定化使用，對於清代特別是晚清民初「中國」或「中華」國名的延續和現代含義的轉化，實發揮過值得一提的實際影響，起到過某種強化作用，儘管它們首先是受到「中國」或「中華」這一持續性自稱國名及其所反映的王朝國家長期延續性事實影響的結果。這與西方列強主導近代世界格局的強勢歷史分不開。無論中國是改朝換代還是建立民國，西方都仍習慣保持不變地稱她為 China、Chine、Cina；而與此同時，「中國」或「中華」的貫通性國名，也得以在西方世界的「承認」下繼續使用並實現其一定程度的意義轉換，最終成為具有較為明確的國界、主權、內部族群法律上趨於平等的關係，及與世界各國在國際法上平等存在的現代國家名稱。

　　如前所述，從康熙時代開始，「中國」作為與「大清」同義且更為西方人所熟悉的延續性國名開始進入近代國際條約。尤其是清中葉以後的晚清時期，「中國」或「中華」作為與「大清國」含義相同並可互換的另一個主權國家的國名，更是直接與 China 等詞對應，與西方列國在表面對等的主權條約國意義上使用，並得到各種國際條約的中外對照本之習慣性運用與「承認」。這一點，前文已多有論述，此不贅言。稍有點特殊的是日本。由於日本不滿「中國」國名的自大含義且對中國的藩屬國別有用心，在近代中日之間的條約文本裡，日文本往往稱清朝中國為「清國」，總稱中國歷朝為「支那」；但中文本卻也仍然不受其制約，經常保留清朝大臣習慣的「中國」國家之稱。即便是屈辱至極的《馬關條

約》中文本裡，也是「大清帝國」與「中國」兩相混稱、並行使用的。這是一個體現清廷意志、應該正視的歷史事實。

不過，也應指出，在晚清現代國際關係體系支配世界的時代背景下，在「中國」、「中華」逐漸脫去傳統「華夷觀念」的內涵、逐漸轉化為現代意義的國家稱謂的過程中，日本的確曾經成為一個相當棘手的阻礙因素。作為漢字文化圈內雄心勃勃的東亞國家，日本對作為國名的漢字詞「中國」和「中華」字面上留有的自大內涵十分敏感和反感，這與西方世界稱中國的 China、Chine、Cina 等國名在字面上不含此種意義之聯想迥然有別。1871年，中日兩國在商討立約標題時，日方就認為題頭與日本並稱的「中國」稱謂有失妥當，「中國係對己邦邊疆荒服而言，約內兩國相稱，明書國號為正」。**[58]** 對此，中方強硬地回應道：**「我中華之稱中國，自上古迄今，由來已久。即與各國立約，首書寫大清國字樣，其條款內皆稱中國，從無寫改國號之例。來箋謂己邦邊疆荒服而言，似屬誤會，未便照改。」[59]** 顯然，中方認為「中國」乃是與「大清」對等、對外亦可使用的另一國號，不能改變（這對前文提及的中西條約內「大清」與「中國」對等並存的事實，也是一種總結性認定）。但深謀遠慮的日方卻並未就此甘休，而是態

---

58 「清國ト／條約談判経過報告／件」，載外務省編纂：『日本外交文書』明治期，第4卷，「清國ト／修好条規通商章程締結二関スル件」，嚴南堂書店 1962 年版，第 246頁。可參見韓東育：〈日本拆解「宗藩體系」的整體設計與虛實進路 —— 對《中日修好條規》的再認識〉，《近代史研究》2016 年第 6 期。

59 「清國ト／條約談判経過報告／件」，第 247 頁。

度極為堅決。在條約付署之際，又再度重申了不可用「中國」作為條約起首處國家之稱的理由：「中國，東起滿洲、朝鮮，西至西藏、後藏、崑崙山，若將其域內稱作中國，那麼其域外之地豈不是要被視作外夷？説到底就是要以『中國』自居。」**60** 最後，主持中方修約的李鴻章放棄「未便照改」的立場，作出讓步，接受了日方要求，商定條約起首處以「大清（國）」和「大日本（國）」並稱，而中文文本內是否與「大清」同等使用「中國」之稱，則隨中國之便，正像稍前所議定的，日方在條約的日文本內亦可自便使用「天皇」稱謂一樣。其依據是：「從大清與西方諸國定約之例。」**61**

順便提及，在 1871 年前後中日條約談判的過程中，中國也曾明確反對日本在中日簽約或交涉中使用「天皇」字樣，以為未免尊大。其在回日本來函時表示：「天皇氏為首出神聖。後世皆推崇，莫敢與並。今查貴國與西國所立各約，稱謂不一，而中國自同治元年以來，定約者十餘國，皆稱君主，即布國亦然。應請另擬尊稱，以避上古神聖名號。否則惟好僅書兩國國號，以免物議。天地開闢以來，往古記載之初，有天皇氏、地皇氏、人皇氏之稱，謂之三皇，其次則有五帝，至帝降而王，則夏商周三朝俱稱王，亦謂之三王。及周之末造，各國爭雄，雖諸侯也稱王稱帝，甚至有所謂東帝西帝者。至秦始王自以為功蓋三皇、德過五

---

60 同上。
61 同上。

帝，遂並稱為皇帝。此乃歷代帝王尊稱之始。若天皇之稱，考古之聖帝名王亦未敢與之並稱，是以皇帝二字，雖易代猶同此稱。而天皇，則往古未聞沿襲。在身為帝王，尚不敢以此自居，而凡在臣民之尊其君者，更可知矣。我朝敬天法祖，於郊禘之禮祝版尚須抬寫天字，則不敢以天皇待鄰邦之君，更可想見。則天皇二字之不通行於天下者如此。」[62] 對於中國不願接受「天皇」二字，日本曾多方辯護，但最終為了不耽誤立約目的，沒有糾纏下去，很快表示：「今兩國立約，僅書兩國國號亦可也。至於來往國書及公文，則我國自稱曰天皇，貴國回稱曰天皇或曰皇帝，兩從其便。」[63] 不過在接下來的談判中，日本又明確提出了上述「中國」作為國家稱謂的問題，而中方談判代表李鴻章最終不僅放棄了對「中國」之稱「未便照改」的立場，接受了日本要求，在向朝廷奏報有關談判情形時，竟然還自以為得計地聲稱：「所有條規開首，渾含其詞，及章程內分寫兩國，仍稱中國及日本字樣，均尚得體。」[64] 這其中固不乏昏聵自欺之處，但由此也可以得見：朝廷和大臣們堅執「中國」這一國名的明確態度。

揆諸 1870 至 1871 年間有關中日簽約的漢文文書，清朝都是自稱「中國」，無論是恭親王奕訢，還是李鴻章及其下屬，全都如此。而條約漢文本裡「中國」國名屢現，也證實了李鴻章所言

---

[62] 同上，第 245 頁。

[63] 同上，第 246 頁。

[64]《籌辦夷務始末》（同治朝）第 9 冊，卷 82，第 3308 頁。

不虛。如《修好條規十八條》的第六條就規定：「嗣後兩國往來公文，中國用漢文，日本國用日本文，須副以譯漢文，或止用漢文，亦從其便」；第十五條中有規定「其平時日本人在中國指定口岸及附近洋面，中國人在日本指定口岸及附近洋面，均不准與不和之國，互相爭鬥搶劫」等，[65] 由此可見一斑。

實際上，「中國」或「中華」轉化成現代意義的國家名稱的過程，也是其字面原來帶有的那種華夷觀念內涵不斷消解、日益中性化使用的過程。中法戰爭和甲午中日戰爭之後，中國已逐漸失去朝貢體制意義上的藩屬國，作為國名的「中國」或「中華」，即便對亞洲而言，也完全失去了華夷觀念的歧視含義，而成為一個延續性的、單純的現代國家稱謂而已，更不用說對西方列強而言了。

晚清時期，不僅在平日的對外照會等外交文書中，「中國」作為國名使用早已成為常態，在各國對華照會、來華使節呈遞國書等漢文本中，以「中國」、「中華」的國名來稱「大清」的，也已經成為常態。[66] 同時，在中外人士所創辦的各類新興的中文報刊雜誌上，以「中國」指稱大清王朝所代表的歷史悠久的國家，更是司空見慣的事情，而且總體說來呈愈來愈多之勢。

一些著名史書如《海國圖志》等，在提到本國時，也一般都

---

65 同上，第 3311、3313 頁。

66 如 1871 年德國來華使節所遞交的國書中，就有「中國大皇帝」之稱；中國使節訪問歐洲各國，瑞典、荷蘭等國在「回書」中，一開始也都分別是該國國君「問中國皇帝好」或「問中國至高有權之皇帝好」等，見《籌辦夷務始末》（同治朝）第 8 冊，第 3249 頁；第 9 冊，第 3267 頁。

是稱之為「中國」。較早傳入中國或由傳教士撰寫的有影響力的早期漢文世界通史著作，如日本學者岡本監輔用漢文書寫、1880年由申報館出版的《萬國史記》，其講到中國的第二卷，就名之為「中國記、中國記附錄（主要是西籍中所記中國近世歷史）」。1882年，美國傳教士謝衛樓編著、美華書館出版的《萬國綱鑒》第一卷為「東方國度」，其中第一章即名為「論中國事略」，此外還有「論日本事略」等。凡此，均是將「中國」理所當然地視為包括大清王朝在內的固定國家名稱。

值得特別指出的是，清末新政時期，不僅日常習慣，而且清朝官方頒佈的正式條例、國家章程和重大法規上，以「中國」作為國名自稱的做法，更為流行並且相當正式。**此一現象，或可視為清末新政時期國家再造過程中的一個重要表徵，但迄今似尚未引起學界應有的重視。**

隨手舉一例。如1903年底和1904年初清朝學部頒佈、標誌教育近代化轉型的重大法規《奏訂學堂章程》裡，就隨處可見以「中國」作為現代國名的自覺稱謂，反而較少使用「大清」字樣，有時需要「大清」時，也往往稱之為「本朝」。在這部極為重要的教育法規裡，諸如「中國文學」、「中國歷史」和「中國地理」等不僅成為各級學校正規的課程名稱，「中國文學門」和「中國史學門」等還成為文科大學的學科門類名稱，「中國歷史」（或直接稱為「中國史」）課程要求講授的內容，均包含有史以來中國各民族建立的全部朝代的歷史。如其中的《高等小學堂章程》就規定，「中國歷史」課「其要義在陳述黃帝堯舜以來歷朝治亂興衰大

略，俾知古今世界之變遷」。至於有關「大清」的歷史課，則名之為「中國本朝史」。[67]

順便提及，清末時，作為教科書用的各種以「中國歷史」命名的著作已紛紛湧現，這也是同「中國」作為現代國名的習慣使用相伴隨的前所少見的歷史現象。像得到清朝學部審定推廣、供中學堂和師範學堂正式使用的汪榮寶編纂之《中國歷史教科書》（原初名為「本朝史講義」），以及陳慶年編、同樣得到學部審定通行的《中學中國歷史教科書》等，都是如此，它們體現了清末朝廷的意志。如前者一開篇即寫道：

本朝史者，中國史之一部，即全史中之最近世史也。中國之建邦遠在五千年以前，有世界最長之歷史，又其文化為古來東洋諸國之冠。其疆域奄有東方亞細亞之什九，其興衰隆替，足以牽動亞細亞列國之大勢。故中國史之範圍，實佔東洋史全體之太半。[68]

陳慶年所編、商務印書館出版的《中學中國歷史教科書》，最初為 1906 年武昌刊刻的《中國歷史》6 卷，寫到明末為止，內容包括漢、滿、蒙、藏等各民族主導中國各不同時期的歷史，分為「漢族增勢時代」、「漢族盛勢時代」、「蒙古族最盛時代」等章

---

67 見上海商務印書館編譯所編纂：《大清新法令（1901-1911）》第 3 卷，北京：商務印書館 2011 年版，第 208 頁。

68 汪榮寶編纂、張元濟校訂：（中學堂、師範學堂用）《中國歷史教科書》（本朝史），商務印書館宣統元年（1909）六月初版，三年（1911）四版，「緒論」第 1 頁。

節。這類以「中國」為名、包括各民族主導中國歷史內容的縱觀性通史書寫，意義重大。目前的中國近代史學史研究，似乎尚未重視並自覺揭示清末這些官方認可的歷史教科書的現代性政治文化內涵及其意義。實際上，它們是伴隨國家現代政治自覺和文化自覺的史學運動之有機組成部分，是史學參與清末新政和「中國」國家再造運動的自覺行為。

與新的「中國歷史」書寫相伴隨的，則是以漢語作為「共通語」的「國語」運動的發軔。其《高等小學堂章程》「中國文學」課程就規定小學生「並使習通行之官話，期於全國語言統一，民志因以團結」。[69] 1909 年，東三省蒙務局協領榮德以商務印書館出版的《最新國文教科書》為底本，譯成《滿蒙漢合璧教科書》，供蒙人學習漢語漢文之用，並由東三省總督錫良奏請朝廷批准發行。其第 23 課概說「中國」時，就以三種文字呼籲：「吾既為中國人，安可不愛中國乎？」[70]

同樣值得注意的是，1906 年，沈家本和伍廷芳等奉令修訂刑法和訴訟法草案，其中凡涉及中外國際交涉部分，均稱本國為「中國」，本國人為「中國人」、「中國人民」和「中國臣民」等。[71]

---

69 見上海商務印書館編譯所編纂：《大清新法令（1901-1911）》第 3 卷，第 208 頁。

70 蔣維喬、莊俞等編，榮德譯：《滿蒙漢三文合璧教科書》內府抄本，宣統元年（1909），卷 4，第 39-40 頁。

71 可見《修訂法律大臣沈家本等奏進呈刑律草案摺》、《修訂法律大臣沈家本等奏進呈刑律分則草案摺並清單》等，載上海商務印書館編譯所編纂：《大清新法令（1901-1911）》第 1 卷，北京：商務印書館 2010 年版，第 466-471、531-537 頁等。

更值得關注的是，1909 年，正在嘗試「預備立憲」的大清朝廷，還通過了一個關係重大的、體現「大清」與「中國」之間具有國名符號對等性標誌意義的國籍法 ——《大清國籍條例》，該法除了標題裡之外，整個正文中都沒有「大清」二字，而全被「中國」和「中國人」所取代。如它的第一章「固有籍」就規定：「第一條凡左列人等不論是否生於中國地方均屬中國國籍：一、生而父為中國人者；二、生於父死以後，而父死時為中國人者；三、母為中國人，而父無可考或無國籍者。」[72] 無怪乎有學者宣稱，「在法律上，1909 年清廷更以一部國籍法定義了『中國人』。這部法律沒有定義『大清國人』的國籍，而是定義了『中國人』的國籍。換言之，第一次用國際規範的法令定義中國人國籍（nationality）的政權並非中華民國，而是被早期革命者視為『韃虜』的清廷」。[73] 這樣說，顯然是僅就正文而言，而沒有把《大清國籍條例》的標題也放進去。若放進去，則「大清國人」即是「中國人」，兩者之間並無區別。

值得一提的還有，《大清國籍條例》頒發之前，由修訂法律館編訂的有關草案曾被《東方雜誌》刊載，曾直接就題為《中國國籍法草案》，[74] 其主體內容與後來正式頒佈的《大清國籍條例》

---

72 《憲政編查館奏為遵旨議複大清國籍條例摺》附《大清國籍條例》原文，擷華書局編《宣統己酉大政紀》第 16 冊卷 13，載沈雲龍主編：《近代中國史料叢刊續編》第 25 輯，台北：文海出版社 1976 年版，第 1265-1274 頁。

73 邵丹：〈故土與邊疆：滿洲民族與國家認同裡的東北〉，《清史研究》2011 年第 1 期。

74 《中國國籍法草案》，《東方雜誌》第 6 卷第 2 期，1909 年 2 月，第 27 頁。

基本一致。據查，修訂法律館的大臣們原使用的標題是「國籍條例」，既不是「中國國籍法」，也沒有「大清」二字，「大清」恐怕是外務部審定、特別是最後關頭為奉命審核覆議的憲政編查館大臣奕劻等人所加。

另有學者強調，在這部國籍法中，清政府以「血統主義」而不以「居住地主義」來確立根本原則，「顯然是受到當時『大民族』主義的影響。…… 具有把中國各個民族，不分滿、漢、回、蒙等諸族，統轄於中國中華大『血脈』之中之意。…… 從這個意義上說，《大清國籍條例》可以理解為清政府在大一統近代轉型中對於『中國』觀念的重塑」。[75] 這種重塑，當然是在延續的基礎上實現的。

宣統二年（1910），清政府為籌備預備立憲、要求學部完成編寫任務並審定發行了《國民必讀課本》，其中也以「中國」作為國名，聲稱「中國居於亞細亞之東部，土地最廣（約佔亞洲三分之一），人口最多（約四萬萬五千萬），氣候適中（……），物產豐富（……），開化甚早（……），交通方便……」，強調包括內外蒙古、青海、西藏、新疆和東三省等邊地人民在內的所有中國人都是「國民」，所在地區為「國權」所有、神聖不可侵犯的領土，「皆我國民所當聯眾志、合群力，以為保持者也」。[76]

---

75 繆昌武、陸勇：〈《大清國籍條例》與近代「中國」觀念的重塑〉，《南京社會科學》2012 年第 4 期。

76《國民必讀課本》（甲編）下，學部圖書局宣統二年正月印行，第 2-3 頁。感謝沈國威兄在資料上的說明。

在筆者看來，像《大清國籍條例》這樣的近代新式法律之頒佈和清末新政中其他一系列國家法令、政令、國頒教材中對「中國」國名正式而普遍的使用，再加上國際條約中的廣泛使用和承認，可以說已基本奠定了「中國」作為現代國家名稱的合法性，也奠定了包含漢滿蒙回藏等各族人民在內的「中國人」作為現代國民身份認同的政治基礎。順便提及，晚清時期，包括漢、滿、蒙、回、藏等各族人在內的「大清」國人或中國人之另一些稱謂如「華人」、「華民」、「華工」、「華商」乃至「華僑」等，都已在海內外華文媒體中逐漸流行開來，[77] 這種意義上的「中國人」或「華人」，實際上也就為現代中華民族觀念的形成，創造了直接的社會歷史条件。

亦有鑒於此，筆者以為，談現代意義的中國國家再造或「舊邦新造」，並不能只從民國初年講起。那是清末時就已自覺開啟的宏偉事業，其中清王朝所發揮的重要作用，絕不應被史家忽略。而在「舊邦新造」過程中，「中國」作為具有現代意義的國家名稱在晚清的重塑、尤其是在清末的奠定，或可視之為其中極為重要的組成部分。

---

77 可參見莊國土：〈「華僑」一詞名稱考〉（載《南洋問題研究》1984 年第 1 期）等文。相對於「華民」、「華人」和「華商」等很早就在海內外流行有別，「華僑」一詞的出現和流行要稍晚些，但至少在 1883 至 1884 年間，民間的鄭觀應在有關呈文裡，以及官書《清實錄》中，現代意義的「華僑」一詞就已開始使用，清末逐漸流行開來。

二、新的思想資源：現代「民族」概念在中國的形成

現代意義的「民族」概念在中國的出現與早期運用，是認知晚清以降民族自覺的由來和「中華民族」觀念形成和發展的重要內容之一。這一現代概念連同與之相伴隨的現代民族意識在中國的興起，可以說都是中、西、日文化交流互動的結晶。以往學界曾長期認為，中國古代並無「民族」一詞，清末民初中文裡流行開來的現代「民族」一詞和概念，乃完全從日本傳入，它是日本人率先使用「和製」漢詞「民族」來對譯西文 nation 等詞和相應概念的直接結果。這一結論裡，無疑存在著真實，但也包含著某種簡單化和武斷之處。其實際的情形較為複雜，值得學界同人加以歷史的辨析和深入的研討。

1. 郭士立與傳統漢文裡「民族」一詞的早期轉化

近年來，國內學者不斷發現，在古代漢語裡，「民族」一詞雖不常見，卻也並非沒有。其所舉出的最早例證，現已上溯至《南齊書》之〈高逸傳・顧歡傳〉和唐人李筌《太白陰經》中的有關使用。[78] 2004 年，民族學者郝時遠先生更是一氣舉出十個例證，強調這些用例「足以證明『民族』一詞確屬中國古代漢語的名

---

78 邱永君：〈「民族」一詞非舶來品〉，《中國民族報》2004 年 2 月 20 日；茹瑩：〈漢語「民族」一詞在我國的最早出現〉，《世界民族》2001 年第 6 期。

詞」。[79] 不過，細心研究迄今為止已發現的古代中國各「民族」用例，還是不難察知，其內涵不僅十分不確定，混雜多義，而且很多時候也多是表示「民之族屬」和「民之族類」的一般分類含義，與「族類」一詞相當，詞語固定化程度遠不如「宗族」、「家族」。實際上，古人在表達相關含義時，更習慣使用的詞彙，還是單音節詞「族」。

總的說來，「民族」一詞在古代中國使用不多，多係不確指的分類泛稱，並不能與某個具體民族連結起來組成「某某民族」之說。甚至連「某某族」這一類的構詞，在中國古代也似乎不很流行。這當是其固定化和概念化程度嚴重不足的證據。情況開始出現某種值得注意的變化，還是在晚清初期。筆者發現，其最早的變化，可能與 19 世紀重新到來的西方民族的接觸和文化碰撞，具有一定的歷史關聯。因為正是在德國早期來華傳教士郭士立 19 世紀 30 年代所編撰的中文雜誌和著作裡，我們較早見到了「某某民族」這樣的「民族」雙音節詞之固定化、概念化程度較高的用法，以及「某某族類」和「某某族」這類構詞的大量出現。前者的例子，筆者多年前曾舉出一個，並得到學界同行的關注，它是：

昔**以色列民族**如行陸路渡約耳旦河也，正渡之際，皇上帝爾

---

79 郝時遠：〈中文「民族」一詞源流考辨〉，《民族研究》2004 年第 6 期。郝文對此前的有關研究具有某種總結的性質。

主宰令水涸,猶乾江海(亦)然,則普天下之民認皇上帝之全能,且爾恆敬畏之也。**80**

近年來在查閱郭士立的其他中文書籍時,筆者又曾見到另外的用例,比如:

每年英吉利民所捐之財,共計數十萬金,遂設他會,撰著勸世文,敷教與愚民。亦排聯名簽題會,加增聖經之本,譯聖錄異話,傳之普天下之諸**民族**也。如此不獨利己而利他也。**81**

郭士立(K. F. Gutzlaff, 1803-1851),又譯郭實獵或郭實臘,出生於普魯士,1826年神學院畢業後到東方傳教。19世紀30年代曾幫助西方列強收集中國沿海情報,並在鴉片戰爭中扮演不光彩的角色。郭除通曉英、德、荷等西方語文外,還掌握了中文、馬來文、日文和泰文。他一生著述八十餘種,並以英文和中文著作為主,其中文筆名為「愛漢者」。1833年,郭士立創辦於廣州並任主編的《東西洋考每月統記傳》,為中國境內最早用中文出

---

80 愛漢者等編、黃時鑒整理:《東西洋考每月統記傳》所載〈論約書亞降迦南國〉一文,道光丁酉年九月(1837年10月),北京:中華書局1997年影印本,第271頁。參見黃興濤:〈「民族」一詞究竟何時在中文裡出現〉,《浙江學刊》2002年第1期;也可見稍後方維規的〈論近代思想史上的「民族」、"nation"與中國〉,《二十一世紀》2002年4月號。

81 見郭士立:《古今萬國綱鑒錄》卷16,新嘉坡堅夏書院藏板,道光十八年(1838)戊戌仲秋鐫,第66頁。筆者所見為哈佛燕京學社圖書館藏本。

版的近代期刊。1838 年，他出版《古今萬國綱鑑錄》一書，這是傳教士所編譯的最早中文世界史著作之一。1850 年，該書曾由寧波華花聖經書房再版。郭士立使用「民族」的上述兩個例子，就分別出現在《東西洋考每月統記傳》和《古今萬國綱鑑錄》之中。

數年之前，筆者收到新加坡華人學者莊欽永、周清海二位先生出版的大著《基督教傳教士與近現代漢語新詞》一書，其中作者又有新的發現。他們指出，早在 1834 年，郭士立在《救世主耶穌基督行論之要略傳》一書的「煞語」中，就率先以現代形式使用了「民族」一詞，該書寫道：

蓋皇上帝符璽證據耶穌之教訓為天之諭，言言實實，略無粉飾，故申論中外諸民族，悔罪伏奉耶穌救世者之教也。[82]

雖然，我們現在已無法考證出，郭士立所使用的「民族」對應的究竟是哪個西文詞，但從當時早已失去故國的「以色列」被其稱之為「民族」等信息來看，它對應的更像是 13 至 16 世紀英文裡流行的 nation 之古代含義，即「指的是一個『族群』，而非『政治組織的群體』」。[83] 在近代德文中，nation 的這一具有種族

---

82 郭士立：《救世主耶穌基督行論之要略傳》，新嘉坡堅夏書院藏板 1834 年版，第 74 頁下。轉引自莊欽永、周清海：《基督教傳教士與近現代漢語新詞》，新加坡青年書局 2010 年版，第 56-57 頁。

83 見雷蒙·威廉斯著、劉建基譯：《關鍵詞：文化與社會的詞彙》，北京：生活·讀書·新知三聯書店 2005 年版，第 316 頁。

和歷史文化共性的人類群體之傳統內涵，得到了更多的保留。此種 nation 的古義，與中文裡傳統的「族類」、「族民」等詞，恰有相通之處，故它同時也被具有英、德雙重語言背景的郭士立譯為「族類」或「族」。[84] 在《東西洋考每月統記傳》和《古今萬國綱鑑錄》中，雙音節詞「族類」，甚至比「民族」一詞的使用還要正式和多些。如「回回族類」這樣的稱法，在其中就相當常見；「蒙古族」、「大西洋族」等這類詞則更多。但在傳統的中文裡，將一個泛稱歸類詞，與一個它所包含的具體所指合在一起構成新詞，如像「回回族類」這樣構詞，往往是很彆扭的，這就彷彿今人要稱「男性別」或「女性別」，讓人感覺怪異一樣。相比之下，「某某民族」這一構詞，反倒較「某某族類」要順當。不過，郭士立本人似乎並沒有自覺意識到這一點，他只是在努力進行轉譯活動而已。由此也可見中西名詞概念對應之初，傳教士們所作出的某些獨特努力，以及他們最初所面臨的用詞困難。

不過，有一點應該強調，也即正是在與西方相關詞彙相互對應的過程中，傳統中文裡的「民族」一詞在雙音節固定化、表達概念的穩定和確定程度等方面，已著實向前邁進了一步。也就是說，作為一種概念的詞型符號本身，「民族」在晚清已較早開始了

---

84 如《東西洋考每月統記傳》所載的〈瑪塔喇省〉、〈論歐羅巴事情〉和〈光陰易度〉等文中，就分別有這樣使用的例子：「回回族類本不侵瑪塔喇省，待至大清年間，回王弄權，今朝始興」；「（歐羅巴）自古以來，民各族類居之」（道光乙未年五月）；「且阿細阿大地陸之族類好學重文，連印度土人都閱《東西洋考》，即漢人阿細阿諸族之魁，何可延滯乎！」，等等。

某種現代化的適應與調整過程。這無疑是其走向完全現代意義的「民族」概念的重要條件之一，它同時還表明，傳統的民族概念，實有著轉化為現代民族概念的較強的內在潛能。還應指出的是，在《東西洋考每月統記傳》等傳教士所辦中文刊物和所編撰的漢文著作中，現代意義的「國民」一詞，也已較多出現。

　　《東西洋考每月統記傳》和《古今萬國綱鑒錄》等都曾傳到日本，[85] 郭士立「民族」一詞的創造性用法是否對日本學者翻譯西方相關概念產生某種影響，尚有待研究。但它對晚清國人有關的使用是否產生了直接影響，迄今為止尚未發現更多證據。從筆者所見到的資料來看，甲午戰爭以前國內有關「民族」一詞的漢文用例，多沒能突破傳統泛指「民之族類」用法的局限。[86] 這是今人在考察現代「民族」概念在中國出現時，不能不予以正視和思考的問題。

---

85 如《古今萬國綱鑒錄》，就至少曾於 1874 年（明治七年）在日本出現過兩種和刻本：大槻誠之、渡邊約郎解的《萬國綱鑒錄和解》；大槻誠之訓點、柳澤信大校正的《古今萬國綱鑒錄》三卷本。參見鄒振環：《西方傳教士與晚清西史東漸：以 1815 至 1900 年西方歷史譯著的傳播與影響為中心》，上海古籍出版社 2007 年版，第 329-330 頁。

86 如人們常提到的王韜〈洋務在用其所長〉一文中所謂「民族殷繁」和筆者發現的《申報》1872 年 8 月 24 日〈論治上海事宜〉一文中所謂「上海民族繁多」，其中「民族」一詞就仍為「民之族類」的意思。另據金觀濤和劉青峰的統計研究，晚清至 1895 年以前，他們見到 13 次「民族」一詞的用例，其中就有六次用於「某民族類」的片語中，亦可證明其固定化程度不足一點。見金觀濤、劉青峰：《觀念史研究 —— 中國現代重要政治術語的形成》，香港：中文大學出版社 2008 年版，第 531 頁。

2. 清末現代「民族」概念的形成及其主要來源

在清末，現代漢語中「民族」一詞和概念流行開來，應當說主要還是得益於日本漢字新詞對譯西文的用法。該詞從日本正式傳入中國，開始於戊戌維新時期的《時務報》；至於更大規模的傳播，則是在 20 世紀初年。筆者以為，1896 年 11 月 15 日，《時務報》的「東文報譯」欄登載〈土耳其論〉一文，其中對「民族」一詞的使用，似可以看作日本現代「民族」概念在中國正式傳播的嚆矢，以後這樣的傳播接續不斷。該欄目的主持人和翻譯者，乃是從日本請來的漢學家古城貞吉。文中寫道：

彼（註：指當時的土耳其人）獨知戰鬥，而不解政治，長於武斷，而疏於文事。故能征服各國，同茲宗教。然古國民族，不知統御之道，只賴同種族同宗教為倚信，且所奉教旨，峻猛嚴厲，絕少變通，不留餘地，故西歐文物之進，不能容焉。然其所治諸民族，已為西歐文物感化，而不受其羈縻。近今世紀間，倡自主之論，不勝枚舉，而國民亦欲助成之。乃土人憒焉無知，拘泥故轍，於是乎有希臘國獨立焉，有羅馬尼塞爾維為自主之邦焉……

土耳其帝國所治民族，一曰土耳其人，二曰阿拉比亞人，三曰希臘人，四曰亞兒米尼亞人，五曰是拉母人，六曰亞兒把尼亞人。此六民族，其最要者也……**87**

---

87 古城貞吉：〈土耳其論〉，《時務報》光緒二十二年（1896 年）十月十一日，第 11 冊。

從上述引文可知，這裡的「民族」既是「歷史文化共同體」，也是具有獨立建國的自主權利之政治共同體。作者並由此提醒讀者，那種單靠傳統的種族和宗教同一性力量，也即歷史文化意義上的傳統民族治理方法，實在是不懂（現代）政治統御之道的表現，它根本無法阻止境內各民族的獨立建國之勢，因而最終也就難逃自身分崩離析的厄運。這個被當時歐洲人稱之為「病夫之國」的土耳其，其民族在近代的悲慘命運之歷史警示，連同現代意義的「民族」概念本身，就這樣被帶給了以梁啟超、章太炎等為代表的中國那批高度敏感、危機意識極強的維新思想家和革命啟蒙者們，從而迅速地被他們所瞭解、所熟悉，並自覺運用到救亡圖存、變法革命的民族運動洪流之中。

　　在清末中國和明治日本，現代意義的「民族」概念，公認主要來源於對西方 nation 一詞和概念的漢字對譯和有關政治動員，同時與傳統中文裡的「民族」用法和族類觀念也不無某種互動。而在西方，nation 一詞又源於拉丁文 nationem，原意是「出生」。最初，出生在同一個地方的人群，自然總是既分享同一語言文化，又受到同一政治制度和法律的管治，故有學者強調，西方的 nation 早已孕育著政治和文化的雙重含義，但「這種雙重含義由於西歐（特別是英法）和中東歐（特別是德國）發展不平衡而得到強化」。現代化起步較早的英法兩國，憲政民主發展較為成熟，尤其是經過法國大革命的洗禮，nation 一詞中的政治（法律）共同體的含義被突出；而後進的德國面對英法的政治、經濟和軍事壓力，基於一種心理反彈，更多地強調其中的文化（種族、歷史）

共同體的傳統意涵。此種含義在浪漫主義等運動的推動下得到強化，赫爾德的文化（型）民族主義，可以視為這類訴求的理論形態。而政治（型）民族主義，則以體現盧梭「主權在民」精神的民族思想為代表。[88] 不過，在近代西方，特別是英法文的 nation 概念裡，總的說來作為政治共同體和文化共同體的雙重內涵，通常又是難以決然分割的，前者也即政治共同體，甚至還是凸顯傳統民族與現代民族分野的必要前提。

在日本，原本沒有可以同時表達上述雙重含義的詞彙，近代日人對 nation 概念的理解，實際上大體經歷了由自由民權運動著重從政治角度認知、將其理解為「國民」，再到從國粹運動角度強調其文化含義的發展過程。但即便是日本國粹主義者所傳播的「民族」（みんぞく）概念，也並未排除其現代政治共同體的內涵，實際是作為政治共同體的「日本國民」之「民」與作為文化、血緣共同體的「大和族」之「族」兩相結合的結果。在這點上，旅日學者王柯所言不無道理：「他們之所以提起『民族』，就是為

---

88 參見林同奇：〈「民族」、「民族國家」、「民族主義」的雙重含義——從葛兆光的《重建「中國」的歷史論述》談起〉，《二十一世紀》2006 年 4 月號（總第 94 期）。林文中關於民族具有政治和文化雙重含義的說法，似受到旅日學者王柯的直接啟發，見王柯：〈「民族」：一個來自日本的誤會〉，《二十一世紀》2003 年 6 月號（總第 77 期）。筆者多年前強調現實中的民族認同往往是政治和文化雙重認同的觀點，與此不謀而合。可見拙文〈清末民國時期「中華民族」觀念認同性質論〉，《北京檔案史料》2004 年第 2 期。

了從文化和血緣的側面更加強調日本 nation 的一體性。」[89] 這種民族概念，雖是雜交的產物，但顯然比較接近於德國取向，或更準確地說，它認同的乃是一種包含了以「國民」身份作為平等政治基礎的現代歷史文化共同體。

　　戊戌時期及 20 世紀初年，主要從日本導入中國的現代「民族」概念是複雜的，既有英法取向，也有德國取向，更多的時候則混雜不清。但無論是何種情況，它們都程度不同地包含了以現代「國民」作為其平等政治基礎的內涵部分。而中國新知識人真正得以對這一現代概念有別於傳統的內涵有所把握，特別是對其中的現代政治意涵——享有主權及其主體當為「國民」的成員身份有切實瞭解，又與「民族主義」和現代「國民」、「主權」等概念的傳入，有著直接的關聯。因此對 20 世紀初年中國現代「民族」概念興起的考察，實不能與「民族主義」以及現代「國民」等政治概念的傳入歷史分開來討論。

---

89 見前引王柯〈「民族」：一個來自日本的誤會〉一文。關於日文裡漢字詞「民族」（みんぞく）一詞的由來和早期使用，國內學者研究不多，郝時遠等有簡單討論。在郝先生看來，日本學界對此問題的探討其實也有限。據現有研究，1878 年久米邦武在《美歐回覽實記》中較早使用「民族」一詞；1872 至 1888 年間，加藤弘之、平田東助等人翻譯的德國學者伯倫知理所著《國法泛論》（後定名為《國家論》），其中包括了以「民族」一詞對譯 nation 並區別於國民（volk）的論述。1888 年，哲學家井上圓了創辦《日本人》雜誌，「民族」這一術語在其中被廣泛使用，從而影響到整個新聞媒體（見小森陽一著、陳多友譯：《日本近代國語批判》，長春：吉林人民出版社 2003 年版，第 149-150 頁）。轉見郝時遠：〈中文「民族」一詞源流考辨〉，文中郝先生還認為，「民族」一詞很可能是從中國傳到日本的。該文被收入其著作《類族辨物：「民族」與「族群」概念之中西對話》，北京：中國社會科學出版社 2013 年版，第 26-28 頁。

以「民族主義」為例，1901 年，梁啟超等人就已引進了這一概念，在〈國家思想變遷異同論〉一文裡，他就公開表示：「民族主義者，世界最光明正大公平之主義也。不使他族侵我之自由，我亦毋侵他族之自由。其在於本國也，人之獨立；其在於世界也，國之獨立。」[90] 1902 年，在著名的《新民說》中，梁又指出：「自十六世紀以來（約四百年前），歐洲所以發達，世界所以進步，皆由民族主義 Nationalism 所磅礴衝激而成。民族主義者何？各地同種族，同言語，同宗教，同習俗之人，相視如同胞，務獨立自治，組織完備之政府，以謀公益而禦他族是也。」[91] 這裡所謂個人獨立，即謂養成國民的主體性；對外獨立，即是要建設自主的民族國家。**實際上說的就是對內對外兩方面的主權問題。**

當時，從內外兩方面認識主權的議論是很多的，如《二十世紀之支那》雜誌上就曾有文指出：「國法上之主權乃政治上加被治者以權力，故生服從之義務。國際法上之主權則反是，不服從他國亦不能致他國之服從。要之，國家主權，其體雖一，其用不同。在於自國，曰國法上之主權；對於外國，曰國際法上之主權。

---

90 張品興主編：《梁啟超全集》第 1 冊，第 459 頁。

91 同上，第 2 冊，第 656 頁。梁啟超關於「民族」概念的認知，具有複雜的來源，最早來自於從日本轉運德國的概念，偏重文化習俗；後又受到來自英美概念的影響，更為看重主權國民的身份。對此，戚學民曾用心揭示，他最近將筆者引用的上述《新民說》有關內容與美國政治學家芮恩施的《世界政治：十九世紀末的世界局勢》一書英文原文加以對照，證實《新民說》中的「民族」概念即受到該書的影響，可以參看。見氏著：《嚴復〈政治講義〉研究》，北京：人民出版社 2014 年版，第 161-163 頁。

世所用對外主權一語，即國際法主權之變文也。」 **92**

　　正因為民族國家的主權建設包括對內對外兩方面的內涵，所以，它在政治上就必然是超越專制政體的近代性或現代性國家。對此，當時就有人曾予強調：「民族之政治能力常有優劣焉，能由專制政體而進化於民族國家者，則能優勝；不能由專制政體而進於民族國家者，則常劣敗。」 **93** 也正因為如此，梁啟超當時一面呼籲「欲救中國，無他術焉，亦先建設一民族主義之國家而已」，而同時卻主張造就擁有主權即主人翁意識的「新國民」。這種打破天下觀念，建立以現代國民為主體的民族國家的思想，乃是民族主義最重要的內容，在這個意義上，有學者認定「將『民族』與『國民』的概念聯繫在一起，正是中國近代民族主義興起的重要標誌」，**94** 的確是別有慧識。

　　當然，現代「民族」觀念和意識在中國的形成，不能僅以現代意義的「民族」等詞和概念的出現，以及初步使用為唯一依據。它的最初興起，也可由其他相關詞彙與概念來部分地加以表達和傳達。但是，比較完整意義上的現代民族意識和觀念的形成，卻是無論如何也無法完全漠視現代含義的「民族」、「國民」、「民族主義」、「主權」、「種族」等詞和概念的傳播，及其彼此互動之歷史功能的。在近代中國，正如許多學者已指出的，比較完整意

---

92 黔首：〈國際法上之國家〉，《二十世紀之支那》第 1 期，1905 年 6 月。

93 〈國家學上之支那民族觀〉，《遊學譯編》第 11 冊，1903 年 10 月 5 日，第 12-13 頁。

94 見王柯：〈「民族」：一個來自日本的誤會〉。

義上的民族主義，乃形成於戊戌維新時期及稍後，標誌性事件之一，就是康有為等發起「保國會」並提出「保國、保種、保教」三位一體的明確訴求。而這，恰與現代意義的「民族」概念，以及「種族」、「國民」和「主權」等相關名詞概念開始在中國逐漸較多地使用起來的時間，正好一致，這當然絕非偶然。

眾所周知，20世紀初年革命派所使用的「民族」一詞往往與「種族」混淆，甚至立憲派和其他方面人士也未能完全避免這種混淆（儘管他們中也有人有時對此加以分辨），[95] 這與中文裡有關「族」的傳統用法當不無關係。但同時我們也必須指出，即便是革命派，其最初所理解和使用的「民族」和「種族」等詞和概念的具體內涵，也遠遠無法為「血緣」共同體的內蘊所限定，而實際上往往同時也包含了獨立的政治主權共同體，以及歷史文化共同體等多方面的現代意涵。這就是這些詞彙和概念能夠不同程度地參與和影響當時中國的民族認同與民族解放運動的原因。只不過其所運用之人關心與強調的重點、範圍，會因人而異、有所不同罷了。

在19世紀末和20世紀的最初幾年裡，中國新式知識分子正是基於現實的民族危機，通過使用「民族」、「種族」、「國民」、「主權」，以及「民族主義」、「帝國主義」和「殖民主義」等新概

---

95 當時對民族內涵有較多瞭解的梁啟超也一度分不清民族與種族或人種的差別，如1902年在《新民說》中，他就把民族按膚色明確分為黑色民族、紅色民族、棕色民族、黃色民族和白色民族五種。

念，從而最終確立了其現代民族觀念和思想意識。其中，一部分漢族知識分子因之開始鼓動「反滿」民族革命；另有一些新知識人，特別是反對排滿、主張立憲者則由此看到了國內各民族分裂內亂的危險，並自然激發出一種中國境內各民族一體融合、共同立憲發展和一致對外的「大民族」情思。有人將這兩種思想取向稱之為兩套「民族國家建國方案」。其持有者雖都高喊「中國者，中國人之中國」，但對「中國人」的理解實有不同，故鋒芒所向一則針對外部列強，一則針對滿族統治者。[96] 而在構建「大民族」觀念方面，梁啟超則無疑堪稱時代的先覺。[97]

三、「大民族」觀念的創發及其最初的指代詞

1. 梁啟超與「大民族」觀念的創發和「中國民族」說

據筆者所見，最早具有較為明確的中國各民族一體融合的「大民族」現代觀念，且率先在這一意義上使用「中國民族」和「中華民族」者，可能均為梁啟超。

早在戊戌時期，梁氏已初步形成對外抵制外族侵略、對內實現族類團結的民族意識。在為滿族人壽富創辦的「知恥學會」所寫的「敘論」中，他曾極言，中國四萬萬「軒轅之胤」（包括滿、

---

96 許小青：〈1903 年前後新式知識分子的主權意識與民族國家認同〉，《天津社會科學》2002 年第 4 期。感謝許小青教授寄贈筆者他所作的多篇相關主題的論文。

97 參見黃興濤：〈清末現代「民族」概念形成小考〉，《人文雜誌》2011 年第 4 期。

蒙等族人）應恥於「為奴為隸為牛為馬於他族」，[98] 同時告誡「海內外同胞」要合群自強，以「振興中國，保全種族」[99]。他還強調「變法必自平滿漢之界始」，「非合種不能與他種敵」，主張國內各個種族尤其是滿漢兩族甚至是整個黃種都應該「合種」，以便去同外族競爭。[100] 可見當時在他那裡，「種族」和「民族」依然是不加分別的。

　　進入 20 世紀後，梁啟超進一步接受了西方近代民族主義思想的影響。在與革命黨人「排滿」思想的接觸與論戰中，他那種橫向聯合的「同種合體」意識又得到強化，並與縱向的歷史認同感相互結合，逐漸發展成了較為明確的中國各民族必須一體化的觀念。[101] 1903 年，在〈政治學大家伯倫知理之學說〉一文中，梁啟超公開表示：「吾中國言民族者，當於小民族主義之外，更提倡大民族主義。小民族主義者何？漢族對於國內他族是也。大民族主義者何？合國內本部屬部之諸族以對於國外之諸族是也。」基於此，他還明確提出了「合漢、合滿、合回、合苗、合藏，組成一

98　梁啟超：〈知恥學會敘〉（1897 年），載張品興主編：《梁啟超全集》第 1 冊，第 140 頁。

99　梁啟超：〈致伍秩庸星使書〉（1897 年），同上，第 147 頁。

100　梁啟超：〈論變法必自平滿漢之界始〉（1898 年），同上，第 52-54 頁。

101　梁啟超本人其實也經歷過一個從反滿到將滿族納入大民族共同體的變化過程。1902年，他就認為，以民族主義精神立國，「勢不得不攻滿洲。日本以討幕為最適宜之主義，中國以討滿為最適宜之主義」。可見丁文江、趙豐田：《梁啟超年譜長編》，上海人民出版社 1983 年版，第 286 頁。1903 年他才改變這一看法。這一轉變除了受到伯倫知理的思想影響外，與他 1903 年遊歷美國的觀感和康有為當時的有關督導也有關係。可參見許小青：〈1903 年前後新式知識分子的主權意識與民族國家認同〉。

大民族，提全球三分有一之人類，以高掌遠跖於五大陸之上」的主張，並指出這是所有「有志之士所同心醉」的共同理想。

雖然，此時的梁啟超還並未完全擺脫大漢族主義的觀念，認為「此大民族必以漢人為中心點，且其組織之者，必成於漢人之手，又事勢之不可爭者也」，但他已能夠率先意識到實現民族雙重自覺的必要，認定必須拋棄「狹隘的民族復仇主義」，以建設一個以「小民族」有機聯合為基礎的「大民族」的宏偉目標，並「欲向於此大目的而進行」。這種觀念的創發，無疑顯示出了其過人的智慧和遠見。在清末後來的改良派和立憲派黨人之中，此種觀念也具有前瞻性和代表性。

從現實政治契機來看，梁啟超形成「大民族」觀念，顯然是意識到在帝國主義勢力猖獗的時代裡，中國的整體生存為壓倒一切的首要問題，而排滿建國則無疑面臨分裂的災難性危險。而從理論上說，他形成「大民族」觀念，則是基於對西方有關「民族國家」思想進行選擇的結果。由於正視排滿的現實困境，他開始反省當時西方盛行的「一民族建一國家」的民族主義理論，轉而對德國學者伯倫知理關於民族與國家關係存在多樣性的觀點情有獨鍾。1903 年，他在〈政治學大家伯倫知理之學說〉中曾引伯氏所謂「同地、同血統、文字、風俗為最要焉」的「民族」界說，來作為自己「大民族」觀念直接的理論依據。在有關註文裡，他特別強調指出：「地與血統二者，就初時言之。如美國民族，不同地、不同血統，而不得不謂之一族也。伯氏原審，論之頗詳」。同時，他還紹介伯氏理論強調說，對於那些「國境大而民族小，

境內含有數民族者」，大約存在四種發展趨勢，而其中第一種即為：「謀聯合國內多數之民族而陶鑄之，始成一新民族。在昔羅馬帝國，及今之北美合眾國，是其例也。」[102] 這種輕地域血統，而更注重歷史文化和現實整合因素的「大民族」認同觀，不僅是當時梁啟超的主動選擇，它對後來楊度等立憲派人物也產生過較大的影響。

有其實、有其意，就需要有其名以副之。共同體性質的所謂「大民族」，將用何種名稱來表述呢？它與過去中國歷史上長期發展延續下來的各民族又是何種關係？對此，梁啟超等人起初並不十分自覺。在梁啟超流亡日本之後主持創辦的《清議報》中，合成詞「中國民族」已不難見到，往往譯自日本的「支那民族」。1901 年，梁啟超作〈中國史敘論〉一文，又多次固定地使用了「中國民族」一詞，有時用來指稱漢族（古為華夏族），有時則是將其作為對有史以來中國各民族的總稱，而在後一種情況中，同時實已初步具有了各民族從古至今所凝成的某種一體性和整體性的含義。該文對中國歷史的時代劃分，就是以此種意義的「中國民族」活動來作為主體依據的。所謂「中國民族自發達、自競爭、自團結之時代」，「中國民族與亞洲各民族交涉繁賾、競爭最烈之時代」，「中國民族合同全亞洲民族，與西人交涉競爭之時代」，

---

102 以上所引梁啟超〈政治學大家伯倫知理之學說〉一文內容，見《梁啟超全集》第 2 冊，第 1067-1070 頁。有關內容還可參見巴斯蒂：〈中國近代國家觀念溯源 —— 關於伯倫知理《國家論》的翻譯〉，《近代史研究》1997 年第 4 期。

可以為證。[103] 1905 年，在〈祖國大航海家鄭和傳〉一文中，梁啓超對該詞的使用也是此義：「亞洲東南一部分，即所謂印度支那及南洋群島者，實中國民族唯一之尾閭也，又將來我中國民族唯一之勢力圈也。」同年，在〈歷史上中國民族之觀察〉一文中，他還同時並列使用了「中華民族」與「中國民族」兩詞。後者在範圍上明顯比前者要大，它包括了梁氏認為當時尚未完全融進「中華民族」的其他少數民族，如苗族、百濮族等。

20 世紀初年，在中國各民族總體意義上使用「中國民族」一詞的，並不限於梁啓超一人，甚至也不局限於改良派和立憲派。作為一個具有時代標誌性和歷史意義的新名詞，可以說它的出現和初步使用，正是現代中華民族意識萌生時在語言詞彙上的最初反映。不僅清末如此，即便在民國時期「中華民族」一詞已相當流行之後，仍然有不少人願意繼續使用「中國民族」一詞，來表達相同的含義。不過，也應當指出，在清末一般知識界，尤其是在革命黨人那裡，「中國民族」或「支那民族」一詞，更多時候還是被用來指代融匯了眾多民族的廣義漢族。在這方面，1903 年《湖北學生界》刊登的無作者署名的〈中國民族論〉一文，可稱代表。該文聲稱：

---

103 有學者認為，梁啓超等人於此時已把合漢、合滿、合蒙、合藏等組成的那個「大民族」稱之為「中華民族」，我以為是誤解了其〈中國史敘論〉一文中有關內容的原意之故，不合事實。見陶緒：《晚清民族主義思潮》，北京：人民出版社 1995 年版，第 200 頁。

中國者，中國民族之中國，非中國民族不得干預。……中國民族者，黃帝一統太古民族以來之通稱也。雖地偏亞東，不得謂之中；權移外人，不得謂之國，子子孫孫，繼繼承承，四千餘年之血族，聚族於此。中國民族者，仍祖國之名號也。據古昔載籍，呼曰百姓民族；求外國譯書，稱曰支那曰震旦民族，皆不合中國之定義。中國者，無一定國號之國也。朝三暮四，革命易朝，獨中國二字，嵌入吾民族腦筋中如壓字機器印入。……西哲有言曰，國民者，腦筋中有本族事業之民也。有民族思想之民其國強，無民族思想之民其國亡。吾將起吾國民而告之曰，中國民族四字，或坐或飲，或居或遊，由小腦入大腦，……鑴刻澄記而不忘，而吾種族始得雄飛於 20 世紀。**104**

這種指稱漢族的「中國民族」（當時也稱「中國種族」或「中國人種」），**105** 有時也被用來泛指中國境內現存的各個民族或種族之總和。如前述梁啟超在著名的〈中國史敘論〉裡，就常有此種含義的「中國民族」之使用〔其文中「中國民族」就包括漢、苗、蒙古、圖伯特（藏）、匈奴、通古斯等六「人種」〕。可見，在清末時，兩者之間就是容易相互轉換的。這是與清朝時期「中

---

104 關名：〈中國民族論〉，《湖北學生界》1903 年第 4 期。作者在題記裡稱「是篇大致以英人狄羅氏《中國民族盛衰滅亡史》為粉本」，參考了其他幾種日本關於中國民族的著作而成。名為「譯述」，實則暢達己意。

105 如夏曾佑著名的《最新中學教科書·中國歷史》，就以「中國種族」指稱漢族；劉師培於 1905 年出版的《中國歷史教科書》則稱：「中國人民，近世稱為漢族。」

國」逐漸明確地成為現代國家名稱的歷史進程相一致的。進入民國後，就更是如此。

在西方「民族國家」（或譯稱「國民國家」）觀念傳入中國和發生影響之初，由於對當時中國各民族之間已然存在和將要深化的內在聯繫，也即政治、經濟和文化等多方面的一體性認知不足，加之以「地域」和「國家」之名來稱謂「民族」——也就是使用「中國民族」一詞，一方面可指代以國民統合為政治基礎的「中國各民族」，另一方面也可指代一個以漢族為主體的、包含其他較小民族在內的一體化融合的大民族共同體，這自然是既便利、又能避免認識矛盾的權宜之策。不過，隨著人們對西方民族國家主義思想瞭解的深化，對作為主體的漢族發展史、特別是中國歷史上的民族關係史和融合史認知的深入，「中國民族」一詞，最終還是被既能體現漢族與少數民族之間的現實政治關係，也能表明其歷史文化的內外在關聯和一體化發展趨勢，並且與現代國家認同之間存在微妙差異的「中華民族」一詞所取代了。當然，這只是就漢語和漢文中的表述而言，而且是民國時代的後話，其間還曾經歷過一些重大的政治變化和值得注意的認知歷程。需要指出的是，不論是在近代西方語言中，還是在近代中國的蒙文和藏文裡，如果不對之加以音譯的話，「中國」與「中華」兩詞幾乎沒有甚麼區別，甚至至今仍然如此。

2.「中華民族」一詞的誕生及其早期觀念內涵

—— 兩種「中華民族」概念問世記

從目前筆者所掌握的資料來看，由歷史悠久的「中華」一詞和近世被賦予新含義的「民族」一詞合構而成的「中華民族」一詞，其正式出現要比「中國民族」一詞稍晚。它大約誕生於1902年。最初人們使用它時，指代的主要是「漢族」，後來才逐漸表示今天的含義。這一內涵的演變，很有意思。它從一個側面實說明，在最初具有現代民族意識的漢族知識分子中，大體都經過了一個梁啟超所謂的從「小民族」到「大民族」，即從「漢族」到「中華民族」的雙重覺悟過程，不過程度有所不同，時間先後有異罷了。與此相一致，它還伴隨著一個從現實到歷史、然後再回到現實的民族認知歷程。

梁啟超、章太炎和楊度等人，是較早使用「中華民族」一詞的先驅者。他們也因此成為指代漢族的「中華民族」概念和指代包括漢族和其他少數民族在內的大民族共同體的「中華民族」概念這兩種「中華民族」概念的**思想啟導人**。

1902年4月，在《新民叢報》第5號上連載的〈論中國學術思想變遷之大勢〉一文中，梁啟超寫道：「上古時代，我中華民族之有海思想者厥惟齊。故於其間產出兩種觀念焉：一曰國家觀，二曰世界觀。」這是筆者所見到的「中華民族」一詞的最早出現。從上下文來看，它所指的當是漢族，確切地說，指的是從古華夏族發展至今、不斷壯大的漢民族。因為在該文中，他在「黃帝子孫」一詞下，特別註文指出：「下文省稱黃族。向用漢種二字。今

以漢乃後起之朝代，不足冒我全族之名，故改用此。」又說：「中華建國，實始夏後。古代稱黃族為華夏，為諸夏，皆紀念禹之功德，而用其名以代表國民也。」以後幾年，在其他文章中，他又多次使用「華族」一詞，或稱其為「中國民族」或「吾民族」、「中國種族」等，可見其當時仍未將「種族」和「民族」嚴格劃清。此種情形，即「民族」和「種族」混用的情形，一直延續到了民國以後。

1905 年初，梁啟超在《新民叢報》發表〈歷史上中國民族之觀察〉一文，[106] 文中七次以上使用了「中華民族」一詞（同時簡稱為「華族」），並比較清楚地說明了此詞的含義，表明他已不再是偶爾的使用。梁氏明確指出，「今之中華民族，即普通俗稱所謂漢族者」，它是「我中國主族，即所謂炎黃遺冑」。同時，他還分析敘述了先秦時中國除了華夏族之外的其他八個民族，以及它們最後大都融化進華夏族的史實，以論證「中華民族」的混合特性。在文中，他「悍然下一斷案曰：中華民族自始本非一族，實由多數民族混合而成」。這裡「悍然」一詞的自我使用，說明梁氏對此一「斷案」的作出，已然有著相當的價值自覺。而既然中華民

---

106 不少學者皆謂梁氏此文發表於 1906 年，輾轉援引者極廣（可能與費孝通主編《中華民族多元一體格局》一書 1999 年修訂本傳播了這一說法有關），其實誤也。該文發表的準確時間當為 1905 年，見《新民叢報》第 65-66 號，1905 年 3-4 月連載。此誤源自《飲冰室合集》裡的「專集」目錄，它標明該文發表時間為「光緒三十二年」（即 1906 年）。值得提醒的是，《飲冰室合集》裡關於梁啟超文章發表時間的核定多有不準確之處，引用者需要加以注意。

族「自始」就是由各民族混合而成，那又遑論以後呢？

這一「多元混合」的民族總體特點的認知和揭示，最先是在「中華民族」一詞而不是「漢族」一詞的使用和理解中完成的。它不僅符合歷史的真實，對於其後的「中華民族」的現代認同，也具有重要的啟示意義。雖然它指稱的還是漢族，但卻從主體民族融化力之偉大和各民族不斷交融化合的歷史角度，明確地昭示了其演化的當下趨勢：將繼續與其他目前尚未徹底融入的少數民族進行融合。也就是說，在梁啟超那裡，實際上也意味著「中華民族」最終還將是中國未來現代大民族共同體的名稱。

如果從今天的立場反觀過去，梁啟超當時以「中華民族」一詞僅表示漢族，似乎是太不恰當了。但如果歷史地看，他這樣做既有其歷史的某種必然性，也曾發揮過一定的積極作用。因為他以「中華民族」一詞取代或超越「漢族」一詞，並不只是一個民族稱謂的改變問題，同時也意味著一種觀念的轉變，那就是歷史地、連續地、融合地、開放地看待中國主體民族形成和發展的歷史。這不僅增強了中國主體民族的認同感，還蘊涵著並顯示出一種開放性和包容力。在反對革命派「排滿」主張的過程中，他反覆強調滿族早已融化於中華民族的觀點，也與此種認識有關。由這種意義上的「中華民族」認同，到實現民初中國各民族共同體意義上的現代中華民族認同，其中存在著某種順理成章的邏輯。

正是在這個意義上，可以說梁啟超對「中華民族」一詞的創造和使用，雖帶有大漢族主義的情思，但實際上也體現了現代中華民族意識覺醒的最初階段性，因而具有著不容忽視的歷史地

位。這一點，從他之後人們對「中華民族」一詞的繼續使用和內容發展中，我們也能夠有所體察。

1907 年，繼梁啟超之後，著名立憲派代表楊度也成為了「中華民族」一詞早期的自覺使用者。是年 1 月至 5 月，楊度在其所創辦的《中國新報》連載的〈金鐵主義說〉一文中，在與梁啟超基本相同的意義上，多次使用了「中華民族」一詞，並且還較為清楚地說明了「中華」作為民族名稱的由來、特點，以及他自己對於民族識別和認同的理解。其文寫道：

中國向來雖無民族二字之名詞，實有何等民族之稱號。今人必目中國最舊之民族曰漢民族，其實漢為劉家天子時代之朝號，而非其民族之名也。中國自古有一文化較高、人數較多之民族在其國中，自命其國曰中國，自命其民族曰中華。即此義以求之，則一國家與一國家之別，別於地域，中國云者，以中外別地域遠近也。一民族與一民族之別，別於文化，中華云者，以華夷別文化之高下也。即此以言，則中華之名詞，不僅非一地域之國名，亦且非一血統之種名，乃為一文化之族名。故《春秋》之義，無論同姓之魯、衛，異姓之齊、宋，非種之楚、越，中國可以退為夷狄，夷狄可以進為中國，專以禮教為標準，而無親疏之別。其後經數千年混雜數千百人種，而稱中華如故。以此推之，華之所以為華，以文化言，不以血統言，可決知也。故欲知中華民族為何等民族，則於其民族命名之頃，而已含定義於其中。與西人學

1907 年楊度在《中國新報》連載的〈金鐵主義說〉一文之片段

說擬之，實採合於文化說，而背於血統說。[107]

根據這一標準，楊度認為蒙、回、藏三族，雖有部分人已與漢人關係密切，文化接近，但整體說來卻因文化落後，語言有異，尚未完全融入「中華民族」之中。而滿族則可以說早已「同化」於「中華民族」之中了。其他如梁啟超所謂苗族、百濮族等，在他似更不在話下。因此，他主張實行「滿漢平等，同化蒙、回、藏」的所謂「國民統一之策」，認為這樣以平等為目的、以暫時不平等為手段，進行融化之後，就會看到將來「不僅國中久已無滿、漢對待之名，亦已無蒙、回、藏之名詞，但見數千年混合萬種之中華民族，至彼時而更加偉大，益加發達而已矣」的必然結局。[108]

在同一篇文章中，楊度還反覆強調，「中國之在今日世界，漢、滿、蒙、回、藏之土地，不可失其一部，漢、滿、蒙、回、藏之人民，不可失其一種，…… 人民既不可變，則國民之漢、滿、蒙、回、藏五族，但可合五為一，而不可分一為五。分一為五之不可，既詳論之矣。至於合五為一，則此後中國，亦為至要之政」。[109] 在他看來，由於蒙、回、藏與滿、漢處於不同的社會發展階段，進化程度有別，所以只有先實行君主立憲制，暫借君主

---

107 王晴波編：《楊度集》，長沙：湖南人民出版社 1986 年版，第 373-374 頁。也可見《大同報》1907 年第 1-5 號。

108 王晴波編：《楊度集》，第 369 頁。

109 同上，第 304 頁。

的權威，才能為各族共舉國會議員、通用漢語以共擔國責創造必要的條件，「**其始也，姑以去其**（註：指蒙、回、藏等族人）**種族即國家之觀念；其繼也，乃能去其君主即國家之觀念，而後能為完全之國民，庶乎中國全體之人混化為一，盡成為中華民族，而無有痕跡、界限之可言**」。但他同時也認為，「**此其事雖非甚難，然亦不可期於目前**」。**110**

顯然，在梁啟超觀點的基礎上，楊度對「中華民族」的一體化融合趨勢和發展方向，又作了更加透徹的發揮和闡述。其所謂「中華民族」所包含的範圍，似乎也比梁啟超此前更廣一些（漢、滿、蒙、回、藏「五族」並提，也以楊度為較早，不過他同時視其為「種族」）。在他那裡，融化五族的「中華民族」作為一個整體概念，是與作為現代國民國家即立憲後的「新中國」相對應的，且同時也是中國民族融合發展史的自然延續。由此也可見，楊度對西方現代「民族」（nation）概念的瞭解相當成熟：他不僅看到了「民族」作為歷史文化共同體的社會特徵，更正視了其以現代平等國民「主權」擁有者為政治前提的現代政治共同體之特性。這在當時應當說是相當敏銳和深刻的。與此同時，楊度棄用「漢族」一詞而使用「中華民族」一詞，也比當時的梁啟超更為自覺。他所謂的「中華民族」，就概念本身而言，實已基本具有了中國國內各民族總體的現代含義之雛形，只不過尚不完全具備現存各民族平等融合的實現理念而已。此外，他所稱包含五族的「中華

---

110 同上，第 371-372 頁。

民族」，也純粹是就未來而言，而非就其當下現實立論。

楊度此文發表後，革命派的重要代表之一章太炎隨即作〈中華民國解〉一文，對之進行駁論。他在文中也使用了「中華民族」一詞，仍指漢族。但他批評楊度（當時未提其真名，而稱『金鐵主義論者」）對「華」字本意的理解有誤（以「華」初本地域名、國名，非族名），反對僅以文化同一認同民族的觀點，而強調血統的重要性。同時，他也期望漢族對滿、蒙、回、藏的最終「醇化」，並承認滿人在語言文化方面已有同化於中華的事實，不過他強調在這當中，還存在一個必先恢復漢民族政權的先決條件問題。[111]

較之以往革命派更為狹隘的民族復仇主義，章氏此文的觀點無疑已經有所改進。從章太炎對民族血統問題的單向強調中，我們固然可以看到他思想的偏狹面，但同時也能見及在楊度等人的民族認同意識中，只是關注文化認同一點的不足。事實上，中國各民族之間客觀存在、長期延續的內外在聯繫是極為廣泛和深刻的，除文化之外，還包括地域、政治、經濟和血統聯繫的密切性等豐富內容。

以「華族」、「支那民族」、「中國民族」、「中華民族」等來稱謂漢族，在此後的立憲派和革命派那裡，都不是個別現象。如

---

111 張枬、王忍之編：《辛亥革命前十年間時論文選》（第 2 卷下），北京：生活・讀書・新知三聯書店 1963 年版，第 734-743 頁。在筆者 2001 年探討此問題之前，民族學界談「中華民族」一詞引章太炎〈中華民國解〉一文時，多未深究章氏所批評的「金鐵主義論者」即為楊度，故一般不曾論及楊度對現代中華民族觀念形成的貢獻。

1907 年 5 月 12 日，革命派馬君武曾發表《華族祖國歌》，歌頌黃帝、夏禹在「華族」發展史上的功績，號召民族成員奮起挽救民族和祖國危亡，[112] 詩中所謂「華族」，指的就是漢族。

另外，也應指出，即使是用來指稱「漢族」的「中華民族」一詞，在清末也還並不算常見詞，甚至比「中國民族」或「支那民族」一詞的使用還要少見得多。當時，日本人一般稱漢族或中國人總體為「支那民族」。中國留日學生多或照搬使用，或直接譯為「中國民族」。[113] 這一類「中國民族」稱呼，有時也包括滿蒙藏等民族的人民在內。

依筆者所見，在漢語中，「中華民族」一詞真正具有中國現存各民族全面融合、平等結合、其全體成員均以「國民」或「公民」身份平等構成為一大現代政治和文化共同體的確定含義，也即現代意義的中華民族觀念在中國得以最終確立和流行，當是在辛亥革命爆發和中華民國建立以後。對此，我們在下文中還會詳細談到。

---

112 詩中有云：「華族華族，祖國淪亡爾罪不能償」；「華族華族，肩槍腰劍奮勇赴戰場」。《復報》第 9 期，轉引自楊天石、王學莊編著：《南社史長編》，北京：中國人民大學出版社 1995 年版，第 79 頁。

113 如 1904 年陶成章著《中國民族權利消長史》一書，即指漢族，可見湯志鈞編《陶成章集》中華書局 1986 年版。該書印刷於日本東京，署名為「會稽先生」著述。該書為中國專門研究漢族興衰史的首部專著。惟書中關於漢族起源，受蔣智由《中國人種考》紹述「西來說」影響。但強調黃帝為漢族祖先。書前有蔣智由序並「木本水源」四字。哈佛燕京學社有藏。書中認為：「中國民族者，一名漢族，其自稱曰中華人，又曰中國人。」

四、尋歸「大同」：立憲運動與各民族平等融合的新自覺
—— 以滿族官員和留日旗人的民族觀念為中心

在現代中華民族意識和觀念的醞釀和形成過程中，清末立憲運動曾產生過不容忽視的影響。這一點，似值得引起研究者們應有的關注。為了有效地抵制以「排滿」為重要特徵的革命浪潮，立憲派對於消除國內各民族間不平等的界限，尤其是滿漢畛域，是十分重視的。在這方面，他們既繼承了戊戌時期康、梁等維新派「平滿漢之界」的思想，也吸收了致力於「新政」的大員張之洞、袁世凱、端方等人的「化除滿漢畛域」[114] 的思想，並將其發展到新的高度，最終得到了朝廷的認可。在這一過程中，主張立憲的滿族官員、特別是一些滿蒙留日旗人發揮了不同尋常的重要作用，而革命派「排滿」運動的刺激，則成為其直接的動因。[115]

---

[114] 有關新政和憲政運動期間清廷化除滿漢畛域情況的背景、詳細的過程和效果，可參見遲雲飛：〈清末最後十年的平滿漢畛域問題〉，載《辛亥革命與 20 世紀的中國》（上），北京：中央文獻出版社 2002 年版，第 96-120 頁。實際上，清朝統治者強調滿、漢、蒙等為一體的多民族統一國家觀念，早在順治、康熙時代就已存在。民國時期已有人特別加以研究，可見鄭鶴聲：〈近三百年來中華民族融合之趨向〉，《邊政公論》第 3 卷第 2 期。

[115] 立憲運動期間，革命派與立憲黨人之間有關民族問題的爭論，前人已有很多探討，這裡不再贅述。其較近成果，可見孫宏雲：〈汪精衛、梁啟超「革命」論戰的政治學背景〉，《歷史研究》2004 年第 4 期。

1.「五族大同」：立憲運動期間的民族一體融合論

1905 年，也就是清廷派五大臣出國考察憲政的那一年，清末的重要刊物《東方雜誌》上發表了〈論中國種族〉一文，強調包括滿漢在內的中國各族人民融合為一體（也稱之為「中國民族」）既是現實需要，也是古來的民族傳統。文章指出，「太古人民，實分多族矣。然統一既久，血統混合，雖欲不謂之同族，不可得也。古今事勢變遷，何可勝道，豈獨人種一端哉？！」文章還詳細論述了中國歷史上各族不斷融合的事實，聲言「今人動言中國民族皆黃帝子孫，此殊不確。黃帝以前，中國已有人類 …… 民族之融合，固自然而然也。…… 夏也，漢也，唐也，皆無數民族統合之總稱。大國固應如是也。夫惟大國，故能容納各族」。作者因此批評當時「斤斤持滿漢分界之謬見」的人為「無識者流」，是「外視同國之人以自弱」。[116] 此文作者胡炳熊，廣東高要人，為清末研究邊疆民族問題的先驅人物。宣統年間，他曾著《藏事舉要》一書，民國時期還出版過《南洋華僑殖民偉人傳》。胡炳熊在 20 世紀初年關於中國各民族一體融合關係的見解，實在並不下於當時及日後抵制革命的改良派首領康有為和梁啟超等人，或有過之。

1906 年，出國考察憲政歸來的滿族大員端方，向朝廷奏上一份《請平滿漢畛域密摺》，強調歐美各國因國內種族、民族關係不同而強弱有別，「苟合兩民族以上而成一國者，非先靖內訌，其國萬不足以圖強；而欲絕內訌之根株，惟有使諸族相忘，混成一

---

[116] 胡炳熊：〈論中國種族〉，《東方雜誌》1905 年第 2 卷第 8 期。

體」。[117] 次年 7 月 31 日，他又向朝廷代奏李鴻才「條陳化滿漢畛域辦法八條摺」，認為「憲政之基在弭隱患，滿漢之界宜歸大同」。所謂「隱患」，即指「藉辭滿漢」問題而鼓動的革命。奏摺強調，「欲弭此患，莫若令滿漢大同，消弭名稱，渾融畛域。明示天下無重滿輕漢之心，見諸事實，而不托諸空言」。其具體辦法則有「切實推行滿漢通婚」、「刪除滿漢分缺」等等。[118] 此摺上達之後，清廷於 8 月 10 日特諭「內外各衙門妥議化除滿漢畛域切實辦法」。僅據《清末籌備立憲檔案史料》一書所收錄，到 1908 年 4 月，就有各種專題奏摺二十餘通上達朝廷，這還不包括涉及到這一問題的其他奏摺在內。上摺者中，滿族四人，蒙族一人，漢族 12 人。滿人端方和志銳對此問題格外關注，各上奏二摺。這些奏摺，或對前述摺子中的內容進行補充、將其具體化，或提出「撤旗」、立法等新建議。如主張立法者就認為，不能只從形式上，更應從精神上消除種族界限，實行憲政立法，而且認為這正是其根本所在：「夫法也者，所以齊不一而使之一也，必令一國人民，無論何族，均受治於同等法制之下，權利義務悉合其宜，自無內訌之患。」[119]

---

117 《中國近代史資料叢刊‧辛亥革命》（四），上海人民出版社 1957 年版，第 39-47 頁。同樣奉命出國考察憲政的滿族大臣載澤於 1906 年上〈奏請宣佈立憲密摺〉，也表示：「方今列強逼迫，合中國全體之力，尚不足以禦之，豈有四海一家，自分畛域之理？」見龔書鐸主編：《中國通史參考資料‧近代部分》（修訂本，下），北京：中華書局 1980 年第 2 版，第 303 頁。

118 故宮博物院明清檔案部編：《清末籌備立憲檔案史料》下冊，北京：中華書局 1979 年版，第 915-917 頁。

119 〈四川補用道熊希齡陳撤駐防改京旗並請從精神上化除滿漢之利害呈〉，載故宮博物院明清檔案部編：《清末籌備立憲檔案史料》下冊，第 945 頁。

在這些奏摺中，人們不僅談到了如何消除滿漢界限的問題，對於滿漢乃至蒙古民族之間內在的一體性聯繫，也有所揭示和強調。如滿人御史貴秀就曾指出：「時至今日，競言合群保種矣，中國之利害滿與漢共焉者也。夫同舟共濟，吳越尚且一家，況滿漢共戴一君主，共為此國民，衣服同制，文字同形，言語同聲，所異者不過滿人有旗分無省分，漢人有省分無旗分耳。」[120]

舉人董芳三在其「和種」之策中更強調，滿蒙漢不過是同山諸峰、同水異流的關係：「蓋亞洲之有黃種，若滿洲，若蒙古，若漢人，洪荒雖難記載，族類殖等本支。如山之一系列峰也，水之同源異派也，禾之連根歧穗也，本之合株散枝也。一而數，數而一，既由分而合，詎能合而為分也。」[121] 這種既看到差別，更見及一體化聯繫的觀點，實在是很有理智的認識。

與此相一致，以恆鈞[122]、烏澤聲[123]、穆都哩[124]、裕端[125]等一批

120〈御史貴秀奏化除滿漢畛域辦法六條摺〉，同上，第 922 頁。

121〈舉人董芳三條陳為關排滿說並陳和種三策以弭離間呈〉，同上，第 931 頁。

122 恆鈞，字十豐，清宗室。早年官派留學日本，就讀於早稻田大學教育及歷史地理科。1907 年，他曾與熊範輿、沈鈞儒、雷光宇領銜給清廷上了第一份要求速開國會的請願書。民國建立後，曾任國會議員、辦首善工廠等。他還是著名的京劇愛好者和研究者。

123 烏澤聲（1883-？），字讜生，直隸人。清末時曾參與國會請願運動，為直隸省代表，見尚小明：《留日學生與清末新政》，南昌：江西教育出版社 2002 年版，第 36 頁。一說為吉林人。早年留學日本早稻田大學，民初曾任眾議院議員，以拒賄著稱。後曾在偽滿任職。

124 穆都哩（1884-1961），原名穆六田，後改名寧裕之。滿族，出生於北京。日本早稻田大學政治經濟系畢業。後成為民國著名的滿族小說家，筆名儒丐。其 1923 年問世的小說《北京》，是中國現代文壇上最早的長篇小說之一，該小說真切地反映了滿族人在辛亥革命後的生活狀況與心理特徵。1953 年被聘為北京文史館館員。

125 裕端，滿人，生平不詳。

留日學生中的滿族旗人為主，還於 1907 年 6 月 29 日在日本東京創辦了《大同報》（編輯部在東京，發行在北京）。停刊後，又於 1908 年在北京創辦了性質相同和相近的《北京大同日報》和《大同白話報》，[126] 專門以提倡「滿漢人民平等、統合滿、漢、蒙、回、藏為一大國民」、尤其注重「滿漢融和」為宗旨，並將民族問題與立憲政治緊密結合起來。他們認為，滿漢問題之所以出現，是由於「滿漢不平等而已」，即政治、經濟、軍事、法律上都不平等之故，而這歸根結底又是君主專制獨裁造成的惡果。因此，要想根本解決民族問題，就必須改革舊的政治，實行君主立憲政體，開設國會。[127] 如烏澤聲就明確指出：「滿漢問題何由而發生也，則一言以蔽之曰，滿漢不平等而已。滿漢何為而不平等耶？則可一言以蔽以決，專制政體之產生物也。夫專制政體延留於我中國既數千年，自秦以還，至於本朝，雖更朝迭姓，而專制

---

126 《北京大同日報》不多見，北京大學圖書館所藏該報，筆者僅查到 1908 年 6 月和 11 月兩個月的。但該報創辦於 1908 年 3 月 27 日（光緒三十四年二月二十五日），為日刊，每日出兩大張。館設北京琉璃廠土地祠內。也是在 1908 年，同一批人即恆鈞和烏澤聲等還創辦了《大同白話報》，致力於傳播國民思想。中國社會科學院近代史所圖書館有藏，但不全（感謝趙曉陽的幫助，筆者得閱此報）。1908 年 3 月，梁啟超在給康有為的信中表明，《大同報》創辦者為康梁立憲派的旗人同道。其信寫道：「都中出一《大同報》，為旗人所設，辦事皆吾社人。社中亦薦人（旗人以外之社員）為之主筆，然其經濟亦甚乏，後此尚當思所以濟之。不然，將失此勢力。」見張品興主編：《梁啟超全集》第 10 冊，第 5969 頁。其信中所言「大同報」，不知是否包括《北京大同日報》和《大同白話報》在內。另，據說《大同報》後改名為《中央大同報》，詳情待考。

127 見《大同報》第 1 號烏澤聲的〈大同報序〉、恆鈞的〈中國之前途〉，該報第 4 號上烏澤聲的〈論開國會之利〉等文。

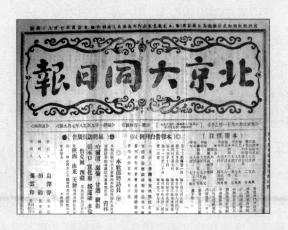

（上）《大同白話報》刊影

（下）《北京大同日報》刊影

之毒未嘗稍蔑。國民棲息於此政體之下，民權之不得伸，身家性命之不安全，不能間接受政府之保護，且直接為政府所摧殘，固已水深火熱，一日而不相安，而其流毒，最不可思議，軼出累代專制範圍外者，則莫若我中國之滿漢不平等也。考其所以不平等之原因，則以本朝入關之始，種族思想未能盡滅，種族階級因此而生，遂產出一種特別制度，為我國民蠹焉。」**128** 由此認識出發，他們所開出的民族「大同」之方，當然也只能是以立憲與開國會為主要內容的政治改革。

當時，這些留日旗人提倡「五族大同」，不僅要面對朝廷，而且起初首先還要直接面對在日本的中國各族留學生和知識分子。在《大同報》第 3 號上，他們曾登載 64 個「本社名譽贊成員姓名」，其中滿蒙漢等族旗人約佔 80%，也有漢、回、土爾扈特蒙古等族中的非旗人參加（如楊度、汪康年等）。這表明其「融合滿漢」的主張，已贏得了一定範圍的支持者，尤其得到了滿族旗人中有識人士較為廣泛的支持。

同時，這些旗人還認識到並強調，中國各民族具有共同的利害關係、命運和責任，特別是滿漢兩族關係更為密切，責任更為重大：「國興則同受其福，國亡則俱蒙其禍，利害相共，禍福相倚，斷無利於此而害於彼之理⋯⋯ 又豈獨滿漢為然也。凡居於我中國之土地，為我中國之國民者，無論蒙、藏、回、苗，亦莫不然。我有同一之利害，即亦不可放棄救國之責任也。惟獨滿

---

128 烏澤聲：〈論開國會之利〉，《大同報》第 4 號。

漢風俗相浸染、文化相熏浴，言語相揉合，人種相混合程度較各族為高，關係較各族為切，則負救國之責任，盡國之義務，亦不得不較各族為重。」**129** 從這裡，我們也可見現代政治學意義上的 nation 中所包含的「國民」觀念之出現和憲政理念對於整合現代中華民族的理論和實踐意義。實際上，《大同報》「主張統合滿漢蒙回藏為一大國民」的宗旨，已很典型地說明了這一點。**130**

2.「同民族異種族之國民」說的發軔及其民族觀依據

在大同報社的同人中，不僅一般性地倡導「五族大同」，其核心人物滿人烏澤聲、穆都哩等還根據日本學者高田早苗的民族要素觀（即分民族要素為同一的言語；同一土地住所、生活職業及共同政治之下；同一宗教；人種之混同），甚而分析指出，滿漢並非為兩個民族，實際上為一個民族。因為民族與種族不同，它是「歷史的產物也，隨時而變化，因世而進化 …… 故民族以文明同一而團結，而種族則以統一之血系為根據，此民族與種族又不可不分也」。由此出發，他們認定「滿漢至今日則成同民族異種族之國民矣」；**131** 或言：「滿漢處於中國，久為精神上之混合，

---

129 同上。

130 該報宗旨，創刊號上烏澤聲的〈大同報序〉和恆鈞的〈中國之前途〉已有揭示。如《大同報序》中明確談到其宗旨為四：「一，主張建立君主立憲政體；二，主張開國會以建立責任政府；三，主張滿漢人民平等；四，主張統合滿漢蒙回藏為一大國民。」儘管他們也認識到「至於統合各族為一大國民，則尤非一日所能行」，但仍理性地將其列為主要宗旨。

131 烏澤聲：〈滿漢問題〉，《大同報》第 1 號。

文化之陶鑄，風俗上之浸染，政治上之團結，已成一民族，而不可分為兩民族。且隨社會之演進，已由民族進為國民，只有兄弟同胞之親愛，絕無民族離貳之惡情。所謂排滿排漢，不過無意識者浮言邪說，不足以為我滿漢同胞之代表。」[132] 與此同時，他們還強調，不只滿漢如此，實際上整個「中國之人民，皆同民族異種族之國民也」，「準之歷史之實例，則為同一之民族，准之列強之大勢，則受同一之迫害，以此二端，則已足繫定其國民的關係矣」。[133] 也就是說，在他們看來，「民族」乃是區別於「種族」、建立在統一而平等的現代「國民」政治身份基礎上的文明融合體和命運共同體。正是以此一「民族」認知為理論基礎，他們才得出全體中國人為「一個民族」的結論。可以說，這一認識實際成為現代中華民族觀念的重要來源之一，具有特別重要的思想史意義。

這種既強調共同的歷史文化聯繫，又強調平等的現代「國民」政治身份，以及受列強壓迫之共同的現實命運，以此來論證當時中國各族人民已為同一現代「民族」的觀點，已開三十多年後顧頡剛、蔣介石有關「論斷」之先河，但卻似乎比他們更瞭解英法美現代「民族」（nation）概念的內涵（此點我們在後文還會進一步談到）。正是基於這一認識的緣故，《大同報》第 4 號附登〈中國憲政講習會意見書〉中，竟多次徑稱「我漢、滿、蒙、回、藏

---

132 同上。

133 穆都哩：〈蒙回藏與國會問題〉，《大同報》第 5 號。

四萬萬同胞」。[134]

不過，在立憲運動期間的留日學生當中，有的滿、蒙旗人在強調中國境內各族人民已融合為一個大「民族」的同時，也看到並且指出，其中有的部分之文化融合程度仍是不足的，還需要繼續加以「建設」，努力發揮「互相同化」的積極作用，儘管其「同一」的趨勢已無法改變，且並不以人的意志為轉移。如穆都哩在〈蒙回藏與國會問題〉一文中就寫道：

蓋民族之成國民之合，其絕大之原因，全由於外部之壓迫及利害之均等，而他種之原因則一緣於居於同一之土地，一緣於相安於一政治之下。至於言語、風俗習慣雖為成立民族及國民之要素，然有時不以此而亦能判定其為某國之國民。若專以風俗、言語等而定民族之異同，則英人與美人之問題，必難解決矣。雖然，中國之人民皆同民族而異種族之國民也，言語、風俗間有不同之點，有時而同化也。故同化者，亦造就新民族之一要素。以滿漢兩方面而言，則已混同而不可復分，推之及於蒙回藏，則其大多數雖未收同化之效，而其近於內地之人民，則其言語風俗已

---

134 如「願與我回、苗、藏四萬萬同胞同聲一哭」、「則吾漢、滿、蒙、苗、藏四萬萬同胞幸甚」等語，見該報第 4 號附錄 1。《大同報》上類似的文章還有〈論經營蒙藏與開國會之關係〉等，強調「蒙藏之存亡，即關中國之存亡」，「經營蒙藏問題一日不解決，中國立憲一日無效」。主張應「除卻種族觀念」，使蒙藏由「宗法社會」進於「國民社會」。同時主張在當時擬訂的國會中增加蒙藏議員的數目等。該文還被 1908 年《預備立憲公會報》轉載。見丁守和主編：《辛亥革命時期期刊介紹》（三），北京：人民出版社 1983 年版，第 440 頁。

一於內地之人民。雖欲使其不同，已不可得矣。再加之以經營，施之以教育，則數年以後可用者將不遑計。不然，委之於不顯，或奴隸視之，則三年之後，其地必非我有。**135**

在這裡，民族認同的現代政治性原則，以及文化融合才能使之深化和鞏固的認知，可以說都得到了前所未有的自覺強調。這是對西方特別是英、法和美國現代「民族」（nation）概念的理解和運用走向深化的重要環節。

此種通過立憲運動得到加強的各民族一體融合的深刻認識，由於特殊的歷史原因，在少數民族代表之一的滿蒙旗人那裡能夠有突出的表現，其意義自然不同尋常，它體現出部分少數民族人士在這一歷史進程中所具有的主動性和積極性。歷史應該記住的是，率先從現代「民族」（nation）概念含義角度，特別是凸顯其同一國民身份的政治性角度，來論證中國各族人民為同一現代「民族」共同體的，正是清末留日的少數民族人士，甚至最先明確地以區分現代意義的「種族」和「民族」概念為基礎，由此認定中國各族人民為「同民族異種族」關係的，也是他們。這一點，在筆者於 2001 年探研該問題之前，似尚不曾被歷史研究者所揭示和重視。

需要指出的是，立憲運動期間，部分留日少數民族有識之士的現代民族共同體之認知與宣傳，在民族觀的根據上，也曾受到

---

135 穆都哩：〈蒙回藏與國會問題〉。

梁啟超主持的《新民叢報》和楊度主編的《中國新報》兩大報紙的影響，**136** 或至少其彼此之間有過一定程度的互動。如 1907 年，《中國新報》上發表陳敬第 **137**〈滿漢問題之解決〉一文，文中對「民族」理論的集中介紹和滿漢關係的辨析，就相當周詳和深入，堪稱清末國內有關認知的較高水平。而他強調「民族」與「種族」之區別，並在此基礎上討論滿族與漢族具有民族「同一性」關係，便與前述鳥澤聲的觀點有明顯的相似之點和相通之處。在該文中，作者指出：

民族即 Nation，為人種學上之語，本於臘丁語之 Nascor，所以示生產血族等之關係也。至於近世，普通皆以之為政治學上之用語。英法美之公法學者，濫用尤甚。惟德意志學者，特從而區別之。凡近於人種學上之語義，則用 Nation；其於政治學上，則用他語。吾中國則更以民族種族混用，而益為棼亂。夫民族之意

---

136 如 1902 年，《新民叢報》上載華僑葉恩〈上振貝子書〉就認為滿漢為同一民族。所謂：「今滿漢也，皆黃種也，同一民族也，同一民族則宜團為一體，不宜歧視。」張枬、王忍之編：《辛亥革命前十年間時論選集》第 1 卷，北京：生活・讀書・新知三聯書店 1978 年版，第 209 頁。

137 陳敬第，浙江仁和人。早年留學日本東京法政大學，回國後被賜為進士、翰林院編修。曾譯《法學通論》（丙午社 1907 年版）、《政治學》（這是日本近代政治學開拓者之一小野塚喜平次《政治學大綱》一書的中譯本，初版本不詳，曾見丙午社 1912 年第 3 版）。清末為資政院民選議員。民初時，曾任清史館協修，「國民公會」領導人。文中所引拉丁文 Nascor 為動詞，其名詞形式為 Natio。

義，果以如何之標準定之乎？言人人殊。[138]

為此，作者特介紹了關於「民族」的四種理解：一是以同一人種為民族之特徵；二是以同一言語為民族之特徵；三是以住同一地域為民族之特徵。對於以上三種理解，作者均指出了其不足，而比較認同第四種理解：「即人類社會於人種、言語、宗教、歷史、政治、法律、經濟、習慣、思想等，有多少之共同基礎，而自覺為一體者也。」作者強調，此一理解中「其民族之要件，則為複數，故亦曰複數要素說」，它的特色有三：（一）主觀之要素與客觀之要素均包含在內；（二）不限定客觀之要素；（三）它實際上將其看作是一種「社會之觀念」。作者進一步解釋說，由此觀之，「民族」比人們常與之混用的「種族」，意義範圍要更為寬廣，種族「必出於同一之祖先而有血統之關係者也」，而「民族」則不一定。在最初的時候，或者說「溯其語源，則民族與種類，誠不免於混淆耳」，但隨著社會的進步，「血族因移住、征服、婚姻等而漸次混同」，其重要性也相應日益衰減，故種族問題逐漸被民族問題所取代。不過，作者雖然趨向於從一種「文化和社會」共同體的意義角度來把握「民族」的本質，認為「民族」與「國家」的關係有多種，但同時卻也強調多民族國家要想維持政治上有力的統一，「不可不依於同化之作用，否則即反乎國家之

---

[138] 見陳敬第：〈滿漢問題之解決〉，《中國新報》1907 年第 1 卷第 5 號。以下所引此文內容，出處同。

同一的性質，況當國際競爭激烈之時，必易暴露其弱點，此誠政治家不可不討論之問題也」。這就把民族與國家認同的**政治維度**不自覺地彰顯出來。

「民族同化」，在作者陳敬第看來主要有三種形式：一是「勢力同等之諸民族同化為一新民族」；二是「少數征服者為非常優勢而使其他同化」；三是「少數征服者被同化於其他」。而具體到中國滿漢關係而言，則「漢民族為同化者，滿民族為被同化者，此無他，以自來漢民族之同化力強大（故）。若必使漢民族被同化於滿民族，此為反乎歷史之自然，必不可得者也」。不僅如此，陳敬第還論證指出，其實滿族和漢族究竟是否為同血緣的「種族」雖難以判斷，但就歷史文化而言，它們差不多已接近是同一「民族」。從歷史上看，「滿族之有記錄，始自前明，已可認納入漢族之歷史。入關以來，從滿族之一方觀之，不能離漢族而自為歷史；從漢之一方觀之，亦不能離滿族而自為歷史，至於語言、習慣、思想，雖未嘗無一部分之保存，而就大量的觀察，則已有與漢族同化之勢」。那麼，何以當時社會上竟出現滿漢互相排斥的民族問題呢？作者以為，那完全是「政治上不平等」所造成的惡果，「因政治上之不平而於是回想其人種，而於是回想其歷史，而於是回想其習慣、思想，曰此非吾之族也，曰此非吾之同族而不可不悉力以排斥之也」。既然滿漢問題是由「政治上不平等」而引起，那麼在政治上「平其不平者，雖漸次而引為同民族可焉」。實際上，這與前述留日旗人的有關見解，已經相當接近。

不過，前述留日旗人的民族觀，也有不同於陳敬第等漢人知

識分子的地方。他們一則不願直接認同漢人基於文化優越感而導出的「同化」態度；二則更看重和強調民族的同一政治基礎——即處於「同一政治之下」的平等「國民」之因素的重要性。這後一點，在烏澤聲同年發表的〈滿漢問題〉一文中對 nation 譯法的主張裡，可謂得到集中體現。烏氏反對將英法文 nation 譯為「民族」，認為這是日人不察英法此詞與德文有別而又「慕德風之流弊」的緣故，「而我國民族二字本非一定名詞，粗識日文之輩，亦慕民族名詞，不知已失本意，且盲從號呼民族主義，豈知民族主義惟行之於宗法社會，及演進國家社會，是為國民主義」。他因此譏笑此種譯法為「新學淺慮不知言語學者」的「遺羞天下、見笑士林」之舉，並表示「吾論政治的民族主義，即改為國民主義，以示區別而避混淆也」。**139** 他們還因此高呼：「**今之中國，為滿漢蒙回藏人合成之中國，而非一族一方之中國也明矣！**」**140**

與此同時，滿蒙等少數民族留日旗人也不喜歡或者說不願直

---

139 烏澤聲：〈滿漢問題〉。關於「民族」譯自德文 nation 而不是英法文 nation，前引陳敬第〈滿漢問題之解決〉一文也曾談到。另可見《遊學譯編》所載的〈民族主義之教育〉一文。其文曰：「德意志語所謂『夫俄爾克』（人民）者，謂干攝於同一政府之下之國民，專指政治之集合者言之；所謂『那取勇』（民族）者，謂具有同一之言語、同一之習慣，而以特殊之性質區別於殊種別姓之民族，專指人類之集合者言之。英語之所謂『那修溫』（國民）者，即德語之所謂『人民』，英語之所謂『俾布爾』（人民）者，即德語之所謂『民族』。民族之所由生，生於心理上道德與感情之集合。」出自〈民族主義之教育——此篇據日本高材世雄所論而增益之〉，《遊學譯編》1903 年第 10 期。張枬、王忍之編：《辛亥革命前十年間時論選集》第 1 卷，第404-405 頁。

140 恆鈞：〈中國之前途〉。

接認同和使用「同化」一詞，而寧願代之以儒家傳統的「大同」概念，以表達一種彼此文化相互涵化之義。在這一點上，他們實際上繼承和發展了儒家的「大同」理念。正如我們在前文所指出的那樣，「大同」思想也是清朝滿人「中國認同」中貫穿始終的思想基盤。這一點，在其創辦的《大同報》的刊名中已有集中體現。

1907 年，滿人裕端在《大同報》上發表〈大同義解〉一文，可以說典型地表達了其同人的中國「大同」追求，也集中展示了此種思想的自覺程度和認知高度。該文強調：「大同云者，非自視為異而欲同於人也；亦非視人為異，而使人同也 …… 大同之本意有二：一曰歡迎其不以為異者而同之；一曰利導其自以為異者而同之，二者缺一不可為大同。」這種「大同」當然不僅是一種態度而已，它既意味著中國政治上不斷擴大的「一統」，也意味著社會文化上不斷融合的「一體」。從歷史來看，它是中國「由小而大，由分而合」，即「由異而同」的歷史發展之必然結果 ——「同之至於今日也，已數千餘年，合為一國，團為一體，教化禮俗無不同，服食語言無不同，且近有滿漢通婚之詔，改革官制之論」；**141** 就現在和未來而言，「滿漢蒙回藏同處於一政府之下，尤與今日世界之趨勢相合，此可慶可賀之事」。「夫世界今日之趨勢，為兼容並包，合散為總，由分而合之趨勢。」**142** 順之則符合進化論所標示的世界潮流，反之則為「退化」，可能招致亡國滅

---

141 裕端：〈大同義解〉，《大同報》第 2 號。

142 恆鈞：〈中國之前途〉。

種的結局。他們由此稱全國各族人為「黃帝之孝子順孫」，號召其「共保吾種，共存吾國」。[143] 由此可見清末滿人認同「立憲中國」時那種鮮明的自主進化觀、民族一體化的強烈自覺和毫不含糊的主體意識。

在清末，少數民族人士的上述民族觀，反過來也對漢族人民省思民族融合的歷史趨勢，曾產生積極影響。這種影響，我們在辛亥革命爆發及其勝利後初期的有關「五族共和」的民族思潮中，能夠有一脈相承的體認。

3. 現代「國族」一詞的出現、概念內涵及其他

值得一提的是，在清末立憲運動的浪潮中，體現中國各民族一體化整體觀念的「國族」一詞，也已經出現。如 1911 年 7 月 15 日，《申報》主筆希夷在〈本館新屋落成幾紀言〉一文裡，就與「國民」和「民族」兩詞並列，多次使用了「國族」這一概念。文中稱全中國之民為「一族人」，表白報館同人「聚全國同族於一紙之中」，與之共同喜怒哀樂已經 40 年。並立志今後要繼續「與國族永聚於斯」、「相提相挈而同升於立憲舞台之上」，以「自植其立憲國民之資格 …… 勉為高尚清潔之民族，而養成神聖尊嚴之社會」。[144] 其中，近代西方「民族國家」（nation-state）和「（國

---

143 裕端：〈大同義解〉。

144《申報》宣統三年辛亥六月二十日（1911 年 7 月 15 日）。此條材料係十多年前朱浒教授細查《申報》時代為查找，特誌於此並致謝。

民）民族」（nation）的思想影響，於此可見一斑。從這裡，我們還可看到，像《申報》這樣在全國範圍內發行的、最具影響力的民間現代媒體在近代中國的出現和運作本身，實具有並發揮過多方面有益於打破狹隘區域局限、實現中國民族一體化的政治文化功能，而不僅僅是成為傳播這種大民族一體化觀念的工具而已。

今人如欲感知辛亥革命前夕清末國人的民族一體化整體意識的勃發，及其與立憲運動的開展和現代媒體啟蒙者之間的歷史關聯，不妨細細品讀一下《申報》主筆希夷包括上述內容在內的那段相對完整的「紀言」：

我本館同人之歌哭與聚國族而日夕相見者已四十年矣。……夫報紙為全國上下之縮影。政府歌則我報紙亦歌，國民哭則我報紙亦哭。聚全國同族於一紙之中，族人之悲歡憂樂即我報紙之悲歡憂樂也。此後報紙之或歌或哭，無一非我族人笑啼之真相。然則我報紙與族人關係之密切，不啻形影之不相離。雖至數千年而後，我報紙當永永與族人同聚於一室而歌哭相聞者也。……

雖然，今日之中國一族人，哭多歌少之日也。國勢屏弱至此，則我族人哭；外患侵凌，則我族人哭；內亂迭興，則我族人哭；水旱盜賊之相乘，商民財力之交瘁，則我族人哭；而在上者猶假立憲之名，以隱行其專制之實，凡國民應享之權利，無不出其敏捷強硬之手段以攫之而去，則我族人欲哭無淚矣。然而此非我族人坐以待斃之日，乃我族人臥薪嘗膽時也。宣統五年之立憲，轉瞬即屆，政府雖未必實心舉辦，而我族人無不可乘此時機

以自植其立憲國民之資格。學則興教育,商則講貿遷,工則重製造,紳則辦地方公益。凡一切平民,皆當務專其業,勉為高尚清潔之**民族**,而養成神聖尊嚴之社會。我同人雖不敏,亦當勉任提倡指導之天職,鼓吹宣揚之義務,以與我族人相提相挈而同升於立憲舞台之上。於斯時也,我族人其破涕為歡,而始有相與歌哭之日乎?此則我同人願與國民共勉之微意也。……

他日者,國家之命運由困而享,神聖之國民由弱而強,則庶幾我報紙與國族永聚於斯,聞歌聲而不聞哭聲,是即我同胞無量之幸福也。同人敢以此為他日之左券。**145**

上述引文中的「中國一族人」,既是「國族」,也稱「民族」,顯然是就參與立憲國家建設的漢滿蒙回藏等各族「同胞」的整體而言。申報館此種全民族一體化的強烈「國族」自覺及其責任意識,無疑得益於立憲運動的國民啟蒙事業,不免令今人感慨萬端。當是時,離清廷預定的立憲期限只剩下兩年,離辛亥革命爆發之日,也已經不到三個月。

《申報》對「國族」一詞的現代使用,同時也是對傳統「國族」的詞彙含義加以轉化的結果。《禮記‧檀弓下》裡曾有「歌於斯、哭於斯、聚國族於斯」之句,孔穎達疏曰:「『聚國族於斯者』,又言此室可以燕聚國賓及會宗族也。」也就是說,《禮記》裡的「國族」實際上是「國賓及宗族」的合稱而已,這與該詞的現代含

---

145 同上。

義明顯有別。類似含義的「國族」，明人夏完淳著名的《大哀賦》中也有使用（「式虧國族，深軫宸情，祭通族於太牢束帛，戍王人於揚水流薪」）。不過，初步實現這種現代轉換的「國族」一詞化用的例子，恐怕還並不始自《申報》，以筆者之見，早在 1838 年，德國傳教士郭士立在《古今萬國綱鑒錄》一書裡即有使用過。其關於「英吉利國史」部分寫道：「聖書曰：此後我看大群人不勝數，由諸**國族**民類而來，立於神座神羔之前 …… 」**146** 如果說郭士立對「國族」一詞的轉譯使用還少為人知，那麼 1903 年，鄒容那影響巨大的《革命軍》一書中的有關使用則流傳很廣，且係明顯從《禮記》中的「國族」一詞轉化而來。請看《革命軍》第四章：

　　吾正告我同胞曰：昔之禹貢九州，今日之十八行省，是非我皇漢民族嫡親同胞生於斯、長於斯、聚國族於斯之地乎？　**147**

　　這裡，鄒容對《禮記》裡那段文字的借用，其中的「國族」一詞，已是與「家族」、「鄉族」、「部族」相對而言的更大的族體單位。對此，《革命軍》中另一處使用「國族」的文字可以為證：

---

146 郭士立：《古今萬國綱鑒錄》卷 16，第 56 頁。該書還在現代意義上率先使用過「國父」一詞：「一千七百九十九年，窐性吞卒，通國悲哀，如喪其父，至今美民猶稱之為國父也。」見該書卷 4。

147 郅志選註：《猛回頭 —— 陳天華 鄒容集》（中國啟蒙思想文庫），瀋陽：遼寧人民出版社 1994 年版，第 209-210 頁。

夫人之愛其種也，其內必有所結，然後外有所排。故始焉自結其家族以排他家族，繼焉自結其鄉族以排他鄉族，繼焉自結其部族以排他部族，終焉自結其國族以排他國族，此世界人種之公理，抑亦人種產歷史之大原因也。**148**

很有意思的是，據筆者考證，鄒容《革命軍》中使用「國族」的第二句，實際上係由前一年，即 1902 年，梁啟超發表在《新民叢報》上的〈新史學〉一文中「歷史與人種之關係」一節有關文字直接「加工」而成。也就是說，梁啟超化用傳統「國族」一詞較鄒容還要略早一年。在〈新史學〉一文中，梁氏寫道：「歷史生於人群，而人之所以能群，必其於內焉有所結，於外焉有所排，是即種界之所由起也。故始焉自結其家族以排他家族，繼焉自結其鄉族以排他鄉族，繼焉自結其部族以排他部族，終焉自結其國族以排他國族。此其數千年世界歷史經過之階級，而今日則國族相結相排之時代也。」**149** 由此也可見，當時的改良派與革命派之間在思想上相互影響之一斑。眾所周知，梁啟超的〈新史學〉以揭示「人群進化」規律、塑造「新國民」為目標，它強調「史也者，非紀一人一姓之事也，將以述一民族之運動、變遷、進化、墮落，而明其原因結果也」。**150** 可知梁氏對「國族」的理解，具有

---

148 同上，第 205-206 頁。

149 梁啟超：〈新史學〉，載張品興主編：《梁啟超全集》第 2 冊，第 741 頁。

150 同上，第 750 頁。

某種將族類、人種意識與國民的政治含義結合在一起、或者說把「民族」建立在「國民」基礎之上的內涵,這與現代 nation 的意思已經相當接近。

在清末,明確以「國族」來對譯 nation 或 nationality 的情形也已經出現了。張君勱可算一個自覺的先行者。這位崇拜梁啟超、經常閱看《新民叢報》的青年人到日本早稻田大學留學的第一年,編譯了〈穆勒約翰議院政治論〉一文,發表在 1906 年的《新民叢報》上。在此文中,他就藉助西方憲政民主思想家約翰‧密爾(又譯約翰‧穆勒,John Stuart Mill)的學說,來闡釋對「國族」的理解:

國族者何物耶?凡人類之一部,相互間以共同之感情而同受制於自主的政府之下者也。……凡可以成為一國族者,其根本不一,而其要不出四者:同人種,同血統,同言語,同宗教。雖然,有其最要者,則政治上之沿革,即共戴一國民的歷史,同其懷舊之思、同其榮辱之感、同其苦樂之情,而以往之盛衰起伏無不同之是也。雖然,凡此數者不必事事皆居必要,亦有即具之而無補於事者。有人種異、言語異、宗教異,而不害為一國族者,瑞士是也;有宗教同、言語同、歷史同,而不克成為一國族者,西雪里島之於拿坡黎是也。**151**

---

151 立齋(張君勱):〈穆勒約翰議院政治論〉,《新民叢報》1906 年第 18 號(總第 90 號)。

張君勱此文係編譯自約翰・密爾的名著《代議制政府》，也是他初登思想舞台的首篇文字。張氏顯然很好地理解了密爾關於現代 nation 建立在公民或國民政治身份（citizenship）之上、並享有「同國族感情」的那種現代含義。因此文中強調：「凡苟有國族之感情者，應結合其人民以立於同一政府之下，然必云自主的者，則以專制之國，固有合數民族而為一國者，然出於君主之箝制，故不得謂為同一國族，且一旦統一者亡，則其民必隨而分崩。惟其自主，乃得謂為真同化也。」同時強調：「國族二字，原文名曰 nationality，其意可以成為一國之族也。故譯曰國（族）而不譯民（族）。」[152] 實際上，正是這種力圖「化臣民為國民」以造「中國之新民」的憲政追求，使得清末的立憲派如梁啟超等反對革命黨人開展「排滿」那種族裔（或種群）民族主義運動，而倡導一種國民（或國家）民族主義。也正是在這個意義上，憲政思想家嚴復才批評族裔性「民族主義」，視其為「宗法社會」之產物，認為其不適應所謂「軍國社會」即近代國家的需要。與此相應，嚴復也把現代英文詞 nation 譯為「同種國民」或者「國民之國家」。[153] 楊度其實深受嚴復在《社會通詮》中所傳達的此種思想的影響。在闡述其「中華民族」觀念的〈金鐵主義說〉一文中，他

---

152 同上。另參見方維規：〈近代思想史上的「民族」及相關核心概念通考〉，載孫江、陳力衛主編：《亞洲概念史研究》第 2 輯，北京：生活・讀書・新知三聯書店 2014 年版，第 36-37 頁。

153 見嚴復 1906 年編譯的《政治講義》中所謂「今日所謂同種國民，西語所謂 nation 者」，《嚴復集》第 5 冊，第 1272 頁。「國民之國家」的譯法，見甄克思著、嚴復譯：

就認定：「今日之中國已由宗法社會進化入於軍國社會，然尚未為發達之軍國社會，但去此些須之家族制度斯發達矣。變詞言之，則今日中國之主義已由民族主義進化入於國家主義，然尚為未發達之國家主義，但去此些須之家族思想斯發達矣。」他由此批評滿人整體上尚缺乏「與漢人同居中國土地、同為中國之人民，即同有中國之國家」這樣的「國民國家」觀念之遺憾，[154] 與梁啟超批評革命黨人的思路大體一致。若瞭然於此，則部分學人糾結不清的所謂清末嚴復與近代民族主義的關係問題，便渙然冰釋了。

在〈穆勒約翰議院政治論〉一文中，張君勱還傳譯了密爾關於「民族同化」的思想，並對滿、漢兩個民族的「同化」前景抱有期待。這與梁啟超的有關思想實也有相通之處。張氏此文刊登於《新民叢報》之後，得到梁啟超賞識，次年即與梁啟超一道發起成立政聞社，加入立憲派陣營，開始了其一生追隨梁啟超、探索中國憲政道路的歷程。[155]

不過，若具體到當時「國族」一詞的運用語境來看，鄒容《革命軍》中所使用的「國族」顯然是就漢族建國而言，並非《申報》所指的超越漢族的中國各民族的一體化稱謂，這與立憲派對「國

《社會通詮》，北京：商務印書館 1981 年版，第 141 頁。參見戚學民：《嚴復〈政治講義〉研究》，北京：人民出版社 2014 年版，第 169-170 頁。另可參見王憲明：《語言、翻譯與政治：嚴復譯〈社會通詮〉研究》，北京大學出版社 2005 年版，第 231-232 頁。

154 楊度：〈金鐵主義說〉，《中國新報》第 1 號，第 19、41 頁。

155 翁賀凱：〈張君勱憲政民主思想的起源 —— 以《穆勒約翰議院政治論》為中心的考察〉，《清華大學學報》（哲學社會科學版）2008 年第 5 期。

族」概念的運用有所不同。實際上，作為中國各民族一體化代稱的「國族」概念之使用，在清末時總體說來還極為少見。[156] 其較多使用，是在孫中山 1924 年《民族主義》演講中正式使用「國族」一詞和概念之後。我們在本書後文還會談到這一問題。

概而言之，在清末，「中華民族」一詞和國內各民族以國民身份平等融合為一大現代民族共同體的觀念雖然都已出現，甚至僅從後一因素來看，有的看法由於對西方現代 nation 概念內涵的準確把握和創造性運用，還達到了較高的水準，但這兩者之間卻還並沒有很好地有機地結合在一起 —— 也就是說，「中華民族」這個符號，與中國境內各民族平等融合而成一大現代政治和文化共同體的意義，當時還並未能完全徹底統一起來。這兩者之間合一過程的完成，也即完整意義上的並延續至今的現代中華民族觀念的形成和確立，乃是在辛亥革命爆發之後才得以最終實現的。

---

156 「國族主義」一詞，清末也已出現，如學部副大臣、京師大學堂總監督劉廷琛便曾使用過。這位清末修律過程中的「禮制派」代表人物之一，在有關奏摺中，曾有所謂「或謂今日修法律為圖強之要策，須破除家屬〔族〕主義而為國族主義」云云。見〈劉廷琛維持禮教之片奏〉，《申報》1911 年 4 月 4 日。

第二章

現代中華民族觀念的確立與傳播

較諸清末立憲運動，辛亥革命的勝利和民國建立對於現代中華民族觀念，也即國內各民族融合為一大民族共同體的觀念形成所發揮的作用，應當說更大也更值得重視。因為「皇族內閣」醜劇的上演表明，清朝最高統治者在預備立憲期間雖然已經對民族平等的要求有所瞭解，並有所努力，但終究沒有、也不可能輕易放棄自己的滿洲貴族特權，徹底地拋棄民族歧視和不平等政策。只有在辛亥革命徹底推翻清政權的王朝統治、建立了現代性質（至少在形式上是如此）的中華民國、使每個成員在法律上成為「平等」的公民之後，才有可能為國內各民族的有機平等融合與發展，為現代一大民族共同體的實現相對全方位地創造必要的政治和文化條件，特別是為其將共同擁有的民族符號 ——「中華民族」這一現代概念的明確提出和全民認同，創造必要的前提。

一、民國建立與現代中華民族觀念的基本形成

　　民國元年，新成立的中華書局和 1897 年問世的中國現代出版機構的象徵 —— 商務印書館，都在其出版的中小學歷史教科書中，鄭重使用了「中華民族」一詞，表達了一種包含中華民國各民族在內的民族政治新概念，值得今人關注。

　　是年 10 月，潘武編輯的《中華中學歷史教科書‧本國之部》由中華書局正式出版。該書在第二章第二節「民族」部分明確寫道：

中華民族以漢族為主位，其他各族更起迭仆，與漢族互有關係者，曰苗族，曰通古斯族，曰蒙古族，曰土耳其族，曰西藏族。

同年秋季，商務印書館也出版了高等小學用的歷史課教材《共和國教科書‧新歷史》，其中的第 4 冊第 20 課「民國統一」的有關內容，也使用了「中華民族」的新概念，並典型地説明了民國的建立對於現代中華民族觀念形成的重要意義。其言曰：

我**中華民族**本部多漢人，苗瑤各土司雜居其間。西北各地，則為滿蒙回藏諸民族所居，同在一國之中，休戚相通，誼屬兄弟。前此為一姓專制時代，各私其種人，故多不平等之制度。今民國建立，凡我民族，不問何種何教，權利義務皆屬平等，無所軒輊。利害與共，痛癢相關，同心協力，以肩國家之重任。[1]

這裡，「中華民族」一詞和概念在完全現代意義上的較早使用，具有一種鮮明突出的政治文化標誌性。它同「專制時代」的各民族「不平等制度」的廢除和信教自由、人民權利義務平等的

---

[1] 見傳運森編纂，高鳳謙、張元濟校訂：《共和國教科書‧新歷史》（高等小學用）第 4 冊第 20 課「民國統一」部分。書中〈（秋季始業）新歷史編輯大意〉之四、五兩條明確表示：「本書編輯之要旨，在使兒童知國家文化之悠久，民族之繁多，以養成尊重國粹、親和各族之觀念，植中華民國國民之基」；「民國肇建，合五大族為一家，故本書尤注重於國土之統一、種族之調和，而於五大族之豪傑，擇其最有關係者，一律編入本書，以資兒童觀感，務使此書為民國五大族共同適用之書。」可見其實行新式教化自覺之一斑。感謝畢苑幫助查找此條材料。

政治體制之內涵緊密聯繫在一起，實在絕非偶然。下面，我們擬從幾個方面入手，就辛亥革命成功推翻大清王朝對於現代中華民族觀念最終形成和認同所起到的作用問題，展開具體討論。

1.「五族共和」論及其引發的「中華民族」觀念

辛亥革命的爆發、與清政府的鬥爭取得初步勝利及其對國家領土主權完整的憂慮，促使革命黨人特別是其領袖人物迅速實現從「造反者」到建設者和執政者的角色轉變，他們很快拋棄了「排滿」的種族革命方略，而全力貫注於實現民族平等與融合的事業。而具有現代「民族國家」形式的中華民國之建立，特別是「五族共和」政治原則的公開宣佈和毅然實行，又使各族人民在政治上開始成為平等的「國民」，實現了法律上平等的聯合，尤其是佔人口絕大多數的主體民族的漢人，一下子擺脫了受民族歧視和壓迫的地位，心態也趨於平衡。凡此種種，都有助於增強漢族與各民族人民同呼吸共命運的意識，從而有力地激發出人們追求國家更加強大、民族進一步凝聚融合為一大緊密共同體的強烈願望。

實際上，早在辛亥革命爆發前夕，革命黨人內部就已經開始醞釀一種「五族共和」思想，此種思想作為一種潛流較早就已經存在，儘管一開始並不十分明晰。如 1908 年，《民報》第 19 號上曾刊登一篇題為〈仇一姓不仇一族論〉的文章，就較為詳細地說明了這一觀念。該文認為，傾覆「階級甚嚴」的「滿洲舊制」，推倒搞民族壓迫的愛新覺羅皇室的君主專制統治，建立共和民國，是「破列強之勢力範圍」的必然需要。而「新政府既成立，

方當首為謀生聚教訓之方，俾無一夫之不獲。夫戰爭之起，皆由兩不平所致，今既無不平之事，又何至釀為種族之戰耶？俟其漸濡文化，取污染而胥滌除之，則其智識必視此日為發達，而知屈伏於一姓為辱已，甚而與我漢族同生息於共和政體之下為致足樂矣」。該文還強調：「今日之言調和主義者，日日言大同，日日言滿漢平等，自吾觀之，則此惡政府一日不去，其所謂大同平等者，姑置不言可也。」[2] 這實際上等於預測了革命之後各族「共和」的必然結局，只不過與楊度等立憲派主張「五族大同」的路徑有異，認為革命乃實現「五族共和」的前提條件罷了。另外，該文也尚未明確提及「五族」的概念。

筆者以為，在「五族共和」思想形成的過程中，革命派所發揮的作用不僅不容忽視，恐怕還相當關鍵。特別是黃興、劉揆一等一系革命黨人在辛亥革命爆發前後的表現，可以說就相當主動和積極。革命爆發前夕的 1911 年 3 月，在日本的同盟會實際總負責人劉揆一，還曾在日本散發〈提倡漢滿蒙回藏民黨會意見書〉，堪稱辛亥革命前武裝倒清「五族共和」論已然形成的典型文本，具有重要的思想史意義，可惜長期被「五族共和」思想的研究者們所忽略。[3]

2　關名：〈仇一姓不仇一族論〉，《民報》1908 年第 19 號。

3　劉揆一的〈提倡漢滿蒙回藏民黨會意見書〉原件，現藏於日本外務省檔案館。早在 20 世紀 80 年代末，楊天石先生就曾查到劉揆一此文。1988 年 2 月 9 日，他在《團結報》上發表〈從「排滿革命」到「聯滿革命」〉一文，曾率先簡要介紹該文內容。饒懷民教授早年編輯《劉揆一集》時並未收入此文，但他後來託朋友複印到此文，並在

在〈提倡漢滿蒙回藏民黨會意見書〉中，劉揆一明確表達了以下三個觀念：其一，國家危亡形勢逼人，只有聯合漢滿蒙回藏五族人士，實行革命，推翻滿族皇室的專制政府，建立「共和」，才能達成真正的民族團結，共同「挽救今日中國瓜分之局」，與列強並立於世界。「現今之君主政治，無論其為專制，為立憲，皆不足以救亡，即無論其為滿人，為漢人，皆當排去之者也。且使滿人而知斷送滿洲桑梓地者為滿洲皇族也，知漢族不強滿族亦隨而亡也，知非建立共和政府，滿漢種族之意見終不能融洽也，吾恐漢人雖不革命，滿人猶當首先排去其皇族而傾倒其政府矣。」而且當下，即便想要真正實行君主立憲，現在的清政府也完全做不到。不說別的，就連像樣的「君主」清廷眼下也不具備，「若強而行之，則十年二十年之內，必猶是無知孺子為之君」。其二，中國各族人民必須團結一致，共同保護所生存的整個國家領土；只要各族團結一致，列強即便有乘革命之機行瓜分之舉也難以得逞。他強調指出，「蒙、回、藏者與滿洲同為吾國之屏藩也。滿蒙失，則東北各省不易保全；回藏失，則西北各省亦難揩搪。是吾人欲保守漢人土地，尤當以保守滿蒙回藏之土地為先務」。如不進行共和革命，對蒙回藏人「曉以國家之觀念」，使其人人感

其新著《劉揆一與辛亥革命》（岳麓書社 2010 年版）中，將其全文引錄，而且還發現此文曾以〈漢滿蒙回藏民黨聯絡意見書〉為題，發表在 1911 年 3 月 11 至 12 日的《民立報》上。不過，楊、饒二位雖然都肯定了此文在革命黨民族觀問題上的進步，並將其視為同盟會鬥爭策略改變的重要證據，但卻都沒有明確將其放在「五族共和」的思想脈絡裡去加以論析。

到「稍有平等之權利義務」，即便實現君主立憲制度，「恐蒙回藏人或日受外人之愚弄而終貳於我矣」。其三，要想實現前兩個目標，必須組織由各族人士共同組成並採取聯合行動的革命政黨類的團體——「漢滿蒙回藏民黨會」，為之共同奮鬥。他表示：「為今之計，刻不容緩，先擇蒙回藏人之有知識者，與吾漢人及滿人通其氣誼，通其學業，然後多殖漢人、滿人於蒙回藏地，以改良其政俗；多移蒙回藏人於腹地，以聯絡其聲援，庶內可傾倒政府而建設共和國家，外可鞏固邊疆而抵抗東西強敵，此予提倡漢滿蒙回藏民黨會之大意也。」

何為「五族共和」？如若歸納當時人言說的主要內容，可以說推翻以滿族皇室民族壓迫為標誌的君主專制政權，建立以五族為代表的國內各民族平等相處的「民主共和」國家而不是「君主立憲」國家，就是「五族共和」論的基本特質。揆諸這一標準，劉揆一的「五族共和」論顯然已經相當成熟。

非常值得注意的是，劉揆一此文甚至還初步設想了革命後組成的「共和政府」之人員構成問題：其中不僅有立憲派人士和革命派人士，還試圖包括少數民族人士如良弼那樣的滿人在內。針對有人認為推倒清廷統治後，「奈未有組織共和政府之人才何」的疑問，劉揆一竟然告知：「予以為此不足慮也。試以袁世凱、孫文、黃興、汪精衛、楊度、梁啟超、良弼輩組織一共和政府，即可優勝今日之清廷，而況乎無名之真英雄正崛起未艾耶？」[4]將袁

4　劉揆一：〈提倡漢滿蒙回藏民黨會意見書〉，載章開沅、羅福惠、嚴昌洪主編：《辛亥革命史資料新編》第 6 冊，武漢：湖北人民出版社 2006 年版，第 237-239 頁。

世凱置於孫中山之前，可見辛亥革命前夕，黃興和劉揆一一系的革命黨人不僅已然具有「五族共和」的理念，恐怕還早已形成藉助袁世凱實現此一理念的模糊預想或某種期待。這就不難理解，何以武昌起義爆發的第二天，起義領導人就在「議事決定第三條」中，提出要實行「五族共和」[5]（這也是目前所知「五族共和」一詞的最早使用）；也就不難理解黃興等革命黨領袖在起義爆發後，何以能如此迅速地與贊同革命的江浙立憲派就此達成一致、隨即展開「南北議和」活動了。

直言之，早在辛亥革命爆發前夜，同盟會實際負責的黃興、劉揆一一系革命黨人，已經初步形成了「五族共和」的指導思想。劉揆一的〈提倡漢滿蒙回藏民黨會意見書〉，可謂其思想形成的標誌。

近些年來，有學者在研究「五族共和」論的時候，樂於強調楊度 1907 年在〈金鐵主義說〉一文中所主張的「五族同一」說發揮影響的重要「系譜」意義，[6] 並受到了較多關注。但這一意義其實也不能過於誇大。正如有的年輕學者所指出的，楊度當時畢竟只是個「君主立憲」主義者，他主張的是「五族君憲」，明確反對的正是五族「共和」，強調的乃是「共和」革命必將導致列強

5　曹亞伯：〈武昌起義〉，載《中國近代史資料叢刊·辛亥革命》（五），上海人民出版社 1957 年版，第 130 頁。

6　可參見村田雄二郎：〈孫中山與辛亥革命時期的「五族共和」論〉，《廣東社會科學》2004 年第 5 期。

瓜分、五族分裂的可怕後果。[7] 這與「五族共和」論的取向是恰恰相反的。而且在辛亥革命前乃至更早，「五族」的說法就已存在了。這一質疑提示我們，尋找「五族共和」論在辛亥革命之前的直接源頭，必須考慮革命派的有關思想淵源，同時更應該考慮革命派在武昌起義後與立憲派的思想互動因素。以往，學界談論辛亥革命前革命黨人的有關思想的時候，一般只是提到孫中山等人那幾句「我們並不是恨滿洲人，是恨害漢人的滿洲人。假如我們實行革命的時候，那滿洲人不來阻害，我們決無尋仇之理」、「即便是漢人當君主，我們也一樣要排斥」等常引的例子，似並未能舉出更具說服力的資料證據。筆者的上述之論，或可略補以往討論之不足。

實際上，辛亥革命前後，在革命黨內部，「五族共和」論經歷過一個由主張「武裝倒清」，到希望通過逼清帝退位、達到「和平轉換」的實現方式之演變過程。它同時伴隨著一種實際的多方政治溝通與談判的探索實踐。在這一和平轉變過程中，「南北議和」起到關鍵作用，最終達成清帝退位、改國家政體為共和民國的協議。其中，優待清帝和部分蒙藏回等少數民族王公貴族，保留他們的部分特權，乃是「五族共和」得以達成的前提條件。正是在這一過程中，轉向共和的伍廷芳、張謇、湯壽潛、楊度等昔日的立憲派人士，與黃興、劉揆一等革命派內的「五族共和」派，

7　見楊昂：〈清帝《遜位詔書》在中華民族統一上的法律意義〉，《環球法律評論》2011年第 5 期。

彼此積極互動，加之懷有野心的袁世凱也發揮了獨特作用，最終實現了清－民轉換的重大歷史變革。**因此筆者以為，今人不能夠完全脫離「南北議和」這一政治實現方式來談「五族共和」，否則將難以準確把握那一特定時期「五族共和」論的歷史特質。**[8]

「五族共和」，是辛亥革命爆發後「南北議和」得以展開的基本政治信條，也是中華民國正式建立時開始公開標舉、為各方政治勢力所普遍認同的政治口號，帶有某種民國建國史標識的政治符號性質，可謂中華民國得以建立的政治思想基礎，也是現代中華民族觀念得以形成的政治前提。當時，社會上公開流行的不同主體的「五族共和」說雖有差別，但其主流，無疑是渴望各族人民在建立和建設「共和政治」的過程中，作為平等自由的國民，全方位進一步更加鞏固地融為一體的思想主張。民國建立後，「五族共和」說長期流行，被渴望和致力於民族團結的各族人民所習慣使用，帶有很難公開挑戰和否認的政治正當性，而且它與複合性的現代中華民族整體觀念的主流思想，也構成一種正面的順應關係。

武昌起義爆發後不到一個半月（1911 年 11 月 21 日），原革命派的一翼、偏重於「排滿」的國粹派代表人物鄧實、黃節、胡樸

8　這一看法，筆者曾以〈辛亥革命時期「五族共和」論形成問題再探討〉（提綱）為題，提交給 2012 年中國人民大學清史研究所主辦的「清帝遜位與民國肇建一百週年」國際學術研討會。2013 年筆者參加華東師範大學主辦、許紀霖教授主持的「中華民族的國族形成與認同」學術研討會，又提交了「『五族共和』說的形成、傳播與近代『中華民族』論」的主題發言提綱。感謝會上會下多位同道曾予指教。

庵等即在上海創辦《民國報》，宣佈報刊宗旨為所謂六大主義。其中，頭兩條主義即為「一、建立共和政府；二、以漢族主治，同化滿、蒙、回、藏，合五大民族而為一大國民」。[9] 雖然其大漢族主義仍然昭彰和遺留，然已切實吸收了立憲派的部分主張，從致力「排滿」轉為實行民族「同化」、自覺於大民族一體化的努力了。

不僅革命黨人如此，立憲黨人和當時一般社會上的有識之士也發出了類似呼籲，形成了一種時代的共鳴。如一向反對革命的立憲保皇黨人之精神領袖康有為，在武昌起義爆發後不久，就不斷致函革命軍前線的黎元洪和黃興等人，強烈建議和敦促其放棄「排滿」的狹隘民族主義政策，繼續重申民族團結、一體發展的觀點，以避免國家陷入令人痛心的分裂局面。他一方面從利害角度立論，強調在西方各大國，「蓋民族義，皆專為合諸弱小為強大國者也，…… 故無發民族義以自裂之理。若必專明民族，則其始排滿矣，繼必排蒙古、西藏、新疆之蒙、回族矣。中國四千七百四十萬里，若必排滿、蒙、回而去之，則中國內只一千三百三十萬里，即自割三千四百十萬里之地，去國土四分之三，而謂智者為之乎？夫德意志以發民族義而致強大，吾國人乃以民族義而自削小，何其反也！」另一方面，他又從是非角度立論，指出所謂種族之別，也很難說清，本來就是一筆糊塗賬，沒有必要強作分別：「若持民族之說，謂滿族不同漢族，必宜排之，則今未知真漢族者為誰，而滿族亦未始非出漢族也。近者多謂中

---

9 丁守和主編：《辛亥革命時期期刊介紹》（三），第 711 頁。

國人全為黃帝子孫，有欲以黃帝紀年者。無論義農遺裔已非黃帝之後，其實大地萬國，無有能純為一族者也。」何況歷朝歷代，少數民族改漢姓者難以數計，如果都加排斥，又怎麼能做得到呢？不僅如此，在中國，連少數民族自己，也往往「自以為黃帝子孫也」，如晚清國子監祭酒宗室盛昱有詩即稱：「小哉洪南安，強分滿蒙漢，起我黃帝冑，大破旗民界。」而我們硬要強作分別，那又何必！ **10**

當時，康有為還並不只是給革命黨進言，他同時也給清廷有關人士上書，建議「亟下懿旨，改國號為『中國』，用孔子紀年。細思國號必當有『中華』二字，不必迴避，以為統一之基，令南方難自分異，又可得民心。全國皆為中國人，禁不得稱滿、漢字」。他甚至還建議朝廷下令，滿人全部改賜漢姓，「令國民攻滿者無所措辭」，並自作多情地為宣統皇帝代擬了一份罪己詔。**11** 這顯然屬於當時中國政治界另一路向的努力。

1911 年 11 月 19 日，也就是鄧實等創辦《民國報》、發佈「六大主義」的前後，《大公報》上也發表〈中國存亡問題繫於民族之離合〉一文，提醒革命黨人萬萬不能排斥其他民族，只建立一個

---

10 可見康有為內容互有出入的三份〈與黎元洪、黃興、湯化龍書〉的第 2 份。手稿藏台灣中央研究院近代史研究所。見姜義華、張榮華編校：《康有為全集》第 9 集，北京：中國人民大學出版社 2007 年版，第 205、207 頁。作於 1911 年 11 月、1913 年連載於《不忍雜誌》第 7 冊的〈救亡論〉，也談到類似內容。其標題為「民族難定、漢族中亦多異族，而滿族亦主黃帝考」。

11 康有為：〈致某君書〉（1911 年底）和〈擬宣統皇帝罪己詔〉（1911 年），載《康有為全集》第 9 集，第 251、253 頁。

拋棄其他國內民族及其廣闊的領土主權的狹隘的漢族政權。文章指出：

　　且夫中國之所以為中國，中國之所以為大國者，以其兼容並包合滿漢蒙回藏各種民族以立國，而非彼單純一民族之小國所得比其氣派也。故我中國雖屢遭蹉跌，國勢之積微至於斯極，尚有轉弱為強之望，而不至如安南、緬甸、琉球、朝鮮諸國之一蹶即亡者，亦未始非國民龐大多之賜也。是則中國者，全體國民肩頭之中國，非一民族所能獨立補救之中國也…… 蓋民族與土地宜合而不宜離，合則互相聯助，興也勃焉；離則罅隙四呈，亡也忽焉。**12**

　　由此也可見當時革命黨和參與鼎革行動的人們所面臨和體察到的民族與國家形勢。

　　有鑒於此，1912 年元旦，更加明確了國家統一和民族一統重要性的孫中山，在《中華民國臨時大總統宣言書》中鄭重宣告：「國家之本，在於人民。合漢、滿、蒙、回、藏諸地為一國，即合漢、滿、蒙、回、藏諸族為一人 …… 是曰民族之統一。」在《中華民國臨時約法》中，又用法律形式將民族平等規定下來：「中華民國人民一律平等，無種族、階級、宗教之區別。」這就是「五族共和」的思想。這一思想毋寧說是時代推動的結果，也是各種

12 無妄：〈中國存亡問題繫於民族之離合〉，《大公報》1911 年 11 月 19 日。

新舊政治勢力相互角逐的產物。其實在當時，人們對「五族共和」的理解和五色國旗的認識並不完全一致，這就為後來孫中山等人的有關思想變化，埋下了伏筆。

在考察民初「五族共和」論與現代中華民族觀念形成之間歷史關係的過程中，不能忽視經由南北議和而達成的「清帝遜位」事件及其所發佈的清帝遜位詔書的意義。1912 年 2 月 12 日，宣統皇帝溥儀奉隆裕太后懿旨，發佈詔書，正式宣佈退位。其詔書曰：

今全國人民心理，多傾向共和。南中各省，既倡議於前，北方諸將，亦主張於後。人心所向，天命可知。予亦何忍因一姓之尊榮，拂兆民之好惡。是用外觀大勢，內審輿情，特率皇帝將統治權公諸全國，定為共和立憲政體。近慰海內厭亂望治之心，遠協古聖天下為公之義。袁世凱前經資政院選舉為總理大臣，當茲新舊代謝之際，宜有南北統一之方。即由袁世凱以全權組織臨時共和政府，與民軍協商統一辦法。總期人民安堵，海宇乂安，仍合滿、漢、蒙、回、藏五族完全領土為一大中華民國。[13]

這一詔書的有關內容和精神，後來又得到袁世凱 1914 年頒佈的《中華民國約法》等的認可。如果將其與宣統二年學部發行的《國民必讀課本》中關於「中國」界定的有關內容相互參看，可清

13《宣統政紀》，載沈雲龍主編：《近代中國史料叢刊第三編》第 18 輯，台北：文海出版社 1967 年版，第 1251 頁。

晰見到清代形成的「五族」關係在民國初年的歷史延續和前後法理的一貫性。**14**

1912 年 3 月 19 日，革命黨領袖人物黃興、劉揆一等領銜發起成立了影響很大的「中華民國民族大同會」，後改稱「中華民族大同會」，這一改動不僅更加簡潔，而且顯然已具有超越漢族之上的全民族共同體的符號象徵意義。滿人恆鈞等少數民族人士也參加了此會，並成為重要的發起人。從此會的宗旨、名稱和發起人等方面來看，不僅可見辛亥革命前夕劉揆一「五族共和」思想的自覺延續，昔日立憲運動特別是恆鈞等人從事大同報社思想活動的直接影響，也相當明顯。辛亥革命後，百廢待興，革命黨人竟如此重視「民族大同」問題，原因何在？對此，其發起電文有著如下陳述：

> 各都督、議會、報館、政團，鑒民國初建，五族渙散，聯絡感情，化除畛域，共謀統一，同護國權，當務之急，無逾於此。且互相提挈，人道宜然。凡我同胞，何必歧視。用特發起中華民族大同會，現已成立。擬從調查入手，以教育促進步之齊一，以實業浚文化之源泉，更以日報為締合之媒介，以雜誌為常識之灌輸。章程即付郵呈，敬希協力提倡，隨時賜教。酌撥公款，助成

14 有關清帝遜位詔書的政治法律意義問題，法學界的高全喜、楊昂、章永樂、常安和史學界的楊天宏等曾有過一系列文章討論，頗有價值，值得關注。具體可見章永樂：《舊邦新造（1911-1917）》，北京大學出版社 2016 年第 2 版，第 68-87 頁。

斯舉，實紉公誼。[15]

　　黃興等在發起中華民族大同會的有關「會啟」中，還透徹地闡述了五族人民在政治平等的基礎上，通過齊一教育、開發實業，依靠報刊雜誌之類現代傳媒等手段，來進一步加強五族之間的文化融合、「意識之感通」的緊迫性，以及這一舉措對於鞏固共和政體的重要意義。他們明確表示：

　　今既合五大民族為一國矣，微特藩屬之稱，自是剷除，即種類之界，亦將漸歸融化，……顧五族語文互異，忱悃或有難孚；居處殊方，接洽未免多阻。如無集合之機關，安望感情之聯絡？況乎強鄰逼處，虎視眈眈，唇齒互有相依之勢，肥瘠敢存秦越之心！……藉歲時之團聚，謀意識之感通，智德以交換而愈完，志氣以鼓舞而益奮。相挈相提，手足庶無偏枯之患；同胞同澤，痛癢更有相關之情。其始以言論造事實，其究以通力赴成功，共荷民國之仔肩，眾擎易舉；永奠共和於磐石，轉弱為強。此僕等立會微意也。[16]

　　1912 年 4 月 3 日，孫中山批准該會立案的指令得以在《臨時

---

15 《臨時政府公報》第 56 號，1912 年 4 月 3 日。

16 〈與劉揆一等發起組織中華民國民族大同會啟〉，載湖南省社會科學院編：《黃興集》，北京：中華書局 1981 年版，第 147 頁。

政府公報》公佈，他稱讚「該會以人道主義提攜五族共路文明之域，使先賢大同世界之想像，實現於 20 世紀，用意實屬可欽」，認為其所擬各種具體辦法也切實可行，同意撥給經費。[17] 在臨時政府財政狀況極其嚴峻的情況下，孫、黃能有此舉，可見其對於這一問題的重視達到了何種程度。

中華民族大同會的成立及其有關宗旨闡說，標誌著現代中華民族觀念在革命黨人中的基本形成，並得到了民國臨時政府的明確認可。它也表明了此一觀念最初與「五族共和」論幾乎同時發生的某種直接連帶關係。

1912 年 5 月 26 日，中華民族大同會成立上海支部，推舉徐紹楨為支部長，邵元沖等為幹事。[18] 6 月，該會劉揆一、張繼、恆鈞等上書臨時大總統袁世凱，「懇請頒發保護旗產令」，聲言「民國成立，五族一家，同隸共和政治之下，即應同享共和政治幸福，所有京外各旗公有財產，前經被人侵佔者，應由所在地方官及公正紳士清查，分別經理，即以作為籌劃旗民生計之用」。劉揆一等甚至還因此特別表示，「竊以為此次改革，本係政治問題，與種族毫無關係，惟武昌起義之初，宗旨未經宣佈，兵民不盡曉然」，方才造成侵奪旗人公私財產的不當行為。[19] 這位武昌起義爆發之前的同盟會負責人，對於辛亥革命的性質竟然能有如此見

---

17 《臨時政府公報》第 56 號，1912 年 4 月 3 日，可另見《黃興集》。

18 見〈中華民族大同會支部成立紀事〉，《申報》1912 年 6 月 9 日。

19 〈滿洲人權之保護者〉，《申報》1912 年 6 月 14 日。

解，似尚為學界所忽略，值得今日的研究者們格外關注。

同年年初，在上海等地，一些地方官員還發佈《化除種族見解之文告》，禁止商人、報紙廣告、公私函牘使用「大漢」字樣，以示民國「大同主義」。滬軍都督革命黨陳其美等人更倡議發起「融洽漢滿禁書會」，對於鼓吹排滿、有違五族共和宗旨的書籍，主張一律禁止。「已出版者，則由本會籌資收毀。」類似的組織還有雷震等發起、得到岑春煊等贊助的「五族少年同志保國會」，[20]新疆伊犁組織的「漢、滿、蒙、回、藏五族共進會」，[21]1912 年 4 月 10 日在北京成立的「五大民族共和聯合會」等等。如「五大民族共和聯合會」的宗旨就是「扶助共和政體，化除漢滿蒙回藏畛域，謀一致之進行」，主張「融化五族，成一堅固之國家」、「實行移民事業」和「統一文言」等，因而典型地體現了民初要求五族平等融合的社會心理。該會以內務總長趙秉鈞為總理，陸建章為協理。次年 6 月 29 日，他們還在此會的基礎上進而發起成立了「平民黨」。其黨綱的第一條標明為「促進種族同化」，[22]也就是以五族一體化為發展目標。

在當時眾多以民族平等融合為宗旨的社會政治組織中，特別值得一提的，乃是「五族國民合進會」。該組織由已正式就任民國臨時大總統的袁世凱授意組成，並得到內務部批准，於 1912

20 分別見《申報》1912 年 4 月 13 日、5 月 26 日、5 月 27 日有關報道。

21 楊筱農：〈伊犁革命回憶錄〉，《天山雜誌》1934 年第 1 卷第 1 期。

22 北京市檔案館藏有有關檔案，可見劉蘇選編：〈五大民族共和聯合會章程〉及〈平民黨宣言書暨暫行章程〉，《北京檔案史料》1992 年第 1 期和第 3 期。

年 5 月 12 日在北京成立。[23] 它不僅聲勢較大，而且真正稱得上是名副其實的五族聯合組織，明確體現了袁世凱政府的現代中華民族整體意識，顯示出中華民國早期的國家意志。

五族國民合進會的會長為總統府邊事顧問姚錫光。漢人趙秉鈞、滿人志鈞、蒙人熙凌阿、回人王寬、藏人薩倫被選為副會長。黃興、蔡元培等革命黨元老，黎元洪、梁士詒、段祺瑞等民國要員，袁世凱的長子袁克定，以及滿、蒙、藏、回等族數十名人，或參與發起，或列名表示贊成。是年 6 月，該會曾在《申報》上連載「會啟」，從血統、宗教和地域的分析入手，明確論證五族「同源共祖」的歷史，指出：「**滿、蒙、回、藏、漢五族國民，固同一血脈，同一枝派，同是父子兄弟之儔，無可疑者。**」「會啟」認為，以往各族間之所以有互相仇視和攘奪之事，忘記了各自本為「同宗共祖之父子兄弟」，而彼此「同室操戈」，「互視為外族而爭奪無已時」，實為封建專制的結果。因為「有一人一家之專制，則不得不劃自疆域、自成部分」。民國建立後，掃除專制，「萬民齊等」，五族國民恰如「迷途乍返、骨肉重逢」，正好「**各以其所有餘，交補其所不足，舉滿、蒙、回、藏、漢五族國民合一爐以冶之，成為一大民族**」。現在聚集五族智慧組織政黨，就是為了「謀起點之方，同化之術」。將來「合進」收效之日，也就是滿、蒙、回、藏、漢之名詞「消弭而渾化」之時，故「今日

---

23 袁世凱乃清末立憲派大官僚，他的「民族大同」思想顯然表現出對立憲運動期間有關思想的直接繼承。

所稱為『五族國民』者，猶不免為贅語」云云。

從上述「會啟」內容可見，五族國民合進會實際上融合了昔日劉揆一〈提倡漢滿蒙回藏民黨會意見書〉和楊度等「五族大同」的有關思想，在某種程度上也可以說是綜合了革命黨人與立憲派人士相關意見的產物。

在五族國民合進會的「簡章」中，還提到了「我五族國民以外，西北尚有哈薩克一族，西南尚有苗瑤各族，俟求得其重要人員，隨時延入本會」，[24] 可見其所謂「大民族」所包含的子民族也並不局限於五族，「五族」不過是一種泛稱而已。該「簡章」對中國國內各民族「同源共祖」的論證，或不免簡單牽強，但卻已顯示出明確的思想自覺，可謂後來「一元多流、終歸返本歸一」的中華民族觀之嚆矢。

從五族國民合進會的多民族構成，它的「會啟」和「簡章」等的內容來看，其對「一大民族」聯合體的認識，既包含了血緣聯繫的內容（所謂「五族同源共祖」、「同一血脈、同一枝派」），更強調了民族成員間不同於傳統中國帝王專制時代「臣民」身份的平等「國民」之新型關係，以及「共和」新形勢下各族互相補充、全面融合之內在需要，實代表了民國初年各民族一體化認同

---

24 見《申報》1912 年 6 月 11 至 12 日刊載的〈姚錫光等發起五族國民合進會啟〉。另見劉蘇選編：〈五族國民合進會史料〉，《北京檔案史料》1992 年第 2 期。其中除了「會啟」和「簡章」外，還有「支會章程」，呈請立案呈文、組織構成條款及內務部批文等內容。內務部批文曰：「查所呈各節係為五族國民謀同化起見，尚無不合，本部應準備案，仰即知照。」中國人民大學圖書館藏有《五族國民合進會啟》小冊。見本書書前插圖。

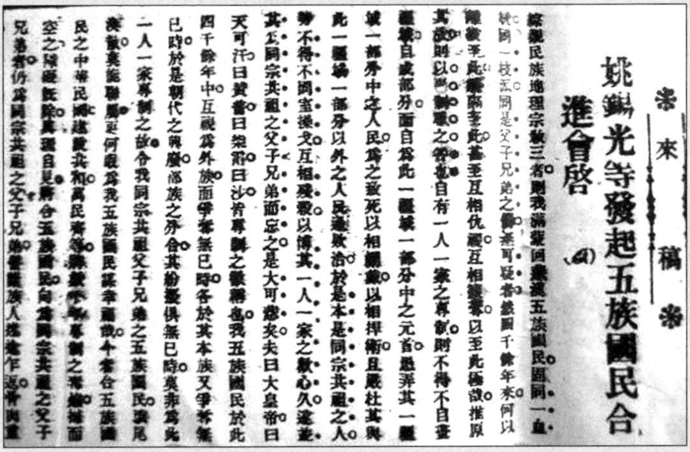

來稿

姚錫光等發起五族國民合進會啟（四）

綜觀民族地理宗教三者。則我滿蒙回藏漢五族國民。固同一血統。同一枝派。同是父子兄弟之倫。無可疑者。然國千餘年來何以離被乎此。離而至此。甚至互相仇視。互相殘害。以至此極哉。推原其故。則以[illegible]之。[illegible]之。[illegible]。自有一人一家之專制。則不得不自畫疆域。自成部分。而自爲此一疆域一部分中之元首。愚弄其一疆域一部分中之人民。爲之致死。以相爭鬬。以相捍衛。且嚴杜其與此一疆域一部分以外之人民。遂致洽。於是本是同宗共祖之人。勢不得不鬬室操戈。互相殘殺。以博其一人一家之歡心。久遂並其[illegible]同宗共祖之父子兄弟而忘之。是大可懋矣。夫曰大皇帝。曰天可汗。曰贊普。曰單于。曰沙[illegible]。尊號之繁。稱我五族國民於此四千餘年中。互視爲外族。而爭奪無已。時各於其本族。又爭奪無已時。於是朝代之興廢。部族之分合。其紛擾俱無已時。莫非爲此一人一家專制之故。今我同宗共祖父子兄弟之五族國民。讀民族。儀莫能聯屬。更何能爲我五族國民謀幸福哉。今者合五族國民之中華民國。建設共和。萬民齊等。[illegible]專制之毒。斬絕而空之。隔[illegible]既除。[illegible]自見。將合五族國民。向爲同宗共祖之父子兄弟者。仍爲同宗共祖之父子兄弟。使[illegible]族人[illegible]作返者與[illegible]

1912 年 6 月 11 至 12 日《申報》所登〈姚錫光等發起五族國民合進會啟〉片段

的較高水準，並預示了這一認同的實質與結局。只不過遺憾的是，對於融合而成的「大民族」共同體究竟應如何稱謂，這些「會啟」和「簡章」卻都仍未給予明示，儘管袁世凱此時已開始使用現代意義的「中華民族」概念。要想完整把握民國初年袁世凱的「中華民族」理念，還應當將他這一時期對「中華民族」一詞和概念的使用情形及其有關政策措施結合起來分析。在這一點上，後文還會有所努力。

1912 年 7 至 8 月，剛剛結束秘密狀態的中國同盟會，其廣東支部主辦的《中國同盟會雜誌》創刊，也登文積極宣傳民族和種族「同化」論，並將其視作該會的政綱之一。該刊著文強調，「今日共和成立，五族聯合，昔日之惡感已泯，至程度不齊之故，苟普及教育實行之後，此問題當亦解決矣」，並認定「合漢、滿、蒙、回、藏五族而同化之，今日之唯一政策也」，「亦大同必經之階級也」。[25] 而為了實現「民族同化或融化」的目標，又必須在共和體制下，統一語言、實行通婚、「劃一制度」和「普及教育」等。該刊還連載陳仲山的《民族同化史》，冀望於對「勵行民族同化之政策，不無小補」。同年 8 月 13 日，新成立的國民黨也發表宣言，公佈黨綱。其黨綱中「概列五事」，其三即曰：「勵行種族同化，將以發達國內平等文明，收道一同風之效也。」[26] 實際上，民國初年，主張民族或種族「同化」或「融合」或「化合」，

---

25 熙斌：〈種族同化論〉，《中國同盟會雜誌》第 3 期。

26 見〈國民黨宣言〉，《民立報》1912 年 8 月 18 日。轉見陳旭麓主編：《宋教仁集》(下)，北京：中華書局 1981 年版，第 749 頁。

已經成為了當時許多政黨的共識。

如果用今天的眼光來看，「同化」一詞的使用顯得很刺眼、不恰當，表明其認識仍存在大漢族主義傾向的局限性。但也應指出，當時人們使用「同化」一詞，很多時候也是在一種平等融化、相互同化之意上使用，並不都著意存有漢族自大獨尊之思。此種「同化」實際上就是「大同化」的同義語（「大同」一詞的使用者顯然要更為理性和智慧），它既是對於清末「五族大同」思想的一種繼承，也體現了民初革命黨和民國要人們對於民族問題新的認識水平。由於這些活動和政策宣傳反映了當時社會上要求民族融合的時代願望，因而也就有力地激勵著人們去繼續深化認識，進一步推動著國人形成對大中華民族共同體的期待與認同。

在中國各民族融合成一大民族共同體的思想建設方面，民初進步黨人曾作出過獨特的貢獻。比如，追隨梁啟超的進步黨人、《庸言》雜誌的主要編輯吳貫因，[27] 就有過特別值得一提的思想努力。1913 年初，他在《庸言》上連載了洋洋數萬言的〈五族同化論〉一文，逐個論析了五族的混合性質，進而說明了各族之間血統等互相滲透融合的歷史。此文表明作者相當瞭解西方混合「民族」與「國家」的現代政治性「（國民）民族」概念之內涵，對於當時和以後「中華民族」融合史的研究，都曾產生了較大的學

27 吳貫因（1879-1936），廣東澄海人。1907 年赴日留學，就讀於早稻田大學史學系，獲政治學學士學位，並結識梁啟超。1912 年歸國，與梁一起創辦《庸言》雜誌。1913 年，梁啟超任北洋政府司法總長時，他任衛生司司長。1927 年後棄政從學。著有《史之梯》、《中國文字之原始及其變遷》等。

術影響。[28] 在該文中，吳貫因有力地指出：

　　漢、滿、蒙、回、藏五民族，其初固非單純之種族，而實由
混合而成之民族也。夫人種相接近，由種族之事故，而融合交
通，世界歷史上實數見不鮮，固非獨中國而已。而我中國先民，
既能融合漢土諸小族，而成一漢族；融合滿洲諸小族，而成一滿
族；融合蒙疆諸小族，而成一蒙古族；融合回部諸小族，而成一
回族；融合藏地諸小族，而成一西藏族，況今日國體改為共和，
五族人民負擔平等之義務，亦享受平等之權利，既已無所偏重，
以啟種族之猜嫌，自可消滅鴻溝，以使種族之同化。則合五民族
而成一更大之民族，當非不可能之事。[29]

　　因此吳貫因以為：「今後全國之人民，不應有五族之稱，而當
通稱為中國民族 Chinese nation，而 nation 之義既有二：一曰民
族，一曰國民，然則今後我四萬萬同胞，稱為中國民族也可，稱
為中國國民也亦可。」[30] 此種認識，體現了西方現代那混合民族與

---

28 這從稍後許多談論此一問題的論文和後來編寫的各種中華民族史著作都參引此文可
　　知。如 1917 年《東方雜誌》第 14 卷 12 號轉錄《地學雜誌》的〈中國民族同化之研
　　究〉一文就聲稱：「作者本歷史事實，以研究中華之民族，所依據者，為吳貫因氏之
　　《五族同化論》，章降氏之《種姓篇》。」該文探討「中華民族同化」問題，強調五族
　　之外，苗族也屬中華民族的重要構成成分，並多次在國內民族一體化的意義上使用了
　　「中華民族」一詞。

29《庸言》第 1 卷第 7、8、9 號，此段引文出自第 8 號。

30 見吳貫因：〈五族同化論〉，《庸言》第 1 卷第 9 號。

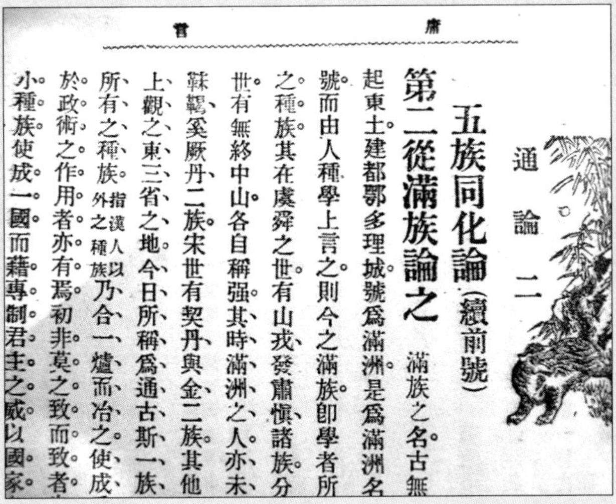

庸言

通論 二

五族同化論（續前號）

第二從滿族論之 滿族之名古無
起東土建都鄂多理城號爲滿洲是爲滿洲名
號而由人種學上言之則今之滿族卽學者所
之種族其在虞舜之世有山戎發肅愼諸族分
世有無終中山各自稱强其時滿洲之人亦未
靺鞨奚厥丹二族宋世有契丹與金二族其他
上觀之東三省之地今日所稱爲通古斯一族
所有之種族（指漢人以外之種族）乃合一爐而冶之使成
於政術之作用者亦有焉初非莫之致而致者
小種族使成一國而藉專制君主之威以國家

1913 年《庸言》第 8 號上續載吳貫因之〈五族同化論〉片段

國家、強調現代政治認同基礎的英法和北美「民族」觀念之直接影響，不妨說代表了民初時國人大民族共同體認同的較高水平，儘管他尚未使用「中華民族」一詞，而是用「中國民族」。此外，他肯定還是較早清醒而自覺地給中國各民族共同體正式命名、並給予該詞明確而延續至今之英文對譯的中國人，儘管在英文報刊和書籍中，此種含義的 Chinese nation 早有使用。

1914 年 4 月，中國進步黨正式的機關刊物《中華雜誌》創刊。該刊創刊號上又推出一篇題為〈論中國之國民性〉的專論，作者署名光昇（生平不詳）。在該文中，作者以所謂「國民性同一」來論證滿漢蒙回藏五族應通稱為「大中華民族」，這清楚地表明作者本人對西方現代 nation 和 nationality 之概念已有相當深入的瞭解。茲引該文的主要論證如下：

自羅馬之世界國家亡，而近世民族國家代之以興。民族即國民也，原為人種學之用語，係專指血統關係而言，自單純血族團體易為領地團體，而民族主義稍變。柏哲士之為民族定義曰：同類之人類。同類云者，即同一語言、文學、傳說、歷史、習慣、思想之謂也。蓋視血統主義為寬。學者或捨民族舊名而改稱曰國民性（註：nationality），即能為一國民之集合體之性質也。以有此國民性之民成一國家，斯團結堅而發達速。然按之實際，國家組織範圍與所謂國民性所示之範圍往往不能一致，以一國家而含有數國民性者有之，以同一國民性而割裂於多數國家者有之……獨吾中國為開化最古之國，以世界陸地十三分得一之領土，全人類四

分得一之人口，十九皆為同一國民性之人民所組織，蓋古今東西而未有一見者也。吾國所以能成此偉大純一之民族（即國民性）者，蓋有三焉：其一，則漢族同化力之大；……其二，則國家主義早成立也；……其三，則宗教思想之融合也。

從全文來看，光昇並不認同血統主義的傳統民族說，但在「漢族同化力之大」一條下他仍強調：「稱中國人為黃帝子孫，蓋其正炎黃血胤者十之七八，因婚姻雜居化合者十之二三，以近世民族定義言之，皆為同一國民性之民可無疑也。」不僅如此，他還從對西方現代「（國民）民族」（今人所謂「國族」）概念的理解出發，認為當時滿、蒙、回、藏等少數民族單獨而言，已失去「純粹」民族之資格。這在民國史上，實是類似觀點的較早闡發。光昇指出：

今之言曰，五族共和。滿人已失成一民族之元素，將必轉化於漢人，前已言之。可議者獨有蒙、回、藏。然回民之入居內地，及其信徒久與漢人混合，而回部及蒙疆藏衛之民，其上等社會已通行漢語，而所謂文學歷史等，亦無存立之根據，其不為純粹之一民族可無疑義。

他甚而還宣稱：「歐羅巴有曰日耳曼主義，斯拉夫主義，吾國民將曰大中華主義。合滿漢蒙回藏之民謂之五族，**毋寧謂之大中**

華民族可也。**31**

在此，人類學、民族學意義上的文化共同體「民族」（源於拉丁詞 ethnos，相當於 nation 的英法文古典含義和後來的 ethnic group）概念，與現代政治學意義上的政治共同體「民族」（nation 的現代意義尤其是英法文意義）概念之間的某種區別，已被作者明確地意識到了，只是他顯然還沒有能力將兩者的內涵很好地自覺地統一起來。就現代政治學意義上說，否認各少數民族單獨構成為擁有國家獨立主權的 nation，當然並未錯；但由此認為各少數民族的「文學歷史等，亦無存立之根據」，則不免荒謬。今人很容易指出作者在具體的論述中表露出的那種明顯的大漢族主義情緒，以及對於少數民族文化瞭解之缺乏，但該文還是能夠反映出在當時，認同一個以中華民國為政治依託、經濟文化上融合日深的現代大民族共同體，已然成為了一種時代的需要和現實的取向。**32**

2. 袁世凱與民初民族融合的新背景及實際效應

就國內民族融合的實際效果而言，辛亥革命勝利和民國建立

---

31 見光昇：〈論中國之國民性〉，《中華雜誌》創刊號，1914 年 4 月 16 日。此後，光昇又將此文作了較大修改，以〈中國國民性及其弱點〉為題，載於《新青年》第 2 卷第 6 號，重點改論國民性之弱點。

32 受此種「五族同化論」思想影響，主張將五族建成一「中華民族」的論說還有一些。如 1916 年 6 月《江蘇省立第四師範學校校友會雜誌》第 1 卷就曾載凌樹勳講演的〈五族同化之歷史及其關係〉一文，也主張「中國欲爭存於今日，而謀根本之計劃，非合五大民族組織一完全團結之中華民族不可」。認為對國內少數民族「施完全教育」，不難實現「同化」，「而中華民族不難組成。即不患無中華民族主義發揚於東亞之一日」。

的意義也是顯而易見的。不錯，辛亥革命推翻滿洲專制統治，建立民國，的確暫時引發或一度刺激了一部分外蒙古王公和藏族等少數民族上層人物的分裂行徑，如 1911 年 12 月 1 日，一小撮蒙古王公就在沙俄的指使下，成立了以哲布尊丹巴為「大汗」的所謂「大蒙古帝國」，西藏與內地的關係這時也趨於緊張。[33] 此種情況的出現，不能說與部分革命黨人此前狹隘的民族主義態度，以及武昌起義爆發後少數地區短暫過激的「排滿」行為毫無關聯。不過就其根本而言，它們卻是當時的紛亂形勢和俄、英等帝國主義從中直接策動挑唆的結果。與此同時，我們更應該看到的是，此種暫時出現的分裂局勢所引發的前景憂患，恰恰又成為革命黨人、民初政要和各族有識之士放棄狹隘民族意識，生發現代中華民族觀念的直接動因。歷史的辯證法效應，就是這樣體現出來。

以蒙古問題為例。「大蒙古帝國」宣佈成立後，其一系列分裂行徑隨即遭到國內和蒙古族內人民的強烈反對。1912 年底至 1913 年初，哲里木盟十旗王公和內蒙古西部二十二部三十四旗王公，就分別在長春和舊綏城（今呼和浩特）舉行了東、西蒙古王公會議，商討贊成五族共和，反對外蒙「獨立」等事宜。在 1913

---

[33] 國內外以前都提 1913 年 1 月達賴喇嘛宣佈「獨立」一事，但據有關學者的最新研究，嚴格說來，並不存在此事。達賴喇嘛發佈的例行的《新年公告》，其實並未正式提到「獨立」問題。聲稱西藏和蒙古為兩個「獨立國家」的所謂《蒙藏協定》，不過是俄國間諜德爾智擅自代表西藏所為，它不僅沒有得到中國和任何其他國家的承認，連熱心此事的俄國和英國也不予承認，甚至十三世達賴本人也予否認。見喜饒尼瑪：《近代藏事研究》，西藏人民出版社和上海書店出版社 2000 年版，第 86-87 頁。另外，十三世達賴與中央的矛盾激化始於 1910 年，也並非直接為辛亥革命和民國建立所致。

年初的西蒙古王公會議上，王公們還一致決議「聯合東盟，反對庫倫」，並通電聲明：「蒙古疆域與中國腹地唇齒相依，數百年來，漢蒙久為一家。我蒙同係中華民族，自宜一體出力，維持民國。」[34] 這大概是在政治文告中，第一次由少數民族代表人物共同議決，宣告中國少數民族同屬現代意義的「中華民族」的一部分。[35]

這裡，「中華民族」一詞極具象徵意義的使用，就筆者所瞭解的資料來看，還當屬於現代中華民族概念較早被使用的例證之一。法國漢學家巴斯蒂較早的研究指出，作為民國總統的袁世凱，曾「率先用『中華民族』的名稱來涵蓋（中國）境內所有民族」，[36] 而袁的這一較早使用，也恰恰是發生在應對此次蒙古分裂行徑的過程中。不過，巴斯蒂並沒有提到此事發生的具體時間。追蹤她所引錄的〈袁世凱致庫倫活佛書〉，當中寫道：「外蒙同為中華民族，數百年來，儼如一家。現在時局阽危，邊事日棘，萬無可分之理。」[37] 這一「中華民族」的現代認同現象，無疑是耐人

---

34 〈西盟會議始末記〉，轉引自費孝通主編：《中華民族多元一體格局》（修訂本），北京：中央民族大學出版社 1999 年版，第 349 頁。

35 同上。

36 見 2001 年 10 月 16 至 19 日「紀念辛亥革命九十週年國際學術討論會」上，法國學者巴斯蒂（Marianne Bastid-Bruguière）提交的論文〈辛亥革命與 20 世紀中國的民族國家〉，後收入中國史學會編：《辛亥革命與 20 世紀的中國》（中），北京：中央文獻出版社 2002 年版，第 951-974 頁。文中所提〈袁世凱致庫倫活佛書〉，係引自劉學銚編：《中國歷代邊疆大事年表》，台北：金蘭文化出版社 1979 年版，附錄 1，第 483 頁；扎奇斯欽：《蒙古之今昔》，台北：中華文化出版事業委員會 1955 年版，第 214-215 頁。

37 此為〈袁世凱致庫倫活佛書〉（一）的首句，另可見徐有朋：《袁大總統書牘彙編》卷 5，「函牘」，上海廣益書局 1914 年版，第 2 頁。

尋味的。

應該指出的是，民國初年袁世凱正式以民國臨時大總統和大總統名義，在國內各民族總體意義上對「中華民族」一詞的使用不僅較早、而且還是相當自覺的。他就任臨時大總統後，把原北京皇城的正南門（明朝時稱「大明門」，清朝時稱「大清門」）改名為「中華門」，把大總統府建在中南海，將原乾隆為香妃特建的寶月樓改建為正門，命名為「新華門」，正以此表明他要把蒙回藏滿等少數民族和漢族團結在一起，建立一個新的名為「中華」的民族和國家之意願。

袁世凱的這一「中華民族」自覺，對現代中華民族觀念的確立與早期傳播，意義重大。最近，筆者仔細查閱《申報》，可以更為明確地證實這一點。1912 年 2 月 15 日，南京臨時政府參議院選舉袁世凱為中華民國臨時大總統，3 月 10 日，他在北京正式宣誓就職。兩天後，宣佈外蒙獨立的哲布尊丹巴等外蒙王公即致信袁世凱，公開陳述其分裂的「緣由」。3 月 15 日，袁世凱實際上就已及時發出了上述那封給以哲布尊丹巴為代表的外蒙古王公的回信，對他們加以勸阻。兩信的大體內容於 1912 年 12 月 20 日曾被《申報》刊載，題為「取消庫倫獨立之往來電報」。**38** 由此看來，1913 年初反對外蒙分裂的西蒙古工公會議同通電對現代意義

---

38 見《申報》1912 年 12 月 20 日〈俄蒙交涉檔案〉（六）中的「取消庫倫獨立之往來電報」。其有關內容與前文提到的〈袁世凱致庫倫活佛書〉內容基本相同，只有個別文字差異，如前文裡的「邊事日棘」，這裡寫成「邊事孔棘」。

的「中華民族」概念的使用與認同，應當是受到過袁世凱1912年初上述回函的直接影響。而袁函中以民國政府總統名義對現代意義的「中華民族」概念之正式使用，且用在那一針對少數民族分裂的特別場合，其政治思想意義不言而喻。

袁世凱就任民國正式大總統之後，又曾多次使用現代意義的「中華民族」概念。如1914年，他批准參議院嚴復有關「中華民族立國精神」的提案時，就曾對這一概念反覆加以使用。該年10月24日，著名思想家嚴復在民國參政會上提出「導揚中華民族立國精神建議案」，洋洋數千言，歷舉歐美各國立國精神之所在，「而以忠孝節義為吾中華民族之特性」，建議將其作為「中華民族立國精神」。參政院予以採納並報請袁世凱批准。11月3日，袁即發佈「大總統告令」，表示「國於天地，必以民俗國性世道人心為之要素 …… 宜以忠孝節義四者為中華民族之特性，為立國之精神，庶幾百折不回，而有以達最後之祈向」，故准予施行。**39** 後他又以告令的形式，聲言：「使中華民族為大仁大智大勇之國民，則必於忠孝節義植其基。」**40** 順便提及，袁世凱向嚴復學舌的所謂「國性」，梁啟超、梁濟等人此期也喜歡使用，大體對應於英文的 nationality。1914年底，袁氏在有關其他事務的「大總統告令」

---

39 〈十一月三日大總統告令〉，《申報》1914年11月6日。另，《申報》1914年10月25日所載〈嚴幾道新提出之立國精神建議案〉和10月27日《申報》所載遠生〈政聞拾零〉，皆有相關報道。

40 〈命令〉，《申報》1915年1月3日。

中，對「中華民族」概念還曾有過類似的使用。[41]

在袁世凱那裡，現代中華民族理念的形成，顯係從其「五族共和」論推導而來。他還由此自覺改變了昔日清朝以藩屬對待蒙藏的不平等態度，並反覆鄭重宣稱：

> 現在五族共和，凡蒙藏回疆各地方，同為我中華民國領土，則蒙藏回疆各民族，即同為我中華民國國民，自不能如帝政時代，再有藩屬名稱。此後蒙藏回疆等處，自應通籌規畫，**以謀內政之統一，而冀民族之大同**。民國政府於理藩不設專部，原係視蒙藏回疆與內地各省平等，將來各該地方一切政治，俱屬內務行政範圍。[42]

此外，這一時期，袁世凱還採取一系列積極措施，如先後頒佈《勸諭蒙藏令》、《蒙藏主權聲明》、《勸諭漢、滿、蒙、回、藏聯姻令》和《恢復達賴喇嘛號令》等，做了不少有利於穩定邊疆民族的政治工作。這些維護國內各民族團結的政治舉措，也與袁世凱對一體化的「中華民族」觀念之體認聯繫在一起。如 1912 年

41　如袁世凱曾在一告令中寫道：「古者建國，教學為先，我中華民族自有史以降，千百年間，能保吾先世聖哲師匠之遺，大者風化，小者藝事，咸維持不墜，以至今日猶得以文明國稱者，敬教勸學，舉國所崇，雖中更世變，未有歷百年而不修者也。」見〈中央命令：大總統告令〉，《浙江警察雜誌》1914 年第 11 期，第 3-5 頁。

42　中國藏學研究中心等編：《元以來西藏地方與中央政府關係檔案史料彙編》，北京：中國藏學出版社 1994 年版，第 2346 頁。

3月 25 日頒佈的《勸諭蒙藏令》之主旨，就是向蒙藏同胞闡述民國政府在民族治理政策方面與清王朝的最大不同，乃在於「伸我蒙藏人權起見」、「務使蒙藏人民一切公權私權與內地平等，以期大同而享幸福」；而與此同時，袁世凱政府的外交部則對外宣佈「中國對滿、蒙、藏的主權」：「滿、蒙、藏為中國完全領土，凡有關滿、蒙、藏各地之條約，未經民國承認者，不得私定，已訂者亦均無效 …… 民國政府對於滿、蒙、藏各地，有自由行動之主權，外人不得干預。」[43] 不妨說，上述兩個方面，正好體現了袁氏政權同一政策的內外面向。

至於民初革命黨人提倡「五族共和」、民族化合與列強策動中國分裂的局勢之間的直接關係，同樣顯而易見。已經有學者從研究孫中山「民族同化」思想的角度，對此加以詳細論證了。正如該學者所指出的，從根本上說，孫中山等提出「民族同化」的主張，並非只像西方殖民者那樣完全從種族主義的立場出發，認為漢族為優等民族，應當同化劣等民族，而主要是「針對辛亥革命以後沙俄、英國、日本對中國的外蒙古、西藏和東北的侵略而提出來的」。[44] 在孫中山看來，蒙古族、藏族和滿族的人口較少，力量較弱，都不足以抵抗帝國主義的侵略，只有把國內各民族融合成像美利堅一樣的強大民族統一體，才能有效地維護祖國統

---

43 常安：〈清末民初憲政世界中的「五族共和」〉，《北大法律評論》2010 年第 11 卷第 2 輯。另見〈中國大事記〉，《東方雜誌》第 9 卷第 4 號，1912 年 8 月 1 日。

44 李永倫：〈試析孫中山民族平等的思想〉，《雲南教育學院學報》1996 年第 4 期。亦可參見耿雲志：〈孫中山民族主義思想的歷史演變〉，《廣東社會科學》2007 年第 1 期。

一，爭得與世界其他民族的平等地位。所以他說：「講到五族底人數，藏人不過四五百萬，蒙古人不到百萬，滿人只數百萬，回教雖眾，大多漢人。講到他們底形勢，滿洲既處日人勢力之下，蒙古向為俄範圍，西藏亦幾成英國的囊中物，足見他們皆無自為（衛）的能力，我們漢族要幫助他才是。」又說：「彼滿洲之附日，蒙古之附俄，西藏之附英，即無自衛能力底表徵。然提撕振拔他們，仍賴我們漢族。兄弟現在想得一個調合的方法，即拿漢族來做個中心，使之同化於我，並且為其他民族加入我們組織建國底機會。仿美利堅民族底規模，將漢族改為中華民族，組成一個完全底民族國家，與美國同為東西半球二大民族主義的國家。」[45]

從孫中山帶有明顯大漢族主義傾向的言論中不難看出，使國內各民族擺脫帝國主義侵略和壓迫的地位，建立與美國並駕齊驅的、以各民族融為一體的大「中華民族」為基礎的現代民族國家，正是其主張「民族同化」的直接動機和最終目標所在。這也從另一個角度揭示了辛亥革命之後現代中華民族觀念興起、確立、傳播和認同接受的一個重要動力。

此外，從長遠來看，革命後民國的建立，政治上既實行「五族共和」，文教上復推行有利於一體化近代化的民族融合措施，這些也都在實際上對各民族的融化進程，起到了促進作用。特別是滿漢之間，不僅沒有因為辛亥革命而加劇矛盾，反而進一步促

45 孫中山：〈在中國國民黨本部特設駐粵辦事處的演說〉（1921 年 3 月），中山大學歷史系孫中山研究室等合編：《孫中山全集》第 5 卷，北京：中華書局 1985 年版，第 473-474 頁。

進和深化了兩族間的融合。1922 年，梁啟超曾帶著大漢族主義情結談到這一點。他寫道：

> 辛亥革命，滿清遜位，在政治上含有很大意義。…… 專就民族擴大一方面看來，那價值也真不小。…… 滿洲算是東胡民族的大總匯，也算是東胡民族的大結束。近五十年來，滿人的漢化，以全速率進行。到了革命後，個個滿人頭上都戴上一個漢姓，從此世界上可真不會有滿洲人了。這便是把二千年來的東胡民族，全數融納進來，變了中華民族的成分，這是中華民族擴大的一大段落。[46]

梁氏的這種表述有欠科學和準確，沒能準確反映漢族與滿族之間彼此互動融化雙面關係的全部內容，但還是從一個側面說明了辛亥革命和民國建立對於滿漢民族實際融合的某些積極影響。

民國建立後，中國各民族間的交往較以前更為密切，平等的互動更為頻繁，[47] 民族融合逐漸得以加強，特別是文化融合方面。這不僅同國家政體的改變、政策的引導、現代交通業的巨大發

---

[46] 梁啟超：〈五十年中國進化概論〉，載張品興主編：《梁啟超全集》第 7 冊，第 4029 頁。

[47] 唐仕春：〈綏遠土默特攤差交涉：五族共和下的蒙漢族群互動（1911-1928）〉，載《中國社會科學院近代史研究所青年學術論壇》（2005 年卷），北京：社會科學文獻出版社 2006 年版，第 307-321 頁。該文從攤差交涉這個具體視角入手，應用社會史的方法，對北洋時期五族共和旗幟下綏遠土默特地區蒙漢關係朝著「真正平等」的方向變遷的具體情形之真實揭示，值得參看。

展、現代傳媒業（包括新聞業、圖書報刊出版業等）的空前進步和社會流動性的急劇增多有關，更是現代新式學校教育發展的直接結果。民國初建，北洋政府對少數民族的事務和教育即給予了一定的重視，它改理藩院為蒙藏事務局，兩年後改為蒙藏院，與各部地位等同，下設民治、宗教、翻譯、邊衞等科，並開辦《藏文白話報》（漢藏文合璧）等，向西藏等少數民族傳導「共和五族」不可分割的一體理念和民國政府的有關政策。[48] 同時，民國教育部也特設蒙藏教育司，專管少數民族地區的政治、經濟和文教事務。1913 年蒙藏事務局批准將清代咸安宮三學及理藩院蒙古學校合併為蒙藏專門學校，成為民國第一所專門招收蒙藏少數民族學生的國立官費學校，致力於對漢族與少數民族文化進行融合。國民黨掌權後，蒙藏院改為蒙藏事務委員會，蒙藏專門學校仍得到繼續開辦。與此同時，大量的少數民族青年在民國建立後還得以到內地漢族地區的學校讀書學習。在各少數民族地區的學校裡，除了本民族語言之外，作為各民族文化溝通媒介的漢語（common language, 族際共通語）及漢文化內容的學習，一般也都成為了重要的課程。

---

48 1913 年《藏文白話報》創刊號上的「發刊詞」裡就強調，「其用意，以中華民國優待蒙回藏，與以前理藩部時代不同，取其施行政令，公佈周知，以免致傳聞失實，且冀蒙回藏同胞，以中華民國為前提，合力並進」。還聲言：「蒙回藏之與漢滿，同為黃帝子孫，同為優秀貴族」，在共和國體之下，「蒙回藏不能離中華民國別自成其為蒙回藏；中華民國不能離蒙回藏別自稱其為中華民國，況蒙回藏享有權利與漢滿平等，合於選舉與被選舉資格……自今以往，我四萬萬同胞一德一心，尊重國權，崇尚人道，新邦締造，正中華民國英雄立功之秋也。」現存世《藏文白話報》約有 17 期。

159

以蒙古族人為例，1913 年至抗戰全面爆發前夕，僅蒙藏專門學校畢業的蒙古學生就有近千人，還有許多蒙族青年在北京、南京、天津、上海、哈爾濱、瀋陽等大城市讀中學和大學。他們讀書期間不僅創辦有蒙漢文合璧的各種刊物，致力於溝通與融合蒙漢文化，回到蒙旗後又大多從事文教事業，對民族文化的交流與融合產生了重要影響。[49] 雖然，此種文化融合的結果主要是在民初以後特別是抗戰以後才得以更充分地體現出來，但民初時就建立起來的政治和教育體制的作用，卻是顯而易見的。

3.「中華民國」國號、早期國歌的意義與影響

「中華民國」國號的正式確立，進一步增強了國人對於「中華」一詞及其歷史文化內涵的認同感，使得人們在考慮國家和民族共同體整體利益、確立各類組織和事物名稱的時候，往往喜歡使用「中華」字樣和符號，來表示其民族特色、國家身份或全國全民性質，實現某種整合意義上的概括。這從民國建立後，成千上萬以「中華」命名的組織和事物名稱如雨後春筍般地湧現，即可見一斑。如民國初年，這類組織機構中就有中華書局、中華職業教育社、《大中華》報、中華革命黨、中華銀行、中華藝社、中華教育改進社、中華足球聯合會、中華工業協會等等，不勝枚舉。此種用語習慣及其運思導向，成為此期及以後現代意義的「中華民

---

49 參見黃興濤：〈簡述民國時期國內各民族文化的新交融〉，載《文化史的視野：黃興濤學術自選集》，福州：福建教育出版社 2000 年版，第 461-481 頁。

族」一詞或概念能夠應運而生、逐漸流行和傳播開來的重要語言因素。而這種情況，在清末時還是未曾完全形成的。**50**

從筆者所掌握的資料來看，最早在具有各民族相對平等融合（至少在政治經濟方面）之整體意義上使用「中華民族」一詞的歷史資料，正是出現在辛亥革命勝利和民國建立之初。前面，我們曾提及中華民族大同會，該會的消息曾在當時《民立報》和《申報》等著名報刊上廣泛刊載，傳播很廣。其所謂「中華民族」本身雖還未必是一個固定名詞，但由於漢語構詞的特殊性，它至少在形式上，一定程度上也能起到那種民族一體性的傳播效果。另外，前文還曾提到，1912 年袁世凱、商務印書館《共和國教科書·新歷史》，以及 1913 年初部分蒙古王公，也都使用過現代意義的「中華民族」一詞。此外，在《申報》中，筆者也曾見到現代「中華民族」一詞的多處使用。不妨略舉一例。如 1914 年 3 月 9 日，《申報》上就有人曾從政黨、國家政府與中華民族的關係角度來使用該詞，強調「政府者，我中華民族共有之機關也；黨人者，我中華民族箇中之分子也。以箇中之分子扶共有之機關，實國民應盡之義務；以共有之機關包容一二箇中之分子，亦天理人

---

50 康有為在 1910 年偽造的〈請君民合治滿漢不分摺〉中，曾主張用「中華」作為中國國名，不少民族史學者在引用此文內容時，沒能注意此點，多誤認其作時間為 1898年。民國初年，康有為繼續闡發這一觀念。如在《不忍雜誌》1913 年第 7 期上發表〈救亡論〉一文，即專門有「民族難定，漢族中亦多異族，而滿族亦主黃帝考」一節，強調「蓋民族義者，專為合諸弱小為強大國者也……中華二字，今尤通用。通於古今，應定國號為中華。凡滿、蒙、回、藏皆同為國民，無多立彼疆此界之分，則內能結合，足以永靖亂源；外之宏大，益以鞏固邦基矣」。

心之所至」，認為二者只有齊心協力，中華民族才有前途可言。[51]

《申報》之外還可舉出一些類似的例證。如 1914 年湖南安化人夏德渥完成的《中華六族同胞考說》一書，1917 年《東方雜誌》第 14 卷 12 號刊登的〈中國民族同化之研究〉一文，1918 年元旦《民國日報》社論〈吾人對於民國七年之希望〉中，都曾在各民族一體化意義上使用過「中華民族」這一詞彙和新概念。[52]

《中華六族同胞考說》是一部至今未見有人專門介紹、卻又頗具歷史價值的著作。作者夏德渥，湖南人，生平不詳。他具有非常強烈的使命意識，完成該書後，曾報呈教育部審批，並請革命黨元老、民國要人、雲南少數民族人士李根源作序。該書詳細考述了中國歷代各種史書的有關記載，專門論證中國漢、滿、蒙、回、藏、苗六族間的平等同胞關係，「冀覽此書者恍然於漢、滿、蒙、回、藏、苗論遠源為同種，論近源為同族，而慨然動同胞之感」。[53] 書中通稱中國各民族的統一體為「華族」，偶爾也稱其為「中華民族」，並強調中華民族的主要構成成分中，無論如何也不

---

51 步陶：〈雜評二〉，《申報》1914 年 3 月 9 日。另，《申報》1914 年 4 月 29 日所刊〈中國移民概數之新調查〉和該報 1915 年 11 月 18 日所刊〈通俗教育會二次開會訓詞〉等文中，也都使用了「中華民族」概念。

52 如 1918 年《民國日報》社論〈吾人對於民國七年之希望〉就寫道：「吾中華民族，至好和平之民族也，是以自有文獻以來，吾國古聖先賢之教訓，無不為平和之福音。是以吾國自古以來之世界主義，非如德國之征服主義也，亦非英國之功利主義也。平和的同化，為有史以來吾中華民族對世界之大方針。」這裡，不僅使用了「中華民族」一詞，還自豪地表達了對於本民族「和平同化」他族傳統的認同之感。

53 夏德渥：《中華六族同胞考說》，「自序」，1917 年湖北第一監獄石印。北京師範大學圖書館藏有 1920 年重版本。

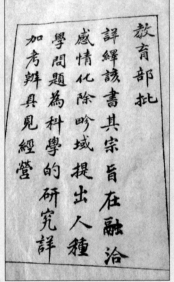

1920 年重版之《中華六族同胞考說》內扉及教育部對其的批文

能沒有「苗族」。不過，此書雖完成於 1914 年，卻直至 1917 年才得以正式出版。書前印有教育部的批文：「詳繹該書，其宗旨在融洽感情，化除畛域，提出人種學問題，為科學的研究。詳加考辨，具見經營。」可見，對於該書有益於民族平等融合的社會功能，北洋政府也曾給予了積極評價。

民初出版的一些中學歷史教科書，有的也表達過中國國內各民族具有同源一體性、歷史上曾不斷化合，且具體由六個或五個民族組成的類似見解，不過直接以「中華民族」整體命名之者，還是不多見。[54] 由此也可反映出當時社會上整體性的現代中華民族意識還相當不足的情形。

同「中華民國」這一國號的確立之作用相關，民初國旗的使用、國歌的確定與傳播，也與塑造或至少部分塑造現代中華民族觀念不無正面關聯。如五色國旗，就直接體現了「五族共和」的國民一體化理念與民族團結的內涵；而當時擬定和短暫使用過的國歌，也發揮過類似的積極作用。1912 年 2 月，中華民國臨時政府教育部徵集國歌。2 月 25 日，《臨時政府公報》第 22 號首次公佈了沈恩孚作詞、沈彭年作曲的《國歌擬稿》（後稱之為《五旗共和歌》），歌詞寫道：

---

[54] 參見趙玉森：《共和國教科書‧本國史》上冊（商務印書館 1913 年版），以及鍾毓龍：《（新制）本國史教本》第 1 冊（中華書局 1914 年版）的有關部分。前者認為漢滿蒙回藏苗六族名稱不同，卻是一體的同胞兄弟；後者認為「漢滿蒙回藏五族，同為黃種，其先同出於一原，皆由西而迻於東」。參見劉超：〈現代中華民族觀念的形成 —— 以清末民國時期中學中國歷史教科書為中心〉，《安徽史學》2007 年第 5 期。

亞東開化中華早，揖美追歐，舊邦新造。

飄揚五色旗，民國榮光，錦繡山河普照。

吾同胞，鼓舞文明，世界和平永保。

這首歌詞，突出了「中華」文明悠久、民國建立，實現舊邦新命，以及五族人民互為「同胞」之深義，雖未被正式定為國歌，但據說刊佈後，在海外華僑中流傳甚廣，有的華僑團體屢屢「使用此歌為中華民國國歌」。[55] 近來有研究更是強調，「《五旗共和歌》的政治符號價值之一就是體現了革命者們對中華民族整合的期待」。[56] 1912 年 7 月 25 日的《政府公報》上，還刊載了沈慶鴻（沈心工）作詞、鄒華民作曲的《國歌擬稿》，後又稱《中華民國立國紀念歌》，歌詞甚長：

偉哉，吾漢滿蒙回藏五大民族；共奮精神，共出氣力，共捐血肉；清除四千餘年專制政府之毒，建立億千萬年民主共和之國；而今而後，凡我華人，如手如足；勤勤懇懇，整整齊齊，和和睦睦；興我實業，修我武備，昌我教育，立願與全世界共享和平之福。

55 吳研因：〈國歌談〉，《音樂界》第 10 期，1923 年 10 月。

56 趙飛飛、殷昭魯：〈民初國歌的多重符號價值 —— 以《五旗共和歌》為中心的考察〉，《唐都學刊》2014 年第 1 期。

該歌詞中將五大民族之人民通稱為「華人」，這一做法雖衍自晚清，但又賦予了其中華民國的共和國民之嶄新意義，並同時強調了其彼此和睦相處的「手足之情」，在內涵的符號意義上與《五旗共和歌》有相通之處。1913年2月，教育部又致函章太炎、張謇、汪榮寶、錢恂等名流，邀請他們撰寫國歌，章太炎擬定的歌詞為：

高高上蒼，華岳挺中央，夏水千里，南流下漢陽。四千年文物，化被蠻荒，蕩除帝制從民望。兵不血刃、樓船不震、青煙不揚，以復我土宇版章。吾知所樂，樂有法常。休矣五族，無有此界爾疆，萬壽千歲，與天地久長。[57]

在給教育部的公函中，章太炎稱其自撰國歌詞「先述華夏名義，次及古今文化，然後標舉改革，乃及五族共和，言皆有序，文亦易了」。實際上他在歌詞最後還表明了五族不應分「此疆彼界」，而應融為一體以地久天長的民族願望。後來，章氏所擬歌詞未能入選。入選並正式公佈為國歌者乃汪榮寶所擬的《卿雲歌》。但為《卿雲歌》作曲的著名音樂家蕭友梅卻並不太喜歡汪氏歌詞，他反而更欣賞章太炎所擬歌詞之明白曉暢、內涵確實貼切和富有節奏感，並專門為其譜曲，以便傳唱。1915年，外交部向國務院提出制定「國樂」的要求。袁世凱交政

57〈章炳麟擬國歌〉，《教育部編纂處月刊》第1卷第3冊，1913年4月。

事堂禮制館，命從速制定。是年 5 月，袁世凱批准禮制館提交、據說為曾任清末陸軍部尚書的滿人蔭昌作詞、王心葵（王露）作曲的《中國雄立宇宙間》。也有人說王心葵不是作曲原創者，只是幫禮制館原作曲潤色而已。但這卻是民初被公佈的中華民國第一首正式國歌：

中國雄立宇宙間，廓八埏，

華胄來從崑崙巔，江河浩蕩山綿連，

共和五族開堯天，億萬年。[58]

該國歌中既有「中國」，又有「華胄」，還凸顯了「五族共和」接續遙遠的中華傳統之民族情結，其傳唱功能可以想見。據載，為適應袁世凱稱帝需要，其中那句「共和五族」曾被改為「勳華揖讓」，但這一點，目前似乎還未能加以確認。[59]

不過，說到民初國旗國歌對中華民族觀念的興起直至後來流行開來之影響，顯然不宜誇大，且它們都無法與「中華民國」國號的影響割裂開來談論。關於國號的直接影響，1928 年常乃惪在最早以「中華民族」命名的著作之一 ——《中華民族小史》一書

---

58 《政府公報》第 1095 號，1915 年 5 月 26 日。只載歌詞，並無曲譜。

59 小野寺史郎：〈平衡國民性與民族性：清季民初國歌的制定及其爭議〉，《中山大學學報》（社會科學版）2009 年第 1 期；另可見小野寺史郎著、俊宇譯：《國旗・國歌・國慶：近代中國的國族主義與國家象徵》，北京：社會科學文獻出版社 2014 年版；同時參見劉作忠：〈中國近代國歌小史〉，《尋根》2007 年第 4 期。

中，曾作過一段重要的說明，題為「中華民族之命名」，值得引錄如下：

民族之名多因時代遞嬗，因時制宜，無一定之專稱。非若國家之名用於外交上，須有一定之名稱也。中國自昔為大一統之國，只有朝代之名，尚無國名。至清室推翻，始有中華民國之名也出現。國名既無一定，民族之名更不統一。或曰夏，或曰華夏，或曰漢人，或曰唐人，然夏、漢、唐皆朝代之名，非民族之名。惟「中華」二字，既為今日民國命名所採用，且其涵義廣大，較之其他名義之偏而不全者最為適當，故本書採用焉。……惟今日普通習慣，以漢族與其他滿、蒙諸族之名並列，苟僅以漢族代表其他諸族，易滋誤會，且漢本朝代之名，用之民族，亦未妥洽，不若「中華民族」之名為無弊也。[60]

另有一部國民政府教育部審定的中學歷史教科書，也曾對此有過一個說明：

中華民族在上古稱曰華曰夏，又稱諸華，諸夏，或合稱華夏。因為古代建國的中心在今陝西甘肅一帶，那裡有著名的山叫

---

[60] 常乃惪（燕生）：《中華民族小史》，上海愛文書局 1928 年 5 月初版，第 4-6 頁。除此書外，「中華民族」四字出現在書名中的最早著作，筆者還曾見到一本，題為《中華民族革命史》，三民出版社出版，第 42 頁。出版時間稍早，為 1926 年，但其並不專門討論「中華民族」問題。

作華山，有著名的水叫作夏水，所以我們的民族叫作華夏。中華民族除華夏通稱外，還有以朝代為名的，如秦、漢、唐、蒙古等。是因為這幾代國力很強，外族便以朝代的名稱作為我們的族名。到了民國，合漢、滿、蒙、回、藏為一家，建立共和國，為「中」字最正，「華」字最美，且有歷史的意義，所以正式定我們的族名為中華民族。**61**

以上兩段說明，對於今人瞭解現代「中華民族」稱謂和觀念的正式形成與「中華民國」國號之間的歷史關係，或許不無裨益。其實，從 1913 年傳唱開來的一首歌曲《美哉中華》的歌詞將「中華民國」與「中華民族」兩相對舉中，今人恐怕也能夠對此一問題，有某種直觀的感受：

美哉美哉，中華民國，太平洋濱，亞細亞陸；大江盤旋，高山起伏，寶藏萬千，庶物富足；奮發有為，隨我所欲，美哉美哉，中華民國。

美哉美哉，中華民族，氣質清明，性情勤樸；前有古人，文明開幕，後有來者，共和造福；如湧源泉，如升朝旭，美哉美哉，

---

61 宋延庠、蔣子奇、劉祖澤、聶家裕編：《初級中學歷史》（教育部審定），國定小學教科書七家聯合供應處印行，民國 35 年（1946 年）版。轉引自北京師範大學歷史學院劉冬梅 2009 年的博士學位論文〈對民國中學中國史教科書的考察〉（龔書鐸先生指導），第 81 頁。

中華民族。[62]

　　前文，我們曾提到 1912 年 3 月黃興、劉揆一等發起成立「中華民族大同會」時，最初之名為「中華民國民族大同會」，前者係由後者直接縮改而來，這一事實本身，也能給我們這方面的認知以某種直接的啟示。

　　不過筆者以為，討論「中華民族」族稱的明確與「中華民國」國號的關係，還不能只著眼於「中華」一詞將國家與民族統一起來這一點，還應看到「民國」與「民族」這兩個新生詞彙和概念本身，就存在一種來自西方的同一性和統一性──它們恰好體現了英、美、法 nation 概念一體兩面的內涵。在革命黨人看來，「民國」乃是區別於「君國」、「帝國」或「王國」的概念，它是「共和」理念的產物，不僅否定君主專制，甚至連立憲君主也要一併去之，而在立憲黨人看來，則不必排斥立憲君主的合理有益存在。但兩者所共同認同的，無疑是國民的國家主體地位；與之相應，現代「民族」概念在形成之初，也曾帶有一種有別於特權「王族」和「貴族」的平等國民之總和義。所以，從立憲派分化出來、嚮往美國共和制度而最終背叛清廷、投奔革命政權的伍廷芳，其在 1911 年 11 月 12 日《致各友邦請承認中華共和國電》中，即聲稱：「今者吾民振臂一呼，群起而爭自由，於是紛紜塵擾、奄奄將亡之**王族**朝代中，實有一種自由而開通之**民族**嶄然發現，此即吾

62 張秀山編：《最新中等音樂教科書》，北平：琉璃廠宣元閣 1913 年版，第 16 頁。

全國四萬萬人之民主精神也」；[63] 而民國建立之初，另有革命黨人曾熱衷於將「國」字改為「圀」字，以區別於「國」字另一更常見的異體字「国」，特表明「國」為「民」所有，並在報刊上公開使用，[64] 凡此均絕非偶然。這些故事，不僅有助於我們認知現代中華民族概念的形成，而且對於今人體認和把握現代「民族」概念，尤其是其中所包含的國民主體之基礎義在中國的最終流行，均不失某種微妙的提示作用。

4. 李大釗、申悅廬與「中華民族」旗幟的高揚

就筆者目前所見，民國初年，從民族主義意識形態建設的角度，自覺而公開地標舉再造現代中華民族旗幟最為鮮明突出的先驅者，當推李大釗。1917 年 2 月 19 日和 4 月 18 日，受進步黨思想影響的李大釗在《甲寅日刊》上分別發表〈新中華民族主義〉和〈大亞細亞主義〉兩文，針對日本人宣揚的以日本民族為中心的大亞細亞主義，提出了中國人應激發出一種以各民族融合為基礎的「新中華民族主義」的自覺，來實現對古老中華民族的「更生再造」，從而當仁不讓地承擔起有關「興亞」責任的思想主張。鑒於目前尚未有人明確指陳這一思想的重要歷史價值，[65] 我們不妨

---

63 丁俊賢、喻作鳳編：《伍廷芳集》上冊，北京：中華書局 1993 年版，第 368 頁。參見黃興濤：〈「圀」字漫說〉，《光明日報》2004 年 12 月 21 日。

64 可參見黃興濤：〈「圀」字漫說〉。

65 筆者此論最初作於 2001 年，此前似尚無人留意及此。現已有不少學者加以採納，是否準確，尚待驗證。

完整地引錄幾段，以見其詳：

蓋今日世界之問題，非只國家之問題，乃民族之問題也。而今日民族之問題，尤非苟活殘存之問題，乃更生再造之問題也。余於是揭新中華民族之赤幟，大聲疾呼以號召於吾新中華民族少年之前。

以吾中華之大，幾於包舉亞洲之全陸，而亞洲各國之民族，尤莫不與吾中華有血緣，其文明莫不以吾中華為鼻祖。今欲以大亞細亞主義收拾亞洲之民族，捨新中華之覺醒、新中華民族主義之勃興，吾敢斷其絕無成功。

吾中華民族於亞東之地位既若茲其重要，則吾民族之所以保障其地位而為亞細亞之主人翁者，宜視為不可讓與之權利，亦為不可旁貸之責任，斯則新民族之自覺尚矣。

吾國歷史相沿最久，積亞洲由來之數多民族冶融而成此中華民族，畛域不分、血統全泯也久矣，此實吾民族高遠博大之精神有以鑄成之也。今猶有所遺憾者，共和建立之初，尚有五族之稱耳。以余觀之，五族之文化已漸趨於一致，而又隸於一自由平等共和國體之下，則前之滿云、漢云、蒙云、回云、藏云，乃至苗云、瑤云，舉為歷史上殘留之名辭，今已早無是界，**凡籍隸於中華民國之人，皆為新中華民族矣**。然則今後民國之政教典刑，當悉本此旨以建立民族之精神，統一民族之思想。此之主義，即新中華民族主義也。必新中華民族主義確能發揚於東亞，而後大亞細亞主義始能發揮光耀於世界。否則，幻想而已矣，夢囈而已

矣。嗟乎！民族興亡，匹夫有責。歐風美雨，咄咄逼人，新中華民族之少年，蓋雄飛躍進，以肩茲大任也。[66]

故言大亞細亞主義者，**當以中華國家之再造，中華民族之復活為絕大關鍵**。[67]

何其敏銳而高瞻遠矚！何其豪邁而富有擔當！真可謂「鐵肩擔道義、妙手著文章」也。在上述文字中，李大釗既揭示了滿、漢、藏等族趨於一體化的重要歷史文化因素、血統聯繫和現代政治條件，說明了「再造」和「復興」古老中華民族的必要性與可能性，還呼籲社會認同五族化合的新的「中華民族」，提醒民國政府在今後的政治、教育和法律制度的建設中，應該本著這種整體的新「中華民族」觀念，來培養民族精神、統一民族思想，並由此強調了中華民族在亞洲發展中的重要地位。李氏的這種主張，是否對稍後孫中山等人的有關思想變化產生過直接影響，尚需加以研究。但至此可以說，現代意義的「中華民族」旗幟已經鮮明地樹立起來了。作為概念，李大釗所說的「中華民族」，明確指稱的是平等融合的，既具有共同的地緣和泛血緣因素、悠久的歷史文化淵源和一致性，又具有共同的現代政體和法律制度，因而具有共同的命運、利益和發展前途的，由全中國（當時為「中華民國」）各族人民即全體國民所組成的一大政治、經濟和文化

---

66 中國李大釗研究會編註：《李大釗文集》（上），北京：人民出版社 1984 年版，第 301-303 頁。
67 同上，第 450 頁。

共同體。[68]

　　主張再造中華並高揭「新中華民族主義」旗幟的李大釗，乃是學政治學出身，他深知現代「民族」與「國家」的緊密聯繫。民國初年時他很喜歡使用「國家若民族」這樣的含混用法，也喜歡在使用「民族」的同時，在大體相同和相關的意義上使用「國族」概念。這從其廣為傳頌的名文〈青春〉等文中的使用可以概見。[69] 或許，這也是我們在揭示現代中華民族觀念形成時，應該關注的一個現象。

　　實際上，從李大釗的上述言論中，我們除了證實日本大亞細亞主義思想的刺激功效，也可見及中華民國的建立所激發起的那種中國人的民族自信心所發揮的作用。的確，對於現代中華民族概念和觀念的形成來說，民族危機感和民族自信心都是其內在動力，就如同車之兩輪和鳥之兩翼一樣，缺一也是不可的。

　　無獨有偶。1917 年 9 月，《神州學叢》發表了李大釗的好友申悅廬的〈中華民族特性論〉一文，並於 1917 年 12 月被《宗聖學報》全文轉載。[70] 該文作者不僅明確認同使用現代意義的「中華

---

68 值得注意的是，李大釗同清末留學日本、最早鼓吹中國各族為「一個民族」的恆鈞、烏澤聲、穆都哩、吳貫因等一樣，都是日本早稻田大學的畢業生。他們關於民族認知的某種共同取向，不知與該校的政治學認知傳統有無關聯。這一點尚需研究。

69 如李大釗 1915 年〈警告全國父老書〉一文中就使用「國族」一詞。1916 年的〈青春〉一文中，更是多次使用「國族」一詞。「吾之國家若民族」一類用法，則在 1916 年〈《晨鐘》之新使命 —— 青春中華之創造〉等文中可見。

70 筆者曾見到北京大學圖書館藏《神州學叢》所載原文，但正文部分已有缺頁。《宗聖學報》轉載此文內容雖完整，但誤將《神州學叢》寫為《神州叢報》，且未揭作者。

民族」概念，而且同李大釗相比，他對這一現代概念的執定本身還更為突出地表現出一種民族自信心的內在推動作用，甚至可以說，該文在很大程度上就是作者民族文化自信心極度充盈洋溢的一種結晶。不過，迄今為止，學界對於申悅廬其人其文在現代中華民族觀念史上的意義尚缺乏應有的關注。

在〈中華民族特性論〉一文中，申悅廬一反清末以來國民性批判的流風，以一種截然有別於同時代《新青年》陣營的文化姿態，滿腔熱情地謳歌起「中華民族」的優良特性來。這與前文提到的光昇那篇〈論中國之國民性〉，旨趣有相同之處。該文還當是明確採納包括國內各民族在內的單一性現代中華民族觀念（伴隨著一種漢族中心的文化優越感），並在此名義下自覺地專門討論中華民族特性的開篇之作。在作者申悅廬看來，中華民族性至少表現在以下三個方面：

一是「有極強之自營力而又富於保守性」，而自營力強則體

據筆者查考，該文在 20 世紀 30 年代中期曾被《道德月刊》特別轉載，其編者按云：「此篇乃前編者張素果先生所手錄，忘著著者姓名。茲檢搜舊稿，因其對吾國族性特別發明，學識超超，洞悉中西政教，高瞻遠矚，可以興民行、增國光，振萎靡之風，破拘墟之見，得未曾有。故亟登載，以供研究。」（《道德月刊》第 1 卷第 7 期、第 9 期連載）。1943 年，該文後又以同名重刊於《東方雜誌》第 39 卷第 19 號，這次署名申悅廬。筆者同時參閱申悅廬的有關回憶文章，經核對後，認定申氏即為〈中華民族特性論〉一文作者無疑。後筆者得瞿駿所贈申悅廬先生的文集《行健室文存》（1943年石門縣立中學印行，1948 年重印），見其中收有〈中華民族特性論〉一文，亦能證之。文存中作者自註該文「民國六年三月作於日本東京，載《神州學叢》」。見《行健室文存》1948 年重印本，第 6 頁。

現在「創造文明」和「蕃殖民族」兩種強能力上；二是「富於吸收力而又有特強之消化作用」，這又體現在善於「融會異族」和「吸收他族之文明而消化之」的強能力上；三是「對抗力極薄弱而又善用對抗力」，它常常體現為當外族入侵時往往消極抵抗、卻最終能以柔克剛的結果上。作者強調指出，以上三個特性，是中華民族「與世界各民族絕異之點」所在，前兩者純粹為優點，第三者或不妨認為是劣點，但其結果卻未必都壞：「因其自營力特強也，故在古代之文物，常甲世界而獨立；因其保守力特強也，故固有之文化風俗習慣，得千古長存而不同化於人；因其有吸收力及消化力也，故常能吸收他族之滋養品以營衛己族，而不致枯竭；因其對抗力薄弱也，故常屈服於專制政府或異族之下；因善用對抗力也，故對於政府常起革命，除舊佈新，又常能驅逐異族，恢復舊物。以是種種原因，故世界古代各大國、各文明國皆淪胥以亡，獨吾中華四千年如魯靈光，巋然獨存者，殆以此歟？」

從這裡，我們同樣可以看到辛亥革命、民國建立，乃至袁世凱帝制復辟失敗、共和得以「再造」帶給作者的那種民族自信的巨大力量。在此文中，作者還從中國得天獨厚的地理環境和氣候條件，高妙的哲學、文學、宗教等多個角度，對上述「中華民族性」的形成作出了極為樂觀的說明。最後他表示相信「以往之中華民族已在歷史上佔獨一無二之位置，未來之中華民族其前程浩浩，殆將有獅虎嘯谷、百獸震怒之時」。並同時強調，作為「中華民族的一分子」，理應對本民族的聖賢哲人、英雄豪傑、志士仁人頂禮膜拜，「安用崇拜外人為哉！安用崇拜外人為哉！」顯見

其自信過頭，已然不無某種虛驕的嫌疑了。但此文在後來亟需民族文化自信的抗戰前後，卻很受學人推崇，曾被重刊於《道德月刊》和《東方雜誌》。1943年，著名學者楊樹達就稱讚該文思想有先見之明：「先生之言，一一見諸事效矣，然先生則固言之於二十年前，舉世唾棄中國文化之時也。」而申悅廬抗戰時之所以願意把自己的有關文字重新編印出版，也與此直接相關。**71**

值得一提的是，在此文中，作者還較早明確而公開地對「五族共和論」提出非議，認為正確的稱法應該是「**中華民族共和**」。這一點，是他在談及中華民族富於「吸收力」和「消化力」的特性時加以陳述的。文章寫道：

今之論中國民族者，咸稱為五族共和，此極不正確之論。蓋就中華民族而言，實有漢滿蒙回藏苗六族；而就漢人一族言，已包含有六族之血統，此稍涉史乘者類能言之。今試問吾漢族中之劉姓、石姓、李姓、姚姓、及拓拔氏所改之數十姓中，有承認其為劉淵、石勒、姚萇、李雄、李克用、劉智遠及拓拔氏之子孫乎？無有也。漢人既已不能為漢族之純粹血統，則又何必劃一滿、蒙、回、藏之畛域，使國民多此一地域上之區分乎？吾謂直

---

71 楊樹達的文字，乃〈申悅廬先生六十生日序〉，作為《行健室文存》的「代序」收入書首。在〈初版編輯後記〉裡，申悅廬自稱：「近數年來，國人所闡揚之『中國民族精神』，『民族自信力』等，余二十年前所講所寫，皆頗近之。雖不免明日黃花，尚不無一顧之值，因編印之。」見該書1948年重印本第196頁。

稱為中華民族共和已足，不必加以五族名詞也。**72**

　　申悅廬（1884-1970），湖南常德石門縣人，曾留學日本東京明治大學，與李大釗、高一涵等志趣相投，因不滿袁世凱復辟帝制，曾一同組織「神州學會」，辦《神州學叢》。同時，他們還都是《民彝》雜誌的編輯。**73** 由此推知，在有關「中華民族」的認知觀念上，李大釗和申悅廬之間顯然有過直接的交流，並形成過某種共識。事實上，他寫作〈中華民族特性論〉一文，也是李大釗等友人向其「索稿」的結果。

　　以往，學界在談到對「五族共和」提法的不滿時，多只提孫中山 1919 年在《三民主義》手稿和 1921 年他在其他幾個場合的演說，而對此前其他人有關的論說則不免忽略和遺忘，這是需要加以補充和揭示的。此種揭示，當有助於今人瞭解中華民國建立之初，「五族共和」論與現代中華民族觀念之間一開始就已出現的某些複雜矛盾的關係面向，而並非只是一種單面推動關係而已。依筆者目前所見，民國初年，公開明確地反對「五族共和」提法而主張代之以「中華民族共和」者，或以申悅廬為較早，前論提到過的同時和稍早的吳貫因、光昇以及李大釗等人，雖都對保留「五族」之稱存有遺憾，以為未來不該如此，但卻並未因此對現實

---

72 見〈中華民族特性論〉一文，載《宗聖學報》第 2 卷第 8 期，1917 年 12 月。

73 申悅廬後來長期任教於中學、大學，並從事歷史研究。曾主修《石門縣志》等，是最早對「李自成死於湖北九宮山說」提出質疑者之一。

人類之性有二曰公性曰特性公性
慈悲耶氏所謂博愛平等宋儒所謂
之性也就地理言大陸之民多沈毅
守固閉憲政國之民多踔厲奮發就
劇苦而實儉靜穆而邁往斯拉夫族
殺再就時代區分之秦以前任俠而
唐之時右武宋明右文此皆其大較

中華民族特性論

申悅廬 1917 年被《宗聖學報》轉載的〈中華民族特性論〉一文片段。這是在「中華民族」名義下討論中國民族性問題的開篇之作，也是率先提出「中華民族共和」論者。

的「五族共和」論提出尖銳批評。而孫中山先生從民初提倡「五族共和」到後來尖銳批評這一提法的轉變之實現，究竟有何直接契機，以及有無受到上述諸人思想之影響，學界現有的研究尚相當不足，難以作出明確結論。

以上，是關於辛亥革命、民國建立與中華民族現代認同之關係的歷史認識。當然，這種認識至此尚不完全，因為它尚沒有清晰回答此前的立憲和革命思潮與現代中華民族意識或觀念形成的歷史關係到底如何。實際上，要回答這一問題，我們應該回到前文所提到的現代中華民族觀念的基本內涵上來，即應意識到，作為一個歷史的範疇，現代意義的「中華民族」觀念結構在清末民國時期，大體有著兩個方面的核心內容：一是中國境內各民族構成一個大的「中華民族」共同體，其共同體內之各子民族間要反對互相歧視和壓迫，爭取平等，攜手發展，共同進步，並朝著進一步深化融合的方向努力；二是要反對外來民族的欺壓，一致對外，爭取此一大「中華民族」共同體的獨立、解放和現代化發展，並維護自身各方面的權利和尊嚴。而在第一個方面的內涵中，它又可分為兩個層次：「平等互助」屬淺層卻是前提；「一體融合與發展」是深層、也是進一步深化的目標。在目標和深層的意義上，兩方面的內涵最終實現了自身的統一。但在淺層即前提層次，兩者卻又經常直接地構成矛盾，產生張力。

就大民族共同體關係的總體認識而言，君主立憲派起初的確看得較為深遠，顯得相對理性，但他們對於滿族統治者實行民族歧視的危害性及其拒絕放棄本民族政治特權的頑固性，卻認識

不足；而革命派起初的確顯得偏激，較多地表現出狹隘的漢族種群或族裔民族主義的立場。但他們致力於先打倒滿族統治者的特權地位，實具有不同尋常的民族解放意義，並為建立新型的民族共同體關係創造了必要的前提。以往，我們從革命與改良的對立角度著眼，更多地看到了他們彼此之間的分歧矛盾的歷史後果一面，如果換個角度，從現代中華民族意識或觀念的形成視角去認知，卻會驚奇地發現，兩者彼此間的「互動」和「同一」的效果實際上也甚為明顯。

立憲派提出民族融合的「大民族」觀念，既是針對革命派激烈「排滿」作出的回應，而革命派「排滿」的觀念，也在與立憲派的論爭中不斷得到過修正，並非是到了辛亥革命爆發後，才突然一下子來個徹底的自我否定，基本接受立憲派的有關主張。恰如有的學者所指出的那樣，革命派在 1905 年之後，其「排滿」思想中已減少種族復仇主義色彩，並一再說明其並不「排」一般滿人，而是「排」滿清貴族和腐敗政府。其所建國家不僅允許其他民族存在發展，而且要「實行平等制度」。[74] 這就不難理解何以辛亥革命爆發之後，革命黨人整體要迅速放棄「排滿」理念，而將民族平等融合的原則立即付諸實踐的重大轉變了。實際上，武昌起義爆發後，在殘酷而血腥的現實鬥爭中，立憲黨人和革命黨人之間有關國內民族關係的思想認識，可以說更是發生了直接的互動，並且前者的「五族立憲」論迅速改變為「五族共和」論，也

---

74 見陶緒：《晚清民族主義思潮》，北京：人民出版社 1995 年版，第 214-215 頁。

並非完全是出於消極被動，而是一度具有相當的積極主動性。這在南北議和期間的楊度、張謇、湯壽潛和湯化龍等原立憲黨人身上，表現得尤為明顯。其中，有的人思想在民初時又有回潮，這自然又另當別論。

因此，從某種意義上說，辛亥革命之後現代中華民族觀念的基本形成，實不過是戊戌維新以降改良派、立憲派和革命派之間，甚或是這些派別與清廷之間實現思想和實踐彼此互動的一種邏輯結果而已。當然，這並不是否認在此一過程中，前述許多其他因素也發揮了各自程度不同的作用。如果循此視角考慮問題，還可以強調，清末民初，中國人一般民族主義思想和情感資源的引發、調動，也是他們共同努力的結果。比如像本書前文所談到過的「民族」、「民族主義」、「愛國主義」、「國民」、「同胞」、「中國人」、「華人」、「華僑」，乃至「炎黃子孫」、「黃帝子孫」等他們所共享的概念之廣泛使用和傳播，還有「國民性」和「民族性」等話語的興起與發展，就都已成為孕育現代中華民族觀念不容忽視的必要資源。至於「中華民族」和「中國民族」兩詞在人們之間的傳遞使用，以及這兩個概念多層次的內涵交叉互動本身，則更為典型地說明了這一點。

二、五四運動後現代中華民族觀念逐漸傳播開來 [75]

認定民國初年各民族共同構成一大「中華民族」整體的觀念已經基本形成，還只是就這一思想觀念本身的內涵和創發者而言。五四運動以前，不僅在社會上，甚至在一般知識界和輿論界中，這一觀念都還並沒有真正確立起來。現代意義上使用的「中華民族」詞彙和概念雖已不算少見，但也還談不上流行。這從五四運動中著名的反帝文告裡尚難見此詞，可以得到某種證實。在五四著名的反帝文告中，我們只能較多地見到一些國家意識較強的詞彙（如國賊、賣國政府、救亡、國貨等）。這應當是民國初建、五族並立，人們那種一體化的整個大民族共同體意識，尚明顯弱於新興的國家意識、國民意識的緣故，儘管這兩者之間原本有著極為密切、難以分割的關聯。

1. 現代中華民族觀念得以基本確立的諸多因素

就筆者目前所掌握的資料來看，在政治界、思想界、知識界和輿論界，中國各民族一體化的「中華民族」概念和觀念得以基本確立、並逐漸較為廣泛地傳播開來，還是在五四運動之後，特

---

75 本節與後面的第三章，部分內容曾發表於鄧正來主編的《中國社會科學評論》（香港）2002 年創刊號上，題為〈民族自覺與符號認同：「中華民族」觀念萌生與確立的歷史考察〉，全文四萬餘字。

別是 1920 年代之初以後。大約有以下幾個方面的因素，共同促成了這一觀念的強化與認同。

首先，是經過五四運動的洗禮，一般國人都更為明確地感受到了來自帝國主義壓迫的中華各族人民共同的民族命運，找到了各民族共同的敵人 —— 帝國主義，認識到帝國主義侵略與分裂其他民族的本性所在和現實威脅，「反對帝國主義」的口號也因此被明確提出，這成為現代的「中華民族」整體觀念得以確立的重要政治基礎和思想條件之一。

如 1922 年 7 月，中國共產黨第二次全國代表大會宣言就明確揭示了中國在「國際帝國主義宰制下」的悲慘處境，並首次公開提出了「推翻國際帝國主義的壓迫，達到中華民族完全獨立」的任務。同年 9 月，中共機關報《嚮導》的「發刊詞」也認定：「國際帝國主義的外患，在政治上在經濟上，更是箝制我們中華民族不能自由發展的惡魔……因此我們中華民族為被壓迫的民族自衛計，勢不得不起來反抗國際帝國主義的侵略，努力把中國造成一個完全的真正獨立的國家。」雖然此時中共所謂「中華民族」尚未完全包括「蒙回藏」在內，但主張與這些具有共同民族命運和反帝使命的國內民族建立「聯邦共和國」，卻仍體現了與之進一步融合發展為一體的願望。這種把民族分為「壓迫」與「被壓迫」兩類的「民族革命」和「世界革命」理論，對於中國人的影響是極其廣泛而深刻的。而一旦將「國際帝國主義」確立為整體的敵人，自己的內部就更容易激發出整合的需要和目標。這符合系統論的思想。事實上，反對「帝國主義」任務的明確提出和認

定，對於此後中國境內各民族作為「命運共同體」的融合統一，對於中國人整體的現代民族認同，也的確發揮了積極的推進功能。

與此相一致，五四運動後，反帝反封建的國民革命以及五卅運動、收回租界和教育權、廢除不平等條約等民族運動的一次次開展，則又在實踐層面有力地強化了中國人整體的大民族共同體意識。如華盛頓會議期間，由於帝國主義列強的相互制約，彼此互惠，中國政府雖據理力爭，挽回了部分國權，但卻未能真正消除帝國主義加諸中國主權的各項限制，反而使中國的山東省由日本獨佔變為幾個帝國主義國家共同支配的局面。因此，還在會議召開期間，深受刺激的在美華僑就紛紛行動起來，舉行示威遊行，抗議帝國主義列強的無恥行徑，並「大呼中華民國萬歲，中華民族萬歲，中華萬歲萬歲萬萬歲而後散」。[76] 又如五卅運動爆發後，也有國人乘機發出「養成民眾的民族觀念和把愛國作為最高道德的建設」的公開呼籲，一篇以此為題的文章就這樣寫道：「同胞們！五卅運動的代價是甚麼？是總商會的十三條嗎？不是！是民眾民族觀念的養成、愛國為最高道德的養成的一個機會。我們不要放過了這個機會，我們要就此謀中華民族的解放，中華民族的自由平等！」[77] 這真是反帝鬥爭激發和強化現代中華民族觀念再生動不過的例子了。

---

[76] 見〈舊金山華僑空前之大群眾運動〉、〈全美華僑一致為外交奮起〉，《申報》1922年1月10日。

[77] 趙澍：〈養成民眾的民族觀念和把愛國作為最高道德的建設〉，《民國日報》副刊《覺悟》民國14年（1925年）8月4日。

筆者近期查閱《申報》數據庫，發現五卅運動後，諸如「中華民族萬歲」，「中華民族解放萬歲」、「中華民族獨立萬歲」、「中華民族自由平等萬歲」之類，已經是較為常見的政治口號。如 1925 年 6 月，河南信陽市民為支持反帝愛國的五卅運動召開大會，就高呼「打倒英國帝國主義！中華民族解放萬歲！中華民國萬歲！」[78] 由此可見一斑。

早在 20 世紀初年的清末，「帝國主義」概念就曾隨著民族主義思想一起傳入中國。五四以後，列寧關於帝國主義是資本主義最高階段的理論得到迅速傳播。不僅中共以這一理論武裝自己，國民黨和國家主義派（以後發展為「青年黨」）等也受到這一理論的重大影響，並以之為指導開展各自的「革命鬥爭」。[79] 特別是 1924 年國共合作的國民革命開始之後，打倒「帝國主義」也同樣成為國民黨和國家主義派的共同口號，並與中國人的現代民族意識，包括逐漸成長起來的一體化的「中華民族」觀念，無可分離地聯繫在一起，並對後者的發展產生持續性的激發和推動作用。

今天的人們，如果不經意地去查閱一下民國時期有關「帝國主義」及其與中國關係的論著，其數量之多，一定會令人感到大為吃驚。僅以 20 世紀 20 年代中後期為例，各種帝國主義侵華史就已連篇累牘，不斷湧現。1925 年出版的就有早期共產黨人高爾

---

78 〈信陽市民大會情形〉，《申報》1925 年 6 月 18 日。

79 有關國、共、青等政黨早期「競革」的歷史，可見王奇生：《革命與反革命：社會文化視野下的民國政治》，第三章〈「革命」與「反革命」：三大政黨的黨際互動〉，北京：社會科學文獻出版社 2010 年版，第 66-101 頁。

松、高爾柏所編的《帝國主義與中國》（上海新文化書社初版，次年由青年政治宣傳會再版），漆樹芬編著的《帝國主義侵略下之中國》（孤軍雜誌社發行，次年即改名為《經濟侵略下之中國》，又名《帝國主義鐵蹄下的中國》，由光華書局再版，後多次重版，影響極大），國民黨人汪精衛編著的《帝國主義侵略中國的趨勢和變遷概論》（又名《國民會議國際問題草案》，北京國際問題研究會編輯發行，後改為《帝國主義侵略中國痛史》）等多種。此後這方面陸續出版的的著作還有：政治學家楊幼炯編寫的《英帝國主義與中國》（1926年），常書林著的《帝國主義與中國》（1927年），于樹德、陳彬龢、王敬和潘宗理分別著的三本《帝國主義侵略中國史》（前兩本於1927年出版，後一本於1929年出版），唐守常著的《帝國主義侵略中國痛史》（1927年），劉彥和高守一分別著的兩本《帝國主義壓迫中國史》（1927年、1929年），楊先鈞著的《帝國主義經濟侵略下之中國》（1929年），董霖著的《帝國主義與中華民族》（1930年），蔣堅忍著的《日本帝國主義侵略中國史》（1930年）等。**80** 這實在是近代中國思想文化史和史學史

---

80 類似的著作或譯著，還有肖楚女編著的《帝國主義侵略中國史》（1926年），張藹蘊著的《帝國主義之內幕》（1926年），經濟研究會編的《反帝國主義概要》（1926年），胡南湖等著的《打倒帝國主義》（1927年），鄧定人著的《帝國主義經濟侵略中國史略》（1927年），陳彌平翻譯的《帝國主義國家對華政策的內幕和衝突》（1927年），吳其詳的《帝國主義與國際經濟》（1929年），唐文蒨的《英帝國主義與中國》（1929年），張太白和鍾靈秀分別翻譯出版的《英國帝國主義的前途》（1929年）與《美帝國主義的前途》（1930年），童致槙編著的《帝國主義史》（1930年），等等，難以盡列，但很值得學界認真清理和整體研究一番。

上一個非常值得注意、但迄今為止尚遠未得到認真清理和深入研究的歷史現象。

上述這些著作對此前列強侵奪中國領土、攘奪中國主權、欺壓和剝削中國人之歷史事實，加以排比描述、透視分析和充滿憤慨的揭露譴責，對於中華民族整體的命運共同體意識之形成與強化，意義實不言而喻。從某種程度上說，當是時，中華民族獨立和解放的神聖訴求，總是和打倒帝國主義的運動之政治、經濟和文化的全面正當性之聲張，以及在此名義下的民眾動員緊密地聯繫在一起。這是那個時代「中華民族」意識形成、發展和得以發抒的顯著特徵之一。[81]

值得一提的是，對於帝國主義侵略與現代中華民族自覺兩者間的關係問題，民國時期就已經有學者曾敏銳地觸及過。如稍後的 1932 年底和 1933 年初，有位孫伯騫先生發表〈中華民族的現代性〉一文，就曾嘗試對此問題進行初步的思想揭示。他指出，自從清代中國與西方列強有了國際貿易的經濟關係開始，帝國主義就以各種無恥手段踐躪中華民族，毒害和壓迫中華民族，但中華民族「在爭民族獨立自由平等的旗幟下，形成民族革命運動」，也就同時開啟了其現代自覺的歷程。所以在他看來，中華民族與英帝國主義「第一次衝突」的鴉片戰爭，就「給了民族自覺的興

---

81 在這批有關著作中，最具有典型透視意義的當是董霖的《帝國主義與中華民族》一書，于任在任題簽，1930 年由上海光明書局出版。由於拙著的結構關係，這裡就不擬對其內容展開進行具體介紹和分析了。

奮一個激動」；至甲午中日戰爭，民族的危機日益深重，同時民族內部的革命力量也得以聚合發展，因此到 19 世紀末和 20 世紀初，「中華民族的自覺也就在這個時候醒悟過來」。該文還特別強調，「現今的民族，想在國際競爭中得到生存的地位，也只有抵抗與不屈服，是民族現代性的表現」。**82** 應當說，此種認知與聲言，不僅在其闡發的當時意味深長，對於今人理解五四以後現代中華民族觀念得以確立的歷史條件，也不無幫助。

其次，是經過民初十年「五族共和」的國家整合和社會整合，儘管袁世凱及北洋軍閥的統治十分落後和腐敗，但畢竟還是在「中華民國」的名義下，從政治、經濟、交通、文化教育，特別是社會心理等各個方面，進一步奠定了有利於國內各民族實現一體化的現實發展基礎。

再次，袁世凱死後，國內出現了令人憂慮的軍閥割據混戰的局面，民初蒙、藏一小撮上層分子的分裂活動也還在繼續。不僅如此，第一次世界大戰後，美國總統威爾遜又提出「民族自決」說，**蘇俄**也相應提出了「民族解放」說，這幾種因素的複雜作用與交互激盪，也促使中國的有識之士們實現整個國家和民族一體化的願望得到進一步的強化。

這裡，還需要特別提到的是「民族自決」理論所產生的特殊而又複雜的影響。1919 年底，《東方雜誌》上曾發表一篇文章，

---

82 孫伯醒：〈中華民族的現代性〉，《前途》1933 年第 1 卷第 6 號。稍早收入劉炳藜編：《民族革命文選》（上海前途書局 1933 年 1 月初版）一書之中。

表明中國知識界對於「民族自決」說已經保持了既理性認同又高度警覺的清醒態度。該文指出:「此次歐洲大戰告終以還,『民族自決』、『民族自決』之聲,遍聞於世界。其久困於他國專制壓迫之下者,則欲乘此以恢復其獨立自由,其屢受他國之凌辱而瀕於危亡者,則欲藉此以抗強禦而圖自存,其狡焉思逞日以侵略為務者,亦且外假民族自決扶危撫弱之名,而內以濟其剽竊併吞之欲。」[83] 的確,對於新生的中華民國來說,「民族自決」說就像一柄雙刃劍,在激勵各民族擺脫帝國主義侵略壓迫的大民族整體意識的同時,也容易被帝國主義所利用,用以唆使少數民族滋長一種「獨立」分裂的情緒。此時,一體化的「中華民族」整體觀念被有力地倡導並傳播開來,當中受到此種思潮及其現實政治實踐的複雜刺激,是不言而喻的。如蔣堅忍在其所著的《日本帝國主義侵略中國史》的「緒言」中,就慷慨激昂地宣稱:「中華民族覺醒了!中華民族解放的運動瀰漫全中國!民族底自決已成為四萬萬民眾最基本最迫切的要求,這個偉大的求生存,求平等,求解放的革命運動,我們深信必得十分圓滿的成功,現時代的中國快降臨了。」[84] 由此可概見一斑。

　　人們不難發現,作為當時中國最具影響力的政治家和學者,孫中山明確倡揚「大中華民族」理念,梁啟超再度熱心於對「中華民族」史的研究和闡發,基本都是發生在五四運動以後。他們

---

[83] 隱青:〈民族精神〉,《東方雜誌》第 16 卷第 12 號,1919 年 12 月 15 日。

[84] 蔣堅忍:〈緒言〉,《日本帝國主義侵略中國史》,上海:聯合書店 1930 年版,第 3 頁。

的有關言論和著作，在筆者看來，當可視為 1920 年代初現代中華民族觀念逐漸傳播開來的突出標誌和某種先導。

2. 孫中山的有關倡導及其深遠影響

在 1919 年 9 月所寫的〈《戰後太平洋問題》序〉、10 月所寫的〈八年今日〉，以及同年所寫但具體時間不詳的〈三民主義〉等文中，孫中山都明確使用了「中華民族」一詞，並且還不是一般地漫不經心地加以使用，而是從一開始就自覺而強烈地認同「中華民族」一體觀念，並積極地予以倡導。如在〈三民主義〉一文中，他就公開表示：「漢族當犧牲其血統、歷史與夫自尊自大之名稱，而與滿、蒙、回、藏之人民相見於誠，合為一爐而冶之，以成一中華民族之新主義，如美利堅之合黑白數十種之人民，而冶成一世界之冠之美利堅民族主義，斯為積極的目的也。」[85]

對於孫中山「中華民族」理念的形成來說，「美利堅民族」那種混合性質的民族存在及其成功發達的示範效應，是顯而易見的。孫中山對之予以取法，就如同採納其共和制度一樣，有著擇善而從的確然信念。正是懷著這種信念，此後兩年，在一些演說和序文中，他繼續滿懷激情地倡揚「中華民族」理念，主張「我們要擴充起來，融化我們中國所有各民族，成個中華民族」。[86]他反覆申說道：「吾國今日既曰五族共和矣，然曰五族，固顯然猶

85《孫中山全集》第 5 卷，第 187-188 頁。

86 同上，第 392 頁。

有一界限在也。欲泯此界限，以發揚光大之，使成為世界上有能力、有聲譽之民族，則莫如舉漢、滿等名稱盡廢之，**努力於文化及精神之調洽，建設一大中華民族。**」[87] 這就是我們前文所提到的他所謂以漢族文化為中心的「民族同化」思想。但恐怕正如有的學者所指出的，我們要抓住孫中山思想的實質，而不能為他的某些個別詞句所迷惑。這種「民族同化」論，實際上是其「民族融合」思想的不準確表達。[88] 因為他所主張的是在共和政體之下，國內各族人民「相見於誠，以各民族的『文化及精神』為基礎，『吸收各民族之善性』」，[89] 也就是要結合各民族的特點與優長而成。當然，也無庸諱言，在孫中山的思想深處，特別是這一時期，其在文化上的大漢族主義傾向或「潛情」是一直也未能揚棄殆盡的，表現在用語上的特點之一，就是他一度較多地使用不恰當的「同化」一詞。而這種「潛情」後來又遺留給了以蔣介石為首的國民黨以及其他政治勢力。

---

87 〈《國民黨懇親大會紀念冊》序〉，1921 年 3 月 19 日，載陳旭麓、郝盛潮主編：《孫中山集外集》，上海人民出版社 1990 年版，第 28-29 頁。

88 李永倫：〈試析孫中山民族平等的思想〉，《雲南教育學院學報》1996 年第 4 期。民族史專家翁獨建先生認為：「從我國和世界上的民族關係來看，歷史上一個民族合於另一個民族，存在著兩種情況和方式，一種是採取政治強制手段使一個民族合於另一個民族；一種是通過經濟文化的作用使一個民族經過自然漸進的過程合於另一個民族」；「人們習慣地把前一種情況稱為同化，把後一種情況稱為融合。」見翁獨建：《中國民族關係史綱要》，北京：中國社會科學出版社 2001 年版，第 14 頁。這種認識，對我們把握孫中山以及民國初年至 1920 年代末社會上的民族「同化論」之性質和特點，尤其是它的複雜性，應當也有參考價值。

89 〈《國民黨懇親大會紀念冊》序〉，載《孫中山集外集》，第 28-29 頁。

明確提出「中華民族」的有關思想，可以視為孫中山民族觀的一個重要變化。而這個轉變對於他來說，其具體表達，又和對民初「五族共和」論的某種否定和批評直接聯繫在一起。眾所周知，從 1919 年〈三民主義〉手稿等文中開始，他就稱「五族共和」為「無知妄作者」之論，是革命黨人「不察」的結果，罵五色旗為「四分五裂之官僚旗」，以為「不吉」，即認為不利於國家統一，恰便於遭受列強分裂和侵奪；他還認為中國的民族遠不止五個，稱「五族共和」也並不妥當云云。[90] 概而言之，除了前文提及的列強策動蒙藏上層搞國家分裂的危局刺激外，在孫中山看來，五色國旗和「五族共和」在國家形式上雖強調了「共和」統一，但在民族形式上所凸顯的，卻似乎是各民族「分離並立」而不是一體化的導向，這無疑是其思想變化的一個重要動因。

　　應當説，1919 年以後孫中山的這種思想變化，有其理性的一面。對現代國家而言，的確首先應該強調中華民國國民分子的個體身份，用孫氏自己當時反覆使用的話來説，就是各民族的人民都有平等參與政治的權利和共同享有國家「主人翁」之地位。換言之，「民族平等」固然重要，但相比之下，「公民或國民平等」恐理應更為優先。民初時，孫中山和許多革命黨人一樣，儘管由於形勢的逼迫和策略的考慮，同意民國保留了優待清朝皇室和滿

90 關於孫中山抨擊「五族共和」和五色旗的言論，學界多有引述和討論，參見松本真澄著、魯忠慧譯：《中國民族政策之研究 —— 以清末至 1945 年的「民族論」為中心》，北京：民族出版社 2003 年版，第 90-94 頁。

蒙回藏等少數民族王公貴族的特權，但在其內心深處，他對袁世凱那樣的權奸和圍繞在袁身邊的立憲派和其他清朝舊官僚的「操縱」是非常不滿的。對先前沒有革命歷史的「五色旗」，他也帶有一定的偏見，在情感上更傾向於革命黨人在武裝鬥爭中制定的青天白日旗。毋庸諱言，渴望整個民族化合的急迫心理，以及對「五色旗」的某種遷怒，使得他對「五族共和」論的抨擊過於激烈和絕對化，誠不免有感情用事的地方。事實上，民初時作為共和國的臨時大總統，孫中山對於「五族共和」論曾一度認同和傳播，並且這種認同與傳播還發揮過他人難以替代的特殊作用。而 1919 年之後，「五族共和」論也並未完全失去其整合中華民族的積極意義，關鍵在於人們如何認識它和解讀它。

就拿孫中山對「五色旗」和「五族共和」論的抨擊來說，當時就有不少認同「中華民族」一體觀念的人，對此表達過不同意見。除了廣為人知的國家主義派的強烈抗議之外，瞭解孫中山思想動向、曾高揭「新中華民族」旗幟並積極促成國共合作的李大釗，也是一個典型代表。他在 1923 年的〈平民主義〉一文中，就曾間接而溫和地批評了孫中山的偏頗看法。他稱五色旗為「中國的國旗」，並給予「五族共和」以積極評價。文中寫道：

這個性解放的運動，同時伴隨著一個大同團結的運動。這兩種運動，似乎是相反，實在是相成。譬如中國的國旗，一色分裂為五色，固然可以說它是分裂，但是這五個顏色排列在一面國旗上，很有秩序，代表漢、滿、蒙、回、藏五族，成了一個新組

織，也可以說是聯合。[91]

　　但孫中山及其所代表的國民黨卻有另外的解釋。國民黨中央執行委員會宣傳部所編的〈國旗釋義〉就認為，在五色旗中，「五色只能用以代表五族而已，於共和無與」。三民主義包括民族、民權、民生，「五色旗所能表示者，只民族主義之一部分，尚未能賅民族主義之全，其於民權民生更無關涉。故不獨於歷史關係方面，不能表示革命精神，即於意義方面，亦偏畸不完，不能使革命精神充分表現也」。而青天白日旗則不同，自狹義言，它「不但含有光復意味，且含有自強不息日新其德之意味，於發揚國民精神，所關甚大」；自廣義言之，「人類不能離天日而生存，而天日所臨，凡為人類，一切平等享受，無所差別。以之為國旗特徵，實能表示一種民胞物與、一視同仁之意味。於三民主義之基本精神，無乎不賅」云云。[92]

　　由此可見，當時孫中山及其國民黨是如何通過確立青天白日旗的正當性，來表達其「中華民族」整體觀念及其訴求的。[93]

---

91 中國李大釗研究會編註：《李大釗全集》第 4 卷，北京：人民出版社 2006 年版，第 122-123 頁。小野寺史郎已指出這一點。見小野寺史郎著、俊宇譯：《國旗・國歌・國慶：近代中國的國族主義與國家象徵》，第 160 頁。

92 見〈國旗釋義〉，《中國國民黨週刊》第 42 號，1924 年 10 月 26 日。

93 有關民國改國旗、樹立政治正當性及其相關意識形態內涵的解讀，可參見曾任哈佛大學教授、現為牛津大學教授的漢學家沈艾娣（Henrietta Harrison）所著《塑造共和國民》〔The Making of the Republican Citizen: Political Ceremonies and Symbols in China, 1911-1929 (Oxford University Press, 2000)〕一書有關內容。她的另一部英文書《製造國族：中國》

引人注目的是，在 1919 年後孫中山的「大中華民族」理念之中，甚至還保持著某種準備隨時平等地包容其他外來自願加入「我族」的民族開放性。所以他說：「更進一步言，吾人既抱此建設大中華民族之志願矣，尤當以正義公道之精神，為弱小者之援助，或竟聯絡引進之，使彼脫離強權，加入自由民族，同受人類之平等待遇，如威爾遜之所謂『民族自決』，與新俄憲法之所謂『民族解放』然。能如此，方得謂達民族主義之極境矣。」[94] 其民族自信心及有關思想的理想主義色彩，由此可見一斑。在晚年的孫中山看來，民族自信力特別是民族文化的自信心，對於中華民族整體的凝聚、生存和發展來說是十分重要的，此期他之所以同時要大談民族傳統道德文化的價值，原因也正在於此。

　　由於孫中山巨大的思想和政治感召力，他晚年對「中華民族」概念的執定，影響深遠。1923 年 1 月，在他的直接指導下，建設各民族統一體意義的「中華民族」被正式寫進了《中國國民黨宣言》。《宣言》道：「吾黨所持民族主義，消極的為除去民族間之不平等，積極的為團結國內各民族，完成一大中華民族。歐戰以還，民族自決之義，日愈昌明，吾人當仍本此精神，內以促全國民族之進化，外以謀世界民族之平等。」[95]《中國國民黨黨綱》裡也明確表示：「以本國現有民族構成大中華民族，實現民族的國

〔*China: Inventing the Nation* (London: Arnold, co-published in NewYork by Oxford University Press, 2001)〕也可參考。

[94]〈《國民黨懇親大會紀念冊》序〉，載《孫中山集外集》，第 28-29 頁。

[95]《孫中山全集》第 7 卷，第 3 頁。

家。」**96**1924 年 1 月，體現國共合作精神和蘇俄影響的《中國國民黨第一次全國代表大會宣言》，也多次使用了整體意義上的「中國民族」一詞，並將漢族以外的「國內諸民族」，稱之為「少數民族」，表示要「講求種種具體的解決民族問題的辦法」，「漸漸與諸民族為有組織的聯絡」，強調「中國境內各民族一律平等」；對外則明確提出反對「帝國主義」的壓迫，以實現「中國民族自求解放」的目標。不過，同現代中華民族觀念稍有張力的是，國民黨「一大」宣言竟然還表示：「國民黨敢鄭重宣稱，承認中國以內各民族之自決權，於反對帝國主義及軍閥之革命獲得勝利以後，當組織自由統一的（各民族自由聯合的）中華民國。」**97**

有學者認為，實際上自 1919 年之後，孫中山的「中華民族」觀念本身仍然經歷過一個演變過程，「1919-1922 年，他的『中華民族』觀是一種以同化為基礎的一元一體的『中華民族』觀，就實質而言，這是一種大漢族主義的民族觀；1923 年到他病逝，他的『中華民族』觀是一種以平等為基礎的多元一體的『中華民族』觀，既承認『中華民族』是中國的『國族』，但同時又不否認境內各民族的存在，主張在平等的基礎上實現各民族的融合」。**98** 注意到 1919 年以後孫中山的「中華民族」觀發生了某種變化，無疑是有意義的。但究竟如何準確把握這種變化的實際內涵，或許

---

96 同上，第 4-5 頁。

97《孫中山全集》第 9 卷，第 119 頁。

98 鄭大華：〈論晚年孫中山「中華民族」觀的演變及其影響〉，《民族研究》2014 年第 2 期。

還存在可以商榷之處。筆者以為，如果就內容而言，孫中山 1919 至 1922 年間的民族思想固然有潛在的大漢族主義傾向，在文化上也確有一種明顯的漢族中心的優越感，但卻很難說他在主觀上即認同理念上，已經全然放棄了其以往一貫聲稱的「民族平等」原則，特別是在政治和經濟方面。正如金沖及先生所強調的，「他對民族主義的解釋，一直特別看重『平等』二字」。⁹⁹ 而複雜的是，1923 年之後，他不自覺的大漢族主義思想傾向也未見得就真的被他自己徹底「揚棄」，關鍵要看其後他在民族主義演講中所正式引入的「國族」概念，以及這一概念和「民族」概念所共同構成的「中華民族」觀之實際內涵如何。

1924 年 1 月 27 日，在其「民族主義」演講的「第一講」中，孫中山一開始就與「家族」、「宗族」概念相聯繫，引人注目地提出了「國族」概念。他說：「民族主義就是國族主義。中國人最崇拜的是家族主義和宗族主義，所以中國只有家族主義和宗族主義，沒有國族主義。……所以中國人的團結力，只能及於宗族而止，還沒有擴張到國族。」¹⁰⁰ 那麼何為「國族」呢？它與「民族」是甚麼關係？孫中山並未直接回答，而是強調所謂「民族主義就是國族主義」、「民族就是國族」這種說法「在中國是適當的，在外國便不適當」，因為在西方，「民族」與「國家」是有

99 金沖及：〈辛亥革命和中國近代民族主義〉，載中國史學會編：《辛亥革命與 20 世紀的中國》（中），北京：中央文獻出版社 2002 年版，第 915 頁。
100《孫中山全集》第 9 卷，第 185 頁。

差別的，也必須將兩者加以區分。儘管「英文中民族的名詞是哪遜（註：nation 音譯），哪遜這一個字有兩種解釋，一是民族；一是國家。這一個字雖然有兩個意思，但是他的解釋非常清楚，不容混亂」。這種一詞兩義的現象，在中西語文中也都很常見，不足為怪。不難看出，孫中山所謂「國族」，實際就是一個國家的全體人民所組成的凝結體，它是以國家為基礎和對象的。他又說，「本來民族與國家相互的關係很多，不容易分開，但是當中實在有一定界限，我們必須分開」。在他看來，民族和國家間的區別，主要取決於其得以形成的力量性質：一個團體，由於王道自然力結合而成的便是民族；由於霸道人為力結合而成的便是國家。[101] 而「自然力」主要不外乎五種，包括血緣、生活、語言、宗教和風俗習慣。國家和民族關係的構成也存在多種形式，「外國有一個民族造成幾個國家的，有一個國家之內有幾個民族的」，比如像在英國那樣的國家，「民族」和「國族」，「民族主義」和「國族主義」就都不是一回事，無法對等；而中國則不同。在中國，「自秦漢而後，都是一個民族造成一個國家」，二者已合而為一。這實際上是一種獨特的中國特殊論。不過孫氏這樣的觀點，顯然無法解釋元代中國和清代中國。不知其這裡所言，是指中國作為傳統王朝國家，在「民族」與「國家」的關係上實與西方近代民族國家無異，還是指傳統中國已帶有近代西方民族國家的某些特色？但可以肯定的是，孫本人卻並沒有因此完全否認各少數民族的當下現

101「霸道人為力」，孫中山有時又表述為「政治力」、「政治強制力」等。

實存在，只不過是強調漢族人數佔了絕大多數，而少數民族的數量微不足道、因而可以忽略而已。所以他說：

就中國的民族說，總數是四萬萬人，當中參雜的不過是幾百萬蒙古人，百多萬滿洲人，幾百萬西藏人，百幾十萬回教之突厥人。外來的總數不過一千萬人。所以就大多數來說，四萬萬中國人可以說完全是漢人，同一血統，同一言語文字，同一宗教，同一習慣，完全是一個民族。[102]

這種因少數民族人數「極少」就稱中國人「幾乎完全是漢人」，為「一個民族造成的國家」的說法，無疑彰顯的是漢族的自大，理論邏輯上自有矛盾，難以服人。所以三年後的 1927 年，諸青來出版《三民主義商榷》一書時，就抨擊孫中山道：「以人口屬數目論，滿蒙回族人口究佔總數百分中之若干，尚無確實統計。縱如中山所云，漢族佔四十分之三十九，其他四族，僅得其一，亦不能說四萬萬人完全是一個民族。抬高五族中之任何一族，而抹煞其他四族，以一律平等之義衡之，得非大相刺謬乎？」[103]

概括來說，在孫中山那裡，「民族」和「國族」本來是兩個有區別的概念。「國族」指的實際是國家的主體 —— 國民之全體，

---

102 以上內容見《孫中山全集》第 9 卷，第 186-188 頁。

103 諸青來：《三民主義商榷》，正誼社 1927 年初版，箴文書局 1930 年再版，第 7 頁。諸青來（1881- ？），上海人。清末留日，1934 年參加國社黨，後加入汪偽政權，出任交通部長等職。

屬於純粹的政治概念，它是否能徹底成為一個「民族」，尚有賴於血緣、生活、宗教、語言和風俗習慣等五種「自然力」的進一步化合作用。但由於在中國情況特殊，漢族佔國民人口的絕對多數，簡直就（彷彿）是「一個民族治理一個國家」，所以若從國家人民之總體層面來把握中國的整個「國族」與「中華民族」這兩個概念，其彼此的國人數量之適用範圍，「實際上」又已基本重合。

孫中山這一矛盾含混的「國族」論，在日後的國民黨內部和思想界，造成了相當複雜的影響。對此不予深究者，往往從定義上直謂「國族即民族」，因「孫總理」如是說，故樂於將兩者混用；而那些具有中華民族一元論情結者，則必言孫氏所謂「國族」，實乃指「一個民族造成一個國家」之義，也即同單一「民族國家」相對應的「國家（民）民族」之謂，此種「國族」之下實容不得多個「民族」並列，因之與後來所謂「多元一體」論難免衝突。這一點，不認同那種單一性中華民族觀的中共思想家們似多已明白，即便是抗戰時期也少見他們使用「國族」尤其是「中華國族」概念，應該與此不無關聯。當然，更多的人則只是從孫中山那裡接取「國族」二字、在範圍更大的中華民國「國民全體」之一般政治意義上使用它，而同時將「民族」作為其政治下位概念，也即人類學和民族學意義上的歷史文化概念來運用，這樣的使用，實便於弱化、消減其時國內的民族與國家之間的那種矛盾和緊張關係。此外，也還有人在「國家和民族」這種泛泛並稱的意義上使用「國族」一詞。

但不管人們此後怎麼理解和使用「國族」，孫中山正式將「國族」概念引入到其三民主義的政治思想中，都是近代中國民族主義和民族思想史上的一個重要事件，尤其對現代中華民族觀念的傳播與認同產生了重要影響。對此，本書其後各章還會有所涉及和探討。

關於孫中山對「國族」和「宗族」關係的認知，還有一點應該補充。從前文所引述的孫中山在「民族主義」第一講中的有關言論來看，他所批評的乃是傳統中國人只重家族和宗族、因而缺乏國族觀念和凝聚力，終落得一盤散沙的缺失性一面；然到了「民族主義」的「第五講」時，其思路似乎又有所調整，轉而從民族文化優越和自信的立場來加以立論，並強調對於宗族的「好觀念」只需略加改造、便可構成對建設「一大國族」所需要的正面的基礎性意義。故他說：

依我看起來，中國國民和國家結構的關係，先有家族，再推行到宗族，再然後才是國族。這種組織一級一級的放大，有條不紊，大小結構的關係當中是很實在的。如果用宗族為單位，改良當中的組織，再聯合成國族，比較外國用個人為單位當然容易聯絡得多。**104**

從這裡，我們其實已不難看到後來蔣介石形成「宗族論」的

104《孫中山全集》第 9 卷，第 238 頁。

中華民族觀之某些直接的思想因子了。

此外，前文提到過的孫中山晚年認可國內「弱小民族」的「民族自決」問題，實際上也有值得分辨之處。它與當時的蘇俄和中共的激進思想，可謂同中有異。正如有的學者所指出的，孫中山其實並未主張蒙藏等少數民族有脫離「中華民國」的絕對自由，他所謂「民族自決」，仍不過是在「中華民國」範圍內的一種內部「自決」罷了。[105] 不過關於這一問題，筆者寧願採取一種折中態度，願意將其歸之為當時孫中山中華民族觀的諸多內在「矛盾」之一。順便提及，筆者在反覆研讀孫中山論著的過程中，常常會感到其思想的博大精深、富於天才的創造性，但不時也能體會到其複雜矛盾之點並為之困惑，覺得很難簡單地將其表述明白。在這方面，孫關於「民族」、「民權」，「民族主義」和「民權主義」及其彼此關係的思想觀念，可以說又具有某種典型性。

晚年孫中山所倡導的一體化「中華民族」觀念，很快就滲透到對整個三民主義思想體系的解釋中，使其具有了和被賦予了新的內涵，並首先在國民黨內和一部分文化人中得到了持久而廣泛的認同。這一點，我們從孫中山逝世後不久戴季陶和錢穆等人對三民主義富有影響力的解說中，能夠有清晰的體認。如戴季陶就認為，「三民主義之原始的目的，在於恢復民族的自信力」，「一個民族的生命，最要緊的是他的統一性和獨立性。而這統一性和

---

105 參見松本真澄著、魯忠慧譯：《中國民族政策之研究 —— 以清末至 1945 年的「民族論」為中心》，第 115-120 頁。

獨立性的生成，最要緊的是在於他們的自信力。……總理此四十年的努力，要點在何處呢？就是要喚起中國民族的自信心，造成中國民族的統一性和獨立性」。[106] 的確，五四以前，孫中山的民族主義主要只講對外獨立和對內各民族平等，現在則不僅強調國內各民族平等，還要強調其內部的「統一性」了。也就是說，三民主義中「民族主義」之「民族」，此時已明確地指向了具統一性和整體性的「中華民族」，而非別物。這就更進一步規定了其「民族主義」乃至整個三民主義的新內涵。

蔣介石也是較早自覺以「中華民族」概念來解釋「三民主義」中「民族主義」之民族主體含義的重要政治思想人物。1924 年，他在雙十節校閱陸軍軍官學校後發表的演講中，就強調：「三民主義第一個主義，就是民族主義。民族主義是甚麼意思呢？就是要求我們中華民族獨立，享得真正自由平等的幸福，同時我們中國也不壓制旁的民族或國家。這就是民族主義簡單的意義。…… 我們要辦這個陸軍軍官學校，就是為了要打倒軍閥，要推倒帝國主義，要使我們中華民族得到獨立的機會。」[107] 在這方面，蔣介石追隨孫中山的思想腳步，的確是較為積極的。

1928 年，錢穆在他那部流傳廣泛的《國學概論》中講到「最

---

106 戴季陶：《孫文主義之哲學的基礎》等，轉引自錢穆：《國學概論》，北京：商務印書館 1997 年版，第 358-359 頁。

107 立法院中華民國憲法草案宣傳委員會編：《中華民國憲法草案說明書》1940 年版，附錄一：〈總裁關於憲政憲法之言論節鈔‧民國十三年雙十節校閱後講〉，見沈雲龍主編：《近代中國史料叢刊續編》（804），第 103 頁。

近期之學術思想」時，也因此明確認定，「三民主義」中民族主義是基礎和根本，而民族主義的主體就是現代的「中華民族」，「民權、民生」也是就「中華民族」而言的。因此，「中華民族自身之意識」的培養，也就成為三民主義建設的核心任務。他指出：「『三民主義』之精神，始終在於救國，而尤以『民族主義』為之綱領。民權、民生，皆為吾中華民族而言。使民族精神既失，則民權、民生，皆無可附麗以自存。所謂民有、民治、民享者，亦惟為吾民族自身而要求，亦惟在吾民族自身之努力。**捨吾中華民族自身之意識，則一切無可言者。此中山先生革命精神之所在，不可不深切認明者也。」108**

　　毫無疑問，這種被賦予了新內涵的三民主義，在國民黨的推動下，反過來又構成為**此後涵育現代中華民族觀念繼續成長壯大的意識形態力量之一**。但同時也應指出的是，此種強調各民族需進一步實現整體化和一體性的「中華民族」觀念，儘管在孫中山那裡同對「五族共和」這一提法的明確否定相聯繫，但實際上「五族共和」論及其初期實踐，卻是其得以提出和進一步落實的邏輯前提。不僅如此，其後的國民黨雖然繼承了孫中山的「中華民族」理念，卻也沒有簡單地拋棄「五族共和」論，而是在不同的場合仍然加以強調和運用，即便是蔣介石本人也不例外。這是因為，正如我們在前文所指出的，「五族共和」論與複合性的現代中華民族觀念在本質上既構成一種順應關係，而同時它又與單一性中華

---

108 錢穆：《國學概論》，第 356 頁。

民族觀念也存在一種邏輯前提關係。在不少時候，「五族共和」的內涵其實很含混，與所謂五族「同種」皆為「黃帝子孫」一類說法，往往也是能「和平共處」的。

3. 梁啟超專研「中華民族」：思想來源及意義

1920 年代初，梁啟超對「中華民族」觀念的闡發和影響，也很值得關注。同孫中山主要從當下情勢出發立論的政治家風格有別，作為學術界、思想界、輿論界代表人物的梁啟超，他此期對於「中華民族」觀念的弘揚，採取的則是一種歷史研究的學術方式。1920 年代最初兩年，他重新喚起清末時研究民族問題的興趣，開始專門探討起中華民族史問題來。1922 年春夏間，他在清華及北京高師發表有關演講，並最終形成〈中國歷史上民族之研究〉一文，成為日後被人反覆引述的中華民族研究史上的經典之作。1922 至 1923 年，該文曾分別以〈中華民族之研究〉為題（包括〈中華民族之成分〉等內容），部分在著名的《地學雜誌》上連載，並被《東北文化月報》等轉錄。[109] 在此文中，梁啟超毫不含糊地響應了孫中山的「號召」—— 放棄以「漢族」作為各民族一

---

[109] 如梁任公在北京高師史地部講、賈伸筆記：〈中華民族之研究〉第二講至第五講「中華民族之成分」，《地學雜誌》1922 年第 2 期、第 3 期，1923 年第 1-2 期、3-4 期。其中部分又分別轉載於《東北文化月報》1923 年第 2 卷第 9 期、第 11 期。筆者將其內容與 1922 年雙十節定稿的〈中國歷史上民族之研究〉（收入 1936 年中華書局版《飲冰室合集‧專集》）略加核對，發現基本宗旨雖無大的不同，但具體表述還是有較大差異。

體化的「自尊自大之名稱」，直接使用了「中華民族」這一新符號。不過，他的這一符號裡仍明顯遺留了從文化上「同化」各民族成員的大漢族主義傾向，只是由於他一則專注於歷史問題，一則又強調所謂「民族意識」在現代民族認同中的重要性，故其中華民族觀念的這一不足面向，容易得到某種遮蓋。

梁啟超對「民族意識」的強調，基於他對民族與種族、民族與國民不同內涵的新認識。在他看來：「民族與種族異。種族為人種學研究之對象，以骨骼及其他生理上之區別為標識。…… 民族與國民異。國民為法律學研究之對象，以同居一地域有一定國籍之區別為標識。…… 血緣、語言、信仰，皆為民族成立之有力條件，然斷不能以此三者之分致，逕指為民族之分野。民族成立之唯一的要素，在民族意識之發現與確立。何謂民族意識？謂對他而自覺為我。彼，日本人；我，中國人，凡遇一他族而立刻有我中國人之一觀念浮於其腦際者，此人即中華民族之一員也。」[110]

在正視血緣（認為「民族愈擴大，則血緣的條件效力愈減殺」）、語言和信仰等因素作用的同時，梁又格外重視「民族自我意識或認同」在民族成立或構成中的特殊重要性，並凸顯「中國人」的現代國家成員身份即國民身份和民族認同之間的緊密聯繫。而在「民族意識」的形成過程中，他則格外強調「文化」的關鍵作用。他認為，由最初的血緣關係、共同生活，進而實現心理溝通和語言文字交流等，「經無數年無數人協同努力所積之共

---

110 張品興主編：《梁啟超全集》第 6 冊，第 3435 頁。

端向上高出砂面約數寸若有物腐之則愈縮其全體於砂中幾不可見此蓋其避敵
之方法也」

中華民族之成分

—— 中華民族之研究第二講 ——　　（接上期）

梁任公先生在北京高師史地學會講演　　　賈徵雜記

研究民族語言之不同以作民族分類的參考也是很有趣味很有價值的事情不過
各族的語言沒有記載遺傳下來我們無從研究這是一件大憾事但現在他們的語言尚
有沒有同化完的如蒙狄狢組之蒙古狢狢組之滿州比較觀察就可以知道他們的語言不
同不過這是一部分小小的痕跡此外消亡的還不知多少呢春秋戰國時候語言很不統
一據左傳所載介葛嵐自膠州跑到曲阜遠得用一個繙譯就是一證此外許行自趙至滕
孟子罵他爲南蠻趵舌可知也此時湖北人遠不能說中夏的話漢以後民族的語言也是彼
此不同現在可惜不能把各組語言整理淸楚將來總希望用一種方法將他研究個條理
出來至少也可以研究一部分後漢書西南夷列傳載有一個白狼國他們的歌子譯成漢

業，釐然成一特異之『文化樞系』，與異系相接觸，則對他而自覺為我」。這種認知雖與清末陳敬第的有關看法頗有相似之處，但陳氏之說傳播不廣，在當時，應當說仍是很為新鮮的。梁啟超並特地聲明，他談「中華民族」的所謂「民族」，就是「準此以論」。[111] 實際上，在日後現代中華民族認同的進程裡，此種強調基於文化特色的「民族意識」重要作用之民族認知，也是被人們反覆提及的「民族觀」的重要理論依據之一。

就 1922 年梁啟超對「民族」的理解來看，他可能在受到德國學者伯倫知理思想影響的基礎上，又接受了法國學者呂南[112] 等人的某些思想因子。伯氏相對較為重視民族形成的客觀因素，而呂南則強調民族是由一種靈魂和精神的原則組合而成。在呂南看來，通常所謂種族血統、語言、公共利益，乃至地理空間等，都不足以使一個民族得以確立，判斷「民族性」或「國（民）性」（nationality）的最終標準，只能是「民眾投票」，而形成「民族精神」的基礎，除了該民族的民眾認同之外，更有該民族的共同文化遺產或嗣業作保障。呂南的這種思想，對第一次世界大戰前後的民族建國潮流影響極大。

當然，影響梁啟超上述觀點的，可能還有更近更直接的思想來源。如 1919 年底《東方雜誌》發表引人注目之〈民族精神〉一

---

111 同上。

112 呂南（Ernest Renan, 1823-1892），又譯勒南、雷南。法國哲學家和歷史學家。1882 年曾發表《民族是甚麼》的著名演說，集中闡發了其關於民族的思想，影響深遠。

文，其中引述和發揮英國歷史學家約翰・霍蘭・羅斯 [113] 1916 年出版的《作為現代史中一個重要因素的民族性》一書中有關民族的見解，就闡發了不少與梁氏上述看法相近或相似的觀點。如該文不僅指出民族與國民、人民、人種等概念的不同，還認定，「凡人種語言文字宗教地理等關係，皆不足為建設民族之根本的條件。…… 所可憂者，其唯民族精神之有無乎！」該文同時強調：「民族精神者，非人種之意思也。人種之意思，必以血族為根據，而此則生乎自然；非國家之意思也，國家之意思，必重統治重命令，而此則出於自由；非個人之意思也，個人之意思，常個個獨立，而此則盧梭所謂總意（volonté générale）者。簡言之，乃自然發生渾然一體之民族自覺的精神而已。先之以一民族之自覺，繼之以一民族間同類意識之感通，以終之以歷史的關係焉。故歷史學家言曰『民族精神者，歷史之成果也』。蓋外受強敵之壓迫，內感生活之困難，乃生共同防衛共同生活等（意識），是固盡屬歷史的產物也。是以一民族之建設，必以有特殊之歷史為第一條件。」這裡所謂的「民族精神」，其實與梁啟超所說的「民族意識」，已相差無幾。

在此文中，作者還引比利時學者 Laveleye 的話，將受此種民族精神即歷史文化支配的民族譯稱為「政治的民族」（political

---

113 約翰・霍蘭・羅斯（John Holland Rose, 1855-1942），英國著名史家，其關於拿破崙的傳記（如《拿破崙一世傳》等）最有名。他還寫有關於歐洲民族之爭史的著作。《作為現代史中一個重要因素的民族性》一書英文名為 *Nationality as a Factor in Modern History*（London: Rivingtons, 1916）。

nationality），而把由血緣等因素支配的民族稱之為「人種的民族」（ethnical nationality），並認為「人民之文化愈進步，則人種之差別愈減少」，而由「人種的民族」漸漸「進化為政治的民族」，正是民族演進的時代特徵所在。[114] 從這裡，我們似乎也可看到梁啟超所謂「民族愈擴大，則血緣的條件效力愈減殺」一說的某種思想來源。不過，在懷疑梁啟超可能受到〈民族精神〉一文的有關觀點影響的同時，我們也不得不再一次感佩梁氏接受新觀念的迅速和領悟消化外來學說的思想能力之強。

總體說來，梁啟超的「民族」觀念，還是在尋求一種主觀論與客觀論的調和。幾年後，人類學家吳文藻對他的這一努力甚為讚許，稱讚他「以演化論之觀念，作釋義之入手法，由純粹之客觀事實，如血緣關係，自然環境，及經濟生活，進至語言、文學、美術、宗教等文化共業為止，殊為獨具隻眼」。特別是其「民族愈擴大，則血緣的條件效力愈減殺」的觀點，吳氏更是讚賞有加，以為「頗為生色」，他甚至認定「氏雖未明言民族為一文化上及心理上之概念，而似早已默許」。這後一點，的確符合梁啟超思想的實際。吳文藻因此推崇梁啟超的「民族」解釋既「顧及物質條件，又重視文化精神，客觀主觀，兼而有之」，認為比孫中山等只重視民族構成的血緣、語言等客觀性因素，特別是格外

---

114 以上所引，均見隱青〈民族精神〉一文。

強調血緣因素的見解要高明。[115]

梁啟超在〈中國歷史上民族之研究〉一文中，不僅闡述了他關於「中華民族」認同的民族觀依據，對於歷史上中華民族「多元一體」歷史格局的形成過程和特點，還進行了較為系統的勾勒和說明，從而拓展了現代中華民族觀念的歷史縱深。梁氏認為，「華夏」或「諸夏」主幹民族形成於黃河中下游地區後，即不斷「化合」周邊各族群。因而在不同時代，都有不同族群匯入其中，最終形成了「今日碩大無朋之中華民族」。他繼續闡發其清末時即已形成的觀點，揭示出中華民族「自始即為多元的結合」之事實，並強調這種結合從「諸夏」名稱上，就可見一斑：

吾族自名曰「諸夏」以示別於夷狄。諸夏之名立，即民族意識自覺之象徵。「夏」而冠以「諸」，抑亦多元結合之一種暗示也。此民族意識何時始確立耶？以其標用「夏」名，可推定為起於大禹時代。何故禹時能起此種意識？以吾所度，蓋有三因：第一，文化漸開，各部落交通漸繁，公用之言語習慣已成立。第二，遭洪水之變，各部落咸遷居高地，日益密接，又以捍大難之故，有分勞協力之必要，而禹躬親其勞以集大勳，遂成為民族結合之樞核。第三，與苗族及其他蠻夷相接觸，對彼而自覺為我。

---

115 吳文藻：〈民族與國家〉，《留美學生季刊》1927 年 1 月第 11 卷第 3 號。有學者認為，梁啟超對「民族精神」等內容的重視，也可能受到德國哲學家費希特的影響。他 1915 年針對提出「二十一條」，曾發表〈菲斯（註：即費希特）的《人生天職》述評〉一文，欲以此喚起國人的民族意識。

自茲以往，「諸夏一體」的觀念，漸深入於人人意識之中（三代同祖，黃帝等神話皆從此觀念演出），遂成為數千年來不可分裂不可磨滅之一大民族。[116]

後來費孝通先生更清晰地加以闡述的「中華民族多元一體」格局的觀點，可以說在這裡已經有所萌芽。所不同的是，對於他們來說，中華民族的不斷「一體」化雖都是歷史事實、現實趨勢和進一步努力加強整合的目標，但費孝通所說的「一體化」仍以「多元」並存為前提，而梁啟超的「一體化」則是以「多元」的不斷消失、「融化」為特徵和條件的。

梁啟超還從地理、語言、文化精神等多方面分析闡述了「中華民族」同化力之強的原因，最後得出關於「中華民族」的三個結論，即：（一）中華民族為一極複雜而極鞏固之民族；（二）此複雜鞏固之民族，乃出極大之代價所構成；（三）此民族在將來絕不至衰落，而且有更擴大之可能性。[117] 這種由歷史預知未來的工作，無疑是增強中華民族的命運感和前景認同的有效方式。1928年，錢穆在《國學概論》中，就曾特別敏感地表彰了梁啟超此文及他同時所作的另兩篇文章「尤能著眼於民族的整個性，根據歷史事實，為客觀的認識」[118] 的特點與價值，從而顯示出與梁啟超

---

116 張品興主編：《梁啟超全集》第 6 冊，第 3436-3437 頁。

117 同上，第 3450 頁。

118 見錢穆：《國學概論》，第 363 頁。

的某種共同旨趣。

梁啟超 1922 年所闡發的「中華民族」觀念及其研究成果，在當時和以後都產生了很大的學術影響。不僅許多中國民族史專著如常乃悳的《中華民族小史》等，都不同程度上吸收了他的有關分析和理念，不少歷史教科書還直接採用了他的一些結論。如1930 年代初一部較有影響的《高中本國史》，談到古代中華民族的成分時，採取分「組」敘述的方式，以及得出的幾條關於「中華民族」的宏觀認識，就幾乎完全照搬了梁啟超此文的看法。[119]

就思想功能而言，1920 年代初孫中山和梁啟超對於一體化的「中華民族」共同體觀念的倡導和弘揚，正好形成一種互補。孫中山強調的主要是中國國內各民族「應該」進一步結成一體化的現代「大中華民族」，而梁啟超的研究則證明，中國現存各民族早已存在文化和血緣等各方面的歷史聯繫，華夏族融合周邊民族不斷壯大的「一體化」趨勢和「民族意識」久已形成，以華夏文化為核心認同的大中華民族的構成和擴大，乃是一種歷史發展演化的「必然」。這樣，政治思想上和學術思想上的「中華民族」觀

---

[119] 見鍾月秋：《高中本國史》，長沙湘芬書局 1932 年版。書中有關部分將中國古代中華民族的成分劃為諸夏、東夷、荊吳、苗蠻、百越、氐羌、群狄七「組」，只不過是把梁啟超所謂的第八組「群貊」與第七組「群狄組」合併而已。該書同時也強調中華民族是極複雜而偉大的民族；是祖先耗費極大代價和漫長時間而構成的民族；其將來不惟不會衰滅，且有擴大的可能性。只是把梁所謂「極鞏固」改成了「偉大」，並添上了「以諸夏族為中心，有民族固有文化，所以能融合四周諸民族」一條。1935 年，賴希如的〈中華民族論〉一文（載《中山文化教育館季刊》第 2 卷第 4 期）的整體構思和結論，也明顯受到此文的影響。常乃悳在 1926 至 1928 年關於「中華民族」史的研究論著中，更是多次坦承受到梁啟超的重要影響。

念，就開始逐漸形成了某種聯動態勢。

不過，也應指出，無論是當時的孫中山還是梁啟超，其「中華民族」觀念中，儘管都已自覺拋棄「漢族」作為全民族的總符號之做法，且早就聲稱其內在各民族「彼此平等」，也的確承認各族人民作為「國民」在政治經濟上應有的平等地位和各種權利，但如前所述，在骨子裡他們實際上都還保留有一種明顯的漢族文化中心、優越乃至「同化」的意識局限。

4.「國家主義派」的關切和外蒙「獨立」事件的刺激

在 1920 年代初中期現代中華民族觀念的形成和傳播史上，愛國感極強的「少年中國學會」的成員，以及從中分化出來的「國家主義派」代表，也發揮過值得注意的推進作用。少年中國學會成立於 1919 年 7 月 1 日，活躍於 1920 年代中前期。其成員從1923 年開始，積極參與了收回教育權運動、廢除不平等條約運動和五卅運動。期間，該學會所主辦的《少年中國》雜誌裡面，就廣泛使用了針對外國侵略民族而言的整體含義的「中華民族」一詞。[120] 1923 年底和 1924 年初，該學會在蘇州會議上，還特別提出

---

120 1924 年，陳啟天在〈新國家主義與中國前途〉一文中就慷慨激昂地聲言，「惟有我中華民族之國民有光大中華民族之責任，亦惟有中國之國民有再造中國之可能」，「我數千年之中華民族所託生之中國」，其命運和前途，「即在吾人之手中。」（載《少年中國》第 4 卷第 9 期，1924 年陰曆 1 月）；余家菊在〈教會教育問題〉一文中，則認為「於中華民族之前途有至大的危險的，當首推教會教育」。（載《少年中國》第4 卷第 7 期，1923 年陰曆 9 月）這也可作為前述收回教育權運動推進現代中華民

了「求中華民族獨立，到青年中間去」，「為中華民族獨立而努力奮鬥」這類的標語式口號。其所通過的九條綱領中，也多次使用「中華民族」概念，表達其現代中華民族意識。如其綱領第三條就是：「提倡民族性教育，培養愛國家、保種族的精神，反對喪失民族性的教會教育，及近於侵略的文化政策」；第五條是「推闡經濟壓迫為國民道德墮落的主要原因，以反證中華民族絕非劣等民族」，以增加民族自信力；第九條是「提倡華僑教育和邊疆教育，培養中華民族獨立運動的實力，且注意融洽國內各民族的感情，以一致打倒國際勢力的壓迫」，等等。**121**

1920 年代中後期，少年中國學會因內部的國家主義派和共產主義派發生分裂而解體。不過，即便是從中衍化出來的國家主義派（也叫「醒獅派」，創辦有著名的《醒獅週報》），他們把本國的現代「國家」建設看得高於一切，但由於其「國家主義」和時人所謂「民族主義」都出自於同一西文（法文中的 nationalisme 和英文中的 nationalism 等），**故他們雖認為 nation 譯成「民族」不如譯成「國家」準確，但卻仍喜歡在平等的、具有共同文化精神和融合趨向的「國民」總體意義上使用「中華民族」一詞和概念，並將其視為「國家主義」的目標**，即建設一個強大的現代民族國家之主體，從而與那種在國內各民族總體意義上使用的「中華民

觀念傳播的一個例證。此外，使用過該詞和概念的，還有張夢九的〈中華民族獨立與國民大學〉（載《少年中國》第 4 卷第 11 期）等文。

121〈蘇州大會宣言〉，《少年中國》第 4 卷第 8 期。

族」概念調和在一起，難以清楚分別。

當是時，喜歡談「國家主義教育」的代表人物李璜、余家菊、陳啟天等人，他們也都是複雜的現代中華民族觀念的傳播者。1924年，少年中國學會的核心人物之一的王光祈就曾一語破底地指出：「余李諸君之文，雖有時常用『國家主義』的名詞，但按其實質，多屬一種『中華民族主義』。」[122]

1924年前後乃至整個1920年代，受蘇俄操縱的外蒙古「獨立」事件，給中國人刺激很深，對現代中華民族一體性觀念的強化也產生了一定影響。當時，圍繞著「民族」和「國家」的內涵，以及（外）蒙古是否為「民族」，該不該「自決」等問題，國內各黨派人士和自由知識分子之間，產生了廣泛爭論，一度非常混亂。直到1920年代中期以後，主流輿論才逐漸明確地告別少數民族具有分裂中華民國之分離權的「自決論」。[123] 在這一過程中，國家主義派及受到該派思想影響的部分人士，提出了頗有特色的思想主張。如1925年，留法歸國的該派理論家李璜就認為，西方近代意義的 nation 在實質上來說包含「領土人民主權」三要素，在精神上來說則同「信仰與共同歷史的回憶」亦大有關係，也就是既強調領土的完整，主權的獨立，也強調國民文化的同質性，因此最準確的漢語翻譯詞應該是「國家」。國家二字在構造上就特

122 王光祈：《少年中國運動》「序言」，上海：中華書局1924年版。

123 敖光旭：〈1920年代國內蒙古問題之爭 —— 以中俄交涉最後階段之論爭為中心〉，《近代史研究》2007年第4期。當時主張蒙古民族自決和獨立的，不僅有共產黨人瞿秋白、李春蕃等，還有一些國民黨左派人士。

別能形容 nation 的含義，按照《說文解字》的解釋，「國」字從口從戈，取人執戈以守土圍之義，它本身包含「領土人民主權」自不用說，而「家」字則是精神文化生活上「有所依歸之義」，故與 nation 正好相符。與此相一致，nationalisme（英文 nationalism）也應當譯成「國家主義」，而不是「民族主義」。李璜還強調，民族主義「分辨血統」，而他所謂的「國家主義」則以國家為「單位」，完全沒有分辨血統的想法，故與流行所謂的「一民族一國家主義」並不相干。在他看來，幾個民族同保「一個疆土」、同擁「一個主權」，文化相融，是很正常且正當的，故決不贊成「已經同化在一個國家下面的各民族」再行分裂。具體到中國，則認為滿蒙回藏諸族與漢族已經共處了幾百年，有「相安於一個文化的歷史」，並且現在也「同為中華民國的國民」，故要救國，也不是只救漢族，而是「連滿蒙回藏各族一起要救」。[124] 他們的政治目標是建立多民族融合為一體的現代民族國家。

不過，國家主義派的核心人物一方面主張 nation 應譯為「國家」（實際上是「民族國家」或「國民國家」），強調其中的歷史文化或精神的同一性及其重要意義，而同時又主張「民族」與「國家」是兩回事，並把現代漢語中的「民族」一詞與「種族」一詞相混，強調其血統分別的含義以及這一點在「國家」建設中的無關緊要。在這點上，國家主義派主要代表人物的觀點大體一致。

---

[124] 李璜：〈國家主義正名〉，載《國家主義論文集》第 1 集，中華書局 1925 年版，第 25-27 頁。也可見《醒獅週報》第 3 期，1925 年 10 月 25 日。

如余家菊就指出，國家觀念有三大要素，一為同類意識，二為主權意識，三為獨立意識。同類意識即「血統的覺悟」，它足以形成「民族觀念」，但欲形成國家觀念，還必須有「政治的覺悟」，即具備主權意識和獨立意識。[125] 這樣，當他們樂於在政治文化統一體的中國國民總體意義上使用「中華民族」概念的時候，就難免出現一種關於「國家」和「民族」理解與使用的內在矛盾。也正因為如此，受國家主義思想影響的中國第一代人類學和民族學的突出代表吳文藻，不能不自覺地站出來，對國家主義的上述民族理論進行某種「修補」。

1927 年 1 月，吳文藻發表〈民族與國家〉一文指出，「民族」與「種族」不同，「國家」與「政邦」有別。種族為一「生物的概念」；民族乃一「文化的及心理的概念」；政邦為一狹義的「政治概念」，而國家則為一融合政治、國際法和社會文化的「最普通概念」，即廣義的「政治概念」。現代國家以民族為基礎，也即「立於文化之基礎上，故其實兼民族政邦而有之」。一民族可以建一國家，但「非一民族必建一國家」。「民族性」的真正要求，「非獨立也，乃自由也，自由其目的也，獨立其手段也，非為獨立而獨立，乃為自由而獨立也」。吳文藻明確批評所謂「一民族一國家之主義」，認為這是思想混亂的結果，是「理論輒易掩蓋事實，變態竟且視作常情」的表現，是真正的捨本逐末。如果一國內的各民族「民族性」不受虐待，「國民性」不被壓迫，就完全沒有獨

---

125 見余家菊：〈國家主義概論〉，《新國家》雜誌第 1 卷第 8 期，1927 年 8 月。

立的必要。他還強調，民族建立國家，可以有「多民族國家」和「單民族國家」兩種形式，「誠以數個民族自由聯合而結成大一統之多民族國家，倘其文明生活之密度，合作精神之強度，並不減於單民族國家，較之或且有過無不及，則多民族國家內團體生活之豐富濃厚，勝於單民族國家內之團體生活多矣」。**126**

對於吳文藻的上述論辯，當今人類學界有學者曾給予極高評價，認為它當時和以後雖未受到廣泛的關注，但「在本質上可以說開創了中國人類學獨立理論思考的道路」。**127** 筆者也以為，吳氏關於「民族」與「國家」區別與密切聯繫的人類學思考，的確有其理論價值，不過他所謂「文明生活之密度」，「團體生活之豐富濃厚」的內涵，實在仍很含糊、有令人感到費解之處。同時對於多民族建國之後，其國內的政治、經濟與文化「一體性」如何存在與建設，特別是各民族文化之間應否進一步融合以及如何融合等重要問題，他當時也均沒有作出明確的回答。不僅如此，對於其時已廣泛採用的「中華民族」概念，他甚至都未能作出起碼的回應，儘管他當時和以後也願意使用這一現代概念。

---

126 吳文藻：〈民族與國家〉，第 15-39 頁（收入王慶仁等編：《吳文藻人類學社會學研究文集》，北京：民族出版社 1990 年版，第 19-36 頁）。該文為 1926 年 4 月吳氏完成於哥倫比亞大學的作品，但其正式發表已到 1927 年初。由於文集編者誤將其寫作時間當作該文正式發表時間，且將此時間與《留美學生季報》第 11 卷第 3 號錯誤對應，引者容易失查，造成誤引很多。吳文藻當時所謂的「政邦」和「國家」，大體相當於時人和今人所謂的「國家」和「國族」。

127 王銘銘：〈民族與國家——從吳文藻的早期論述出發〉，《雲南民族學院學報》1999 年第 6 期，2000 年第 1 期續載。

1920 年代中葉，在國家主義信奉者內部，關於「民族」與「國家」的認識存在著一定差別，但反對蒙古民族從中國分裂出去的主張卻是基本一致的。如 1925 年 7 月，《醒獅週報》發表胡偉國的〈民族自決與蒙古獨立〉一文，就指出，「民族自決」絕非是教不同國家中的各民族搞分裂，其正確含義當是：「凡備有歷史和地理上的關係，而同受外力壓迫的各民族，應該本國性的要求，同化於同一的政治和文化之下，造成一個帶國性的大民族，盡力擺脫外來的羈絆，實行自決，保全固有的主權。」他因此反對蒙古獨立，而主張「大中華民族自決」。[128]

　　在蒙古民族問題上，以梁啟超、張東蓀、張君勱等為代表的「研究系」，其主流意見與國家主義派有近似之處。研究系所辦的《時事新報》上曾發表不少文章，揭露蘇俄分裂中國的陰謀，反對蒙古民族「自決」獨立，主張實行「中華民族」反抗外來侵略和壓迫的整體自決。如 1924 年 4 月 10 日，《時事新報》上發表藍孕歐的〈再斥袒俄者〉一文，就痛斥「硬把民族自決一語用諸蒙古問題上去」的愚蠢行徑，認為「要談民族自決就應該以中華民族為單位，換言之就是『中國者中國人之中國也』的一句話」。蒙古乃是中華民族的一部，並非「異族」，中國各地的言語、風俗均有不同，不能視為「異族」之標誌，世界上沒有「同民族而行民族自決」的道理。俄國人強佔蒙古，乃是「擾亂中華民族自決

――――――――――

128 胡偉國：〈民族自決與蒙古獨立〉，《醒獅週報》第 41 號，1925 年 7 月 18 日，轉引自敖光旭：〈1920 年代國內蒙古問題之爭〉。

的原則」，中華民族應該秉持孫中山「民族主義」的思想，團結起來反抗國際帝國主義。[129] 這裡，作者直接把「中華民族自覺」等同於「中國自決」，將「中華民族」理解為擁有主權的「中國人」整體，顯然依據的是 nation 的現代民族國家或國民民族之含義。

1924 年 5 月 28 日，上海《民國日報》登載〈孫科之國民黨對蒙主張〉，該文明確表示：「內外蒙皆屬中華民國之領土，蒙古民族，為中華民族之一，孫總理近在高師演講民族主義，即已明言漢滿蒙回藏，合為中華民國之國族。」作為孫中山之子和某種程度上的代言人，孫科對其父「中華民族」觀念神髓的把握，可以說相當到位。由此也可見，孫中山的「中華民族」觀念實前後相續，表述上或有調整，但似並無甚麼根本性變化。不過此後，國民黨內部在外蒙獨立問題上的意見仍存猶疑不定之處。即便是孫科本人，在 1927 年受蘇俄影響較大的武漢國民政府時期，也曾從贊同扶助弱小民族自由獨立的立場，表達過相異的意見，認為「本黨的民族主義，固然希望國內各弱小民族為國內民族之一份子，同時也是許可其獨立，並實行濟弱扶傾，以維持民族主義的真精神的」。[130] 這其實也反映了孫中山晚年民族思想本身之含混模

---

129 參見敖光旭：〈1920 年代國內蒙古問題之爭〉。郝時遠先生曾說，顧頡剛「（或許是最早）從『中華民族』的立場去理解『民族自決』原則的學者」（見其《類族辨物：「民族」與「族群」概念之中西對話》，第 51 頁），儘管郝先生下結論時相當小心，但因該問題向來少有人關注，還是難免有誤。據筆者查考，實際上早在 20 年代中期，已有多人持此類論說。

130 孫科：〈民族主義和國家主義〉，載《孫科文集》第 1 冊，台灣商務印書館 1970 年版，第 34 頁。

糊那一面的某種影響。而從孫科本人民族思想的特徵來看，他以後不輕易否認國內少數民族的「民族」身份和地位，表現出有別於蔣介石的地方，似乎也與此一思想因素和脈絡不無關係。

5.「中華民族」的認知進展與標誌詞符進一步流通

1927 年初，有一篇題為〈中華民族的研究〉的長文公開發表（作者為王啟汾，生平不詳），可以說代表了此前有關「中華民族」認知已達到的較高自覺程度和學術水準。該文的副題為「依據近代學者的成績」，也就是根據孫中山、梁啟超和其他國內外學者的研究和討論，對此前的有關認識做一自覺總結。在該文中，作者首先對「民族」一詞做了「正名的功夫」，認為梁啟超所謂「民族成立之唯一的要素在『民族意識』之發現」的意見，「太富於玄學的意味了」，無法贊同；倒是孫中山將民族看作是「天然力造成」的群體之看法，更符合事實。而他本人則寧願將「民族」界定為「一種血緣最相接近的群眾結合，而且具有共同的文化上的特點」。由此出發，他還對有關「中華民族的發生」問題之各種說法進行了考察分析，認為所謂「本土說」和「外來說」目前均難以確定，但無可置疑的是，無論就身體上還是行為上的性質來看，都能夠證明「中華民族是一個血緣混淆的民族」，它在種族和民族的來源上肯定是「多元」而非「一元」的。關於「中華民族的構成分子」問題，作者考察各種說法後，得出五個結論：「第一，中華民族的構成分子是非常的繁多而複雜；第二，各構成分子的併合入中華民族的時期有先後的不同；第三，各構成分子

併合入中華民族時彼此有多寡的不同；第四，在不同地方的華族所含有的各構成分子的遺傳質量也不同；和第五，中華民族現在還是（在）不停的吸收異族的成分。」這顯然比此前梁啟超的有關說法，又進一步地豐富了。

除此之外，該文作者還專門談到了「現代的中華民族」。他強調指出，「各處的中華民族因地理上和遺傳上不一致的關係，所以他們的身體上行為上的性質，以及風俗上習慣上的特點也是很有差別的。除了這些差別之外，中華民族仍有他自己獨立而統一的特性」。那麼其彼此的共性都體現在哪些方面呢？作者進而指出：「中華民族是黃色人種的一支，在形態上和生理上的性質有共同的特色是顯而易見的。這民族有自己的文字和文化。在行為上相像之處也頗不少，例如：喜歡妥協，偏向主觀，不修表面，因襲舊習，消極而且陰柔，順從自然，安息聽天命，等。」[131] 雖然，這些所謂行為上的共同性之概括，尚屬膚淺、庸泛，甚至過於隨意而充滿矛盾，但作者明確提出組成「中華民族」的國內各民族除了存在各自的特點和差別之外，「仍有他自己獨立而統一的特性」這一思想命題，這畢竟還是在做一種積極的思想努力，是現代中華民族觀念史上所不容忽視的進展。

需要強調的一點是，在五四以後至「九一八事變」日本侵佔中國東北以前，現代中華民族認同有一個突出的社會化表現或標

---

131 王啟汾：〈中華民族的研究 —— 依據近代學者的成績〉，《光華期刊》1927 年第 1 期。

中華民族的研究
——依據近代學者的成績——

王啓汾

甲、民族的定義

我們在未曾研究中華民族的種種特點以前，一定先要把「民族」的一個名詞的定義看清楚否則將會有許多困難阻礙我們的工作的孔子正名的功夫。「名不正則言不順言不順則事不成。」

來我們先做這正名的功夫。

「民族」一名詞照晉時的用法其意義常和「國族」、「或鶻國民」，「種族」等等一類的字誤相混貫且完全各不相同俗語所謂「或鶻國民，『種族』等等」一類的字誤相混貫貫

失之毫厘則差之千里況且科舉的文字貴貴僅僅那可以隨隨便便的掠名呢所以我們應該趕費時間拿以上認識的三個似乎相同而其實互異的名詞來辨別一下。

梁啓超先生對於這三個名詞別到得是很籠忍消楚他的「民族異種族異人種研究之對象以骨僧及其他生理上之區別爲標識。一種種可析爲無數民族例如盎格拉克夫種族猶儀塞等民族，民族異種族異族俄儀塞教徒爲民族，民族俄儀塞教徒爲民族，中華民族含有先羅被狄種族日本民族中含有中國種族俄儀教種

族。

「民族與國民是兩個名詞國民為法律學研究之對象以同居一地域有一定國籍之區別爲標識。民族可析爲兩個以上之國民如中國當「三國」「六朝」時，國民可包含兩個以上之民族如今中華民國塗以滿蒙藏回苗之民族血緣者估信仰，爲民族成立之有力條件然猶不能以三者之分岐遠折爲民族之分野民族之有國民者雖不能在「民族意識」之表現」這是梁氏認爲民族與國民者顯然有別的理由。

又按英文中的民族就是「應遞」(Nation)「應遞」還有兩個解釋，是民族，一個字然然有兩個意思」但是他的解釋非常清楚不容混淆……本來民族與國家相互的關係很多不容分開但他是由於中實在有一定界限我們必須分開，這二者的分別既殊非由於天然之力。

甚麽是國家呢某麽是民族呢？……個別的別或以造成的或以人力造成的……個別的別或以造成的。

據啓超先生不是主張「民族成立之唯一的要素在「民族

1927 年王啟汾〈中華民族的研究 —— 依據近代學者的成績〉一文片段

誌，那就是現代意義上的「中華民族」一詞，已開始在中國被愈來愈多地加以使用了。這一時期，不僅國民黨人和國家主義派人士，共產黨等其他政治派別和思想人物，也都已在中國各民族人民相對平等構成為一個整體的意義上，頻繁地使用了「中華民族」一詞和概念。如信仰共產主義之前的毛澤東對「中華民族」概念的首次使用，就出現在五四運動以後不久。1919 年 8 月 4 日，他在《湘江評論》第 4 號發表那篇引人注目的〈民眾的大聯合（三）〉時，特別強調指出：「我們中華民族原有偉大的能力 …… 他日中華民族的改革，將較任何民族為徹底。中華民族的社會，將較任何民族為光明。中華民族的大聯合，將較任何地域任何民族而先告功。」[132] 從而表明了對於「中華民族」整體的認同立場。1922 年，中共在「二大」宣言裡正式提出了「推翻國際帝國主義的壓迫，達到中華民族完全獨立」的目標。1926 年的《湖南省第一次農民代表大會宣言》中，甚至還喊出了「中華民族解放萬歲」的口號，由此可見一斑。不過，由於受蘇俄和共產國際的影響，中共在較長一段時間裡接受「民族自決」理論，主張與蒙藏等國內民族組成「中華聯邦共和國」，其所謂「中華民族」，內涵往往較為含混，不少時候實際指的還是漢族或漢化民族的整體。[133] 這種情況直到抗戰前夕，才得以根本改變。

---

[132] 見中共中央文獻研究室、中共湖南省委《毛澤東早期文稿》編輯組編：《毛澤東早期文稿》，長沙：湖南出版社 1995 年第 2 版，第 393-394 頁。

[133] 參見松本真澄著、魯忠慧譯：《中國民族政策之研究》，第 158-210 頁。也可參見鄭大華：〈民主革命時期中共的「中華民族」觀念〉，《史學月刊》2014 年第 2 期。

五四之後，特別是 20 世紀 20 年代中期以後，儘管不同的政治和思想派別對於「中華民族」概念的使用，在具體內涵上還存在差異（特別是在國共之間，這一點，我們在下文還要談到），但沒有疑問的是，他們大體上都認同了中國各族人民結合而成的整體具有一種全方位的一體性，不僅擁有共同的現代國家的國民身份及其所轄的生息地域，擁有著各種親密的政治、經濟與文化融合的歷史和現實關係，同時還擁有著共同的民族命運和民族前途諸點。而這些，也正是中國各民族一體性之現代觀念得以發展和傳播的重要社會基礎和認知前提。

　　但也必須指出，在這一時期，反映中國各民族整體性認同的詞彙，除了「中華民族」一詞廣泛傳播之外，「中國民族」一詞也仍然很常見，同時還出現了「全民族」等其他具有類似意義的關鍵整合性詞彙。這也是很重要的，反映出在當時，中國各民族一體化的整體認同已成為一種不可抑制的時代趨勢。

　　比如在 1925 年，中共在《對於民族革命運動之議決案》和《中國共產黨反抗帝國主義野蠻殘暴的大屠殺告全國民眾》等文件中，就都在各民族整體性認同的意義上，自然而然地反覆使用了「全民族」一詞。像《對於民族革命運動之議決案》中，就有這樣的用語：「我們參加民族運動，是為了全民族的解放，並且為了無產階級自己的利益，決不是為了資產階級的利益。」《中國共產黨反抗帝國主義野蠻殘暴的大屠殺告全國民眾》中又寫道，「上海上流社會和各報新聞記者已多少暴露其（與帝國主義）調和妥協和『速了』的傾向，⋯⋯ 這種傾向若不停止，實大有害於全民族的利

益」，**134** 等等，這裡的「全民族」一詞，不過是中國國內各民族一體的另一種表達方式而已。其中當然也包含著政黨的民族政策和政治策略的考量因素在內。

不過，「全民族」一詞更為廣泛的使用和「中華民族」成為極度流行的固定詞彙（絕對壓倒「中國民族」一詞的使用），還是在日本侵佔中國東北，特別是抗戰全面爆發之後，才得以實現。

---

134 中央檔案館編:《中共中央文件選集》第 1 冊，北京:中共中央黨校出版社 1989 年版，第 336、422 頁。

第三章

「中華民族」符號認同的強化與深化

前文曾提到，1923 年初以後，孫中山一體化的「中華民族」理念已經寫進國民黨的政治宣言和黨綱，產生了一定影響。不過在國民黨內部，1927 年以前，這一理念實際上還沒有形成絕對統一有效的權威性，當時國民黨尚未在形式上統一全國，並不具備成熟的政治條件。孫中山「中華民族」理念權威性的最終確立，與蔣介石及其南京國民政府的繼續強調和極端化「發展」，實有著直接關係。

一、南京國民政府與中華民族一體認同符號的強化

以蔣介石為首的南京國民政府成立之後，不僅明確認同一體化的「大中華民族」理念，還在此基礎上進一步打出了「復興中華民族」的旗號。1927 年 4 月 18 日，《國民政府定都南京宣言》就宣稱，要秉承孫中山的遺教，「實現三民主義，使中華民國成為獨立自由之國家，中華民族成為自由平等之民族」。[1] 不久，在蔣介石主導的北伐戰爭的進行過程中，民國原有的五色國旗，也被國民黨的青天白日旗所取代。1928 年，蔣在各派軍閥混戰中獲勝，形成了以他為首的國民黨形式上統一全中國的局面。次年，他又在北洋時期幾個特別行政區的基礎上，改建了綏遠、熱河、

1　載《國民政府公報》，轉引自張其昀撰述、邵元沖校閱：《中國民族志》，商務印書館 1933 年版，第 54 頁。該書 1928 年首版。

察哈爾和西康、青海等省，以加強對國家的統合。由於蔣對孫中山建立在「國族」基礎上的「大中華民族」理念非常推崇，故他對於「中華民族」的一體化符號認同，在國家層面積極地予以推動，儘管在有關思想認識上，還存在著相當偏狹和極端化的一面。

1. 兩部代表性史著之誕生及其「中華民族」觀念蘊涵

就在以蔣介石為首的國民黨政府形式上統一全國之後的 1928 年，三本最早關於中華民族發展史的代表性專著得以出版，似乎與時勢並非完全沒有關聯。一本是青年黨人常乃惪（燕生）所著的《中華民族小史》（該書書影見書前插圖），另一本是國民黨人張其昀所著的《中國民族志》，還有一本是王桐齡所著的《中國民族史》。前兩本都明確使用「中華民族」一詞並認同現代中華民族觀念，後一種則略有區別。[2]

正如筆者前文中曾提到的，《中華民族小史》可謂最早自覺以「中華民族」命名的民族史著作之一。[3] 作者明確執定「中華民族」的稱號，認為不能以「漢族」之名來代表「其他諸族」，妥當而

2　王桐齡的《中國民族史》一書，大體完成於 1924 年，1928 年由北平文化學社印行出版。該書強調以漢族為中心，各少數民族血統不斷加入混合，以實現漢族蛻變的歷史。但其「民族」指的似是「種族」（此書英文名為 *The History of the Races of China*），同時缺乏現實中的各民族平等融合為一大民族共同體的明確表述，故拙著此處不做詳細討論。

3　常乃惪此書的部分內容作為講義完成於 1925 年，1926 年曾在太原以《中國史鳥瞰：中華民族之構成及發展》（第一冊）為名，由育英學會印行。後經修改，於 1928 年正式改名為《中華民族小史》出版。

無弊的大民族稱謂只能是「中華民族」。該書第一章即題為「何謂中華民族」，分別論述了「中華民族之活動範圍」、「中華民族之命名」、「中華民族之起源」、「中華民族之成分」等問題，尤以「文化陶鎔」作為中華民族歷史和現實認同之關鍵和基礎。本章開篇即充滿感情地寫道：

中國，世界之著名古國也，中華民族，世界之著名偉大民族也。然人亦知其偉大之所自乎？五千年前，此一片海棠葉形之古國，固猶是許多錯雜零亂之野蠻部族紛爭割據之地，其地不相接也，其音問不相通也，其文化與血統各不相關也。五千年來，經許多哲人志士之苦心毅力，慘淡經營，乃得將此許多各不相關之異民族搏結融會而成為一大民族，而後中華民族之名出焉。中華民族，非一單純之民族也，中華民族，非盡黃帝之子孫也；然至於今日，則人盡自覺為中華民族之一員，人盡自覺為黃帝之子孫，此無他，五千年來文化陶鎔之所自也，五千年來哲人志士之功也。吾儕治史者，亦惟治此五千年中文化陶鎔之偉績而已，亦惟治此五千年中哲人志士發揮心力之成事而已。鑒往以知來，援古以證今，中華民族其猶有未盡之功乎？中華之志士哲人其猶有努力工作之必要乎？是則讀史之後，所當毅然發深長省者也。[4]

在此，作者那種認同國內各民族平等融合的一體化之現代

4 常乃惪：《中華民族小史》，上海愛文書局 1928 年版，第 1-2 頁。

中華民族觀念，傳播這一觀念並以歷史事實來認證這一觀念的史家自覺和責任感，可謂躍然紙上。在該書中，常乃惪提醒讀者，就常識而言，現今中華民族的活動領域當在「中華民國」的領土之內，但它在歷史上的活動範圍與現今是有差異的，此外，華僑在海外活動這一點也不能忽略。他表示不必附和流行的「中華民族西來說」，強調「就吾人研究之結果，主張外來說者其證據多不堅確」。不少地質學和考古學的發現已經表明，「至少五萬年前，中國已有人跡，雖其後有無外族遷徙不可知，然中國原始民族至少總有一部分係土著，可不辯而明也」。[5] 關於中華民族的發源地，他則認為「非待地質學、考古學、人類學探索有得之後不能大明，今但據古史相傳之帝王建都地考之，不外山東、河南、山西、陝西一帶。惟古代文明既出於多元，則當然不能指一地以為發祥之所，特以最初文化發源地而論，可以說是在黃河流域耳」。[6]

與此同時，常乃惪還明確認定一種中華民族多元起源論。他指出：「中國民族向稱皆源出於黃帝，其實並不盡然，觀春秋時代中國境內民族尚如彼之複雜，則中國最初之為各民族分立無疑，特其後有文化較高之民族，能以其文化統一其他民族，其他民族受其同化，……故中華民族之出於多元非一元亦可斷言也。」由此，他將中國歷史上先後活躍、不斷融合的「中華民族」的成分

5　同上，第 6-7 頁。

6　同上，第 7 頁。

大致劃分為「九系」，即諸夏系、東夷系、巴蜀系、東胡系（滿族前身）、閩粵系、北狄系（蒙古族前身）、氐羌系（回族前身）、西藏系、苗蠻系，聲稱「現今中國境內所包含之五大民族 —— 漢滿蒙回藏 —— 就歷史上經過之痕跡考之，蓋可分為九系，此即中華民族真正之成分也」。[7] 此外，對於中華民族在各個時期、各個不同地域的民族文化「同化」或融合的進程，對於西方列強入侵造成「中華民族之危機」等問題，該書也都作了簡單的論述。特別值得一提的還有，常乃惪在書中劃分中華民族發展史分期的時候，認定戊戌變法以後為「中華民族覺醒時代」。[8] 這與今人所謂現代民族「自覺」的有關認識已若合符節。總體說來，該書在梁啟超等人的基礎上，又進一步豐富和推進了關於「中華民族」的系統化歷史知識。[9]

同常乃惪的《中華民族小史》相比，張其昀著的《中國民族志》除了有一大章簡單地敘述中華民族發展史的內容（佔全書總分量的近三分之一）之外，相對而言更重視揭示「中華民族」較

7　同上，第 8 頁。

8　同上，第 110 頁。

9　《中華民族小史》1928 年（民國 17 年 5 月）由上海愛文書局出版，該書 1931 年、1935 年又有上海啟智書局再版本。注意，1928 年愛文書局版此書的版權頁上註明的出版年月為民國十　年五月初。「十」與「年」字之間有一段間隔，大約是固定版式的緣故，而實際上卻漏填了一個「七」字，因此不少學者均誤認為該書首版於 1921 年（《民國總書目》即誤如此），遂連帶造成諸多誤判，以為第一本以「中華民族」命名的專著早在 1921 年即已出版。實際上，這是誤會。如果讀者細閱該書第 116 頁，它不僅談到 1924 年中俄協定締結一事，並且提到 1927 年國民黨反共「清黨」以及同年 12 月對俄絕交一事，由此可知。

近的狀況及其存在的民族問題，注重將歷史和現實通過問題敘述的形式揉合在一起。這從其「中華民族之現狀」（主要包括中華民族總的人口數、分佈，糧食問題等內容）、「海外華僑與祖國之關係」、「移民實邊政策」、「原始民族之開化運動」、「西北回教徒之分佈」、「外蒙問題與西藏問題」、「中國之民族精神」等章的名目，便可知一斑。不過，在記述西南有些少數民族的用語方面，該書也還存在著一定的瑕疵。[10] 值得注意的是，本書對「中華民族」的認知，如果從今人的角度來看，許多部分都側重於「國民民族」的把握，但它同時也沒有忽略揭示其內在的「種群或族裔民族」性，甚至可以說在某種程度上，它是試圖融政治學的「民族」概念入人類學和民族學的民族概念之中，該書自題的英文書名即為 *"A Study on the Chinese Ethnology"*（中國民族學研究），其中所用的 ethnology 一詞，不妨說典型地證實了這一點。這也反映了國民黨當時構建單一性的「中華民族」之理想。

此外，努力從「中華民族」整體上來概括民族精神或特性，也是張其昀此書的特點之一。這類嘗試，實構成了現代中華民族觀念知識體系中不可缺少的一環。該書認為中華民族突出的「民族精神」或特性主要表現在四個方面：喜和平而厭侵略；尚中庸而惡偏激；先家族而後國家；重實行而輕理想。[11] 這一概括是否準確、深刻，是否具有對漢民族以外各少數民族的解釋力度，可

---

10 張其昀：《中國民族志》，商務印書館 1928 年初版。其英文書名，自題在版權頁上。
11 同上，第 169-183 頁。

張其昀撰《中國民族志》書影

暫置勿論，事實上，此前從中國文化、漢民族特性等其他角度作出的相關概括已多不勝舉，只不過明確從現代中華民族理念出發的類似嘗試卻並不甚早。前文曾提到，1917 年申悅廬的〈中華民族特性論〉一文可稱嚆矢。此類國民性或民族性的概括或言說，無論是基於改造國民劣根性的立場，還是光大民族優越性的動機，就其初期而言，其廣泛傳播都是有利於現代中華民族的整體認同的。[12]

張其昀的《中國民族志》，後來還曾被商務印書館修訂後作為「新中學文庫」的一種出版，[13] 也就是作為中學教學參考書使用，其觀點的影響進一步擴大。

毫無疑問，這類以「中華民族」或「中國民族」為標題的專門著作，特別是中華民族史著作的撰寫，對於現代中華民族觀念的傳播與認同具有特別重要的意義，因為它們為這一觀念的社會化提供了一套較為完整的相關「知識系統」。不過這類著作在 20 世紀 20 年代還是剛剛出現，其中更為深入和翔實的部分，乃是在 30 年代及其以後才得以逐漸完成和出版的。

《中華民族小史》一書的作者常乃惪，為青年黨的六位核心人

---

12 關於近代中國國民性或民族性話語與中華民族觀念及認同的複雜聯繫，也是有意義的問題。專門深入的探討，尚有待來日。

13 見張其昀：《中國民族志》（新中學文庫），商務印書館 1938 年 7 月版，1947 年 4 月三版。

物之一，1926 年被選為青年黨的執行委員，任宣傳部長。[14]《中國民族志》一書署名「著述者張其昀、校閱者邵元沖」，邵、張都是國民黨人，邵還是當時國民黨中的重要人物。國民黨人極其熱心於現代中華民族的認同與整合，與當時該黨的執政地位顯然有著直接的關係。而青年黨由五四時期的國家主義派發展而來，本就以「大中華民族（國家）主義」為立黨之本。作為抗戰以前鼓吹熱愛中華民國的意識形態最力的兩大黨派之人，他們在現代中華民族整體認同方面格外努力，是不難理解的。

2. 國民黨政府和學界精英繼續「整合」民族的努力
── 蒙藏「宣化」、黃陵祭祖與「民族」重審

民國中期以後，在推進「大中華民族」觀念及其認同的過程中，最為熱心也影響最大的政黨，自然是當時奪得執政黨地位的國民黨。1928 年之後，以蔣介石為首的國民黨政府積極致力於多方「整合」大中華民族。首先是從政治和法律上，進一步明確蒙藏回等少數民族為「中華民族」不可分割的有機組成部分。1929 年 3 月，國民黨召開第三次全國代表大會，通過了《對於政治報告之決議案》，其中關於蒙藏與新疆的部分就聲明說：「蒙古、西

---

14 常乃惠（1898-1947），字燕生，山西榆次縣人，早年參加新文化運動，為《國民雜誌》編輯。曾任燕京大學教授。1925 年加入青年黨並成為核心成員。1947 年作為青年黨的幾個代表之一參加「國大」，隨即成為國民政府行政院的政務委員。由國家主義派發展而來的青年黨於 1923 年底就已成立，但 1929 年以前都沒有以此名義公開活動。可參見周淑真：《中國青年黨在大陸和台灣》，北京：中國人民大學出版社 1993 年版。

藏及新疆邊省，捨實行三民主義外實無第二要求。雖此數地人民之方言習俗與他省不同，在國家行政上稍呈特殊之形式，然在歷史上、地理上和國民經濟上，則固同為中華民族之一部，而皆處於受帝國主義壓迫之地位者也。」同時還強調，「求漢、滿、蒙、回、藏人民密切的團結，成一強固有力之國族，對外爭國際平等的地位」，此乃國民黨民族主義的根本宗旨。[15]

1929 年 6 月，國民黨三屆二中全會正式通過了《關於蒙藏之決議案》。其首要任務，是「闡明蒙藏民族為整個中華民族之一部，並釋明三民主義為蒙藏唯一之救星」，同時說明蒙藏民族面臨帝國主義侵略的危險形勢，以及第三國際曲解民族自決之煽動宣傳等道理。決議案還承諾，中央須對蒙藏地方的各項建設進行扶持，積極培養蒙藏人民的自治能力，並優先錄用蒙藏人民參加地方行政，獎勵蒙藏優秀分子來中央黨政機關服務，等等。[16]

這次會議後，國民政府特別以國家立法的形式，強調保障少數民族人民的某些合法的政治權利。如 1929 年 10 月，國民政府就根據會上蒙藏委員會委員格桑澤仁的提案，專門發佈了《以後對於西藏民族不得再沿用番蠻等稱謂，以符中華民族一律平等之旨》的法令，明確規定「對於藏人，不容稍有歧視」。[17]1930 年底和 1931 年初，蔣介石又親自寫信給九世班禪，強調國民政府正

15 榮孟源編：《中國國民黨歷次代表大會及中央全會資料》上冊，北京：光明日報出版社 1985 年版，第 646-647 頁。

16 〈二中全會通過之三要案〉，《申報》1929 年 6 月 19 日。

17 蒙藏委員會編印：《蒙藏委員會法規彙編》，1930 年，第 299-230 頁。

努力融合國內各族、建設一大「中華民族」的立場，信中寫道：「西藏屏藩國家，歷史最久。此後中央本民族主義，將五大民族冶為一爐，合組成一中華民族，一心一德，以防止帝國主義之侵略。」[18] 1937 年 7 月 1 日，蔣還以國民政府主席的名義，冊封九世班禪為「護國宣化廣慧大師」。

從 1928 年起，國民政府正式成立了專門的機構蒙藏委員會，以加強對蒙藏等少數民族地區的管理。該委員會主辦的一系列刊物，多採取漢蒙藏合璧的形式，向蒙藏人民傳播政府的國家政策以及一體化的「中華民族」整體觀念。20 世紀 30 年代初，在《蒙藏旬報》、《蒙藏半月刊》和《蒙藏月報》等刊物中，對「中華民族」概念的使用和觀念的宣傳已經相當普遍，[19] 蒙藏文等有些少數民族文字裡面，也因此逐漸出現了「中華民族」一詞初步的對應詞彙或表述。下面我們不妨略舉一例，以見一斑。

1932 年 10 月，青海省舉行祭海典禮，國民黨中央特派蒙藏委員會總務處長陳敬修作為專員，前往慰問視察。陳氏在祭海儀式結束後發表演說，以表達中央慰問蒙藏同胞之至意。他在簡短的演說中，對於三民主義和「中華民族」觀念的關係問題，做了

---

18 中國第二歷史檔案館、中國藏學研究中心合編：《九世班禪內地活動及返藏受阻檔案選編》，北京：中國藏學出版社 1992 年版，第 20-21 頁。

19 僅文章標題上出現「中華民族」一詞的文章就隨處可見。如〈開發西北與中華民族的關係〉（載《蒙藏旬報》1932 年 10 月第 7 卷第 1 期）；〈國慶日給予我中華民族的回想〉（載《蒙藏半月刊》1933 年 10 月第 2 卷第 1 期）；〈中華民族整個對外〉（載《蒙藏半月刊》1934 年第 1 卷第 1 期）；〈班禪回藏與中華民族〉（載《蒙藏月報》1934 年 6 月第 1 卷第 3 期）等。

清晰的説明和有選擇性的善意過濾與發揮，不愧為現代中華民族觀念稱職的宣傳員。《蒙藏旬報》曾刊登其演説詞如下：

蒙藏同胞，我們的國民政府，是遵奉孫總理的遺囑及三民主義，施行國政。我們五族同胞，應一致擁護。甚麼是三民主義？即是民族、民權、民生。第一民族主義，是漢滿蒙回藏五大民族一律平等，不分畛域，互相扶持，相親相愛，成為一個大中華民族。並且盡量發展，使世界各民族一律解放，一律平等，中華民國與歐美各列強並駕齊驅。第二民權主義，是五大民族，以自決自治，從智識文化上發展民權，以共同維護國家政府。第三，民生主義，是要使五大民族同胞的衣食住行，都能圓滿解決，都能平等生存。現在國民政府，所施行的政策，都是依照這個三民主義。對於蒙藏同胞，負責領導，格外優視。不像從前的專制政府和跋扈軍閥的欺壓詐騙，並特別設置蒙藏委員會的最高行政機關，以特別注重蒙藏方面的一切應開應革事宜。今年青海祭海典禮，中央特別重視，對於民族間情感的聯絡，和將來地方事宜的興革，都有極大關係。我一方面盡我的智力，考察一切的情況，但是一方面極盼望蒙藏的同胞，盡量的陳述。我明瞭蒙藏的真實情形，就可以盡力的呈報蒙藏委員會，並且轉呈中央，設法進行整理。總使我蒙藏同胞，共享中華民族應享的一切幸福。[20]

---

20 〈陳專員祭海演説詞紀略〉，《蒙藏旬報》第 6 卷第 1 期，1932 年 10 月 10 日，第 14-15 頁。

在本卷《蒙藏旬報》中，這份演說詞被較為完整地譯成蒙古文和藏文。其中「中華民族」的蒙文對譯語詞為 ᠊᠊᠊ 。᠊᠊᠊ 為中國、中華；᠊᠊᠊ 為舊蒙古文當時的「民族」譯法。前半 ᠊᠊᠊，意思為民、人民；後半 ᠊᠊᠊ 意為民族、望族，不過寫法不太規範，規範的寫法是 ᠊᠊᠊ 其詞根 ᠊᠊᠊ 意乃族、種族和宗族。現代蒙文中通行的「中華民族」譯法為 ᠊᠊᠊，「民族」一詞，一般譯作為 ᠊᠊᠊ 。[21]

在藏文對應中，「中華民族」譯成 གུན་ད་ཞེས་པའི་མི་རིགས་，「大中華民族」譯成 གུན་ད་ཞེས་པའི་མི་རིགས་ཆེན་པོ་。[22] 其中，「中華」二字音譯為 གུན་ད་，與現代藏文中的音譯拼法 ཀྲུང་ཧྭ་ 略有不同；མི་རིགས་རྣད་ 當時的藏文意思為人種、民族。但在現代藏語裡，該詞只指人種、種族，「民族」則另有其詞為 མི་རིགས་；ཞེས་པའི་ 一詞的意思為叫做、名為；ཆེན་པོ་ 一詞則意思為大。因此直譯那兩句藏文，就是「名為中華的民族」和「稱作中華的大民族」，可見它們當時還不是一個固定詞彙。現代藏文裡，「中華民族」譯作為 ཀྲུང་ཧྭ་མི་རིགས་（krung-hwa-mi-rigs）。[23]

在文教方面，加強五族文化的融合，自然是實現「大中華民族」建設重要而急迫的需要。1928 年 5 月，國民政府召開全國教育會議，會上甘肅教育廳就明確提出了《融合並發揚中華民族文

化案》，集中地體現了這一時代性訴求。該提案主張漢滿蒙回藏各族在文化上應進一步加強融合，以鞏固中華民國的政權和發展「共同文化」。在陳述其理由時，該提案指出：

中華民族由漢滿蒙回藏五族組織之。五族在歷史上既係同出一源，在地理上又唇齒相依，自不能誤解民族自決之說，故使分裂。應於平等原則之下，切實聯合，以鞏固共和基礎，維持我大中華民族之生存與繁榮。然欲達此目的，實應從融合五族文化入手，蓋以各民族須有共同之文化，始能實行團結也。[24]

應當說，這一關於尋求各民族「共同文化」基礎的自覺，還是清醒和理性的。正是以此認識為基礎，此後國民黨開始逐漸重視起邊疆教育來，並加強了從思想文化上統合全國各民族進程的步伐。與此同時，國民政府還直接推動了對西南、西北等邊疆民族的調查研究工作，知識界也從此興起了調查研究邊疆少數民族的學術活動，至 30 年代中期以後逐漸形成熱潮，使廣大國人對於邊疆少數民族的瞭解和認知，也因之逐漸地增多了。[25]

這一時期，國民政府還逐漸強化了對於中華民族共同祖先的

---

24 中華民國大學院編：《全國教育會議報告》，第 182-184 頁，載沈雲龍主編：《近代中國史料叢刊續編》（429），台北：文海出版社 1981 年版。

25 詳細情形，可參見馬玉華所著《國民政府對西南少數民族調查之研究（1929-1948）》（雲南人民出版社 2006 年版），李列所著《民族想像與學術選擇：彝族研究現代學術的建立》（人民出版社 2006 年版）等著作。

宣傳和認同，後來更是定期派專員赴陝西黃帝陵舉行祭祖活動，期望以此加深加強國人的「中華民族」觀念和全民族的凝聚力。1929 年 5 月 3 日，也就是日本軍佔領濟南一週年的日子，蔣介石發表了一個值得注意的講話，他把全體中國人意義上的「中華民族」明確通稱為「黃帝子孫」。他說：「（5 月 3 日）這是中華民族最恥辱的一個紀念日！臨到這個紀念日，凡是中國人，凡是我們黃帝子孫，對於這種恥辱，是永遠不能忘懷的。」[26] 由於國民黨的提倡和宣導，「黃帝子孫」作為一種帶有全民族泛血緣或象徵性血緣聯繫的文化符號和情感溝通符號，在中國也傳播得愈來愈廣。

早在春秋戰國時期，託稱黃帝和炎帝之後裔的現象即已出現，秦漢時期，「黃帝子孫」的正式稱謂也已誕生。《史記》作者司馬遷上承「百家雜語」，下啟二十四史，對於國人自稱「黃帝子孫」起了關鍵作用。稍後，褚少孫補《史記‧三代世表》時，即明確使用了「黃帝子孫」一詞，稱「舜、禹、契、后稷皆黃帝子孫也」。不過當時所謂「黃帝子孫」，主要是指聖賢明君，並未泛指平民百姓。此後，入主中原的少數民族政權的上層統治者，也習慣於自稱為黃帝之後。王明珂曾將此種現象稱作「攀附」傳統，不無道理。[27] 也就是說，「黃帝」崇拜並不像有的學者所強調

---

[26] 蔣介石：〈誓雪五三國恥〉，載張其昀主編：《蔣總統集》第 1 冊，國防研究院中華大典編印會 1968 年版。日本學者松本真澄已指出這一點，轉見松本真澄著、魯忠慧譯：《中國民族政策之研究》，第 127 頁。

[27] 王明珂：〈論攀附：近代炎黃子孫國族建構的古代基礎〉，載《中央研究院歷史語言研究所集刊》第 73 本第 3 份，2002 年 9 月。也可參見沈松僑：〈我以我血薦軒轅：

的那樣，乃近代中國才有的新「發明」，而不過是一種具有悠久歷史的舊「傳統」在新時代的延續和發展而已。

時至 20 世紀初年，「黃帝子孫」說再度時興，並與西方傳入的人分五類說中的「黃種」認同和國民認同相結合，被賦予一種近代的新式特徵。它起先主要是針對漢人而言，在清末時，正如我們前文所提到的，已經有維新派、立憲派和少數民族人士將其用來指稱全體中國人了。進入民國後，隨著國內各民族「同一血脈」、「同源共祖」的觀點日益增多（可以民初《五族國民合進會會啟》為代表），黃帝成為一體化的現代「中華民族」的共同祖先之類「原本同種」說法，逐漸得到了更多人的認同與使用。事實上，它與「五族共和」論也能夠長期共處。對此，除了前面已經提到的例子外，我們這裡還可以補充一個詩歌的例證。1925年，綏遠道尹鄧長耀所編《五族聯歡歌》便強調：「五族從前是同種，後來子孫日漸多，遷移東西並南北，到處棋佈又星羅。……說來都是黃帝后，自西走東何蹉跎。」**28**

抗戰前後，視全國各民族的成員皆為「黃帝子孫」或「炎黃子孫」之說，已經是非常的流行了。如國民黨地方要員組織編撰

黃帝神話與晚清的國族建構〉，《台灣社會研究季刊》第 28 期，1997 年 12 月；孫江：〈連續性與斷裂：清末民初歷史教科書中的黃帝敘述〉，載王笛主編：《新社會史（3）：時間、空間、書寫》，杭州：浙江人民出版社 2006 年版。關於「黃帝子孫」說的由來與內涵演變，高強自 2000 年以來發表過系列論文，並出版《炎黃子孫稱謂的源流與意蘊》（三秦出版社 2006 年版），亦可參見。

28 鄧長耀：《五族聯歡歌》，《綏遠月刊》1925 年第 1 卷第 3 期。

的《綏蒙輯要》，在題為〈中華民族〉的開篇說明中就清楚地寫道：

> 中華民族，都是黃帝子孫。因為受封的地點不同，分散各地，年代悠久，又為氣候懸殊，交通阻隔，而有風俗習慣之不同，語言口音之歧異，雖有漢滿蒙回藏等之名稱，如同張王李趙之區別，其實中華民族是整個的，大家好像一家人一樣，因為我們中華，原來是一個民族造成的國家。孫總理說，中華民族，就是國族。……民國成立以來，並將五族平等的原則訂在約法，孫總理的民族主義亦完全以團結國內各民族，完成一大中華民族為目的。現在中央政府遵照總理遺教，對於國內各民族，竭全力以扶植之，時時刻刻，為我們邊遠的同胞，圖謀幸福，解除痛苦，又特設蒙藏委員會，專為我們蒙藏同胞籌劃一切的改進，中央委員也有蒙古人員。所以說五族，就是中華民族，就是國族。[29]

不僅如此，從 1935 年開始，國民黨中央和國民政府還明確將軒轅黃帝宣稱為「中華民族始祖」，規定每年「黨國」都必須到陝西黃帝陵舉行祭祀活動。從此，黃帝祭典成為了中華民國一種固定化的國家儀式行為。國民黨中央和國民政府於每年的清明節，

---

[29] 《綏蒙輯要》一書，筆者見之於中國人民大學圖書館，標價 4 元。書上沒有具體出版時間和編者及出版單位。據有的學者考證，該書編纂完成於 1936 年，鉛印於 1937 年（一說 1936 年）。編者為陳玉甲（1908-?），抗戰時期曾任蒙古游擊軍第 2 區司令。參見北京師範大學圖書館所編《北京師範大學圖書館藏稀見方志叢刊》（國家圖書館出版社 2007 年 7 月版）有關此書的介紹。

都要專派要員鄭重前往致祭，試圖在凝聚國人的共同民族情感方面，作出積極努力。1935 年，張繼和邵元沖代表國民黨中央執行委員會和監察委員會、鄧家彥代表國民政府，前往黃陵縣祭祀民族始祖軒轅黃帝。隨同前往致祭的還有陝西各界人士。後者的祭文有「致力於復興民族，期乎雨我黃帝子孫」之句。1937 年 4 月 5 日清明節，第二次國共合作的兩黨代表，也在黃帝陵前舉行了共祭黃帝儀式。張繼和顧祝同等代表國民黨和國民政府，林伯渠則代表的是中共延安政權，雙方都有富於文采和民族深情的祭文宣讀。毛澤東當年手書的「赫赫始祖，吾華肇造，胄衍祀綿，嶽峨河浩」的祭黃帝陵文稿碑，至今仍矗立在黃帝陵廟碑亭裡。

國共合祭黃帝陵，並共同視其為「中華民族始祖」，這對於抗戰前後「中華民族」觀念的形成和權威奠定，具有重要的象徵性意義。[30]

關於傳說中的黃帝何以能成為「中華民族之始祖」，國民黨元老于右任在為 1935 年 4 月出版的《黃帝功德記》一書所寫的序言中，曾給予「權威性」說明：

黃帝公孫軒轅氏，實吾中華民族之元祖。吾中華民族有此生息昌大之疆土，有此博大悠久之文化，有此四千餘年震爍世界之歷史，翳維黃帝，為國族之神。於史，黃帝既戰勝蚩尤，東至於

---

30 後來，黃陵祭祖也成為中國共產黨與國民黨爭奪民族代表權的一個鬥爭場域。如 1948 年和 1949 年，中共奪取黃陵縣後兩次祭陵，而國民黨只能在西安省城遙祭。觀其雙方祭文，可知其鬥爭內涵。

海，西登崑崙，南及交趾，北出幽陵，而開拓中華民國已有之疆土。其子孫之蔓延於各地也，如漢族固為其苗裔，而西藏族之羌，回族之安息，苗黎族之禺號，蒙古族之匈奴，東胡族之鮮卑。金人之祖且為黃帝之子清，滿清則金人之後也，是皆近世治史者所能考信。**是中華民族之全體，均皆黃帝之子孫也。**皇古荒昧，孰啟鴻蒙？生活文物，孰為大備？**黃帝不惟為中華民族之始祖，抑又為中國文化之創造者也。**其發明製作，除人民衣食住行日常資用者外，尤要者如文字、算術、曆數、醫藥、音樂等，皆萬世之資，而一時已備。至於指南之針，辨方定位，迄今為世界交通所大賴。然此猶事功之彰著者言耳。更如至德要道，典籍恆垂，後世玄言，動皆稱述。是此精神文教之施，亦萬世萬類矣。我中華民族有如此之偉大，中國文明有如此之超遠，實黃帝拓殖創造之功也……[31]

作為一個傳說中的人物，黃帝之所以能被近代國人和政府視為「中華民族的始祖」，而並無其他傳說人物可以取代，實既得益於其遠古時代「五帝」之首的尊崇地位，以致後世之各族皇家和貴族也都樂於「攀附」和託稱黃帝之後、從而得以祭祀不斷和累世流傳的歷史，又取決於古老的有關黃帝「發明製作」的諸多傳說，所謂「人文初祖」之稱，正是由此得來。[32] 在近代中國，中

---

31 右任：《黃帝功德記》序，南京仿古印書局排印出版，民國 24 年（1935 年）4 月初。

32 張其昀：〈黃帝子孫〉，《妙中月刊》1941 年第 23 期。

華各民族「同源共祖」的「黃帝子孫」說或「炎黃子孫」說傳播極廣，構成了現代中華民族觀念不能忽略的重要內容。

不過也應該指出，民國時期，儘管「黃帝子孫」或「炎黃子孫」說傳播很廣，黃陵祭祖聲勢浩大，但國家只祭祀黃帝，而不同時祭祀漢族以外少數民族的其他先祖，或者說不把其他民族的先祖同樣視為共同祖先，也並未得到所有人尤其是少數民族人士的認同。如首次祭陵後的 1935 年 4 月 7 日，「大中國民族主義學會」的成員絳央尼馬就致函天津《大公報》，提出不同意見。該函指出：「共和以還，五族一家，歷史色彩最濃之『中國』二字，意義頗為含混。故吾人本中山先生國族之主張，而提出大中國民族主義，蓋包舉各族及地域而言也。國人今日而言復興民族，所指應為大中華民族，而非『中國』民族也。」他認為，由於狹隘漢族意識作怪，國人每好以漢族指稱「中國」，祭祀黃陵周陵，可謂漢民族狹隘意識「更為提高」的表現，這不利於大民族的團結。如果少數民族也這樣，只祭祀各族的民族祖先，「雙方意識進展，則大有悖於民族掃墓之原意矣」。因此絳央尼馬建議，為今之計，只有舉行大中國民族掃墓，建立「大中國民族主義」意識，徹底破除古往今來的華夷觀念，由中央同時致祭各民族的偉人（因為「各族皆有崇拜敬仰價值，足以激起民族意識的偉人」），才能真正實現大中國民族團結的目標。[33]

不僅如此，當時漢人中也有對將黃帝作為全民族祖先來加

---

33 絳央尼馬：〈對於民族掃墓之意見〉，《大公報》1935 年 4 月 8 日。

中·華·民·族·始·祖

黃帝陵的展祭

奉鄃如林，不覺又已是清明時節，滿以為在勝利後的今年清明，可以回到故園一擔母葬，不料交通困難重重，仍羈留在長安，悵然無結中，決心移小孝為大孝，去參加致祭黃陵的舉伍。

黃帝陵在陝北中部縣，（近改黃陵縣）離西安雖不甚遠，但因交通不便，旅途頗不安靜，可是軒轅黃帝崇漢的墓祠，使我堅定了遊必去的決心，因而去他行省府的允許。

四月三日清晨，省府忽通知，祭陵人員突於今日午後五時，因車座關係，攜零星什物，共乘專車出發，我們因即匆忙的準備了一下，於五時抵車站。

因為是專車，故站上到無閒人，頗為清靜，以車上已預先貼好姓名，不勞瀏覽，並且一切較為關掉整潔，所以竟欣然應，卻還安適。

七時車開，窗外景物捨入淚濛，但聞呼呼風聲，故車而過，少頃，抵威陽，樂隊詳則始上吹奏，乃歡迎主祭的王議長及起主席的，車須在此換軌北上，一陣復の喧嘩後，才離威陽，所能二一，幾不敷分配，一車少人

陽一運北行，隴海路之副局長吳一行，意欲人資格與列車各室中揮手致候，意欲已九時許，我們赤即大陸，經過三原時

，因車未停，所以不知道，當我們醒來，天色已微明，問茶房知已停在鄜縣，時正三時半，因即起身盥洗，並吃祭陵洗臨局招持的早點。

大家下了火車，在站上集立等候換汽車，時小汽車二輛晴而風極大，沙護擾面蓬大半車，省府隨帶的祭陵樂隊，即

軒轅廟古　黃帝陵橋

何正璜〈中華民族始祖 黃帝陵的展祭〉（載 1946 年《旅行雜誌》第 20 卷第 9 期）一文片段

以祭祀不以為然者。據說著名學者陳寅恪就認為，黃陵祭祖之舉「非特不能調和民族間感情，反足以挑撥之也」。[34]

在這方面，相對說來，延安中共政權的一些做法，似乎更為可取。在延安，雖然中華各民族人民皆為「黃帝子孫」的說法同樣流行，但以「少數民族」為主題的群眾集會中，公祭漢族以外各民族的偉人和英雄，也是固定的重要活動。如 1939 至 1946 年，延安每年都要隆重公祭成吉思汗，並視他為「中華民族」大家庭所共有的民族英雄與偉人，就極具典型性。以 1940 年為例，在那年公祭成吉思汗的大會上，吳玉章便稱成吉思汗為「中華民族歷史上一個偉大人物」，王明也稱「成吉思汗是中華民族及世界的大軍事家大政治家」，並號召大家學習「他的團結各民族、抵禦外侮的精神」。[35]

南京國民政府建立之初，在民族問題上遵循孫中山的民族主義遺教，急於樹立一個大中華民族的意識形態，且已經開始流露出一種不願再承認國內各族為獨立的現代「民族」的單一民族論傾向。但其主要領導人起初在表達有關觀點時，說法含糊，彼此也不盡統一。除了重複孫中山那關於中國現有各族應消弭畛域、加緊融合，且各族在歷史上早就成為一個「國族」或「民族」的矛盾表述外，他們所能提出的一點「新」見解，似乎就是更為強

34 可見蔣天樞：《陳寅恪先生編年事輯》（增訂本），上海古籍出版社 1997 年版，第 98-99 頁。

35 江湘：〈延安各界舉行成吉思汗夏季公祭〉，《新中華報》1940 年 7 月 30 日。

祭文

大中華民國二十九年七月廿四日爲蒙古人民夏季公祭

成吉思汗大帝之期。延安

成吉思汗紀念堂蒙古文化陳列館適於是日落成、氣、政、

軍、民、學各界代表吳玉章等謹以牲醴香花，致祭於

大帝遺像之前，詞曰：懿歟

大帝，宇宙巨人，鑠歐震亞，武緯文經，建國啓疆，幾倍

禹蹟，偉烈偉猷，今古無匹。漢蒙血系，同出炎黃裔

宗之烈；民族之光。救國救種，旨在團結，闔牆燃箕

，庸奴自賊，中山遺訓，五族共和，爾毋我詐，我毋

爾虞，翹在裳胞，悲歌慷慨，奮赴同仇、執戈前列。

大帝英靈，充塞寰宇，疆場子弟，愈戰愈武，艱難無限，

勝利在前，堅持猛進，敢告在天。

1940年夏延安各界公祭成吉思汗的祭文（載《新中華報》1940年7月30日）

調中華各民族的「同源共祖」這一點，這是孫中山所不曾明言的（儘管其民族形成的五種自然力中，「血緣」因素居首，但孫中山卻並沒有說過漢滿蒙回藏各民族血緣完全混合相同）。如 1930 年 5 月國民黨召開蒙古大會前夕和會議之初，戴季陶、孔祥熙的有關講話，便可作代表。

1930 年 5 月 29 日晚，戴季陶在宴請蒙古大會的會議代表時發表演講說：「現在一般人，都以為我們中華民國是由好幾民族所組成的，這幾個民族的文字言語風俗都不同，所以很隔閡。但是我以為在中華民國版圖內的各民族，在歷史上完全是一個民族，決不如一般人所理想的那樣疏遠隔閡。」在形成民族的各因素中，語言文字、宗教習俗等都不算太重要，「最重要的還是血統。中國現在各民族的血統，完全是相同的，是從一個始祖傳下來的。所以我們應當認清這層意思，應當把中國造成整個的一個大民族」。[36] 他甚至批評在中國，「謀國事者，多不計及於此，而論國事者多不敢明白主張以漢族為中心而同化，此蓋昧於漢滿蒙藏諸族在人種上本為同宗之歷史與文化，為人類共同幸福之道理，故既不能自信而復不敢信人耳」。[37] 次日，孔祥熙在蒙古會議開幕式的致辭中，也表達了類似的意見。他強調中國五族「在歷史上在血緣上皆是一個民族」，「本是同根同源，彼此間的分別，是同於一

36 〈中央黨部歡宴蒙代表〉，《中央日報》1930 年 6 月 2 日。

37 季陶：〈東方民族與東方文化〉，《新亞細亞》第 2 卷第 1 期，1931 年 4 月。

個大家族的支系」,而且在歷史上也「確有同化的事實」。[38] 從而將「同源論」與「同化論」緊緊聯繫起來。從這裡,我們彷彿已能看到蔣介石日後所認定的中國各族人均為「中華民族」的「大小宗支」之某種思想影子了。

不過,南京國民政府建立初期,蔣介石對於這一問題卻沒有像戴季陶、孔祥熙等說得那麼具體明確,他只是強調中華民族為不能分割的一個整體,中國各族人民都是「黃帝子孫」而已,故也只能說他大體上包含了此種思路。但是與戴、孔不同的是,他同時卻又聲言各族人民均屬不同「種族」之人,這就出現了反較戴、孔之說更為明顯的內在邏輯矛盾。如 1929 年 7 月 9 日,蔣介石在北平陸軍大學演講〈三民主義綱要〉時,就集中地談到了這一點:

我們曉得世界上每一個民族,當然應該是獨立的,各民族應該是平等的,但是我們中華民族不是一族的民族,完全是拿漢滿蒙回藏五個種族合起來,成功整個的中華民族,這是歷史上地理上文化上都可以證明為必要的。**漢滿蒙回藏五個種族聯合起來,才叫做中華民族,是整個的不能分開的。**我們的民族主義,對外要保持我們整個民族的獨立和統一,不使得有哪一部分,受人家

---

38 劉振東編:《孔庸之(祥熙)先生講演集》,載沈雲龍主編:《近代中國史料叢刊》初編第 82 輯,台北:文海出版社 1972 年影印,第 1-7 頁。關於蒙古會議及戴、孔講話的更詳細內容,可參見楊思機:〈指稱與實體:中國「少數民族」的生成與演變(1905-1949)〉,2010 年中山大學博士學位論文,第 64-67 頁。筆者此處引文也參照了楊文。

的侵略;對內要謀平等自由的發展,不許**各民族**間,及各人民間,有誰壓迫誰的事實。**39**

　　這裡,蔣介石儘管已開始嘗試稱呼包括漢族在內的各個民族為「種族」,以避免與一個「中華民族」說的矛盾,但他思想上尚是含混不清的,一方面,他同時還稱這些「種族」為「民族」;另一方面,他似乎還沒有意識到不同「種族」就意味著不同血緣的問題。一旦他意識到這一點,他就會自動放棄稱中國各民族為不同「種族」了 —— 這便是他後來終於走向「宗族論」中華民族說的緣由。

　　此種國民政府所倡導的具「大漢族主義」傾向的中華民族觀,當時即曾遭到過輿論直接和間接的批評。如 1933 年 10 月,《世界日報》就曾發表社論,籲請國民黨中央「確立適當之民族政策」,其一就是要「以整個中華民族之利益為出發點,而不以漢族之利益為中心」;其二則是要「在徹底民主的中央集權制之下,予少數民族以民族自治權」。**40** 這一批評還是很有針對性的。

　　不過,對於以蔣介石為首的國民黨及其國民政府來說,雖然

<hr />

39 蔣中正:〈三民主義綱要〉,副題為「十八年七月在北平陸軍大學講演詞」,《中央週報》1929 年第 63 期,第 18-19 頁。1930 年,它又曾以〈三民主義的綱要〉一文為題,發表於《中央半月刊》第 2 卷第 24 期。其內容大體一致,只是文字有所出入。而筆者所引錄的這段文字,兩者則完全相同。**秦孝儀所編的權威本《先總統蔣公言論總集》目錄中**,卻標明蔣介石的此次演講稿「稿佚」,不知何故。

40 社論:〈中央宜確立適當之民族政策〉,《世界日報》1933 年 10 月 27 日。

「中華民族」被認為是「整個的」，甚至是「同源共祖」的一個「大民族」，但構成它的各個成分 —— 國內其他小民族現有的「民族」身份，不僅在 1931 年「九一八事變」以前，甚至直到 1942 年以前，基本上都還沒有被其最高領導人公開地、鄭重地或權威性地加以直接否認。實際上，國民黨高層的內部，在其當下究竟要不要繼續稱呼國內少數民族為「民族」的問題上，也還存在著相當的分歧。這在 1936 年通過的「五五憲草」裡一度公開承認國內少數民族為「民族」的憲法條文中，曾得到過集中體現。作為國民黨最高領導人的蔣介石，其公開明確地否認各民族當下的「民族」身份，已是全面抗戰爆發之後的事情。

值得注意的是，「九一八事變」之前，在學術界，從理論上潛在「否認」國內各民族為「民族」的思想動向已經開始出現。當時，已有學者藉助闡發「民族」的概念內涵，或辨析「種族」和「民族」之關係尤其是其彼此差異，開始強調「中華民族」或「中國民族」為一個民族整體，而同時將國內的各民族（邏輯上包括漢族）實際置於「種族」或類似「種族」的地位。比如，1928 年 8 月 10 日，民國著名政治學家、留美博士張慰慈在《東方雜誌》發表〈民族主義與帝國主義〉一文，就較早留下了這方面自覺的思想。

張慰慈認為，「民族」與「國民」不同，「國民」是國家給予人民的一種政治權利身份，而民族則「是人民心理上的一種態度，是一種精神的團結力」，它往往表現為「民族精神」的差異，也就是強調民族是一種具有獨特精神且自我認同的人類共同體之

義。在張氏看來，「民族觀念很像上古時代的血統觀念，能使一群人民自然而然的發生一種團結的自覺心，但民族觀念的範圍比之血統觀念的範圍更廣大，其勢力也更偉大」。他甚至不無極端地認定：「凡所有人類的種種特性，無論是語言，或特別的風俗，或宗教，或政治生活的習慣，沒有一種可以作為民族的特質。差不多沒有兩種民族所依據的具體要素是相同的。瑞士民族是沒有共同語言的，猶太民族是沒有共同土地的，至於共同種族，那是更不成立了。世界無論哪一國的民族都是聚集無數種族不同的人民合併而成的。」這和此前梁啟超及 1919 年隱青的〈民族精神〉一文中的有關思想似並無大的差別，但不同之處在於，他這時已明確地拿這一觀念來做「中華民族」（他稱為「中國民族」）是為「一個民族」的論證說明了。張氏指出：

我們中國民族之中，有幾百萬的蒙古人，百多萬的滿洲人，幾百萬的西藏人，百幾十萬的回教突厥人，並且在歷史上，中國民族不曉得歸併了無數的南蠻北狄，成為一個民族。可是我們中國民族的人種無論怎樣的不同，我們四萬萬人民經過了這許多年數的共同生活，自然而然的有一種團結的自覺心，自以為成為一個民族。

張慰慈還回答了在各種「精神的團結力」中，為甚麼「各種各樣人民的民族精神團結力能發生重大的歷史結果，而國際間同宗教的或勞工階級雖也有一種精神團結力，但其重要萬不能與民

族的團結力相比較」的原因。他認為這與「國家」的建立及其「國家」建立時的社會種族基礎有著直接的關係。用他的話來說就是：「民族精神之所以能有絕大的勢力可以算是兩種勢力造成的：第一，國家；第二，國家在歷史上發生時候的社會狀況。」換言之，「民族」雖與「國家」和「國民」不同，但它的形成卻與國家的作用有著密切的關係。因為國家本身是「一種極大的勢力，凡國內人民沒有一個不受其影響。國家成立後第一步工作，就即把其人民的利益與別處人民的利益分別界限。比方現今歐洲那幾個國家成立以後，就把那種表示於宗教、學問，法律與風俗的中世紀文化逐漸民族化了」。因為在同一種法律和風俗之下的各國居民，久而久之，就會彼此「發生一種同情心」，形成一種區別於他國之民的一體意識，以及共同的命運感和「不得不通力合作」的「團結的精神」。具體到中華民族的形成與國家的關係，張慰慈則特別提到了清朝統治的特殊作用和民國建立的重要影響，尤其是他對清朝帝國民族遺產的強調，表現出了一個政治學家難得的思想見識。他寫道：

從我們**中國民族**方面著想，我們可以說，新疆、西藏人與中國人成為**一個民族**完全是因為清朝統治了二百多年時候，以法律與行政把這幾處地方的人民混合了，使他們有一種團結的自覺心，這就是第一種造成民族的勢力。蒙古、滿洲人與中國人成為**一個民族**，是靠上述第二種造成民族的勢力。我們在光復時候或光復以前無論怎樣仇恨滿人，現在滿人改了一個漢姓以後，我們

就不覺得有甚麼區別的地方。現在無論漢人或滿人都覺得同是中國人，同是屬於中國民族。[41]

這是在孫中山五種自然力的民族形成學說之外，從政治學的角度，把「民族」主要視為一種直接受近世以來國家力量整合的「精神上的團結力」，來論證「中國人」已成一個中華民族、同時把國內其他被稱之為分支民族的人民視之為「人種」即「種族」的理論先聲，儘管此前泛泛地稱國內五族為「種族」者並不少見。

1929 年，國民政府有關宣傳部門還在《東方雜誌》等重要報刊，特別開設「民族運動」專號，動員學者集中討論相關思想問題。著名政治學學者楊幼炯等，在討論中就明確宣稱，該運動的目標實際有二：一是「求中國民族能自由獨立於世界」；一是在「要求我國政治地位平等的基礎上」，再「謀民族的統一，企圖以本國現在的民族，構成大中華民族，建設民族的國家」。[42] 本期《東方雜誌》的專號「卷頭語」，還將第二個目標的實質直接概括為民族之間的「同化問題」，強調「還有一層應辨明的，五族的同

41 張慰慈：〈民族主義與帝國主義〉，《東方雜誌》第 25 卷第 15 號，1928 年 8 月 10 日。張慰慈（1890- ？），江蘇吳江人。早年留學美國，獲哲學博士學位。回國後成為北京大學最早的政治學教授，是中國現代政治學的開拓者。曾著《政治概論》（1924 年）和《中國政治學大綱》（1930 年）等書。鑒於張慰慈其人思想的重要性，我曾建議中國人民大學出版社出版的「中國近代思想家文庫」，將其列入為其中一卷，最終被採納。

42 楊幼炯：〈我國民族運動之理論與實際〉，《東方雜誌》1929 年第 26 卷第 20 號「民族運動號」。

化乃彼此同化，其目的不過在促進共同一致的民族精神而已，並不是一族消滅別族的個性」。[43]

這種各民族之間的「彼此同化」，用今天的文化人類學專門術語來說，也就是「涵化」（acculturation），而不是簡單地以「漢族」去單方面同化其他小民族，消滅其文化個性。此類「辨明」自然很有政治思想史意義，值得引起史家重視。因為當時，關於所謂「民族同化」問題，的確存在不同的理解乃至多種誤解，並曾引起少數民族人士的反感。如1930年5月底至6月初召開蒙古大會期間，就有蒙古代表針對孔祥熙等大講歷史上各民族「同源同化」論，表達不滿和反對情緒說：「現在一般人都常常說要由漢人把蒙藏滿回各種的人民同化，這種話本來沒有甚麼錯誤，我們也很希望如此。不過總理是主張各民族自決的，不主張用強硬的手段。漢人佔中華民族的大多數，三五十年後，自然可以使各民族的言語文字，自然而然的一致。所以我們不必一定在現在談甚麼同化云云。」[44] 有的批評之聲甚至還更為激烈。這實際上也提醒今人，要想準確、全面地瞭解1920年代最後幾年開始國民政府所發動的那場以「中華民族」為認同符號標誌的「民族（同）化」運動之複雜性面向，起碼應該多關注當時媒體上的有關報道與解釋，而不能僅看國民政府的有關文件而已。當時捲入其中的人們，即便是在國民黨主導的報刊上發表關於「中華民族」觀念的

---

43 見《東方雜誌》1929年第26卷第20號「民族運動號」記者「卷頭語」。
44〈中央黨部歡宴蒙代表〉，《中央日報》1930年6月2日。

見解和民族觀認知，其實也並不完全為國民黨所執定的宗旨所拘囿，更何況一般大眾媒體呢？

二、日本侵華與「中華民族」認同的深化
——以「中華民族復興」話語為中心的透視

從「九一八事變」到「一二九」運動，再到盧溝橋事變和全面抗日戰爭爆發，亡國滅種的民族危機提出了加緊中國各民族團結和進一步凝聚融合的嚴峻使命。於是，現代「中華民族」一詞和概念，在輿論的引導之下，又因能簡潔鮮明地體現與侵略者對立的國人之整體性、命運的共同性、生存發展的神聖感、團結合作的莊嚴性，以及與歷史相聯的必要的族群自信心和這一符號本身對國內黨派政治的互爭局限之超越（如有的黨派在全面抗戰以前，從心底深處就不願認同國民黨控制的「中華民國」），從而自然成為各種媒體中出現最為頻繁、最能激發國人抗戰鬥志、最易為國內各種政治勢力所接受和樂道的時代詞彙。一體化的「中華民族」整體觀念因之傳遍大江南北，並通過「抗日民族統一戰線」實際鬥爭的洗禮，真正滲透到中國各族人民特別是佔全國人口絕大多數的廣大漢人心中，最終蔚成一個不言而喻、廣泛認同甚且難以動搖的神聖信念。

1.「九一八事變」和「七七事變」的巨大影響
—— 以少數民族人士的中華民族認同為例

還在全面抗戰初期和中期，就有人回過頭去總結「九一八事變」對於全體中華民族覺醒的刺激作用，有的強調「『九一八』是睡了的中華民族深夜的第一次雞聲」[45]；有的直接從「中華民族」這個名詞和概念的歷史著眼，分析和強調「九一八事變」後日本侵華所產生的那種侵略者萬萬也想不到的影響。如在 1939 年一篇題為〈偉大的中華民族〉的文章中，作者裴芷就這樣寫道：

> 中華民族，這名詞的歷史，也許並不十分的悠久，我們知道，創造中華民國的那年 —— 辛亥，沒有這個名詞；再生中華民國的革命軍北伐時，也沒有這個名詞。這個名詞的產生，不過是近幾年來的時候，是「九一八」以後的事情，也就是，我們全體同胞，遭受到侵略以後，所發生的一種自覺。由於這種自覺，就產生了**中華民族**這名詞。因此，「中華民族」這名詞，實在是一個時髦的名詞。[46]

很顯然，認為「中華民族」的名詞和概念為「九一八事變」以後才出現的說法是不符合歷史真實的。我們在前文裡，已經揭示出民國建立之初尤其是五四後現代意義的「中華民族」一詞在

---

[45] 盧谷：〈「九一八」對中華民族復興上的意義〉，《新新週刊》1938 年第 18 期。

[46] 裴芷：〈偉大的中華民族〉，《國風》第 3 期，1939 年 9 月。

知識界使用愈來愈多的情形。不過作為抗戰時代的親歷者，該文作者從另一層面卻無疑見證了一個新的事實，那就是，儘管「中華民族」一詞和概念在此前已有一定範圍的使用，但直到「九一八事變」以後特別是抗戰時期，它才可以說真正在社會上特別是民間社會勃然而盛、廣泛流行，且不無體現國人抗戰意志、團結情緒和時代精神的某種「時新」色彩。這，毋庸質疑也是一種社會歷史事實 —— 日本侵華對現代中華民族整體觀念的傳揚和社會化認同，的確產生了巨大的影響。

經過六年的積聚，1937 年全面抗戰爆發後，中國各族人民命運相繫、團結抗戰的意識得到空前強化。「中華民族」一體觀念，在少數民族的菁英人士那裡也得到了有力的呼應。1938 年 4 月，蒙古族代表巴文峻、達密琳多爾濟等，藏族代表貢覺仲尼、羅桑堅贊、阿汪堅贊、格桑澤仁、黃正清等，維吾爾族（當時亦稱「新疆回族」[47]）代表堯樂博士、麥斯武德、艾沙等著名的少數民族人士組成「蒙藏回族慰勞抗戰將士團」，到抗日前線慰勞抗

---

[47] 「新疆回族」，這是當時的一種稱呼，主要指天山以南信仰伊斯蘭教的各族人民，尤其是維吾爾族人民，傳統漢語裡一般稱之為「纏回」，清代亦慣稱「回部」。民國時期，「回族」概念所指內涵不一，所謂「五族共和」口號中的「回」，包括了維吾爾、回族等信仰伊斯蘭教的民族在內。1934 年 11 月 29 日，盛世才統治新疆時期，新疆民政廳通告，正式改「纏回」為「維吾爾族」，簡稱「維族」。「維吾爾族」的稱謂遂有了一定範圍的使用，但廣義範圍的「回族」之稱仍廣泛存在。參見趙海霞：〈「纏回」更名「維吾爾」時間考〉，《甘肅民族研究》2011 年第 2 期。清代民國的「回」是一種泛稱，「回部」主要指天山南部的維吾爾族，但有時候也包括回族等其他信仰伊斯蘭教的民族。參見方素梅：〈從《回部公牘》看民國前期回族人的政治參與活動〉，《民族研究》2010 年第 1 期。

戰將士，同時通電和發佈〈告全國同胞書〉和〈敬告全國抗戰將士書〉，表達了作為中華民族的一員，將與全國人民一道同呼吸共命運，堅持抗日、奮戰到底的堅強決心和必勝信念。如〈告全國同胞書〉就慷慨激昂地寫道：

我蒙藏回諸族皆中華民國國民，與全國同胞責任平等，休戚與共，更欽佩孫總理民族主義之遺教，期國內各民族親愛精誠，共同擔負救國建國之神聖責任。年來日寇侵凌，國難嚴重，我蒙藏回諸族，莫不擁護中央，忠誠自矢。去夏以來，日寇大舉來攻，窮極兇惡，其所攻佔之地，莫不殘戮壯丁，淫辱婦女，焚掠財產，破壞文化，蓋欲滅亡我國家之獨立，摧殘我**大中華民族**之生存，我邊疆人民，無宗教族系之別，咸凜然於國家人民之絕對同其命運，及國內諸民族之絕對不可分，以為惟有一致團結，犧牲奮鬥，方可以達衛國保民之目的。……代表等來自邊疆，洞悉民意，信仰三民主義，服務救國工作，深信以**大中華民族**共同一致之奮鬥，必能獲最後之勝利。……至於敵人分化中國之毒計，消滅我國民獨立意識之一切陰謀，在我全民族團結救國之神聖決心之前，其必歸於失敗，更可斷言。……區區愚誠，為全國同胞所接受而賜教焉，則幸甚矣！**48**

48〈蒙藏回族慰勞抗戰將士團告全國同胞書〉，《蒙藏月報》1938 年第 2 期。另可見仲實：
　　〈民族大團結〉，《抗戰》1938 年第 61 號。

在〈敬告全國抗戰將士書〉中，他們除了對英勇抗戰的將士們表達一份同胞的真誠敬意之外，更是明確宣稱：「漢滿蒙回藏各民族，同為組成中華民族的份子，以歷史地理種種原因存亡與共相依為命，實有不可分離之關係。總理曾說，『吾人必須團結漢滿蒙回藏四萬萬人民為一大國族，建設三民主義之國家，始足以生存於今日之世界』，遺訓昭然。在此抗戰的過程裡面，我們尤應以我們的共同力量，來消滅敵人所給予我們的共同痛苦。」最後，他們還激情滿懷地高呼：「英勇的將士們，最後的勝利是屬於我們的，你們的鮮血將培養出民族的自由平等之花。努力吧！殲滅日寇以竟全功。**中華民國萬歲！中華民族萬歲！**」**49**

1938 年 6 至 7 月，愛國藏族人士青攘呼圖克圖、貢嘎呼圖克圖、格桑澤仁、相子翁堆等發起組織「康藏民眾抗敵赴難宣傳團」和「西康民眾慰勞前線將士代表團」，趕赴重慶和各大戰區慰勞前線抗日將士。在〈康藏民眾代表慰勞前線將士書〉中，也同樣表達了共同抗擊日寇、強烈認同並堅決捍衛「中華民族」共同體亦稱「中華國族」的同胞深情。這份傳誦一時的文書，明確說明了這些少數民族同胞對「中華民族」概念的深刻理解：「**中國是包括固有之二十八省、蒙古、西藏而成之整個國土，中華民族是由我漢、滿、蒙、回、藏及其他各民族結合而成的整個大國族。**日本帝國主義肆意武力侵略，其目的實欲亡我整個國家，奴我整個民族，凡我任何一部分土地，任何一部分人民，均無苟全倖存

49〈蒙藏回族慰勞抗戰將士團敬告全國抗戰將士書〉，《蒙藏月報》1938 年第 2 期。

之理。」**50**

　　在抗戰時期蒙古族人的國家認同和「大中華民族」認同中，內蒙古伊克昭盟盟長沙克都爾扎布（簡稱沙王）是個具有象徵意義的人物。沙克都爾扎布（1873-1945），漢名魁占，成吉思汗第30代孫，達延汗第16代孫。他早在1902年就被清政府任命為伊克昭盟副盟長。1924年，出任伊克昭盟盟長兼吉農（成吉思汗陵奉祀官）。1936年就任國民政府任命的綏遠省境內蒙古各盟旗地方自治政務委員會委員長。「七七事變」爆發後，沙王斷然拒絕日本侵略者的拉攏，率領綏境蒙政會轉移到伊克昭盟札薩克旗，堅持與國內各民族團結抗日，表現出中華民族救亡禦侮的可貴氣節。1939年初，他應邀前往重慶述職，途經延安時受到毛澤東等中共領導人的接見。到重慶後，更受到大後方人民的敬重和蔣介石等國民政府領導人的歡迎。他在重慶發表談話，明確聲稱，「蒙古是整個中華民族的一分子」，蒙旗同胞對於抗戰具有義不容辭的責任。《中央日報》特為此發表社論強調，「這是沙王代表蒙旗同胞對全中國同胞宣示的。沙王這個宣示，意義太重大了」，它表明「漢滿蒙回藏五族合組而成中華民族」，已經凝成一個堅強的「國族」，它擁有強固的政治基礎，「高強的文化力量」，是任何敵人都難以分化、離間和拆散的「整個的陣線」。**51**1939年6月，在日軍已佔領內蒙古西部大部地區，伊盟形勢日趨險惡的情

50《新華日報》1938年7月12日。

51〈蒙旗同胞的責任〉，《中央日報》1939年2月17日。

況下，沙王得到國民政府行政院和蒙藏委員會的批准，毅然將成吉思汗陵櫬從伊盟遷移到甘肅省榆中縣興隆山，從而保衛了蒙古族和大中華民族的神聖尊嚴，也激發出蒙漢人民更加堅強地團結抗日的決心。成吉思汗陵的鄭重西遷，在抗戰時期中華民族認同和凝聚史上，是一個具有象徵意義的重要事件。

抗日戰爭時期，回族人的「中華民族」認同表現尤為突出，為抗日戰爭的最後勝利作出了重大犧牲和貢獻。抗日救亡促進了回族整體民族意識的空前覺醒。廣大回胞形象地把中華民族視為生命體，而把本民族看作構成這個生命體的有機部分——「細胞」，如《回教論壇》就有通訊言：「回胞是構成中華民族的堅強細胞；現在整個的民族在爭取自由解放，回胞要毅然擔負一部分艱巨的工作，要放棄保守性，打破不與國是的因襲觀念。」[52] 他們認識到自己是「中華民族的一員」，因此本民族的命運同整個中華民族休戚相關、唇齒相依，因此要自覺盡一個民族分子應盡的義務，擔當起謀求中華民族生存與發展的責任。時任寧夏省政府主席的回族人馬鴻逵就表示：「我們是回教的信徒，同時也是中國國民，既然我們都是中華民族一員，所以要一方面發揚宗教的精神，一方面要對民族的存亡、國家的興衰，負起相當的責任。因為本身和中華民族有了密切的聯繫，那麼民族的生存，就是本身的生存，民族的滅亡，就是本身的滅亡，所以要團結精誠，堅定意志，去求民族的生存和發展，務使中華民族能夠不斷地在世

---

52 〈中國回民青年戰地服務團近訊〉，《回教論壇》第 2 卷第 10 期。

界上繁榮滋長。」[53] 馬鴻逵還強調指出，「中國的人民，因信仰自由，信仰了回教，仍然還是中華民族 …… 我們只知道我們是中華民族，是四萬萬人裡的一部分。我們世忠國家，不能忘其祖宗，不能忘其國家，無所謂回，無所謂漢，同是被人欺凌的弱小民族」，只有自覺「剷除漢回間的界線，洗滌漢回間的隔閡，共同一體，盡忠國家，永遠消弭隱患」，才能最終改變全民族的命運，實現共同的發展。[54]

整體的民族意識，最集中地體現在民族性的自我理解上。當時的回族報刊就不乏這樣的言論，「中華的男兒和奴隸的根性無與；他們是醒獅，要以雄厚的姿態，來對抗敵人，撲滅敵人」。[55] 這種整體民族意識確實有著深厚的歷史和情感沉澱。他們祖祖輩輩生於斯長於斯，在這片古老的大地繁衍生息，這份厚重的感情在民族危亡之際往往表現得更為充分。1938 年成立的中國回民協會，便稱「我中華回民皆中國之國民，生於斯、息於斯，與國家有絕對不可分離之關係，絕非外人陰謀讕言所可動搖。回教人民認為中華民國之休戚，係我全民族之休戚，禍福與共，興亡有責」。[56]

抗戰建國促進了國家觀念和國家意識的廣泛播揚。而新興民

53 馬鴻逵：〈要用信教精神挽救中國民族的淪亡〉，《回教大眾》1938 年創刊號。

54 馬鴻逵：〈西北之兩大問題〉，載郭維屏主編：《西北問題研究會會刊》，正中書局 1934 年版，第 6 頁。

55 〈河北回民的奮鬥精神〉，《回民言論》第 7 期。

56 〈中國回教民眾擁護抗戰〉，《大公報》1937 年 12 月 16 日。

族國家觀念的普遍傳播則強化了中華民族的整體認同。少數民族也以民族解放、國家獨立為己任，把實現中華民族之自由平等作為自己的神聖使命。回族最大的抗戰社團——中國回教救國協會就認為自己的歷史使命是：「策動起來，擁護政府既定的國策，一致抗戰到底，爭取民族的解放與國家的獨立與生存，這是大時代之推演賦予我們的使命，而不容任何一人可以推卸的。」[57] 1940 年 3 月中國伊斯蘭青年協會成立，以作為中國回教救國協會領導下的回族青年組織，該會在《成立大會宣言》中提出「國家興亡，匹夫有責」，號召回族青年：「我們應當加強我們的國家觀念，並普遍使回教大眾具有濃厚的國家意識。在抗戰期間，為求中華民族之自由平等，而抵抗侵略者勢力，正是良好國民和忠實宗教信徒盡到天職的時候。」[58]

回族著名愛國文化人孫繩武先生曾作〈中華民族與回教〉等文，對日本帝國主義「以滅亡整個的中國為目的，想把整個的中華民族劃分為許多小的單位，以便它來個別地征服與統治」、「從事於破壞中華民族的統一結合」之陰謀大加揭露，認定「無論從質或量說，中國回民都佔了中華民族的重要部分」，表示回族人士一定要「憬然於本身責任的重大，要英勇地奮發圖強，與各教各族的同胞聯合起來」，以「共同完成復興民族的使命」。他堅信：「我國歷史發展到現階段，國內全民族必然要統一結合，而成

57 〈中國回教救國協會雲南省分會成立宣言〉，《清真鐸報》1939 年新 1 號。

58 〈中國伊斯蘭青年會成立大會宣言〉，《中國回教救國協會會刊》第 1 卷第 9 期。

為一個整個的中華民族。」⁵⁹

由此可見，抗戰時期各族人民血肉相連的民族命運和共同的抗戰生活，一體情感的傳遞與感染，在現代中華民族的認同過程中發揮了多麼重要的作用。不過，儘管有的回族人士因認同中華民族而一度否認回族是一個獨立的民族，而只承認自己是回教信徒，但更多的人還是既承認自己是回族，又認為自己屬於更大的中華民族。正如筆者曾經指出的，「一般而言，對於廣大的少數民族人士來說，他們的大中華民族國家認同，通常都與其對自身小民族的認同是聯為一體的，可以說是一種層次不同而又相互依託的雙重認同」。⁶⁰

值得一提的是，1936 年編就、1938 年由中華書局發行的大型辭書《辭海》中，也有了關於「中華民族」的內容。在「中華民國」的專條裡，曾特別說明：「民族合漢、滿、蒙、回、藏、苗等人而成整個之中華民族。人口共約四萬萬七千餘萬。」⁶¹ 這是筆者所查到的較早提到這一概念的大型權威辭書資料。抗戰結束前夕的 1945 年初，一位學者更是明確聲言，「中華民族」一詞，「今孩提之童無不善道」，⁶² 可見這一整體民族概念符號流播範圍之廣，

---

59 孫繩武：〈中華民族與回教〉，原載《回民言論》半月刊第 1 卷第 7 期，1939 年 4 月。該刊當年 7 月更名為《回教論壇》半月刊。

60 黃興濤：〈現代中華民族認同史小議〉，《北京日報》2010 年 4 月 19 日。亦可參見陳紅梅：〈民國時期回族的自我認同與國家認同〉，《北方民族大學學報》（哲學社會科學版）2010 年第 2 期。

61 《辭海》子集，中華書局 1938 年版，第 92 頁。

62 姚薇元：〈中華民族之整個性〉，《邊疆通訊》第 3 卷第 1 期，1945 年 1 月。

影響程度之深了。凡此種種均表明，中華民族的整個一體觀念，抗日戰爭時期在中國主流社會中已經逐步趨於鞏固。

這一時期，刺激中華民族一體認同最為直接的情感因素和契機，無疑來自日本帝國主義的瘋狂侵略。國民黨政府所號召的「民族復興」運動和第二次國共合作的實行，只是成為推動這一認同的某種文化和政治動力。構成此期中華民族認同最為強大而深厚的現實政治基礎的，乃是偉大、艱苦而神聖的抗日戰爭。抗戰前後中國社會被迫發生的空前的大流動，特別是在西南、西北等少數民族聚居區，各族人民因為抗戰而實現的近距離大交融尤其是文化的融合，又為這一認同創造了相當有利的社會條件。筆者在此，不擬對上述這些論點作出全面的論證，只想從「一般思想史」的角度，對抗戰時期現代中華民族觀念廣泛傳播、深化認同的表現與特徵略加揭示。

首先，值得注意的是，此期與現代中華民族這一概念的廣泛流傳相伴隨，出現了大量直接涵帶著傳播和認同現代中華民族理念意義的各種話語和符號，像「中華民族危亡」、「中華民族復興」、「抗日民族統一戰線」、「全民族抗戰」、「(中華)民族英雄」乃至貶義的「(中華)民族敗類」、「(中華)民族罪人」和「亡國奴」等等，它們在神州大地和海外華僑中廣為傳揚，成為現代中華民族觀念實現社會化認同的突出標誌。這些話語和符號，可以說既是中華民族現代認同的產物和某種集中體現，又因其本身具有標語口號的流行傳播之符號功能，復反過來有力地涵育、引發、推動了現代中華民族觀念社會化認同的進程。

民族英雄

（八）王鷝庭

東北義勇軍第一路司令王鷝庭，於十一月由關外來京，報告該路義軍抗日作戰經過，王氏為日人所嫉恨最甚，故將王氏無辜，滿貼瀋陽城內，懸賞緝拿，原王氏為遼省人，年五十歲，以務農為生，極為鄉人所推重，九一八事起，錦州告急時，王氏糾合鄉勇民團自動抗日，在大虎山黑山各地，與日軍週旋。該路軍因王氏之聲威，日趨衆多，初本有六千餘人，旋在台安收編大批民團，在錦西又有四千餘氏勇，自動投効加入，現共編為騎兵五旅，步兵五旅，又衛隊一團，均係地方團體首領，充當長官，概由王氏節制，總計部衆共一萬五千餘人，現均化整為零，分駐於遼省西部大虎山黑山台安錦縣錦西朝陽凌南各縣一帶，共有槍枝萬餘枝，自來得手槍亦有六千。王氏以日人械精彈足

蒙藏旬報

下面，我們就專門以「中華民族復興」話語為例，對其核心內容，即它與現代中華民族觀念及其認同的歷史關聯，作一較為深入細緻的個案考察。[63] 由於「中華民族復興」話語具有觀念史的相對獨立性，我們不妨先將視線暫時移回到「九一八事變」之前。

2.「中華民族復興」理念和話語的興起

「中華民族復興」的理念和話語，就其核心概念「中華（或中國）民族」與「復興」旨趣之明確組合的思想自覺形態而言，可以說形成於民國時期，大約在 1910 年代末和 1920 年代早中期開始出現，「九一八事變」之後逐漸風行全中國。但若溯其源頭，恐怕還得從清末孫中山的「振興中華」論和梁啟超的「少年中國」說談起。[64] 前者代表排滿革命黨人的漢民族主義之「光復」理想；後者則預示了後來立憲黨人融合中國各民族、實現共同發展的「大民族主義」（梁啟超語）之國族「振興」願望，它們為共同孕育這一時代思潮，作出了歷史貢獻。特別是立憲黨人率先提出現

---

63 2006 年，筆者曾寫道：「如今，在中華人民共和國政府的倡導下，『中華民族偉大復興』的口號又已響徹雲霄，但對於民國史上這一流行很久的思潮和話語，卻長期未見有學者進行專門系統的考察。本文在此多有涉及，除了本論題自身需要之外，也有對民國時期『中華民族復興思潮』本身的研究拋磚引玉之意。」見筆者與王峰合作的〈民國時期「中華民族復興」觀念之歷史考察〉一文（載《中國人民大學學報》2006 年第 3 期）。下文有關「中華民族復興」理念和話語的討論，則主要依據筆者發表在《近代史研究》2014 年第 4 期上的〈民國各政黨與中華民族復興論〉一文，但也混合進了前文中的一些內容。

64 可參見李文海：〈「振興中華」口號的由來〉，《人民日報》1982 年 4 月 30 日。

代意義的「中華民族」概念，實為「中華民族復興」論奠定了思想基礎；而辛亥革命爆發及中華民國的正式建立，兩黨思想合流的「五族共和」論以及隨之興起的五族合一之「中華民族」觀念的流播，則顯然為自覺形態的「中華民族復興」論得以最終形成，創造了有利的政治和文化條件。

在早先研究「中華民族復興」觀念的時候，筆者曾發現並指出，李大釗「這位後來成為中國共產黨創始人的先驅者，也是『中華民族復興』理念最早自覺的導引人之一」。因為他在 1917 年初發表的〈新中華民族主義〉等文中，已經提出「中華國家之再造、中華民族之復活」的思想命題，並主張「凡籍隸於中華民國之人，皆為新中華民族」。筆者還特別強調，李大釗所謂「『復活』與『復興』用詞略異，意思並無大的差別。今天，當中國共產黨人重新高揭『中華民族復興』旗幟的時候，也未嘗不可說是對這位先驅者思想遺產的自覺繼承，當然同時更是作為執政黨對於近代以來中國合理的思想傳統的理性繼承」。[65] 近年來，另有學者在繼續研討這一觀念時，或明確認定李大釗「『中華民族之復活』思想的提出，標誌著『中華民族復興』之觀念的基本形成」；[66] 或聲稱

---

65 見黃興濤、王峰：〈民國時期「中華民族復興」觀念之歷史考察〉。李大釗所用「復活」一詞，係來自於基督教。這從他在〈民彝與政治〉一文中聲稱「宜悟儒家日新之旨，持佛門懺悔之功，邁耶教復活之義，以革我之面，洗我之心」，從而「再造中國」、「挽回劫運」等語可知。見《民彝》創刊號（1916 年 5 月 15 日）。

66 見鄭大華：〈近代「中華民族復興」之觀念形成的歷史考察〉，《教學與研究》2014 年第 4 期。

「李大釗是中共黨內系統闡發中華民族復興思想的先驅者」[67]。這些判斷是否準確無誤，當然還有待於進一步檢驗。

從目前筆者和學界同人所掌握的資料來看，李大釗的確不愧為「中華民族復興」論最早的創發人之一。他的「中華民族復活」說雖明確表達於 1917 年，實則早在 1915 年和 1916 年受日本辱華之「二十一條」的刺激時即已萌生，可以說乃是民族危機的直接產物。面對日本企圖斷絕中華「根本興復之生機」的行徑，熱血的李大釗堅信，「吾國命未必即此終斷，種性未必由此長淪也」，[68] 他要再造中華，以延續民族生命，促其光華再放。但單木不成林，那時的「中華民族復興」論還只是個體思想的表達，尚不具備形成思潮的條件。而且 1917 年前後，李大釗也還談不上有共產主義信仰，只不過是一個深受進步黨人民族國家思想影響的留日學生和愛國青年而已。

民國初年的進步黨，核心人物為梁啟超、湯化龍和孫洪伊。它在宗旨上標榜「國家主義」，仍以發展憲政為目標。其中不少人主張，各族人民作為國民當化合而成一大「中華民族」。該黨起先與袁世凱合作，後袁復辟帝制，即與之決裂。進步黨解散後，梁啟超又成為「研究系」的首領。李大釗最初發表「中華民族復活」論時，與湯化龍、孫洪伊很是接近，他赴日留學，即是

---

67 見俞祖華：〈「中華民族復興」觀念源流考〉，《北京日報》2013 年 12 月 9 日。

68 李大釗：〈國民之薪膽〉（1915 年 6 月），載《李大釗全集》第 1 卷，北京：人民出版社 2006 年版，第 133、135 頁。

275

由這兩人所資助。不過在思想上，李大釗還是更多地受到梁啟超的影響。其呼喚「青春中華之再造」的那種青春哲學、進化論邏輯，以及青年必須擔當復興使命的思想主旨，乃至闡發論述的行文風格本身，都與1900年梁啟超的名作〈少年中國説〉十分相似。

　　第一次世界大戰後，梁啟超曾赴歐考察，親身感受並開始反省西方近代文明的弊端，逐漸增強了對中華民族及其傳統文化的信心，與梁漱溟、張君勱等一道，成為「東方文化派」的代表。五四以後，他雖沒有直接使用過「中華民族復興」之類的明確表述，但他對「中華民族」史和中國傳統文化進行了一系列有影響的研究，從「中華民族」的生命活力、傳統文化的特色與優長，以及兩者結合而形成的獨特「國民性」或「國性」等多個方面，闡發過不少相關思想，對於引發「中華民族復興」觀念起到積極的推動作用。如1921年，他發表〈歷史上中華國民事業之成敗及今後革進之機運〉一文，就主張國人「今後但當善用我國民性之所長，別開新路」。他認為中國經過數千年的「民族化合」，終於形成近代意義的「『中華國民』之一人格」，「前此百難千災，幸不夭折，今乃儼然壯夫矣。今日以往之歷史，正與歐洲黑暗時代相當；今日以後之歷史，乃始漸入彼之文藝復興時代也」。[69] 次年，他又發表〈中國歷史上民族之研究〉一文，探討「中華民族同化力特別發達」的過程與原因，認定「此民族在將來絕不至衰落，

---

69 見張品興主編：《梁啟超全集》第 6 冊，第 3344-3345 頁。

而且有更擴大之可能性」等等。⁷⁰ 這些論說，與「中華民族復興」論已然相當接近。

1921 至 1922 年，梁漱溟出版《東西文化及其哲學》一書，其有關論說，更直接從「中國文化復興」的角度來思考「中國人復活」問題。他聲言：「只有昭蘇了中國人的人生態度，才能把生機剝盡死氣沉沉的中國人復活過來，從裡面發出動作，才是真動。中國不復活則已，中國而復活，只能於此得之，這是唯一無二的路。」他既批評那種把清代學術稱作「中國的文藝復興」的說法為不當，認定「文藝復興的真意義，在於人生態度的復興」；又批評把五四以來的新文化運動當作「中國的文藝復興」之荒唐，認為新文化運動只不過是「西洋化在中國的興起，怎能算得中國的文藝復興？若真中國的文藝復興，應當是中國自己人生態度的復興」。⁷¹ 此種觀點，實在啟發了那種將傳統文化復興視為民族復興之根本的新思路，對日後的「中華民族復興」論，產生了重要影響。1930 年前後，梁漱溟成為「鄉村建設派」的典型代表，也是一個長期站在文化保守主義立場、鼓吹中華民族復興論的象徵性人物。

實際上，五四以後的文化保守主義，或者說帶有保守特點的文化民族主義，不僅參與孕育了「中華民族復興」思潮，還直接

---

70 同上，第 3450 頁。

71 梁漱溟：《東西文化及其哲學》，商務印書館 1922 年 1 月初版，1987 年影印，第 213 頁。

構成日後主導型「中華民族復興」論的某種思想底色。

就筆者所見，在「中華民族復興」思潮的形成過程中，1924年似乎佔有特別重要的地位。這一年的 1 至 3 月，孫中山發表「民族主義」演說，對其以往思想予以重新解釋，不僅大讚中國傳統道德文化，而且提出要「恢復民族地位」、「發揚民族精神」，甚至還採用了「民族復興」的提法。由於孫中山作為國民黨領袖的特殊身份，加之他 1919 年以來又公開主張融化各少數民族成為一大「中華民族」，兩種思想傾向結合起來，遂產生一種特別有利於形成「中華民族復興」論的導向作用。同樣值得關注的是，這一年的 3 月，少年中國學會的主持人王光祈，受學會內部共產黨和青年黨的爭鬥、以及國共合作之政黨運動的刺激，堅信與其忙於從「國家」和「政治」方面努力，不如趕快就「民族」和「社會」方面入手，遂公開倡導一種「中華民族復興運動」。他還對這一運動的內涵作出系統而清晰的說明，堪稱「中華民族復興」思潮的揭旗之舉，具有標誌性意義。另外，1924 年 5 至 6 月，少年中國學會的另一領導人和共產黨創始人之一的李大釗，也在新的思想基點上，重新表述和說明了他的「中華民族復興」論，並顯示出與文化保守主義論者不同的思想取向和特色。凡此種種，大體可表明，「中華民族復興」作為一種時代思潮，此時已然初步形成。它與國共合作的實現並聯合發動以「打倒帝國主義、打倒軍閥」為主要內容的國民革命幾乎同時，實在絕非巧合。因為國民革命奏響的正是中華民族復興的序曲，而中國的知識人也正是由此激發出一種強烈的民族復興熱望。

由於學界對上述王光祈和李大釗所涉及的後兩個事件尚缺乏關注和討論，故本書在此不妨稍作申述。

　　1924 年 3 月 30 日，留學德國期間的王光祈寫成《少年中國運動》一書，由上海中華書局出版。在為該書所寫的長序中，他將「少年中國運動」的宗旨和性質，逕直解釋為「中華民族復興運動」，不僅態度堅決，而且旗幟鮮明。他寫道：

　　少年中國學會的希望，是在喚醒「中華民族之復興」，此種工作，何等偉大！當然不是短時間內所能見效的……

　　「少年中國運動」不是別的，只是一種「中華民族復興運動」。我記得民國七年本會發起時，曾慕韓君曾主張取名「復興社」，但是我以為用「少年中國學會」之名，含義較為明瞭，後來曾君以及其他會友都贊成我的主張，於是始有今名。從此我們可以見得所謂「少年中國運動」，其實只是一種「中華民族復興運動」。直到去年（民國十二年）十月，國內一部分會員在蘇州會議，決定學會進行方針，為「求中華民族獨立，到青年中間去」，亦只是一種「中華民族復興運動」。

　　我們「少年中國運動」與國內其他各種運動不同的地方，便是我們眼中只看見了一個「中華民族」。再進一步說，我們只看見了一些「中國人民」。無論甚麼功罪，我們都歸之於人民身上。譬如其他一切黨系常說：我們國家太弱了，我們非趕快「造國」不可。我們學會認為國家之弱，係由於組織這個國家的民族不強，我們與其忙於「愛國」、「救國」、「建國」，不如趕快「救

族」、「教族」、「育族」。[72]

在王光祈看來，中華民族復興必須優先從社會和文化角度入手，要實現這一目標，主要存在兩種方法：一種是「民族文化復興運動」；另一種是「民族生活改造運動」。他認為，「大凡一個民族在世界上能維持其相當的地位，與其他民族並立，必須備有一種『民族文化』，以表現他的生活思想、行為、習慣等等特色，同時又以之促進本族的團結。反是者，其族必亡，或終為人所奴隸」。[73] 因此，王光祈十分反感新文化運動極端反民族傳統的偏頗傾向，強調以「禮樂」為核心的中國民族文化及其所涵育的民族精神與「根本思想」，只能以西方的「科學方法」加以整理開採，不能與他民族「彼此隨便通融假借」，因為其民族性或特色乃「由遺傳、歷史、信仰、環境、習慣等等所養成」，必須珍惜和發揚。[74] 至於其「民族生活改造運動」，則主要關注的是「普及教育與發展實業」的問題，它除了要求一般社會習俗的改良之外，尤其重視「發展農業、改造農村、誘導農人」，並視其為該

---

72 王光祈：〈序言〉，《少年中國運動》，上海：中華書局 1924 年版，第 1-4 頁。實際上，早在 1923 年 8 月，王光祈就曾表現出對「中華民族復生」的渴望。他在《申報》1923 年 8 月 12 日「德國特約通信」中深情地寫道：「惟中國民族歷史既久，文化亦深，此後或再有復生之日亦未可知。嗚呼，復生！嗚呼，中華民族之復生究在何年？定於何日？我將請四萬萬國人有以語我！」。這一點，此前學界似未曾有人提及。

73 王光祈：《少年中國運動》，第 7-8 頁。

74 同上，第 10-13、18-19 頁。

運動的「下手之處」。[75] 這與日後的「鄉村建設運動」，取徑相通。實際上，如果我們將王光祈的「民族文化復興運動」和「民族生活改造運動」，與十年後蔣介石發動的「中國本位文化建設運動」和「新生活運動」加以對比，就不難發現，兩者的思路簡直如出一轍。

以筆者之見，王光祈的前述「序言」，堪稱民國時期首次公開倡導「中華民族復興運動」旗幟鮮明的宣言書，它也是迄今為止，學界所發現的關於「中華民族復興」話語符號較早的完整的呈現形式，其在內涵上的系統說明也是最早的。此外，它還昭示出該話語系統日後帶有保守特點的文化民族主義之主導關切。因此，從認知「中華民族復興」思潮形成問題來說，王氏此序實具有不容忽視的思想文本價值。

王光祈主持的少年中國學會成立於 1918 年，曾孕育大批共產黨和青年黨的核心成員。作為兩黨領袖的李大釗和曾琦（字慕韓），都是該學會的發起人。由於在對待傳統文化、蘇俄和無產階級世界革命，以及階級鬥爭等問題上，兩派發生嚴重分歧，最終導致學會分裂，並於 1925 年自動解散。其中，曾琦和李璜等於 1923 年秘密成立中國青年黨（對外以「中國國家主義青年團」名義活動）。王光祈在思想上，尤其是在對待傳統文化的態度上，明顯更加接近青年黨，但他卻並未正式加入青年黨。一則他不滿意該黨僵硬的「國家主義」，正如前文曾提及的，他認為青年黨

---

[75] 同上，第 20-23 頁。

少年中國學會小叢書

少年中國運動

王光祈著

1924

上海中華書局出版

少年中國運動序言

一、本書刊行之由來。

少年中國學會之發起已有六年。對於中國社會，雖未有若何顯著的貢獻，但是對於『少年中國運動』之努力，則未敢一日自懈。因為少年中國學會的希望，是在喚醒『中華民族之復興，』此種工作何等偉大。當然不是短時間內所能見效的。

我個人在這五六年之中著了三百多篇文章，（雜誌論文和報館通信。）都百萬餘言，其中無一篇無一字不是本着少年中國學會的精神。至於我個人求學作事的計畫，亦無一時無一處

1

1924 年王光祈著《少年中國運動》書影及序言

諸君「雖有時常用『國家主義』名詞，但按其實質，多係一種『中華民族主義』」；[76] 二來，他也不認同那種熱衷「政治運動」的政黨立場，在他看來，不良政治主要由無良社會與無良個人造成，最好的辦法當從改造個人和全體民族著眼，推行一種「自反的自修的國民改造運動」。他討厭國民黨以人民程度不足為藉口，試圖行「一黨專政」的「訓政」方案，認為這與「從前袁世凱所謂『開明專制』，進步黨所謂『賢人政治』」，都不過是一丘之貉。[77] 由此也可見，王光祈有關「中華民族復興運動」主張的最終形成，實與國、共、青三黨思想的彼此互動不無關聯。

　　與王光祈出版《少年中國運動》一書幾乎同時，李大釗於1924 年 6 月發表〈人種問題〉一文，對他昔日的「中華民族復活」論予以重申，且還與「復活」一詞並列使用了「復興」一詞，這表明他加入共產黨之後，依然保持了對往日思想的延續。該文對於我們認知「中華民族復興」思潮的興起，同樣具有特別的意義。李氏在文中寫道：

　　我們中華民族在世界上貢獻，大都以為是老大而衰弱。今天我要問一句，究竟他果是長此老大衰弱而不能重振復興嗎？不的！從「五四」運動以後，我們已經感覺得這民族復活的動機了。但我又要問一問，這民族究竟真能復活嗎？時機倒也到了，只看

---

76 同上，第 17 頁。
77 同上，第 5-6 頁。

我們是怎麼的奮鬥和如何的努力！我們如能使新的文化、新的血液日日灌輸注入於我們的民族，那就是真正新機復活的時候。

　　從上述引文可知，李大釗不僅繼承了他五四以前的「中華民族復活」論，還保持了其一貫以批判和改造傳統、吸收和引入外來先進文化為主導傾向的「新文化運動」之精神與立場。這一點，正是他有別於王光祈、青年黨和「東方文化派」的地方。在〈人種問題〉一文中，李大釗還特意提到孫中山 1924 年初關於「民族主義」的新解釋，稱其對外強調「現世中國的民族，為要獨立而反抗其他任何民族的侵略與壓迫」，對內主張「國內經濟生活不同的民族要使其解放、自決而獨立」，「經了這番新解釋」之後的國民黨民族主義，「其意義也更新而切當了」，但他對孫中山讚美傳統道德文化的部分，顯然不願置評。此前一年，在孫洪伊的牽線搭橋下，李大釗得到孫中山的信任，被接納為國民黨黨員，直接促成了第一次國共合作。所以這裡，筆者更願意將此期李大釗的有關思想，看作是既體現又超越共產黨人觀點的、一種有別於文化保守主義路向的「中華民族復興」論代表。

　　不過，李大釗此時的「中華民族復興」論，較以往又有所發展和變化。首先，此論已建立在對「民族」和「民族性」價值深入認知的基礎之上。在〈人種問題〉一文中，李大釗清晰地闡明了民族、國民和人種三個概念的差別，認為與「國民」作為政治法律身份和「人種」作為血緣區分的標誌不同，「民族的區別由其歷史與文化之殊異」，凡是「在相同的歷史和文化之下生存的人

民或國民，都可歸之為一民族」。他在文中還特別推介了法國哲學家庫澤（Victor Cousin, 今譯孔辛）關於文化民族性與時代性關係的看法，認為不同的民族有不同的文化，「一民族的特性必代表其一時代的理想，但須於這時代的總精神之下乃能瞭解」，「各民族之相異的特殊理想都可認為真識，而不是完全的真理」，它們可以而且必須互補，才能成為「完全的真理」。這實際上是在強調文化「時代性」的同時，也認可了各民族文化自身不可替代的「民族性」及其存在價值。無疑地，這在當時的中國，乃是關於「民族性」最前沿和最深刻的見解。其次，文中還視野開闊地介紹了一些西方學者關於民族、國民和種族間複雜關係的看法，指出民族、種族間存在階級對立與鬥爭的事實，推論「人種鬥爭將來必與階級鬥爭同時表現出來」，並強調：「中華民族應對世界民族加入階級戰爭的準備，這也是我們要特別注重的。」這一點表明，此時的中共黨人裡已有先覺人物，開始從階級鬥爭的角度來思考有關民族及其復興問題了。

尤為難能可貴的是，李大釗並未以「階級性」的存在去簡單否定「民族性」的價值，而是將兩者並存並重。因此在該文的最後，他明確表示：「要在未來民族舞台上施展我們的民族特性，要再在我們的民族史以及世界史上表揚顯著我們的民族精神。」**78**這種思想的包容度、調和色和複雜性，在中共早期乃至 1935 年之

---

78 〈人種問題〉一文，寫於 1924 年 5 月 13 日，以上所引該文內容，均見李大釗：〈人種問題〉，《新民國雜誌》第 1 卷第 6 期，1924 年 6 月 20 日。

前的思想史上，都是甚為少見的。當時的中共黨人多習慣於從時代性出發，以「封建主義」概念將民族傳統整體否定，而幾乎完全漠視文化的民族性價值。不過，李大釗儘管有所突破，也仍然無法徹底擺脫這種思維定勢的拘囿。這從他往往泛泛地談論民族性，通常不會將其具體落實，可以透見一斑。

1925 年以後，李大釗所代表的「中華民族復興」論路向，由於國內控制和主導該話語的文化保守主義之強勢存在和國民黨以之反共等原因，逐漸淡出「中華民族復興」論的話語系統。直到「九一八事變」特別是全面抗戰爆發後，才又得以有所接續。

3. 國共兩黨與「中華民族復興」論

在近代中國，「中華民族復興」論真正成為一種流行全國的強勢話語，是在蔣介石南京國民政府建立之後，尤其是在日本入侵東北的「九一八事變」之後。它與民族危機的空前擴大和深化，與蔣介石及國民黨利用國家輿論工具進行強力宣傳密切相關。不過 1931 年以前，其影響力和傳播範圍仍然有限，對於國民黨來說，它主要是右派人士進行「分共」和蔣介石政權配合「剿共」、建立自身政權與統治合法性的動員手段和精神武器，也就是一種政治意識形態的工具。「九一八事變」之後，其抵抗日本帝國主義侵略、實現民族自救的政治意圖和文化功能才逐漸增強，至全面抗戰爆發，其抗戰意圖、救亡訴求及其功能更加地凸顯和強化起來，並真正成為時代思潮的主流。這也是它在抗戰時期得以廣泛流行的根本原因。

在「中華民族復興」論最初成為國民黨官方意識形態的過程中，戴季陶發揮了重要作用。他在孫中山逝世後的 1925 年夏，出版《孫文主義之哲學的基礎》和《國民革命與中國國民黨》兩書，將孫中山 1924 年初的「三民主義」演講中有關「要恢復民族的地位，便先要恢復民族的精神」，以及讚美中國傳統道德文化價值的一些言論，大加發揮，極力強調文化自信力的恢復發揚對於中華民族復興的關鍵意義，認定孫中山乃是「孔子以後中國道德文化上繼往開來的大聖」，三民主義「完全淵源於中國正統思想的中庸之道」，等等。他在書中或藉助孫中山的口頭「告誡」，或通過闡述對三民主義與國民革命的理解，來警醒國民黨人：

> 我們要復興中國民族，先要復興中國民族文化的自信力，要有了這一個自信力，才能夠辨別是非，才能認清國家和民族的利害，才能夠為世界的改造而盡力。
>
> 先生的國民革命，是立腳在中國國民文化的復興上面，是中國國民創造力的復活。
>
> 三民主義之原始的目的，在於恢復民族的自信力。因為民族的自信力不能恢復，則此弱而且大之古文化民族，其老衰病不可救，一切新活動，俱無從生，即發生亦不脫病理的狀態，不能救民族的危亡。[79]

---

79 戴季陶：《孫文主義之哲學的基礎》，上海民智書局 1925 年 6 月版，第 9、36、57 頁。

戴季陶認為，孫中山的民族主義，實際是種族革命論者所不能理解的「以仁愛為基礎、民權為方法、民生為目的之文化的民族主義」。[80] 他由此批評「中國共產黨的青年們，以及許多迷信物質的青年們不承認中國民族的精神，不承認中國舊有道德的教義」，實在是很愚蠢，因為「忠孝仁愛、信義和平的道德精神」，恰恰正是中國人「民族自信力的基礎」。[81] 同時，他還結合傳統的仁愛思想和民族國家本位的立場，反對中共的階級鬥爭說，主張「各階級的人，要拋棄他的階級性，恢復他的國民性」，以實現「階級的聯合」。[82]

　　戴季陶的上述思想，與早期國家主義派的青年黨人多有相似之處、且彼此可能有過互動，[83] 但因其能夠出之以「文化自信力」觀念的高度整合，實際上成為後來國民黨「中華民族復興」論的理論基石。1927 年後，蔣介石國民政府很自覺地利用這一以文

---

80 戴季陶:《國民革命與中國國民黨》(黨員必讀)，1928 年重刊本(無版權頁)，第 8 頁。

81 同上，第 75 頁。戴季陶 1927 年在為此書所寫的「重刊序言」中也強調，「中國國民失卻民族的自信，不能團結而民族的復興事業遂至因之失敗」，認定民族自信心的恢復是「中國民族求生的途徑」。

82 戴季陶:《孫文主義之哲學的基礎》，第 37-38 頁。

83 如 1925 年，青年黨黨魁曾琦作〈中華民族之使命與中國青年之責任〉一文，副題即為「答上海孫文主義學會」。文中大段摘引他 1919 年所作《國體與青年》一書中關於中華民族王道文化如何高明、吾國青年應發揚光大的言論以賜教。見《慕韓文集》，載《民國文集叢刊》第 1 編第 123 冊，台中：文聽閣圖書有限公司 2008 年版，第 27-29 頁。另據敖光旭研究，國家主義派文化思想前後有變化，1930 年代中期以後「激進化」，可供參考。見其〈1920-1930 年代國家主義派之內在文化理路〉一文，《近代史研究》2006 年第 2 期。

化保守主義為基調的理論言說，為建立自身的統治合法性服務，並將自己塑造成民族復興運動唯一可靠的推動者、實踐者和領導者。「中華民族復興」論，也因此迅速成為國民黨具有官方意識形態性質的霸權話語。

1928 年，國民黨中央執行委員會制定 18 條國慶紀念口號，其中第二條即為「慶祝中華民族復興的光榮」，[84] 把掃除北洋軍閥統治視為中華民族復興的重要標誌。1929 年，國民黨上海執行委員會宣傳部制定國民政府建都南京兩週年紀念大會標語，其中一條為「南京是中華民族復興的紀念地」，國民黨中宣部為了增強南京建都的合法性，以杜絕「北平建都說」，還別出心裁地擬定了「北平是千餘年來中華民族衰落的中心場」的宣傳標語。[85]

1932 年，蔣介石授意成立「中華民族復興社」（簡稱「復興社」），其核心為「力行社」，由昔日「孫文主義學會」的骨幹組成，他們宣揚「一個主義、一個政黨、一個領袖」，直接服務於蔣介石的「獨裁救國」任務。當時，蔣介石的親信愛將桂永清曾作《領袖歌》一首，在國民黨的中央軍校教導總隊及各種軍官訓練班中傳唱，非常形象地傳達出其有關宣傳之特點：「大哉中華，代出賢能；雖有變亂，均能復興；蔣公中正，今日救星；我們跟他前進！前進！復興！復興！」[86] 在這一時期國民黨所主導的「中

---

84 〈南京中執委會宣傳部電一〉，《申報》1928 年 10 月 7 日。

85 〈今日市執委會招集市民代表大會〉，《申報》1929 年 4 月 18 日。

86 參見蔡杞材：〈復興社的軍事處及護衛隊〉，載《湖南文史資料選輯》第 1 輯，長沙：湖南人民出版社 1962 年版，第 134 頁。類似的歌曲，還有《領袖萬歲》等。

華民族復興」論裡，還充斥著所謂共產黨「高喊世界革命、第三國際」、「拋棄和危害民族利益」，為毫無前途的「民族敗類」等之類反共言辭。[87] 至於蔣介石本人的「民族復興」話語中，咒罵共產黨「破壞中國固有民族性、禮義廉恥，希圖根本上來滅亡中國」之類套語，就更是隨處可見，不足為怪。也就是說，在西安事變之前，國民黨實際上正是以「中華民族復興」論來動員對共產黨等國內對手進行鎮壓活動的。

在這場以「中華民族復興」為主旨的輿論宣傳中，以蔣介石為首的國民黨大僚相當積極，他們到處演講，或撰寫專論，儼然以「民族復興」唯一可靠的領導者自居。1934 年及其後，國民政府所發動的一些全國性運動，也多打著「復興中華民族」的旗號。所謂「新生活運動」、「本位文化建設運動」、「國民經濟建設運動」等，無不如此。像「新生活運動」本身，就直接自詡為「民族復興運動」。[88] 1934 年，蔣介石出版《復興民族之要道》一書，收錄他 1932 至 1934 年發表的有關民族復興的言論。同年，他還出版了這年 7 月他對廬山軍官訓練團的講話稿《抵禦外侮與復興民族》，可以集中窺見其反共禦侮宗旨和治國理政的時代關切。胡漢民和閻錫山也分別出版了《民族主義的民族復興運動》和《復

---

87 可見謝康：〈革命文學與中華民族復興運動〉，《新廣西旬報》1927 年第 3 期；駱叔和：〈民族復興運動中的中國共產黨問題〉，《新創造》1932 年第 1 卷第 6 期。

88 如上海市公安局第一科編纂股 1936 年印行的《新生活運動特刊》，就鼓吹「新生活運動是目前救國建國與復興民族最有效之革命運動」。全局情況可參見關志鋼：《新生活運動研究》，深圳海天出版社 1999 年版。

興民族須先復興發展富強文明的原動力》等書和演說稿。[89]陳誠不僅發表了幾種以此為題旨的作品，其中一種將「抗戰時代」視為「一個民族復興大時代」的論斷，更得到許多人的認同，被廣泛引用和闡發。[90]這些由國民黨大員發表的演說或論著，都曾一再作為宣傳材料印發給學校、社區和各機關單位，產生了相當廣泛的社會影響。

除了以「中華民族復興」理念教育黨員、青年學生，鼓動民眾之外，國民黨還特別重視以之武裝軍人。1935年，空軍特別黨部執行委員會特編《民族復興之路》三編，作為「復興叢書」的一種出版，下編即題為「復興中華民族」，這是筆者所見較早以「民族復興」為主題而影響較大的論文集。

全面抗戰爆發後，幾乎所有的國民黨軍政要員，都出版過以「民族復興」為題的為數眾多的宣傳著作，涉及抗戰建國的政治、經濟、文化等方方面面，內容豐富、不乏見識，且充滿愛國熱情。其中，不少均以直接服務於抗戰為目的。如李宗仁於1938年出版的影響極大的《民族復興與焦土抗戰》一書，就具有典型性和象徵性。這類著述中所包含的「中華民族復興」理念和話語，洋溢著時代精神，實成為激揚國人抗戰熱情、增強必勝信念、煥

---

[89] 胡漢民：《民族主義的民族復興運動》，載《胡漢民先生歸國後之言論》（四），先導社1936年編印；閻錫山：《復興民族須先復興發展富強文明的原動力》，可見太原綏靖公署主任辦公處1936年版。

[90] 陳辭修：《認識時代：一個民族復興的大時代》，第一戰區司令長官司令部秘書處，出版年代不詳，疑為1937年前後，國家圖書館藏。

發軍人的民族血性、勉勵官兵勇於犧牲的精神支柱之一。毫無疑問，這是我們評價抗戰時期國民黨作為意識形態的「中華民族復興」論最為重要的方面，也是抗戰時期該思潮和運動的本質方面。

那麼，民國時期中國共產黨與「中華民族復興」論又是何種關係呢？概而言之，中共對於該論，經歷過一個從諷刺批判到有限談論的前後轉換過程。

在民國時期的中共思想史上，真正以「中華民族復興」為題做過專門討論的，除早期的李大釗外，實在很難一見，即便是在抗戰時期，也是如此。這是當今研究該問題的學者不難發現的現象。對此，筆者曾給過一個說明：「共產黨在抗戰時期所主要致力的是新民主主義理論建設，由於國民黨在『中華民族復興』的旗號下長期反共的政治原因，它更喜歡談『中華民族解放』，『抗戰建國』和中華民族的『新政治、新經濟和新文化』，但出於反侵略鬥爭的民族大義和與國民黨合作的現實需要，也不諱言『中華民族復興』這樣的說法。」[91] 另有學者在有關研究中，也做過相似的解釋，「中共是官方民族復興話語譜系中的對立面，雖然為了抗日大局的需要在土地政策方面作了一些調整，但自然也不會隨聲附和官方話語，所以在這一話語譜系中聲音微弱」。[92] 不過，我們似乎都忽略了一個事實，即第二次國共合作之前，中共對國民

91 見拙文〈民國時期「中華民族復興」觀念之歷史考察〉。

92 魏萬磊：《20世紀30年代「再生派」學人的民族復興話語》，北京：中國社會科學出版社2011年版，第103-104頁。

黨所主導的「中華民族復興」論，曾存在過一個針鋒相對的批判階段，到全面抗戰爆發前後，其態度才開始發生改變，從一味的諷刺批判，轉變為有限的正面談論。另外，同這一過程相伴隨的是，中共在文化認知上，還曾經歷過一個相應的內在思想轉換，並非只是在策略上進行調整而已。

抗戰以前，中共對國民黨「中華民族復興」論的反擊，主要採取了以下兩種方式：一是直接地反唇相譏，嘲笑其虛偽，抨擊其不過是以此為標榜，來掩蓋其真正「賣國」、「復古」以及「法西斯獨裁」的實質；二是從理論辨析的角度，公開闡發中共何以要反對「民族復興」的提法、而主張使用「民族解放」的理由。關於第一種方式，不妨舉兩例為證：1934 年，中共在一封「告全國勞動群眾書」中即聲言：「出賣中國，在日本及一切帝國主義之前匍匐投降，背叛民族，屠殺民眾，血腥的鎮壓一切反帝鬥爭，無限制的剝削工農，毀滅中國！這就是國民黨法西斯蒂的『民族復興』政策的實質！」[93] 同年，中共領導人博古在馬克思主義研究會發表演說，也譴責「國民黨用法西斯蒂的『新生活運動』來麻醉民眾。『新生活運動』的口號，是『復興中國民族』，不是用民眾的武裝的抗日戰爭，而是用提倡禮義廉恥，走上復古的舊道路，提倡舊的奴隸順從的道德，使全國人民安穩的做奴隸」。[94] 大

---

93 〈黨、團中央為聲討國民黨南京政府告全國勞動群眾書〉（1934 年 5 月 5 日），載《中共中央文件選集》第 9 冊，北京：中共中央黨校出版社 1986 年版，第 250 頁。

94 〈為著實現武裝民眾的民族革命戰爭中國共產黨做了甚麼和將做些甚麼？——博古同志在馬克思主義研究會演講會上的演說〉（1934 年 7 月 8 日），同上，第 318 頁。國

體説來，抗戰以前，中共對國民黨「民族復興」論調的批判，以此種模式為主。

關於第二種「理論辨析」的方式，則可拿一篇署名劍雲的作者 1936 年初發表的〈「民族復興」與「民族解放」〉一文作代表。作者認為國民黨的「民族復興」，「其實是『民族復古』的滑稽口號」，它並不符合中國的現實鬥爭需要。不過，作者並未在「復古」與否的問題上糾纏，而是就到底應先對本民族「固本強基」，還是應先解除外來的民族壓迫以獲得必要的民族生存前提，來展開對問題的討論。作者以比喻的方式指出：一個人的手腳長期被綑綁起來，行動完全失去自由，完全不能自主，但又要嚴格地要求他身體健康、精神煥發，絕對是一件不可能的事。要想他的身體強健、精神振作，先決條件是解除他的束縛，恢復他的自由，然後，叫他講究衛生、按時息作、經常鍛煉。這個道理，實在卑無高論，任何人，也會明白。由此可見，中國人目前最迫切的共同要求，是前進的「民族解放」，並非倒退的「民族復興」。

在作者看來，「『民族復興』與『民族解放』，在理論上有一根本不同之點」，按「民族復興」論者的意見，彷彿是説，「我們民族到這個田地，與人家不相干，只怪自己年老力衰，沒有出

民黨的論調固有陳腐之處，但當時這種「復古」的批評，其實並不能説服他們。如 1934 年夏，陳立夫就曾針對這類批評做過〈民族復興與復古不同〉的演講，指出「復興者以過去所用之材料及現在應用之材料，合而重建一民族之新基，復古者墨守原有之材料，而保持其舊基也。二者根本不同，不宜混淆」（載《河南政治月刊》1934 年第 4 卷第 8 期）。

息，我們可以多吃一點『返老還童劑』和『強心丸』，等到這條老命健康起來了，自然會振作」；而「民族解放」論者的見解，則將中國的貧窮落後，歸結為帝國主義和封建殘餘勢力的壓迫，主張先打倒它們，然後才能努力「生產建設」，解決民生問題，挽救中華民族。作者認為，「民族復興」不如改為「民族生存」更為切實。「民族解放」是「民族生存」的先決條件；發動全國總動員、進行反帝的「民族革命」，則是「民族解放」的唯一手段。「捨去條件和手段，高唱『民族復興』的濫調，完全是一種幻想，也可以說是一種欺騙。不僅永遠不會『復興』，而且還會『死滅』。」[95]由此思路，我們或可得知中共何以長期樂於使用「民族解放」[96]、而不喜「民族復興」口號的部分緣由。

不過，全面抗戰爆發前後，隨著第二次國共合作的展開，中共對「中華民族復興」的提法，最終還是表示了接受和認可。毛澤東、張聞天、王明、周恩來、朱德等中共領導人乃至中共中央政府文件，已開始陸續正面地使用這一話語。如 1937 年 9 月，張聞天和毛澤東聯合署名的《關於國共兩黨抗日民族統一戰線建成後宣傳內容的指示》中，就明確寫道：「中華民族之復興，日本帝

---

95 劍雲：〈「民族復興」與「民族解放」〉，《北大旬刊》1936 年第 2-4 合期。

96 抗戰時期，中共凡涉及「中華民族」的口號，多為「中華民族解放」，如 1940 年初《中共中央關於目前時局與黨的任務的決定》裡規定的 14 個口號中，最後一個口號就是：「中華民族解放萬歲！」見延安解放社編：《解放》週刊第 98-99 期，1940 年 2 月 20 日。

國主義之打倒，將於今後的兩黨團結與全國團結得到基礎。」[97] 事實上，這也是此期「中華民族復興」話語，得以成為全民共享的政治語言的重要基礎。

中共的這種話語轉換，雖是策略改變的結果，也與中共在亡國滅種的巨大民族危機刺激下，及時實現對傳統文化態度的深刻反省與認知改變，有著直接的關係。延安時期，中共不僅對文化問題日益重視，而且逐漸糾正了建黨以來一直過度偏重文化的時代性和階級性、嚴重輕視乃至忽視文化民族性的錯誤認識，對於以往一概斥之為「封建復古」的傳統道德文化，也強調其中既有「封建性的糟粕」，也有「民主性的精華」。這一時期，中共所掀起的「馬克思主義中國化運動」、「學術中國化運動」等，可謂這一認知轉換的集中體現，而毛澤東將「民族性」列為「新民主主義文化」首要特性這一點，更具有標誌性意義。筆者曾將這一重要轉變，稱之為中共「文化民族性意識的覺醒」。[98] 此一覺醒，不僅成為此期中共願意接受和使用「中華民族復興」話語的文化心理基礎，也增強了中共文化創造的主體自覺性。正是從這一時期開始，中共既願意以中華民族根本利益與光明前途的真正代表者自名，也不憚以「中華民族優秀傳統文化的繼承者」自任，[99] 從此擺脫了長期以來屢遭國民黨等從「民族性」角度進行圍攻的被動

---

97 《中共中央抗日民族統一戰線文件選編》(下)，北京：檔案出版社 1986 年版，第 43 頁。

98 參見黃興濤、劉輝：〈抗戰前後中國共產黨文化「民族性」意識的覺醒及其意義〉，《北京檔案史料》2002 年第 1 期。

99 同上。也可見 1943 年 7 月 1 日《解放日報》社論：〈中國共產黨與中華民族〉。

狀態。這對於中共本身的自信心乃至此後中國革命的發展，都產生了難以估量的影響。

4. 民族復興論的高漲、內涵及與中華民族認同之關聯

1931 年「九一八事變」之後，「中華民族復興」論迅速達到高潮，隨即流行於整個 20 世紀 30 至 40 年代。其中，國民黨、中國國家社會黨對這一話語和思潮的流播，起到某種倡導作用，而日本帝國主義入侵的刺激，則成為直接的動因。

在近代中國，除國民黨之外，最熱心於「中華民族復興」論的政黨，莫過於中國國家社會黨（以下簡稱國社黨）了。該黨誕生於日本入侵中國東北後不久的 1932 年，它甫一成立，就創辦了著名的《再生》雜誌，以再造中華民國、實現中華民族復興為己任。其創刊號中所發表的〈我們所要說的話〉，1938 年直接成為《中國國家社會黨宣言》。這是一個完全以「中華民族復興」為理論宗旨、全面體現國社黨思想主張的政綱。該黨的創始人張君勱、張東蓀等，均為昔日「研究系」的骨幹。1947 年，國社黨與另一由「研究系」發展而來的政黨「民主憲政黨」合併，共同組成「中國民主社會黨」，簡稱民社黨。該黨在「第一次代表大會宣言」中，仍然表示「本黨同人不得不大聲疾呼民族復興，而民族之復興，首莫重於道德之復興」。**100** 但其在建國思想上，卻

100〈中國民主社會黨第一次全國代表大會宣言〉，載中國第二歷史檔案館編：《中國民主社會黨》，北京：檔案出版社 1988 年版，第 179 頁。

又有別於國共。它希望通過「修正的民主政治」,「國家計劃的經濟」,剷除官僚資本、進行恰當的土地改革,實施普及教育、學術獨立和思想自由等政策,在國共之間、美蘇之間、資本主義和社會主義之間,走出一條獨特的中間道路,最終實現中華民族復興的偉大使命。[101]「九一八事變」之後,作為始終高揭「中華民族復興」旗幟、長期介於國共之間的中間黨派的典型,國社黨的有關論說,不僅有力地推動了中華民族復興思潮的高漲,也體現了這一思潮的思想高度、精神強度和時代品格。

顯而易見,作為一種時代思潮,「中華民族復興」論的發生和演化,與民國各政黨訴求之間的彼此互動,是長期存在的,也可以說它不得不打上了民國政黨話語政治的深深印記。但與此同時,民國時期的「中華民族復興」論又有超越「政黨」政治的重要面向,特別是在抗戰時期,它是那樣的眾說紛紜、複雜多彩,凝聚著億萬國人渴望打敗日本侵略者,實現民族獨立、解放和富強的奮鬥意志與生存信念。因此,從某種程度上說,「中華民族復興」論的廣泛流播,又可謂是那個時代的國人需要自尊、自信、自強的民族心理和精神祈望的集中體現。

在日本入侵中國東北之後「中華民族復興」論走向高潮的過程中,國社黨的黨魁張君勱發揮了重要的思想導向作用。他一生發表過大量以「中華民族復興」為題旨的論文和著作,堪稱

---

101 參見〈中國民主社會黨第一次全國代表大會宣言〉;張君勱:〈我們所要說的話〉,《再生》1932 年第 1 卷第 1 期。

「九一八事變」之後這一思潮傑出的輿論代表。1932年5月，以張君勱為首的國社黨（後改名為民社黨）創刊《再生》雜誌，明確把中華民族復興作為辦刊宗旨，提出了較為系統的復興方案供大家討論，可以視作這一思潮全面蔚起、有關話語大勢流行起來的重要標誌之一。[102] 其雜誌創辦啟事曰：

我中華民族國家經內憂外患已瀕臨絕地，惟在此繼續之際未嘗不潛伏有復生之潮流與運動。本雜誌願代表此精神，以具體方案，謀真正建設，指出新途徑，與國人共商榷，因定名曰再生（The National Renaissance）。[103]

將這裡所註明的英文直譯出來，就是「民族（文藝）復興」。這觀點的提出和論說本身，在當時及以後的各種復興主張中，也具有相當的代表性。

在「九一八事變」後中國喪權失地等一系列民族危機的刺激下，張君勱感到「復興民族」已成為當時中國「極重要且富有興趣之問題」，[104] 因而把「中華民族復興」這面大旗鮮明地揭將出

---

102 1932年初之前，有關「中華民族復興」的說法已有零星出現，如1926年《南大週刊》第31期上就曾發表楊周熙的〈中華民族復興的原動力〉一文；1931年，該刊第105期又登載倚岡的〈也來談談中華民族復興〉一文。兩文實際都強調中華民族復興的主要動力來自於或取決於對最廣大農民的喚醒和組織。

103〈雜誌啟事一〉，《再生》1932年第1卷第2期。

104 張君勱講、成炳南記：〈中華民族復興之精神的基礎〉，《再生》1934年第2卷第6-7期。

來，這在當時實不乏遠見卓識。在《再生》雜誌中，他圍繞著這一主題，先後發表了〈我們所要說的話〉、〈中華民族之立國能力〉、〈民族復興運動〉、〈民族觀點上中華歷史時代之劃分及其第三期振作〉、〈中華民族復興之精神的基礎〉、〈中華新民族性之養成〉等論文。同時，他還以「再生社」的名義，將其30年代初期在全國各地發表的有關演說收集在一起，於1935年出版《民族復興之學術的基礎》一書。正如有的學者所分析的，他的這些論著，「把民族主義視為立國原則，強調發達民族思想，培植民族意識、民族感情、民族智力和民族毅力對復興民族的重要意義，強調獨立的學術創作在民族復興過程中的偉大作用，反對西化思潮，提倡思想的自主權，這對於增強民族的凝聚力、自信心，建設有民族特色的學術思想體系，是有積極意義的」。[105]

不過，一開始，張君勱的「中華民族」觀念中，還明顯包含有同化蒙藏等少數民族的漢族文化優越主義的傾向，甚至有時還存在著某種以漢族代表整個中華民族的大漢族主義毛病。[106] 他所謂的「民族復興」，其內容也主要傾注在學術文化方面，致力於

---

[105] 鄭大華：《張君勱學術思想評傳》，北京圖書館出版社1999年版，第180頁。

[106] 此種思想傾向在其所謂「第三期振作說」中有明顯體現。直到1938年出版《立國之道》一書時仍有保留，但其所謂「中華民族」則是指基本「同化」或「融化」了滿、蒙、藏等族的大中華民族整體概念，大約是可以無疑的（可見其《立國之道》第一編「國家民族本位」中「五千年歷史之中國及民族建國之覺悟」一節，見該書第11-13頁。此書一名《國家社會主義》。序中言「識於桂林」，由牟宗三、馮今白協助完成；版權頁註明：民國二十七年九月初版，二十八年四月三版，發行人：馮今白。沒有標明出版社和地點）。

確立所謂「民族復興的精神基礎」（這從其所擬定的《再生》雜誌英文名為「民族文藝復興」可知，實際也體現了整個抗戰前後民族復興思潮的一個重要特點）。這是應該指出的。但儘管如此，他的有關努力，在 20 世紀 30 年代初期，對於「中華民族復興」話語的整體勃發，仍產生了值得重視的影響。

同《再生》雜誌幾乎同時出現，較早宣稱以研究中華民族復興理論為宗旨的期刊《評論週報》也創刊於天津。同年 9 月，直接以「復興」命名的《復興月刊》，又由新中國建設學會創辦於上海。[107] 接著，宏觀探討中華民族復興政策和策略的理論著作，如吳賡恕的《中國民族復興的政策與實施》等，也得以紛紛出版。[108] 此後，各種以「復興中華民族」為宗旨研討各類問題的期刊雜誌、專著、叢書、團體組織乃至運動，更是層出不窮。大體說來，1930 年代中期，中華民族復興觀念已形成一個高潮。到了 1940 年代，它則日漸普及，有關論說也更加深入。在這方面，黃埔出版社於 1940 年出版的《中華民族復興論》一書具有某種標誌性意義，它不僅論述了中華民族復興的必要性和關鍵點，還闡述了其歷史的依據和現實的可能。至於說以「民族復興叢書」刊出的書刊以及一般書刊中設題探討「如何復興中華民族」之類問題的，就更難以數計了。由此，一場聲勢浩大、範圍廣泛、持續時

---

107 關於黃郛創立的「新中國建設學會」與「中華民族復興」思潮的關係，可參見蔣紅艷：〈民族復興與新中國建設學會〉，《湖北社會科學》2013 年第 11 期。

108 吳氏生平不詳，該書 1933 年由青年評論社再版，其初版時間也不詳，待考。

間長達近 20 年之久的中華民族復興思潮勃然興起、蔚然可觀。其話語聲調之高亢、內貫情感之高昂、思想內容之駁雜，在近代中國的思想話語中，實在都是極其突出的。

抗日戰爭時期，中華民族復興理念更成為激揚士氣、煥發軍人民族血性、勉勵官兵焦土抗戰的精神支柱之一。前文提到愛國將領李宗仁出版的影響極大的《民族復興與焦土抗戰》，[109] 在這方面就具有某種象徵意義。當時在國民黨軍中還有一本流傳頗廣的書為《軍人精神改造論》（伍子建著），其另一標題即為「民族復興之精神基礎」。該書將愛國愛民族的精神視為軍人「磨礪意志力」、「理智之擴充與改造」、「立信」、「養勇」等修煉功夫的根本，又將這種軍人精神視為民族復興的精神基礎。[110] 可見這一理念在軍隊中的滲透程度。

當然，抗戰時期政府軍人民族意識的勃發也並非全是國民黨宣教的結果，在巨大的民族危機面前，軍人本身民族自覺的主觀能動性也不可忽視。但無論如何，蔣介石以「中華民族復興」理念在軍隊中進行抗戰的思想動員，還是做得有些成效的，這從八年抗戰期間「國軍」裡湧現出眾多具有民族氣節的軍官和士兵，能夠見其一斑。

頗有意味的是，西安事變後，國民政府為順應國共合作共同抗戰的民意，體現時代的需要，同時也藉此維護其「最高領袖」

---

109 李宗仁：《民族復興與焦土抗戰》，民團週刊社 1938 年南寧版。

110 伍子建：《軍人精神改造論》，台山：胥山學會 1938 年版。

的尊嚴，曾把蔣介石後來離開西安的日子定為「民族復興節」，把蔣介石在驪山藏身的虎畔石取名為「民族復興石」，還在那附近修了個鋼筋水泥結構的亭子，名曰「民族復興亭」，又名「正氣亭」。1945 年剛回歸祖國懷抱的台灣人，就曾以廣播推行國語等方式慶祝「民族復興節」這一節日。[111] 正由於國民黨政府通過意識形態的方式大力加以倡導，抗戰前後，「中華民族復興」理念及有關話語在社會上不脛而走，終於成為了 20 世紀 30 至 40 年代的中國最為響亮的政治口號和社會性全民話語之一。

這一時期的「中華民族復興」理念和話語，其內容極為豐富駁雜，任何概括都可能面臨簡單化的危險。但是筆者以為，若從人們對「中華民族」整體命運認知特點的角度來把握，特別是從自覺倡導和秉持這一理念的人們的內心關懷和闡釋重點來說，仍可以明顯看到以下三個方面的基本內涵：

首先是中華民族正面臨空前危亡的關頭，然「危機即轉機」，如果中國人能有此自覺，抓住這千載難逢的機遇，通過抗戰血與火的洗禮，未嘗不可以藉此機會革除贅疣、消除積弊，實現整個民族的「復興」與「重生」。恰如張君勱等人在〈我們所要說的話〉中所指出的，「中國這個民族到了今天，其前途只有兩條路：其一是真正的復興，其一是真正的衰亡」。但「危機」也意味著「轉機」，「這個轉機不是別的：就是中華民族或則從此陷入永劫不復

111 可見陳儀演說、台灣國語推行委員會編選：《民國三十四年民族復興節廣播詞》，台北：台灣書店 1946 年版。

的深淵，或則從此抬頭而能漸漸卓然自立於世界各國之林」；「所謂轉機的關鍵就在以敵人的大炮把我們中華民族的老態轟去，使我們頓時恢復了少年時代的心情。這便是民族的返老還童」。他們借用心理學意義上的「激變說」和「少年性情說」，認為「就心理學上講，以個人論，往往在重大刺激或重大壓迫之下，其心理可以突然變化。且其變化未嘗不可是幼年光景的再現。須知惟有少年或青年心理方有膽量」。因此，他們認定，「中華民族的復生必在如何對付那個重大刺激」。而要能真正把握好機遇、應對好這個「重大刺激」，則必須努力建設好民族心理，以奠定民族復興的精神基礎，最終打贏這場戰爭。此種論點，在當時實反映了許多愛國知識分子對於中華民族命運感知的一種共同心理特徵。[112]

張君勱反覆引用德國哲學家費希特的《致德意志民族書》以告誡國人，培養和造就強大的「民族意識」、敏銳的「民族智力」、深厚的「民族情感」和堅強的「民族意志」緊迫而重要，尤其強調「民族復興，先則從教養入手，俾三萬萬九千萬人民，咸認識其為中華民族之人民，乃當今根本問題」，並將其視為「中華民族復興的精神基礎」。[113] 在這方面，國社黨關於「民族觀念」重於「階級觀念」的論述，也值得一說，且極具時代特色。在他們看來，「民族觀念是人類中最強的，階級觀念決不能與之相抗。無論是以往的歷史，抑〔或〕是目前的事象，凡民族利害一達到

---

112 張君勱：〈我們所要說的話〉。

113 張君勱講、成炳南記：〈中華民族復興之精神的基礎〉。

高度無不立刻衝破了階級的界限。……只有民族的縱斷而能衝破階級的橫斷，卻未有階級的橫斷而能推翻民族的結合。即以蘇俄論，他的成功處不在階級鬥爭的國際化，卻只在社會主義的民族化。換言之，即以民族持為一體，形成一個強有力國家」。[114] 近代中國，反對階級鬥爭的論調很多，而如此持論者，此前卻似乎並不多見。

與此相似和相關的論點，還有一種傳統的「多難興邦」論的自覺復活並切實發揮社會效力。這在稍後流行的一首歌曲《中華民族的復興》的歌詞內容中，得到了集中體現。該歌的作詞者為著名海派作家曾今可。歌詞寫道：

中華民族在苦難中復興；
中華民族在苦難中前進。
那一個富強的國家沒有遭受過苦難，
那一個偉大的民族沒有經過戰爭！
苦難使我們的國家進步，
戰爭使我們的民族年青。
在我們的心中充滿著希望，
在我們的眼前充滿著光明。
誰說這國家到了危亡的時候，
誰說這民族到了衰老的年齡？！

---

114 張君勱：〈我們所要說的話〉。

其次是中華民族自身本來就內在地蘊藏著走向「復興」的條件與能力，這可以從民族的歷史和文化中得到認證、找到自信。而這種民族自信心的確立和保持，也正是整個民族戰勝入侵者、實現復興的根本前提。此一時期，許多學者、文化人都從中國五千年未曾中斷的歷史文化中體驗到了中華民族的生命活力，並由此對民族文化的優點，對民族性的長處加以揭示、弘揚，以增強民族的自信心。如 1940 年許多著名學者共同完成出版的《中華民族復興論》一書，就集中體現了這一思想努力。該書內收吳其昌〈民族復興的自信力〉、〈民族盛衰的史例觀〉、〈中華民族生存發展的鬥爭〉、〈民族盛衰的關鍵〉，楊人楩〈就歷史論民族復興信念〉，方壯猷〈從歷史上觀察中華民族復興問題〉等文，[116] 僅從其篇目，就可看出此種思想意圖所在。

張君勱在〈中華民族之立國能力〉等文中，對此種理念也作了較為細緻的闡述和發揮。他反覆強調，「世界史上之古老民族，惟有吾中華之歷史，未嘗一日中斷焉」；[117] 中國人聰明的祖先，不僅在思想、政治、制度和教育等各個方面都有傑出的創造，「此皆先民一無依傍，自己探索而得，雖在今日尚可變通而適用者」；

---

115 該歌詞所配曲調，可見本書書前的插圖。作曲者為周大融。參見《江西地方教育》1939 年第 159、160 期合刊。

116 吳其昌等：《中華民族復興論》，重慶：黃埔出版社 1940 年版。

117 張君勱：〈中華民族之立國能力〉，《再生》1932 年第 1 卷第 4 期。

而且從歷史上看，我民族也能不斷融合外來民族，並發展壯大至今，顯示出不同尋常的「富於復生之能力」。晚清以降，在改革和實現現代化的過程中，中國雖舉步艱難，但任何「偉大民族之改革，不若島國小邦之輕而易舉，必須經長時期之醞釀」，實屬正常，國人正不必因一度落後於日本而沮喪失望、灰心喪氣。他明確認定：「近年之國人基於環球大通後所受之懲創，反而自鄙夷其文化，若已不足自存於今世者，甚至懷疑於其民族之本身若不足與白人相抗衡者，此乃目眩於一世紀之短促，而忘千萬年之久遠矣。」[118]

不過，張君勱等尚並不滿足於民族固有的舊文化，並非屬於抱殘守缺之人。他堅信，「在二十世紀中而欲復興中華民族，無論如何，逃不出西方文明的影響」。[119] 而需「另造一種新的文化」，一方面須以「現代的標準」，對民族傳統進行「選擇」，同時還要注意吸收和消化外來先進的現代文化因素。因此，對當時那種籠統「提倡恢復民族文化」的説法，張君勱也表示反對，認為「若是徒恃空言，但用忠孝廉恥等死名詞，來恢復舊道德，猶人已死而欲招其魂，其不可得相等」。他對於梁漱溟以「禮治」為名搞所謂「村治」，就表示不解，認為有違現代法治和民主制度的精神，[120] 從而表現出可貴的理性態度。實際上，張君勱最為看重的

---

118 張君勱：〈中華民族文化之過去與今後的發展〉，載《張君勱集》，北京：群言出版社 1993 年版，第 184 頁。

119 張君勱講、王世憲記：〈民族復興運動〉，《再生》1932 年第 1 卷第 10 期。

120 同上。

還是保持中國人作為文化創造者的主體性問題，尤其是保持民族主體自身的自尊心和自信力，用他的話來說就是：「自內外關係言之，不可捨己循人」；「自古今通變言之，應知因時制宜。」[121] 其中，尊重本民族的歷史文化傳統，又是保持主體性選擇的基本條件：「每天罵祖宗的，不是好子孫；看不起歷史的，不是好民族」；總得先有自尊心和自信心，然後民族和國家方可以立於天下。[122] 此種理性態度，在中華民族復興思潮裡，實佔據了主導地位。

雖然，在認同民族歷史文化以激勵民族自信心的過程中，也有不少極端保守、冬烘迂腐的落後論調藉機得到傳播和氾濫（由此還引發了各種文化爭論），但要在此期國人多能強烈地體驗到文化「民族性」之可貴，體驗到不能拋棄自己優秀的歷史文化傳統，體驗到「全盤西化」、唯歐美文化是從的危害，這對中華民族的復興是十分必要的，它實在是民族自信心最為深厚的根源所在。國民黨倡導的「中國本位文化建設」的有關討論，從根本上說，也體認了這一趨向的重要方面（其保守和頑愚部分則受到批判）；中國共產黨 1935 年以後逐漸改變以往只重文化的「時代性」而輕視「民族性」的做法，實現文化「民族性」意識的空前覺醒，還將「民族性」列在其所認定的「中華民族的新文化」—— 新民主主義文化本質特性之首的思想變化，更是這一思想趨向的生動體現。

---

121 張君勱：〈中華民族文化之過去與今後的發展〉，第 197 頁。
122 張君勱：〈中華新民族性之養成〉，《再生》1934 年第 2 卷第 9 期。

第三是中華民族要想不亡國滅種，也只有實行全民族抗戰，並上下一心謀求民族生存發展之道，致力於「民族復興」才能做到，否則，實別無前途可言。中華民族的抗日戰爭是神聖而正義的，它必將得到世界上一切正直民族和正義力量的支持和幫助。但自助才能得到他助，唯有中華民族自身自強不息、英勇抵抗，才能贏得世界的尊重，才能實現真正的「再生」。民族復興乃是抗戰的任務和目的，抗戰並贏得勝利則是民族復興的前提、保障和關鍵。事實上，也正是在抗戰中，人們才更加清楚地看到了民族自信心和民族凝聚力對於中華民族復興的重要意義。

1937 年 5 月，著名學者和出版家張元濟出版《中華民族的人格》一書，從此成為整個抗戰時期國人砥礪人格的象徵性著作，曾一版再版。但在當時的國際上，真正檢驗中華民族人格的試金石，無疑是對待日本侵略的態度：是英勇抵抗、以鮮血捍衛國土，還是妥協投降、甘當亡國奴？早在 1933 年，羅家倫就在南京作的〈中華民族生存之路〉廣播講話中，深刻地闡述過這一點。他激動地說：「我們喪失了如此大的領土，但是未流夠血的喪失。如上海之役，第十九路同第五軍的健兒忠勇的抗戰，血流夠了，結果，我們雖然吃虧，但國土未失。我們流血後，萬一不幸而喪失國土，但是可以恢復的，歷史是光榮、人格是偉大的。現在我們對付敵人，不單是軍事的抵抗，我們應當用所有的力量，流充分的血，爭民族的光榮與人格。假若軍事長期抵抗，雖勝負不可知，

但藉此國際間亦可知道中國民族為有人格的民族。」[123]1937 年 7 月全面抗戰爆發後，中國人民終以頑強的抵抗和壯烈的犧牲，為自己的民族贏得了抗戰的尊嚴和神聖的榮譽。

1939 年，也就是全面抗戰爆發後的第三年，有篇題為〈中華民族復興的基礎〉的文章確信無疑地指出：「這一次抗戰，堅固我民族的自信力，增強我民族的向心力，並發揚我民族勇敢犧牲的美德，實已樹立和奠定民族復興的基礎。」[124] 當時，各種具體的民族改造和復興方案，也正因此而得以紛紛提出和傳播。從這個意義上說，「中華民族復興論」，又可謂是中華各族人民在民族危亡的時期，對於自身整體生存前途的一次深沉的總反省與總探索。

1938 年，青年黨的代表人物陳啟天曾編著《民族的反省與努力》一書，作為獨立出版社著名的「民族復興叢書」的一種出版。該書便大聲呼籲，中華民族於「九一八事變」以後的痛苦中，必須從民族性、文化、政治、經濟、軍事及外交等諸方面進行一次總反省和總努力，唯有如此，才能保持清醒，從而獲得「充實全民族的精神原動力」。[125]

---

123 羅家倫：〈中華民族生存之路〉（羅家倫先生在南京廣播講演），《大公報》1933 年 2 月 29 日。

124 史維煥：〈中華民族復興的基礎〉，《時事類編》1939 年第 31 期。

125 重慶的獨立出版社出版的「民族復興叢書」還包括沈鑒等人撰寫的《國恥史講話》、蕭一山的《民族之路》等。當時的「民族復興叢書」遠不只這一種。甚至連汪偽拼湊的中華民族反英美協會也於 1942 年出版過一套「民族復興叢書」，作為該叢書之一的《中英美關係略史》一書，極力宣傳英美在歷史上對中國的侵略活動。這說明中華民族復興思潮已經發展到連汪偽也不得不加以利用的程度，他們也想乘勢攬一

本著這樣一種「反省與探索」的精神，當時的人們提出了各種各樣復興中華民族的方案。有的關注「精神建設」和道德力量，呼喚民族性改造；[126] 有的重視「物質發展」，鼓吹「摩托救國」；有的強調科學的極端重要性，發起「科學社會化運動」；有的倡導發展教育，主張抓「民眾教育」，以奠定民族復興的基礎；有的呼喊農村危機，憂心農業，認為「農村的危機必影響到國家的危難」、復興農村即是復興民族；[127] 有的則視工業進步、特別是軍事工業的發展為民族復興的關鍵和保證。更有的從中華民族平衡發展和實際抗戰的整體角度來考慮問題，提出和鼓吹「開發大西北」和「開發大西南」等少數民族聚居區的發展戰略，並在實際上得到國民政府的支持，一度成為一場聲勢不小的思潮和運動。例如，當時不少少數民族人士就把四川等西南地區視為「復興民族最有力之根據地」，將西北視為「中華民族的發祥地」和奠定

濫渾水，欺騙輿論。較早談論「中華民族復興」問題的趙正平（如在《復興月刊》上連載臭長的〈中華民族復興問題之史的考察〉等文），後來也成為汪偽漢奸政權的教育部長，並繼續以「民族復興論」為自己的漢奸行為辯護。

126 如周佛海著有《精神建設與民族復興》（上海新生命書局 1935 年版），該書一年內再版三次，頗能見及當時中國的社會心理趨向。具有諷刺意味的是，幾年後周本人竟然當了大漢奸。王之平的《民族復興之關鍵》一書（1935 年作者自刊），則主要從民族性的角度闡述復興民族的見解。此期「戰國策派」的雷海宗、林同濟等人對中國國民性的深刻批判，也有代表性。

127 可見湖南湘陰湘濤學社編的《湘濤》雜誌 1936 年所載〈對於湘陰農村建設之商榷〉等文。楊幼炯主編的《中國農村問題》，收錄〈今後農村復興之前路〉等文，作為中國社會科學會編「民族復興叢刊」之一種出版（中國社會科學出版部 1934 年版）。梁漱溟等所搞的各種「鄉村建設運動」，也都表明了此種努力。

「民族復興的基礎」地區，呼籲應加緊進行開發與建設。[128] 還有的甚至從外來宗教與民族復興關係的角度，提出基督教在中華民族復興過程中的獨特意義與任務問題，等等，不一而足。

這裡，我們不妨以民國時期著名的基督教思想家吳雷川的有關思考，來見證一下當時「中華民族復興」思潮的整個時代氣息和某些特殊的面向。1935 年，吳雷川曾以一個基督徒的身份，熱烈地投入到「中華民族復興」的討論中。他明確提出了「基督教對於中華民族復興能有甚麼貢獻」的命題，並充滿激情地寫道：

中華民族復興！中華民族復興！！中華民族復興！！！在先時，只是稍有思想的人不期然而然的潛伏著這意識，現時卻已發出急切的呼聲，鼓蕩全國了。不但一般知識階級以此事相倡導，就連政府也公開的以此事喚起民眾，認為治本的目標。所以現時 …… 的人們 …… 都要竭盡各個人的心思才力，在這一椿絕大

---

128 見〈中國回教救國協會四川省萬縣支會宣言〉,《中國回教救國協會會刊》第 1 卷第 2 期。孫繩武:〈第二期抗戰與西北〉,《回民言論》第 1 卷第 6 期。這類的認識和主張很多，如有的人就從國防和民族關係等方面，認定「西康」為「復興中華民族的重心」(見舉安:〈復興中華民族的重心 —— 西康〉,《康藏前鋒》1933 年第 3 期)等等。當時，比較全面地論述民族復興問題的專著有王健生編《民族生存》(中國民生學社 1937 年版)，周輯熙著《復興民族之路》(重慶獨立出版社 1943 年版)等。如後者就論述了所謂復興民族的六大方略、四大中心、兩大基石，以及恢復固有道德與抗戰建國、戰時民教與抗戰生活、文化鬥士與宣傳戰、復興民族與促進大同等問題。至於從某個角度闡述這個問題的更多不勝數了，如章淵若著《自力主義民族復興之基本原理》，就從所謂「自力主義」之一般原理角度，來系統探討這一問題，等等。

的工作上有份。……因此在這時候,在這地方的基督教,就不能不發生問題。這問題就是:基督教對於中華民族復興能有甚麼貢獻?**129**

對於這一問題,吳雷川最初的回答是,根據「耶穌的人格」,造就積極有為、敢於擔當民族復興重任,同時又嚴於律己的「領袖人才」—— 也就是培養傑出的「切望民族復興」的基督徒即可。**130** 可是幾年之後,他又感到這樣的回答仍存欠缺,便加以補充,主張基督教在當時的中國必須加以必要的改革,才能完成這一使命。比如基督教是講求「博愛」和「無抵抗主義」的,但在抗戰時期的中國,則絕不能以此來消弭民族反抗的精神。他指出,「無抵抗主義,只是個人與個人間在或種情況之下所應用的事理,本不是為國家民族說法的。基督教固然以全人類得救為博愛底目的,但社會進化有一定的程序,不能躐等而幾。在這國家種族界限還沒有消滅的世界,尤其是中國正在要求國家獨立、民族解放的階段中,惟有提倡耶穌在當時愛國家民族的精神,使人知所傚法」,才是正確的選擇。他甚至明確宣稱,只有中華民族實現真正的復興,基督教在中國才真正有發展前途可言。**131** 這一觀

---

129 見吳雷川:〈基督教對於中華民族復興能有甚麼貢獻〉,《真理與生命》1935 年第 9 卷第 2 期。

130 同上。

131 見吳雷川:〈基督教更新與中國民族復興〉,轉載自氏著:《基督教與中國文化》,上海青年協會書局 1940 年再版,第 287-298 頁。

點，與當時中國基督教本色化運動的部分宗旨，也是基本一致的。

在抗戰時期的「中華民族復興」論中，無論是哪一種主張和觀點，人們都沒有也不可能忘記當時全民族危亡的嚴峻環境，而是自覺把自己的主張和當下抗戰的需要緊密結合起來。這是十分自然的。我們有趣地發現，當時許多自然科學家和社會科學家，都共同關心一個復興整個民族的基本問題，即如何改進全民族的身體素質和保持健康，這可謂上述特徵的集中體現。如社會學家潘光旦編有《民族特性與民族衛生》一書、生物學家秉志著有《生物學與民族復興》一書、竺可楨等自然科學家編有《科學的民族復興》一書等，均無不從這一角度為戰勝日本和復興民族憚精竭思，獻計獻策。[132] 甚至有不少人還由此出發，從強種和中華民族整體認同的雙重角度著眼，大力提倡漢族與國內各少數民族人民

---

132 如出版於 1937 年的《科學的民族復興》一書，就內分〈中華民族之史的觀察〉(盧於道)、〈中華民族之地理分佈〉(張其昀)、〈中華民族與氣候的關係〉(呂炯)、〈中華民族的特性及其與他民族的比較〉(孫本文)、〈中華民族之人種學的檢討〉(劉咸)、〈中國人腦及智力〉(盧於道)、〈中華民族的血屬〉(李振翮)、〈中國人之營養〉(吳憲)、〈中華民族之健康〉(許世瑾)、〈中國人種之改良問題〉(盧於道)、〈結論〉(編者) 等 11 章。對民族素質的關注角度，相當明顯。與此相關，許多提倡體育和加強營養的各種論著也層出不窮。如《捷克民族復興與體育訓練》(中華書局 1938 年版)、《體育與救國》等。後者係國民黨中央執行委員會宣傳委員會編，具體出版年代不詳，內收蔣介石的〈救國救種的唯一要圖就在提倡體育〉、戴季陶的〈由中國歷史文化上見到的體育的意義〉、吳稚暉的〈中華民族恢復強健的起點〉等 20 餘篇文章。作者還包括蔡元培、陳布雷、何應欽、朱家驊、陳立夫等，全是國民黨要員。可見它代表了當時國民政府的意旨。不過當時，也有人從激勵民族自信心角度，鼓吹中華民族人民體質優越論的，可見吳定良：〈中華民族優秀問題的討論〉，《畢節週刊》1943 年第 10 期。

實行自由通婚與融合。青年黨的核心人物之一常乃惪就是一個典型代表。他強調加緊通婚混血，乃是挽救中華民族命運的關鍵所在，認為這樣做，不僅可以自然消除各民族間的歧視，還能因此增強整個中華民族的生命活力和認同力度，實在是兩全其美、何樂不為的事情。[133] 因為在他看來，要真正解決中國國內各民族的融化問題，搞所謂「漢化」是行不通的，「不但在目前國際環境之下，如果採取這辦法，無異於迫各族離心力的加強，不是一個識時的辦法，並且在各民族的本質上看起來，漢族並不見得比其他民族較為優秀」；而依據民族自決原則，讓各民族「在平等待遇之下，實行自治」，雖然是「國民黨民族政策的中心」，但也不過是「歷代專制王朝羈縻政策的變相」，這辦法相對說來流弊較少，卻也不是根本解決問題的方策；「要解決中華國族內各民族的問題，唯一的徹底辦法，是獎勵各民族間的通婚，使各民族因血統的調合而合成一真正單純的國族」，從而以此挽救「中華國族的頹運」。[134]

類似這種主張獎勵各族之間民眾彼此通婚的意見，所在多有。如 1940 年代，就有學者發表〈大中華民族建設論〉一文，同樣強調：「民族間的通婚非但是建設大中華民族最迅速的方法，而且對於民族質量的提高，也有不可忽視的功能。」從歷史上看，

133 見黃欣周編、沈雲龍校：《常燕生先生遺集》第 2 卷，台灣常燕生先生七旬誕辰紀念委員會 1967 年初版，第 911-913、1072-1081 頁。

134 常燕生：〈國族的血〉，《國論》1937 年第 2 卷第 10 期。

中國幾個最強盛的時代，就都出現在各民族的「大混合」之後。如春秋戰國時代各民族的混合產生了秦漢的興盛；五胡十六國時代的民族「大混合」產生了有唐的崛起等。這證明了民族間的通婚，「確是中華民族求強盛的有效辦法」。[135]

整個抗戰時期，由於共同的民族命運和密切聯繫的流動的抗戰生活，不啻常乃惠等所主張的國內各民族之間的通婚交往超過了以往任何時期，事實上各民族全面多層的融合，以及整體復興的信念，也因此大大地增強了。1940年，一位回族同胞在〈抗戰三週年紀念感言〉中曾寫道：「整整三週年的神聖抗戰，已使大中華國族數千年的積弱，蒙受了巨急的刺激，從而奠定了民族復興的基礎，縈穩了抗戰最後勝利的把握。首先我們為民族復興的遠大前途，抱樂觀，感興奮！」[136] 可見抗戰對於各族人民建立在一體觀念上的大民族復興意識，產生了多麼積極的影響。

「中華民族復興」觀念和有關話語流行於民國中後期，它和現代民族國家建設的政治進程相一致，也是新興的中華民族概念符號認同的重要內容。正是伴隨著現代中華民族概念的形成和社會化運行，「中華民族復興」觀念和話語才得以產生和發展起來。一方面，現代中華民族概念構成「中華民族復興」觀念的思維邏輯前提和逐漸自覺整合的主體，體現了一種以自由、平等和獨立為價值依託的現代性特徵；另一方面，「中華民族復興」觀念又成為

---

135 沈宗執：〈大中華民族建設論〉，《新認識月刊》第3卷第2期。
136《中國回教救國協會會刊》第2卷第6、7期合刊，1940年7月。

現代中華民族概念社會化實踐的重要表現和具體而典型的話語形態，並代表著其主體認知與行動的綜合目標。

　　民國時期特別是抗戰時期，「中華民族復興」觀念和有關話語的廣泛流行，典型地反映了我們這個有著悠久歷史和燦爛文化的古老民族，在近代屢遭列強侵凌而不屈、歷經反抗而猶存，但對屈辱虛弱的現狀又復感不滿的那種特定歷史時期所形成的民族自然心態。在這種複雜心態中，既包含著對於昔日輝煌歷史的懷想，又連帶著有一種對已延續數千年不斷的民族生命力之自我欣幸和祈盼，同時還凝聚著一種亡國滅種的憂患意識和呼喚國人奮起改變悲慘命運、並且已覺刻不容緩的時代緊迫感。與今天中國基於經濟發展和國力增強的現實而激發的「民族復興」呼聲相比，那時的「民族復興」話語更多的是一種向歷史和文化的情感訴求，是自我「打氣」和「壯膽」——一種本能的自信心和責任感的主體追索和激勵，與其說它當時的取向是指望未來，不如說更多地是針對當下：面對日本帝國主義鐵蹄的踐踏，中國人格外需要一種強勁堅韌的生命意識，一種能打敗強敵的頑強信念，一種延續歷史文化和民族生存的深沉的使命感與擔當精神，而「中華民族復興」觀念和話語的播揚，正是對此種現實精神需求的最好回應。

　　抗戰時期，有關「中華民族復興」理念的宣傳活動之積極意義是不言而喻的，它超越了狹隘的黨派利益和意識形態的局限，激發和加強了國人自尊、自信與自強的奮鬥意志和生存信念，因而成為抗日民族統一戰線得以廣泛建立和發展的深沉厚重的精神基礎。

前文我們曾從三個方面，對「中華民族復興」觀念和有關話語的主流內容進行了簡單概括，應當説它實際的內涵要遠比這更為豐富和複雜。在筆者的文獻閱讀中，如果泛泛而言，此一觀念乃是眾生喧譁的，它充滿了各種內在的邏輯矛盾。若是就其紛紜的言論背後之主體的實質訴求而論，實際上最為重要的，乃是一種民族「自信心」的建設需要。而當時最困擾國人的，則是此種民族自信心與傳統文化和所謂「民族性」之間的張力關係問題。

　　清末以來，先進的中國人面對「國將不國」的民族生存危機，不得不一次又一次地深刻反省民族文化的不足與國民性或民族性的缺陷，並由此掀起了以改造國民性和整體反傳統為主旨的各種思想文化運動。但是，如果一味地自我否定，完全失去歷史文化主體性，又必然會喪失自身存在的理由和繼續前進的動力，當巨大的民族危難降臨的時候，還可能失去反抗的決心和勇氣，淪入任人宰割的境地。「中華民族復興」觀念和話語的自覺倡導者們，有些對這一困境的確是有著清醒而深刻的洞悉的，如張君勱就曾敏鋭地指出，由於當時中國正處在「改造之過渡期中」，國人對於本國「數千年制度學説」誠不知如何看待，「一方面因改造而生不信心，他方面要發達民族性而求信心，信與不信相碰頭，如何處理，實在是很困難」。[137] 實際上，這一問題的認知與實踐，已構成當時「中華民族復興」這一命題和話語自身最大的張力所在 —— 既然要「復興」的是一個有著歷史文化和血緣延續性的民

---

137 張君勱：〈中華新民族性之養成〉。

族共同體的實在生命，必須從中求「自信」，又如何能夠輕視自身的民族特性和優長？而在保持民族個性、發揚自身文化主體性的同時，又怎樣才能夠真正超越自身傳統的不足、實現現代發展的關鍵跨越並保證其持久不衰的內在活力呢？這就是近代中國歷史所留下的一個充滿悖論的文化難題。

我們在本書的引言部分曾談到，現代中華民族觀念或意識，主要由認同「中華民族」這個大民族共同體符號，關切其共同的安危榮辱、維護其權利尊嚴，以擺脫外來欺壓、實現獨立解放和現代發展兩方面的內容構成。如果將其機械地分解，或許可以用國內各民族「一體化」的整體自覺和實現整體的獨立發展與強大的「現代化」自覺這兩種自覺來加以概括。實際上，「中華民族復興」觀念的勃興和廣泛流行，正好體現了中華民族上述兩種自覺的合二為一。也就是說，民國時期，持續時間達 20 年之久、滲透範圍極廣的「中華民族復興」理念及其相關話語，最簡潔不過地把這兩大方面的關懷有機地融合在一起。在這一強勢話語中，復興的主體是整個中華民族；復興的前提、手段、機遇和有機組成部分，首先表現為挽救整個民族危亡的抗戰。但抗戰本身又不是目的所在，實現全民族的真正復興才是其最終目標。而這一切，只要國人拚死奮鬥，又都是那麼的有希望。整個抗戰時期，響遍神州的「中華民族復興」口號所帶給人們的，就是上述這些不言而喻的內容。該話語之中的核心主體詞「中華民族」，此期雖仍有用來指稱漢族者，但在抗戰全面爆發後，已經絕對主流地指向各民族的統一體，並成為了凝聚各族人民最佳的、也是最為流行

的全民族共同體符號了。

「中華民族復興」這一具有強烈導向性的時代理念，及其所引發的思潮和話語的流行，不管它有著多麼複雜的內涵與背景，無疑都有力地引導和推動了各族人民對於一體化的「中華民族」的整體認同。筆者甚至認為，它本身還因為內容涵蓋的綜合性、對於各族人民情感統一體之共同紐帶與發展趨向的鮮明昭示性，實際上構成了現代中華民族觀念最為典型的思想形態之一，而不啻是體現這一認同之流播極廣的「話語符號」而已。這也說明了認知「中華民族復興」理念對於把握現代中華民族觀念的特殊重要性。

三、「民族英雄」、「漢奸」與歷史教科書的「中華民族」書寫

在民國時期的「中華民族」觀念史上，關於「民族英雄」的認知與討論，關於「漢奸」與「華奸」概念用詞的辯爭，以及教科書中如何敘述「中華民族」，都屬於無法迴避的重要問題。特別是當時有關「民族英雄」問題的討論，由於新世紀以來國人仍為之困擾不已，故而對其加以歷史考察，筆者具有格外的興趣。

1. 抗戰前後的「民族英雄」問題

「九一八」事變之後，隨著民族危機和復興意識的強化，國人一方面開始自覺呼喚和讚頌現實中不斷湧現的奮勇禦寇、勇於

犧牲的「民族英雄」，[138] 另一方面，也由此認識到書寫和講授歷史上的「中華民族英雄」故事、自覺弘揚「民族英雄」的愛國精神，實乃服務於中華民族救亡和復興大業義不容辭的職責。因此從 1931 年開始，不僅一般報刊雜誌上能經常見到有關「民族英雄」事跡的報導，以「民族英雄」故事為主題的各種專門讀物，也隨之大量問世。

1932 年，徐用儀推出了《五千年來中華民族愛國魂》一書；1933 年，易君左編撰出版了一部《中華民族英雄故事集》，這是當時出版的此類讀物中較早和較有影響的兩種。前者曾先在天津《大公報》上連載，面對的是一般社會大眾，後由大公報社正式出版時，曾有錢玄同、黎錦熙等 20 餘位學者和名流為其或題詞或作序，聲勢頗大。如劉式南在該書序言中就認為，此書「既表彰先民於國家危難時之護國魄力與其愛國精神，更足使凡今之人凜然於先民賢肖與興亡之責任，不敢不努力於民族復興運動。此誠國難期間有關宏旨之著也，不可以不傳」。後者則是專為中學生而寫，被江蘇省教育廳指定為「全省中等學校教材」，出版一月內即數次重印，受到讀者的熱烈歡迎。在當時「關於發揚民族精神」的眾多同類著作中，被認為是「涵義深遠、文筆流利者」的「罕見之作」，「洵足稱為激發青年奮勇向上之讀物也」。[139]

---

138 如傅振倫編，1935 年初版、1945 年再版的《民族抗戰英雄傳》（青年出版社），就比較詳細地介紹了在抗戰中犧牲的海陸空將士約 200 人的傳記。

139 徐用儀：《五千年來中華民族愛國魂》（一名《五千年來中華民族愛國史的觀察》）第 1 卷，天津大公報社 1932 年版。後來各卷未見續出。易君左：《中華民族英雄故事

此後，這一類著作公開出版或內部印行的，成百上千，形式多樣，不勝枚舉。其中較為突出的有：王漢柏編的《民族英雄》（1933年）；韓棐、范作乘編的《中國民族英雄列傳》（1935年）；劉覺編著的《中國歷史上之民族英雄》（1940年），裴小楚編著的《中國歷代民族英雄傳》（1940年）；梁乙真著的《民族英雄詩話》（1940年）；沈溥濤、蔣祖怡編的《中華民族英雄故事》（1940年）；曾金編著的《中國民族英雄故事》（1944年）；嚴濟寬編著的《中國民族女英雄傳記》（1944年）；周彬編著的《十個民族英雄》（1944年）等等。此外，還有一些地方性的「民族英雄」傳記集，以及以叢書名義出版的單個民族英雄故事系列。前者像王澹如編的《關中民族英雄抗敵歌》（1939年），鄒光魯編的《隴右民族英雄集》（1939年）；後者如新生命書局1933至1934年推出的「新生命大眾文庫」中的「民族英雄事略」系列，汗血書店1936年出版的「汗血小叢書」中的「民族英雄評傳」系列等等，均可稱代表。至於報刊雜誌上所登載的同類文章，就更難以數計了。這些傳記故事作品，對於切實傳播現代的全民族意識和觀念，使其真正得到社會化的普及，所起作用不言而喻。

當是時，愛國之士們普遍認識到，從中小學開始，就應對國人進行「民族英雄」事跡的歷史教育，以培養民族意識和抵抗精神，這一做法已刻不容緩。如1935年，曾任浙江省圖書館館長、

集》，鎮江江南印書館1933年印行。有關此書的評論，見〈《中華民族英雄故事集》經已出版、風靡一時〉，《僑務月報》1934年第1卷第4期。

長期從事中學和大學歷史教育工作的陳訓慈其人（蔣介石的「文膽」陳布雷之弟），就在著名的教育雜誌《教與學》上發表〈民族名人傳記與歷史教學〉的長文，明確提出並系統表述了為何要在歷史課程中進行有關教育，以及如何有效地開展這一教育的建議和主張。

在陳訓慈看來，中國歷史教學當時的「中心目標」，就應該是「充分表達本國民族之由來變遷與演進，提示民族偉大的事跡，而引起學生之強烈的民族意識，激勵他們為本國民族的生存與繁榮而努力」。因為「這一個世界還是民族角逐的世界，歷史也還應是民族本位的歷史，而歷史教學也更應注重民族立場的需要……這種企圖在中小學歷史教學上尤應注意，以期打破青年的消沉風氣，而樹立起民族自信力，喚起其對民族的責任。而在許多本國史的材料當中，最足以達到這樣目標之效者，便是有關民族興衰的偉人事跡所寓的傳記」。他還特別引用了今人熟悉的克羅齊「一切歷史都是當代史（他譯為『現代史』）」的理論，來為自己的論證服務，並呼籲國人特別是歷史教育工作者，要努力撰寫「具有民族性的名人新傳記」，「將古人捨身為國那一種激昂磅礴的情緒，重新在青年們的內心燃燒起來，以鼓鑄他們對國家民族一種說不盡的熱情」。[140] 陳訓慈這裡所謂的「民族名人」或「民族偉人」，實際上不過是「民族英雄」的另一種表達。在陳氏之後，響應其號召的沈明達發表過一份〈初中本國史中補充「民族

---

[140] 陳訓慈：〈民族名人傳記與歷史教學〉，《教與學》1935 年第 1 卷第 4 期。

英雄史實」教材的擬議〉，思考在歷史教學中如何將陳訓慈的主張加以具體落實，其中就把「民族名人傳記」，直接改成了「民族英雄史實」。[141]

1935 年，也就是日本逼近關內、「華北危機」急劇深化的那一年，與陳訓慈發表〈民族名人傳記與歷史教學〉一文幾乎同時，「國民革命軍遺族學校」得風氣之先，在本校所辦的《遺族校刊》上，率先發起了關於「民族英雄」問題的討論，頗值得今人關注。該校是國民黨在南京中山陵附近創辦的革命烈士子弟學校，這些烈士遺屬強烈的「英雄」情結，或許成為其發起這一討論的主觀動力。不過烈屬們的有關討論卻是相當理性的，他們公開表示，「民族英雄」絕不僅局限在所謂「英烈」的範圍之內，而必須能體現出新時代寬闊的民族視野和鮮明的現代關懷。如中學生譚少惠在其「課藝」作文〈民族英雄的界說〉中，就明確指出，一般人說起「民族英雄」，都會想起那些「抵禦外侮的武夫」，而現在要救國難和復興民族，「單靠武力」是絕對不夠的，而應當看到「造成現代武力的背景」，用今人的話來說即是綜合國力。故他給「民族英雄」下的定義範圍極廣：「凡一個民族的文化、國防、工業、經濟、道德、政治、藝術、科學各方面，或破產，或落後，或不彰，如有人能努力於一方面，或一方面裡的一小部分，而能對於

---

141 沈明達：〈初中本國史中補充「民族英雄史實」教材的擬議〉，《浙江教育月刊》1936
年第 1 卷第 5 期。

全民族有利益的，都可以叫民族英雄。」**142**

　　另有一中學生在〈認清中國的現代來找民族英雄〉一文中，提出了從時代精神出發找尋「民族英雄」的新標準。他認為：「不論任何人，只要他能用種種方法，無論文的、武的、急的、緩的，來延長和光大他民族的生命的，都可稱謂民族英雄。」而延長和光大民族生命的因素，主要有兩個：一是民族文化，一是民族精神。近百年來中國民族衰落的真因，就在於「民族文化核心的喪失」，雖然「現在我們所謂中華民族，實於漢族之外猶包含若干不同的民族」，但「其維繫的力量無疑的是漢族文化做了中心的緣故」。而在這方面，真正有遠見有擔當的孫中山最為難得，故他認為「孫中山先生亦正是我們認為最（具）時代性的『民族英雄』」。**143**

　　在《遺族校刊》所登載的有關「民族英雄」的討論中，中學生們似乎更為重視那些對於整個中華民族的命運具有重大影響的領袖人物。這與那個時代中國的民族命運，實在息息相關。有篇題為〈民族英雄應具之特性〉的文章就強調，「中國幅員廣大，民族血統複雜」，滿蒙回藏瑤等各族都「各具其特殊性格」，但就中華民族的整體而言，卻又有其共同的民族性格缺點，如「好偽怯懦，缺乏國家思想、進步精神、生產能力」等等，故而在作者看來，現代中華民族的民族英雄，應該領導人民去克服這些民族弱

---

142 譚少惠：〈民族英雄的界說〉，《遺族校刊》1935 年第 2 卷第 4 期。

143 陳雨耕：〈認清中國的現代來找民族英雄〉，《遺族校刊》1935 年第 2 卷第 4-5 期。

點，因此他必須具有「堅強的民族意識」和「熱烈的愛群精神」，具有「高尚純潔的人格」、「真實的統制力量」和「堅固的自信決心」，「凡領袖能具備上述各項應有特性者，即是民族英雄」。孫中山就堪稱這樣的民族英雄。[144]

還有一位學生，也從民族領袖的層面來思考「民族英雄」問題，他同樣把孫中山和蔣介石視為中國的民族英雄，但他同時又強調「民族英雄」具有「時間性和空間性」，認為不同的國家和民族，具有不同的民族英雄：彼族的英雄，未必是此族的英雄，在彼族得到讚美謳歌的民族英雄，而在此族卻可能招致怨恨和咒罵。比如中國的民族英雄孫中山，「我們固然是視他為恩人的感謝他，但在列強卻未嘗不視他為勁敵的仇恨他」。不過，作者所謂的空間性，卻主要是針對中華民族大家庭之外的民族而言。至於民族英雄的「時間性」問題，他則寫道：「無論是哪種學說、制度、道德標準、政治潮流，都含有一種無形的時間性，民族英雄的定義，當然也不能例外的。比如歷史上讚美忠君殺賊的岳武穆、曾國藩，如今有些人卻不迷信他，而情願把『民族英雄』這個徽號加之於梁山泊上的英雄、天平天國的好漢。所以民族英雄不但在橫的方面 —— 空間上有不同的價值，同時在縱的方面 —— 時間上也有不同的批評。」此外，他還列舉了世界各國 20 世紀的民族英雄，如土耳其的凱末爾、印度的甘地等等，強調他們為國爭光

---

144 陳伊璇：〈民族英雄應具之特性〉，《遺族校刊》1935 年第 2 卷第 4 期。

的方法不同,「無非是能夠適應國情而已」。**145** 甚至他還不適當地把法西斯分子墨索里尼說成意大利的「民族英雄」。在當時中國民族危機深重的特定時代背景下,有國人寄望並呼喚具有「領導能力」的獨裁人物能夠力挽狂瀾,實在也並不奇怪。**146**

應當說,這些中學生們關於「民族英雄」問題的討論總體水平並不高,不過它們卻很好地反映了當時中國人對於「民族英雄」的期待心理,以及社會化的普遍認知水平。由於當時包括少數民族在內的整體「中華民族」觀念正逐漸深入人心,因此談論現實的「民族英雄」時,人們一般都會很自然地以全民族為對象,即便是泛泛談論遴選歷史上的民族英雄的標準時,也往往如此。如有篇評論徐用儀的《五千年來中華民族愛國魂》和易君左的《中華民族英雄故事集》兩書的書評作者,就公開聲言:

選擇民族英雄的標準 —— 凡是中華民族的一份子,為著民族國家的利益(包括民族的生命和榮譽,國家的土地和主權),而犧牲他自己個人的利益(包括個人的體力、智力、財力以及生命力),都是中華民族的英雄。但中國歷史上民族英雄史不絕書,為求闡揚表率起見,得就歷代中選擇若干民族英雄以為代表,俾

---

145 孫穎菁:〈二十世紀的民族英雄〉,《遺族校刊》1935 年第 2 卷第 4 期。

146 稍後也有其他人從領袖人物角度來談論「民族英雄」,認為在當時中國民族危機的險境下,中華民族不僅需要文天祥、史可法這類民族英雄,以及意大利馬志尼那樣的民族英雄,還需要墨索里尼這樣的強人式「積極的創造的民族英雄」。見豈凡:〈中華民族和民族英雄〉,《革命空軍》1936 年第 3 卷第 1 期。

資取法。[147]

也有人把「中華民族」的「民族英雄」標準提得較為具體，強調這樣的「民族英雄」，必須具有對內發揚固有民族道德、對外勇於抵抗侵略、不惜為國獻身的精神或態度。如 1936 年發表的一篇題為〈中華民族和民族英雄〉的文章就這樣寫道：

「民族英雄」這是一個抽象的名詞……目前我們需要頂天立地的民族英雄，比之過去更加迫切。所謂英雄是一種「威武不能屈、貧賤不能移、富貴不能淫」的硬漢，加上聰明的頭腦，敏銳的眼光，有計劃地前進，抱定「鞠躬盡瘁、死而後已」的精神。民族英雄則是根據這種態度，處處著眼於國家民族。印度的革命家，多是有到死也要捏一撮祖國的泥土而授命的決心的；希臘的勇士，對著祖國都有最沉痛的熱血的。雖然，成功與否，那是環境決定的，換言之，那是要看時間與空間所給予的機會。但是有了這種精神的民族英雄，那是已具備了決勝的條件。

中華民族的民族英雄，他的任務對內須要發揚固有道德，具體地說要把「禮義廉恥」的四維和「忠孝仁愛信義和平」的八德儘量提倡，促進養成一種風氣，挽救了頹廢了的倫理觀念，同時還要把武士道的精神，灌輸到一般民眾，使得人人都有愛祖國的

---

147 東榮松：〈怎樣編輯中華民族英雄傳記？對於中華民族愛國魂及中華民族英雄故事集之批評和意見〉，《天風》1937 年第 1 期。

心理。這是總理所昭示的革命必先革心，我們把它具體化來演釋一下而已。他的任務對外須要抗拒強暴，反對侵略，與祖國共存亡。他的（每）一滴血都要為祖國為民族而犧牲。[148]

可見，該作者的「民族英雄」標準，主要還是瞄準當下中華民族危機時期民族國家的領導人物之必備條件而提出要求的。

但是，說起來容易，要真正將其標準貫徹到底並能給出令人信服的切實說明，尤其是把古今民族英雄的評判標準真正統一起來，卻並非易事，甚至根本無法做到。當時一般的民族英雄榜，往往只是簡單地開列歷史人物名單，而並不去作詳細解釋，這一點實不難理解。不過儘管如此，從當時所開列的各種民族英雄的榜單中，我們依然能夠見及一些有關的選擇性特點。以此為據，還是可以窺見現代中華民族觀念在其中所發生的實際影響之一斑。

從筆者所搜尋的有關資料來看，當時人們所敘述和認為的「民族英雄」，一般都並不限於漢族，或者說不排斥而是包括蒙古族、回族等其他少數民族在內。像元太祖蒙古人成吉思汗和明朝「七下西洋」的回人鄭和，就是許多民族英雄傳裡都要提到的人物。有的英雄傳記集還非常自覺地強調這一點，如劉覺所編著的《中國歷史上之民族英雄》一書，其「凡例」中就鄭重寫明：「本編所列民族英雄，不限於漢族，凡滿蒙回藏，對外有功績者，亦並載敘，以符五族一家之旨。」從該書實際收錄的「民族英雄」

148 豈凡：〈中華民族和民族英雄〉。

等來看，也包括了蒙古族的成吉思汗、回族的常遇春和鄭和等人。[149] 在這方面，最能代表國民政府的國家意志，也能集中體現這一時期時代主旋律的「大中華民族」觀念的舉動，恐怕莫過於全面抗戰爆發前夕，中央文化事業計劃委員會所通過的表彰 40 名中華民族歷史上的「民族英雄」之決定。

1937 年 6 月 3 日至 4 日，在國民政府中央文化事業計劃委員會副主任張道藩的主持下，請來該會下屬的史地語文兩研究會的成員柳詒徵、蕭一山、胡先驌、張世祿和少數民族人士艾沙等前來開會討論，專門就「表彰民族英雄的議案」發表看法。經過長時間的反覆研討，最後決定先將秦始皇、蒙恬、漢武帝、霍去病、張騫、蘇武、馬援、竇憲、班超、諸葛亮、謝玄、唐太宗、李靖、李勣、劉仁軌、王玄策、郭子儀、李光弼、宗澤、韓世忠、岳飛、文天祥、陸秀夫、元太祖、耶律楚材、薩都拉、明太祖、鄭和、唐順之、俞大猷、戚繼光、宋應昌、熊廷弼、袁崇煥、孫承宗、史可法、秦良玉、鄭成功、左宗棠、馮子材等 40 人，推為「民族英雄」，特通告全國並徵求傳記。該表彰決定被報道之時，文前還有一段交待文字，特申明「中央文化事業計劃委員會，以我國歷史久遠，代有特起人物，故列表而出之，藉作人群模楷，增強民族自信力」，遂有此次表彰民族英雄的決定

---

149 劉覺：《中國歷史上之民族英雄》（上下卷），重慶：商務印書館 1940 年初版，1945 年第 3 版。

出台。**150**

　　不過，不知是因為「茲事體大」，還是由於一個月後日本就全面侵華、無暇顧及的緣故，此後這個中央文化事業計劃委員會的決定似乎再也沒有見到正式的下文。而且當時已有的多個報導，在涉及少數民族的英雄名單時，所列之名竟然還有不盡一致之處。如在另一種報導裡，元朝契丹人耶律楚材和著名詞人、書畫家回回人（一說蒙古人）薩都拉，就分別被耶律太后和拔都二人所取代，而且後者報導的單位似乎還要更多。至於其幕後真相究竟如何，尚容筆者日後有機會發掘檔案，再予證實。但無論如何，有一點可以肯定，那就是1937年6月，國民政府中央文化事業計劃委員會，確曾形成過一個關於表彰中國歷史上「民族英雄」的初步決定。

　　從這一表彰決定所列舉的40位「民族英雄」名單來看，少數民族至少達到了五人以上，除前面提到的三人之外，尚有唐代名臣、契丹人李光弼和回人鄭和。若按比例計算，來自少數民族的中華民族英雄超過總數的十分之一還多。這無疑體現了當時主導中國的現代中華民族觀念的深度影響。

---

150 〈中央文化事業委員會表彰歷代民族英雄〉，《浙江教育》1937年第2卷第7期。筆者見到的另外三個報導，則所列英雄名單相同，表述文字略有差異。如《國際彙刊》1937年第6卷第2期登載的報導題為〈中央文化計委會決定表彰的民族英雄〉，作者署名為「亞」，其中沒有關於會議主持人和參加討論者的內容；《前途》雜誌1937年第5卷第7期的報導，《興華週刊》1937年第34卷第21期的報導，兩者均題為〈表彰民族英雄〉。

「九一八事變」以後，成吉思汗之所以多被選入大中華「民族英雄」之列，主要是鑒於其開疆拓土、震撼世界的聲威，同時也可能與其不曾直接征服漢人的經歷有關。如前文提到的遺族學校學生譚少惠，就認為「像元太祖那樣威震四方，我們應該叫他民族英雄」。[151] 1936 年，前面提及的「汗血小叢書：民族英雄評傳」系列，其中有一本詹滌存所寫的成吉思汗評傳，就題為《縱橫歐亞的成吉思汗》。1939 年，一個以「中華」為筆名的人在著名的《和平月刊》上，發表了題為〈元太祖成吉思汗的一生：一個中國民族英雄〉的文章，其「編者按」寫道：「成吉思汗這位中國民族一代的英雄，在他生前，幾乎統一了全亞洲，而且還兼併著半個歐洲，他的大名，早已傳遍著全世界了。」[152] 前文我們曾談到 1939 至 1946 年間，中共在延安每年都要隆重公祭成吉思汗，視他為「中華民族」大家庭所共有的民族英雄，則更為清楚地說明了這一點。其 1940 年的「祭文」讚曰：「懿歟大帝，宇宙巨人，鑠歐震亞，武緯文經，建國啟疆，幾倍禹蹟，偉烈偉猷，今古無匹。滿蒙血系，同出炎黃，祖宗之烈，民族之光，救國救種，旨在團結，鬩牆燃萁，庸奴自賊，中山遺訓，五族共和，爾毋我詐，我毋爾虞，矧在蒙胞，悲歌慷慨，奮赴同仇，執戈前列……」[153] 該祭文不僅清晰說明了成吉思汗作為中華民族英雄的

---

[151] 譚少惠：〈民族英雄的界說〉。

[152] 中華：〈元太祖成吉思汗的一生：一個中國民族英雄〉，《和平月刊》1939 年第 6 期。

[153] 江湘：〈延安各界舉行成吉思汗夏季公祭〉。

業績，也表達了當時人們之所以要紀念他，是藉以實現全民團結抗戰的時代精神。拔都的入選，也應當是基於大體相同的理由。

至於鄭和，人們多願意視他為「民族英雄」，則是由於其率先航海的海外「拓殖」經歷和「探險精神」具有時代性，再加之他還有著特殊的回民身份之故。如《十個民族英雄》一書的作者周彬，就將鄭和列為第八位民族英雄，在談到其入選理由時，周彬指出：「因為他那種探險精神，真不愧是我國歷史上第一個航海冒險家，而他七下西洋，三擒番長，縱橫海上二十年，尤其開中華民族揚威海上移植外洋的先河，平功偉略，誰能否認他是一個千古稀有的民族英雄呢？」同時作者還強調：「鄭和是雲南昆陽（現在的雲南省昆陽縣）人，本姓馬，先世原是信奉回教的回回人。」[154] 由此可見一斑。

抗戰前後，在有關「民族英雄」的故事書寫和討論中，筆者似不曾見到有像今人那樣，否認岳飛和文天祥等為「中華民族英雄」、而只願將其視為漢民族英雄的情形。這可能是筆者受到閱讀史料範圍的局限所致，更可能與當時日寇侵略當前、尚不具備在這方面展開爭論的客觀條件有關。當時流行的各種「民族英雄」

---

[154] 周彬：〈十個民族英雄：八、鄭和〉，《進修》1939 年第 10 期。此文後由浙江國史學研究社 1944 年作為「史學進修叢書」的一種出版。1933 至 1934 年，由新生命書局出版、樊仲雲主編的「新生命文庫：民族英雄事略」系列，就包括有著名學者陳子展所寫的《鄭和》一書。1933 年，衡湘中學高二學生唐炎在〈我國歷史上民族英雄之題名錄〉中，也列入鄭和，並稱：「和以太監航行南洋，樹威海外，亦英雄也。」見《衡湘學生》1933 年第 6 期。

傳記裡，大多少不了岳飛、文天祥、戚繼光、史可法等今人耳熟能詳的名字。在這方面，袁清平所編的《四大民族英雄：岳文戚史集》（軍事新聞社 1935 年版）一書，頗堪代表。即便是有人懷疑岳飛等為「民族英雄」的合理性，也並非從「民族」問題本身著眼，而是批評其「忠君愛國」的思想行為不合現代精神。實際上，抗戰前後，書寫這類民族英雄故事者，多為漢族知識分子，其漢族本位意識的遺留以及對少數民族歷史瞭解的極端缺乏，實在都是毋庸諱言的。何況「民族」乃是一個現代的概念，以此為據進行古代中國歷史上的所謂「民族英雄」評選，其本身究竟帶有多少歷史合理性，今天看來也已成為一個需要加以反思的人文課題。

不過，從思想觀念史的角度來看，在當時這卻是毋庸置疑的一種「客觀存在」。並且從中，我們還可以看到一些值得注意的歷史現象。比如，由於抵抗日本侵略的現實需要，歷史上凡與抵禦或征討日本有關的歷史人物，往往容易被「授予」民族英雄的稱號。像明代的「抗倭」人物，就較多地被列入當時的各種「民族英雄榜」之中。以 1933 年易君左的那部《中華民族英雄故事集》為例，其抗胡、抗金、抗元的英雄都只列了寥寥幾個，而元明抗倭的「民族英雄」竟一氣列出 47 個之多，簡直要超出其他小類人物近 10 倍，而且大多都為時人乃至今人十分陌生者。同時，對於晚清以降在抗英、抗法、抗俄、抗日等領域出現的「民族英雄」，由於不涉及中華民族的內部關係，總體說來也是各種「民族英雄傳」所樂於收錄、加以重視的部分，並且數量也呈逐漸增

多之勢。自然，人們對於這一過程中出現的來自少數民族的「民族英雄」，也常常會給予格外的關注和讚美，這也順理成章。像回族英雄左寶貴、馬本齋，就被時人共同推舉為中華民族抗日之「民族英雄」，成為當時大小民族雙重認同的兩個格外耀眼的「民族英雄」之典範。[155]

不僅如此，選出「民族英雄」之後，如何撰寫好這些英雄故事，特別是如何在行文中有效貫徹現代中華民族一體觀念，以真正收到激勵和團結各族人民共同抗戰的切實效果，仍然是問題重重。1939 年，河南大學有位青年歷史教師劉德岑就專門撰文，對當時各種歷史英雄故事中存在的「民族問題」，提出「商榷」和批評，認為「編寫歷史故事的時候，關於民族問題是最值得警覺的一點」。他特別批評了其中的「大漢族主義」毛病，指出：

我們抗戰時期出版的歷史讀物，多是大漢主義的寫作。說人物是以漢族為最多；說事功也是以漢族去誇耀。漢人的文化當然是中華民族中最高的了，這是事實，也不必強辯。然而有高度發展的文化的漢族，對於國內比較落後的民族，應有提攜互助領導的義務，而不應當歧視他們的。過去的歷史讀物大都忽略此點。對於國內各種族民族文化沒有注意過，這是由於傳統的觀念的錯誤。歷史讀物的編者習而不察的寫出來，往往給敵人以挑撥離間

---

155 參見震東：〈回教民族英雄 —— 左寶貴〉，《綠旗》1939 年第 1 卷第 3 期；佚名：〈回回民族英雄、中華民族英雄馬本齋同志〉，《祖國呼聲》雜誌 1944 年第 2 期。

的機會。現在我們需要的是全國族的精誠團結，應著眼於全國族的演進，尤應努力激發全國族共同的民族意識。要使國內各族界限泯除，更須使全國同胞一接觸外國人，便有我是中國人的感覺。如此才是中國人編著的歷史讀物，才是中國人應當讀的歷史讀物。

因此在我們寫歷史故事的時候，凡本國史上以漢族為主體的部分，現在應用起來都有重新估價的必要。對於漢、滿、蒙、回、藏、苗、夷各民族從前摩擦的史實，在今天編寫讀物的時候，必須特別的小心。把從前傳統的狹隘的觀念，應一掃而去。雖然我們歷史上各民族因為交通上和文化上的關係，各族還大都保留著獨立的語言、文字、宗教、風俗和習慣，並且他們和漢族也發生過許多次戰爭，但這是內戰是同室操戈，決不是種族間的戰爭，更不能因此而說中華民族的分裂。**156**

劉德岑還特別提出兩個具體建議：一是寫歷史故事時，「對於歷史史實的應用，要有取捨的工夫」，不能毫無選擇；二是在行文上，對國內各族的稱呼要有高度的敏感。關於後者，他尤其強調不能「以異族、外族等名詞稱漢族以外的民族，以與中國相對稱。……即字句間應用中國人之處，而使用漢人或漢民族字樣，也完全係外國人的筆調」，不能盲目上當受騙。關於內容選

---

156 劉德岑：〈對於編纂歷史故事的商榷〉（續），《建國與教育》1939 年第 4-5 期。該文第一部分載於該刊 1939 年第 2 期。

擇，他則舉了三個當時被樹為「民族英雄」的故事為例來加以說明。一個是班超和張騫的故事。在他看來，「班超立功西域，《漢書》上大書特書，在今天西域早已是我國的一部分了，就沒有照書直抄作為歷史故事的價值；倒是張騫通西域回來報告西域的風土人情，溝通兩方的文化價值得宣傳」。這一建議，當時曾頗有共鳴。大約在這兩年之前，針對國民政府中央文化事業計劃委員會表彰「民族英雄」的 40 人名單，就有人覺得專講「中國外患的抵禦者」的故事不免片面，對外和平交流其實也很重要，故特別提出張騫出使西域的意義問題，強調他作為「民族英雄」，不僅在於其禦侮之可貴，更在於他「是交通使者，文化使者，貿易使者，於中國的文化史上，建立大功的」。[157] 劉德岑所舉的第二個例子，是朱元璋起兵的故事。他認為「明太祖推翻元朝，我們只能認為元朝的官吏太壞，不能認為是與蒙古有仇，這道理是很淺顯的無須申述」。也就是說，只須強調「朱元璋推翻腐敗政府，解除民眾痛苦」就夠了，根本不必提蒙漢矛盾。不僅如此，中國人「把成吉思汗的遠征異域，也應當同樣的認為是我大中華民族的光榮」。劉德岑所舉的第三個例子，乃是關於前清攻打過西藏的年羹堯和岳鍾琪的。他陳述的理由如下：

年羹堯岳鍾琪平定西藏，這是清代的豐功偉業。但是在拉卜楞寺的藏族中，每逢迎神賽會，必殺兩個魔鬼，魔鬼的名字就是

---

157 佚名：〈由表彰民族英雄說到張騫西征〉，《軍事雜誌》1937 年第 104 期。

年羹堯和岳鍾琪。此外還有一出鄉土劇，也是表示各部落精誠團結殺年羹堯與岳鍾琪的。這種意識的存在，足以激起民族間的惡感，至為明顯。如果我們今日再表揚此類的典型，正是替敵人製造了分裂國族、實行以華制華的武器。**158**

可見，這位大學歷史教師的現代中華民族觀念，已然與其深沉的憂國之心和抗戰念想，相當自覺地緊密結合起來了。不過，其偏頗之處亦顯而易見，有的甚至已逾歷史學科底線。他的「中華民族」觀念本身，也屬極端一類，如他認為中國「只有國族而無民族」，「『漢民族』三字明明是倭寇特意用以分化中國人的怪名詞之一」**159** 云云，所論也缺乏必要的根據。據說，史學大師陳寅恪對於當時教育部不准中學歷史教科書談古代民族之間的戰爭，以免「挑撥民族感情」的部令，就曾不表認同，理由是大可不必，並且認為此種做法，於「近年來歷史學上之一點進步完全拋棄，至為可惜」。**160** 但這已是另外一個問題了，此處不擬展開討論。

2.「漢奸」與「華奸」之辯

「民族英雄」的反面乃是「民族敗類」和「民族罪人」。抗戰時期，有關中華民族背叛者的社會政治概念用語除了「民族敗類」

---

158 劉德岑：〈對於編纂歷史故事的商榷〉（續）。

159 同上。

160 蔣天樞：《陳寅恪先生編年事輯》（增訂本），第 98-99 頁。

等之外，還有「華奸」、「國奸」、「賣國賊」等，其中最為流行的則屬「漢奸」，尤其是在國民黨控制的廣大國統區，更是如此，它們與現代中華民族觀念之間，存在著某種直接間接的關聯，這裡，不妨略做考述和辨析。

1931 年「九一八事變」前後，國內指稱中華民族中出賣全民族利益和中華民國國家利益的「漢奸」一詞，開始大量流行。全面抗戰開始之後的 1937 年 8 月 23 日，國民政府公佈了《懲治漢奸條例》，同日施行，這一現代概念的「漢奸」一詞及其內涵，因之得以傳播更廣，一直延續至今。關於現代「漢奸」概念的流行與日本侵華的關係，早在當年的中國，就有人深有感觸，給予揭示。如有兩個不滿自己被指為「漢奸」的人在自我辯護的文字中，就都曾提到這一點。其中一個寫道：「九一八事件製造了一個新名詞叫做漢奸。喜新厭故是中國人的天性，自從這個漢奸新名詞產生出來之後，便代替了賣國賊這個舊名詞成為罵人的新利器，而共產黨徒更利用之以為排除異己侮蔑政敵的唯一的工具。」[161] 另一個則寫道：「漢奸漢奸，我們是久聞大名了，尤其是自從『九一八』乃至『一二八』以後漸至去年『七七』，與日本帝國展開最大血戰直到於今，打倒漢奸，剷除漢奸，這一類義正詞嚴的呼聲，更加叫得震天價響。…… 一唱百和，街頭巷尾，不知為這一不祥名詞，斷送了幾多我們中華民族的好事同胞！這大批冤魂怨鬼的代價，只換得我們敵人的得意。」他甚至聲稱：「羅

---

161 沈勇：〈論漢奸〉（上），《抗議》旬刊 1939 年第 5 期。

蘭夫人曰:『自由自由,天下許多罪惡假汝以行』,今當易一名詞曰:漢奸漢奸,天下許多罪惡假汝以行!」[162] 筆者以為,瞭解「漢奸」一詞及概念在抗戰時期的使用和論辯,將有助於今人把握現代中華民族觀念的兩種核心結構:單一性民族論和複合性民族論的差別,以及當時國內外的輿論環境及其複雜影響。

雖然,「漢奸」一詞極度流行是抗戰時期的歷史現象,但該詞在當時卻絕非是甚麼新名詞,無論是就這兩個字的合成詞而言,還是就該詞的現代含義來說,都是如此。王柯教授較早對「漢奸」一詞作出深入的學術考察,他認為清代以前似未曾見過「漢奸」一詞,該詞於清代康熙時期開始出現,初被用於譴責那些在西南苗人等聚居的邊疆地區圖謀不軌的「漢人奸徒」,晚清時才被運用到對外關係之中,使用在那些「通敵」者身上。他還較早看到了早在辛亥革命時期,反滿革命黨人站在漢人立場上,將「漢奸」作為投靠滿人、出賣漢民族利益者來反其道用之的另類情形,[163]並將這一革命話語與抗戰前後廣為流行的現代「漢奸」概念聯繫起來討論,強調「只有處在現實中為多民族國家,而又不顧現實追求單一民族國家形式的民族主義思想的怪圈中,才可能出現『漢奸』式的話語」,在實現了單一民族國家的國度裡,反而不會

---

162 大車:〈誰是漢奸〉,《新中國》1938 年第 1 卷第 2 期。

163 桑兵最近對此問題有深入研究,見其〈辛亥前十年間「漢奸」指稱的轉義與泛用〉,載清華大學人文學院歷史系、中國社會科學院近代史研究所政治史研究室合編:《「第七屆晚清史研究國際學術研討會 —— 中國近代制度、思想與人物研究」論文集》(下),第 614-632 頁。

有這樣的現象，故他將其文題為〈「漢奸」：想像中的單一民族國家話語〉，其中隱含著批判近代以來的大漢族主義之意。[164]

青年學者吳密在王柯工作的基礎上，又將研究向前推進一步。他發表〈「漢奸」考辯〉一文，不僅找到清朝時期更多「漢奸」一詞的使用材料，還發現明末在經營和治理西南土司地區的過程中，有關官員已經在相同的意義上使用了「漢奸」一詞。不過在他看來，該詞的較多使用，還是從雍正朝開始。「雍正以前，漢奸一詞沒有大量流行過。此後，漢奸一詞逐漸傳播開來，雍正朝正式成為最高官方話語大量出現在聖訓、實錄和起居注中……我們現在所熟知的石敬瑭、秦檜、張邦昌、張弘範、吳三桂等人頭上的漢奸帽子並不是當時人戴上去的，而是後人不恥他們的言行追加塑造的結果。」[165] 吳密還研究指出，漢奸之「奸」專指其「在外作亂」，故鴉片戰爭以前，該詞主要被官方用來譴責與「生苗」、「野番」、「逆夷」交往、勾結並在外作亂的漢人，此種「漢奸」不僅經常出沒於國內邊疆地區，也出現在與越南、緬甸等鄰國的交往活動中。鴉片戰爭爆發後，「漢奸」一詞被大量用來指稱與英人勾結、出賣朝廷利益的漢人，並擴大到漢人以外的那些出賣國家利益的中國人身上。晚清時期，不僅是出賣國家利益的人，而且崇洋媚外、裡通外國的中國人，也都曾有被官方和民間指斥為「漢奸」者。在該文中，吳密特別批評王柯籠統地稱「漢

164 王柯：〈「漢奸」：想像中的單一民族國家話語〉，《二十一世紀》2004 年 6 月號。

165 吳密：〈「漢奸」考辯〉，《清史研究》2010 年第 4 期。

奸」為「想像中的單一民族國家話語」有不妥之處，認為清末以前中國人還沒有現代民族國家觀念，而且晚清官方主導的「漢奸」話語，也無法如此解說，即便是章士釗、劉道一等反滿的漢人革命黨之「漢奸」話語，也只不過是從漢族立場出發，對清廷官方的「漢奸」話語加以顛覆而已，他們因此把漢奸分為「愛己」和「害己」兩種，認為「害己之漢奸」才是「真漢奸」。相比之下，清末革命黨人的「漢奸」話語不僅時間短、僅限於革命黨範圍內，且很快隨著辛亥革命爆發，五族共和說主導國家輿論，革命黨人迅速調整了排滿觀念，故將其此類言談稱之為「想像中的單一民族國家話語」，未免太過簡單。其言下之意，民國至抗戰時期現代「漢奸」一詞的流行，不過是對清代官方「漢奸」話語的一種接續和延展而已。**166**

筆者以為，王柯的解說或能部分說明抗戰前後蔣介石國民政府對現代「漢奸」話語的推波助瀾作用，要想令人信服地解釋這個帶「漢」字的巨大貶義詞得以在中國流通開來的原因，還必須將其與吳密的解說結合起來。甚至，吳密等學者認為晚清時期，「漢奸」一詞在現代意義上使用還只是「有所表現」，其對程度的估計恐怕仍然有所不足。除了人們已經較多談到的鴉片戰爭和義和團運動時期的用例之外，筆者還可以舉出中法戰爭和甲午中日戰爭時期一些新的例證來。

如 1885 年 3 月 6 日，也即中法戰爭其間，《申報》頭版就曾

---

166 同上。

發表〈解散漢奸說〉的社評，直可謂一篇討伐漢奸、警告漢奸並勸喻漢奸改邪歸正的「民族主義」宣言書。其中所用「漢奸」一詞，就是指稱包括漢、滿、蒙、回、藏等所有中國人在內的「為法人作間諜」、「為法人作奸細」者。其文痛批那些充當法國奸細的「漢奸」，「以中國之人，居中國之地，祖宗幾代悉隸中國之籍，有生以來衣於斯、食於斯、歌哭聚處咸於斯」，竟然「不知中國外國之分」，為貪圖不義之財，出賣國家利益。一時貪心，卻要遭萬世唾罵，「其子若孫，亦將不齒於人」云云。**167** 又如 1894 年 9 月 4 日，即甲午中日戰爭期間，《申報》頭版發表〈防奸續議〉一文，認為在當時中國，「奸細有二：一為漢奸，一為倭奸。非漢奸則倭奸無所容身，非倭奸則漢奸亦不能傳消息」，兩者狼狽為奸。且倭奸易識，漢奸難辨。警告「凡有華人之為倭人間諜者，獲即斬首，略不稽留，即使幸脫網絡，逃之海外，亦設法拘獲，明正典刑」。值得注意的是，該文還以漢奸「本係華人中之無賴」，又並稱之為「華奸」。**168** 這樣含義就更加明確無疑。由此可見，將「漢奸」和「華奸」等同使用的做法，早在晚清時即已

167〈解散漢奸說〉，《申報》1885 年 3 月 6 日。美國學者沙培德等認為晚清的中國認同只是來源於所謂「禮儀政體」，「說到底，縱使清代中國擁有一種共享的文化意識，但它是否生成了一種民族認同仍是另一個問題」，斷言「在 19 世紀最後一些年之前，（中國）難以找到對民族主義感覺（『我是中國人，忠誠於中國』）的表達」。見沙培德著、高波譯：《戰爭與革命交織的近代中國》，北京：中國人民大學出版社 2016 年版，第 69-70 頁。這樣的說法，在西方中國研究學界很普遍，顯然是過於僵化絕對了。

168〈防奸續議〉，《申報》1894 年 9 月 4 日。

形成，而並非民國時才出現的新現象。

「九一八」之後，「漢奸」一詞大為流行，面對此情，具有現代中華民族觀念者出現兩種態度，一種是接受或被動接受；一種是認為不妥，加以反對或表示抗議。接受或被動接受者有一種解釋，那就是該詞雖來源於傳統漢詞，但不同於以往那種用於國內民族之間的舊含義，也即不再是「漢族的內奸」，而是一種「新漢奸」，即「中華民族的內奸」。有篇〈漢奸新論〉就是持此意見。作者解釋説，由於資本帝國主義的入侵，「舊存中國內部諸種族間的矛盾，卻在帝國主義者壓迫的這一點統一了，以前相互衝突戰爭的諸族，現在都因共處在被壓迫被剝削的地位而結合起來，而形成中華民族。……中華民族為取得生存與解放，必須掙脱帝國主義的壓迫侵略，就在這種矛盾的關係裡，有少數中國人也像過去的漢族的內奸一樣，勾結帝國主義者來殘害並出賣中華民族，甘作中華民族的內奸，因之，大家便沿用古已有之的舊名詞，亦呼之曰漢奸」。作者同時強調，「目前的漢奸實在是『借屍還魂』的新漢奸，他們的確不是秦檜之流的血統，我想叫他們做『摩登漢奸』時比較來得妥切。如果要給他們一個註腳或定義，那便是：『凡中華民族的官民人等，有為帝國主義者作走狗職務以危害中華民族者，皆係新漢奸』」。他並聲言，以此為標準，那麼「第一個新漢奸要算是鴉片戰爭時的廣州知府余保純」，也就是那個破壞三元里抗英的清朝漢官。[169]

---

[169] 長風：〈漢奸新論〉，《創進》1937 年第 1 卷第 2 期。

〈漢奸新論〉的作者的確是相當敏銳的。正如他所言，「漢奸」一詞的大量使用並開始發生現代意義的轉換，的確最早發生在鴉片戰爭時期，因為英國侵略者乃是包括漢、滿、蒙等族人在內的全體中國人前所未有的共同敵人。雖然，由於地域的原因，當時有可能充當漢奸者仍多為漢人，但那時被使用的「漢奸」一詞的所指和能指，又絕非能為漢人一族所限。像 1841 年三元里抗英之時刊佈的《廣東義民斥告夷說帖》中所謂「爾勾通無父無君之徒，作為漢奸，從中作亂」，「今用我國人為漢奸，非爾狗之能」云云，其中的「漢奸」一詞就恰如王柯所說，已經「毫無種族上的意義」，指的就是出賣大清國家利益的「中國人」。**170** 這也是《南京條約》中被時人罵為「漢奸條款」、英人要著意保護的那些「漢奸」們被直接寫作為「中國人」的原因。

抗戰前後，在中國共產黨領導的區域範圍及其所使用的話語中，現代中華民族觀念與「漢奸」一詞的使用也並行不悖。因為中共所認同的是一種複合性民族論的中華民族觀念，是承認漢、滿、蒙、回、藏、苗等的「民族」身份與地位的。他們所使用的「漢奸」一詞既能針對漢人而言，也能泛指。同時，他們還使用「蒙奸」和「回奸」等詞，來專門稱呼那些少數民族中出賣中華民族利益者，從而儘可能減少了由此產生的民族矛盾。**171** 因此抗戰

---

170 王柯：〈「漢奸」：想像中的單一民族國家話語〉。

171「蒙奸」和「回奸」等詞，在中共文件中，大約出現在 1936 年前後。一開始並非特指蒙回民族中出賣國家和全中華民族利益的奸人，而是指稱同國民黨勾結並反共的少數民族高層人士。稍後兩義並含。國共合作實行全面抗戰後，則一度專指那些出

345

時期，「蒙奸」、「回奸」乃至「滿奸」等詞，也常為少數民族中那些認同現代中華民族觀念者所採用。

不過，抗戰前後，認為如今流行的「漢奸」一詞之用法同現代中華民族國家觀念精神不太相符、應該放棄者，也大有人在。他們曾提出以「華奸」、「國奸」和「內奸」等詞來加以代替的各種方案，但都不曾流行開來。其中，主張「華奸」一詞者相對較多。如 1933 年，就有人專門寫有〈華奸〉專文，表達此種意見：

中華民族是聯合漢、滿、蒙、回、藏五大民族組織而成，在這個國難當頭的時候，應該互相聯絡，互相團結，同心協力前去抵抗外侮，才能挽救這整個民族的危亡，偏是彼此間往往誤會，發生惡感！……最近我們看到報上所載著的，對於勾結敵人、危害中華民國的奸徒，都稱他們做「漢奸」，似乎遺忘了中華民族的成因，還有滿、蒙、回、藏在內，這文字上的不注意，最易引起民族間的誤會，而發生惡感。吾想用「華奸」兩個字代替「漢奸」比較妥當，因為「華」字可以代表中華民國，而且包括中華民國的各種民族。如果舉一個例，便是從前上海租界的外人花園門口吊的木牌上寫著：「華人與狗，不准入內！」的「華」字，是代表組織中華民國的各種民族。**172**

賣國家和全民族利益的各所在少數民族中之奸人。抗戰結束後的國共內戰時期，又曾一度回到其最初之義。新中國建立後，一般流行使用的是其全面抗戰時期的用法。同時，筆者曾見在國民黨統治區，另有「蒙古漢奸」等詞少量使用，如 1933 年。有關這方面的考證，筆者將另文發表。

172 裳：〈華奸〉，《救國月刊》1933 年第 4 期。

中華民族的敗類

| 偽司法院
院長
溫宗堯 | 偽行政院副院長兼外交部部長
褚民誼 | 偽國民政府主席（代理）行政院院長兼海軍部部長
汪□精衛 |

「中華民族的敗類」與「民族敗類」、「民族罪人」等是當時流行的話語。此圖載自《民鋒半月刊》1940 年第 8 期。三人分別為汪精衛、褚民誼、溫宗堯。

1936 年，另有一人發表同樣的看法，聲稱「『漢奸』應正名為『華奸』」。他認為，「漢奸」這個名詞本身「並不太對」，因為「漢奸的主要『屬性』是『通謀外國，危害中華民國』，可是中華民國並不是『漢』民族一族的，而是漢、滿、蒙、回、藏、苗、瑤……多少個民族的整個的中華民族的！危害中華民國，並不僅是『漢族之奸』，實在是中華民國內所有各族之奸兒！整個中華民族之奸！這樣說來，『漢奸』這個『名』應改正為『華奸』才對！『漢奸』這個『名詞』只能讓身為漢族竟自私通金朝、以危害漢族國家（大宋）之秦檜……等等之流專享」。作者還特別說明，將「漢奸」正名為「華奸」之後，至少有以下兩個好處：

　　一、中華民國人但非漢人之人，不至再能為「危害民國」只是「危害漢人」；二、使漢民族以外的中華民國人不敢再有「我非漢人，危害漢人又有何不可」之思。更不致再有「漢人雖罵我為漢奸，滿人還譽我為『滿忠』呢（！）」之不正確的意識。**173**

　　就道理本身而言，此說頗能服人。當時，受此種認識影響，報刊上也不斷有人使用「華奸」一詞。如 1936 年六七月間，《青年嚮導》報導冀東漢奸會議消息時，就題為「華奸大活動」。**174** 但

---

173 吳鑒：〈零言碎語 —— 短評三則〉之二「『漢奸』應正名為『華奸』」，《志成月刊》
　　1936 年第 6 期。

174〈一週間：日本侵華與抗戰情報〉，《青年嚮導》1936 年第 1 卷第 1 期。

總的說來，即便是當時，「華奸」一詞的流通也相當有限。此後，雖然還能不時見到來自各個方面對「漢奸」一詞的非議，但都已經無濟於事。由於各種原因，「漢奸」一詞已然廣泛流行開來，並沒有給其他詞彙留下甚麼競爭機會。

3. 中學歷史教科書裡的「中華民族」書寫

抗戰時期，中國的中學歷史教科書如何表達「中華民族」，也很值得今人關注。它關係到國民政府如何從基礎性歷史知識的書寫和傳授的角度，在青少年中積極塑造和強化現代中華民族觀念的問題。在這方面，青年學者劉冬梅曾做過相關的專題探討。她通過研讀大量中學歷史教科書，得出結論說，20 世紀 20 年代和 30 年代，在中國史教科書中，「中國民族」、「中華民族」的名詞和概念基本上同時使用，但使用「中華民族」概念的教科書已經相對較多，到了 40 年代，則使用「中華民族」概念者更是佔據了優勢和主流，同時「用漢族、種族、人種等概念來指代中華民族的現象愈來愈少」。而無論使用何種稱謂，其關於中華民族的認識都大同小異，都強調她由多個兄弟種族或民族長期交往融合而來，最終構成一個民族整體。這表明在當時，「中國各民族作為一個整體」的中華民族觀念，已得到「學界認可」，而「中華民族」的稱謂，也已「被國人所接受」。[175]

---

175 劉冬梅：〈對民國中學中國史教科書的考察〉，2009 年北京師範大學博士學位論文，第二章「民族問題之闡釋」，第 76-81、89 頁。

另有一位年輕學者也指出，在民國時期的中學歷史教科書中，從其有關表述來看，「1930 年代以後，『中華民族』是包括中國境內各民族的總體的看法，得到了廣泛的認同，在中國各民族關係的敘述上，都強調中國各民族起源上的一致性與歷史上的融合以及現實中的平等關係，中國各民族互相影響，共同創造了中國的歷史文化，形成了一個新的包容各民族的『中華民族』。現代意義上的『中華民族』觀念開始形成」。[176]

　　筆者雖不贊成 20 世紀 30 年代現代中華民族觀念才開始形成的看法，毋寧認為這一時期該觀念已在社會上得到了相當程度的傳播，變得更加自覺了，但是關於中學歷史教科書裡「中華民族」概念的使用和有關論述的判斷，以自己閱讀過的部分教科書的感受來看，則與他們二位的結論大體吻合。只是筆者個人在做類似判斷的時候，更願意拿南京國民政府成立、「九一八事變」和「七七事變」這樣的重大事件的影響，來作為觀察問題的基點。由於這些事件的影響稍後顯現的「時間差」，它們與以 1930 年代或 1940 年代為時段來把握變化的方式，差別其實並不大。

　　談到中學歷史教科書對「中華民族」概念的使用問題，或許還應直接看看南京國民政府形式上統一全國後，有關中學歷史教學的「課程標準」本身的有關使用情形如何。據最新的研究揭示，南京國民政府教育部最初頒佈的《初級中學歷史暫行課程標準》

---

176 劉超：〈現代中華民族觀念的形成 —— 以清末民國時期中學歷史教科書為中心〉，《安徽史學》2007 年第 5 期。

既使用了「中國民族」一詞，也使用了「中華民族」一詞，而《高級中學普通科本國史暫行課程標準》則使用的是「中國民族」一詞。雖然兩者表達的內涵都屬於現代中華民族的觀念範圍，但反映出國人對「中華民族」這一實體民族概念使用的固定化程度仍然不足。「九一八」之後，此一情形才得以迅速改變。1932年國民政府教育部頒佈的《初級中學歷史課程標準》，在中學教科書使用「中華民族」概念方面，具有重要的導向意義。該「課程標準」始終把中華民族的發展、演變作為中國歷史的線索之一，將中華民族的建國、新的融合與擴大，以及當時的復興運動等列為學習本國史的要點，「突出了『中華民族』在歷史課程中成為一個顯性而重要概念的過程」。此後，在中小學歷史教育方面，對於現代中華民族觀念的傳播就更為統一了。[177]

由於「九一八」之後特別是抗戰時期中學歷史教科書的「中華民族」書寫問題，內容極為豐富，筆者不準備全面涉及，只想就其中有關民族來源、民族成分，以及中華民族融合進程的歷史分期與典範性敘述模式的形成這三個問題，略作紹述，以裨讀者對於此期構成現代中華民族觀念組成部分的重要歷史知識社會演進的過程，有所瞭解。

大體說來，關於中國人和中國民族的來源，清末民初主要流行一種「西來說」，包括埃及說、巴比倫說和中亞說，其中又

---

177 參見楊梅：〈「中華民族」概念在民國教科書中如何演變〉，《中華讀書報》2016年11月23日。

以巴比倫説最有影響。該説由法國學者拉克伯里所發明，清末時就由蔣智由等率先傳入中國，經劉師培等人傳播，影響很大。「九一八」之前，此説在中學歷史教科書裡持續盛行，佔據主導地位。前文我們曾提到 1927 年、1928 年王啟汾和常乃悳對「西來説」的懷疑，特別是常氏還明確表示了對「本土説」的認同態度，但這種聲音總體説來還很微弱。「九一八」之後的整個 30 年代，情況則發生了根本變化，純粹持「西來説」者已經很少見，「本土説」或傾向於「本土説」者已急劇增多，不過由於考古證據不夠堅確，「本土説」尚欠成熟，「闕疑論」者也還有一定數量。如 1933 年，陳登原編寫的《陳氏高中本國史》（世界書局印行），就明確而堅決地否定了各種中華民族「外來説」，表示「近來因為古生物學地質學的進步，頗使學者有『北京人』三字的結論：在冰河時期，中國已有人住著。中國民族的產生，並不比其他地方為遲。──那麼，西來説和東來説，便可付之一笑了」。[178]

到抗戰時期尤其是 40 年代，「本土説」在中學歷史教科書中已絕對佔據了主導地位。如宋延庠、蔣子奇等編寫，教育部審定，1946 年出版的《初級中學歷史》就這樣表述：「中華民族在甚麼地方起源的呢？無疑的是在中國本土，最早的發源地即在黃河流域，無論從考古學上或古史上都有很確切的證明。就考古學上的發現説，我國古代文化，經數十年來考古學和地質學家努力的

---

178 陳登原：《陳氏高中本國史》上冊，世界書局 1933 年版，第 28 頁。

結果，上古先民的遺跡在中國北部已陸續發現。」[179] 另一部 1947 年出版、世界書局印行、孫正容編著並較為流行的《高中新本國史》，也明確寫道：「我們現在為審慎態度起見，對於中華民族起源問題，暫作了這樣的斷語：在太古的時候，中國境內即適宜於人類的生長，『北京人』化石的發現，可為明證；不過那時候的人是否即為中華民族的祖先，則不得而知。舊石器時代華北一帶已有很繁複的人類活動，但這些人與國族有無關係，也不得而知。至於新石器時代的人類，據步達生博士的研究，則和國族確屬一派。這種推斷，已成為學術界的定論了。」[180] 實際上在當時，考古學的證據未必就真的那麼堅實可靠，中國人的民族情感在「本土說」中所發揮的選擇作用和傾向性，也是甚為明顯的。

關於「中華民族」的具體組成部分或主要成分，「九一八」之後的中學歷史教科書則說法不一：有五族說、六族說、七族說等多種，尤以前兩種說法為多。五族說為眾所周知的漢、滿、蒙、回、藏；六族說則往往加上「苗族」，七族說則再加上「韓族」即「朝鮮族」。[181] 但具體表述還存在差別，如滿族有的寫做「通古斯族」，有的寫成「東胡族」；回族有的寫成「突厥族」或「土耳其族」；藏族有的寫成「唐古特」，有的寫成「圖伯特」；苗族則

---

179 教育部教科用書編輯委員會編：《初級中學歷史》第 1 冊，國定中小學教科書七家聯合供應處印行，1946 年版，第 21 頁。

180 孫正容編：《高中新本國史》上冊，世界書局印行 1947 年版，第 49 頁。

181 劉冬梅：〈對民國中學中國史教科書的考察〉，第二章，第 82-90 頁。不無遺憾的是，該學位論文凡引教科書，多未註明具體頁碼。

有的寫成「交趾支那族」，等等。當然，當時也還存在反對對「中華民族」進行民族細分，以免引起「民族的離心力」的論點。不過，重要的在於這些教科書多承認中華民族成分的複雜多元，以及彼此間長期融合交流的歷史進程。

那麼，對於中國歷史上的中華民族融合進程又如何具體把握呢？大體說來，「九一八」以後的中學歷史教科書也存在幾種不同的說法，有三階段說、四階段說、五階段說和七階段說等多種，而以前三種說法較具代表性。如 1937 年，李清悚、蔣恭晟編寫，大東書局印行的《初中本國史》就持五階段說。該書認為，「黃帝時代」為「漢族勢力穩固的時期」；「秦漢時代」為「漢族勢力擴大的時期，也是漢族與各族團結的開始 …… 中華民族的形成，於此時奠其基礎」；「兩晉六朝時代」，漢族勢力由盛而衰，各民族逐鹿中原，其結果是「各族多與漢族同化，漸成為中華民族的文化份子，故此期實是中華民族精神大結合的時代」；「唐宋及元明時代」的特點，則在於「滿族、蒙古族與漢族的爭霸，也就是滿蒙各族的實行漢化」。不過編者把建立遼金政權的東北民族均以晚出的「滿族」來統稱，恐怕很成問題；最後，「滿清及民國」時代被編者合起來視為「中華民族」最終形成的階段，強調「該時期是滿族與漢族同化大成的時期，也是中華民族形成大功告成的時候。滿族滅明以後，統治中國者凡二百六十餘年，在此時期中，一切生活，完全漢化。及民國成立，遂宣佈五族共和，於是數千年來中華民族的結合運動，至是遂完全告成」。[182] 若暫置該編

---

182 李清悚、蔣恭晟編：《初中本國史》第 4 冊，大東書局 1937 年版，第 118-119 頁。

者的漢族同化論立場不論，他們視「中華民族」為數千年長期不斷「結合」之果，而將其最終形成放置在「清朝和民國」時期的總體論述和把握，可以說離今天流行的從「自在」到「自覺」的中華民族敘述模式，已經相差不遠。

自然，國內各民族真正平等結合的「中華民族」史敘述，最終仍是無法容忍漢族「同化」論提法存在的，於是「中華民族大融合」的敘述模式，在抗戰時期尤其是 40 年代的中學歷史教科書裡，也適時應時而生了。如 1946 年教育部審定、宋延庠等編著的《初級中學歷史》一書，就已經完成了較為系統嚴整的「中華民族大融合」歷史表述模式的創造。該書認為：「有史以來，中華民族的形成，可分為四大融合時期：（一）秦以前，（二）漢至南北朝，（三）隋至元，（四）明至民國。」在上古時，「有許多同種族的獨立部落」分佈在中國境內。到黃帝時，才把黃河下游許多部落統一起來，建立國家，「這是中華民族立國之始」。在這之後，「中華民族的勢力逐漸擴大，加入的分子也日漸加多……至秦統一六國，上古以來加入中華民族的分子，遂融合而為一體。這是中華民族大融合的第一期」；漢至南北朝時期，相互接觸和爭戰的漢、匈奴、烏恆、鮮卑、羯、氐、羌各族，「血統與文化則發生極大的混合作用，因此中華民族吸收不少的新血液，而有隋唐兩代的強盛。這是中華民族融合的第二期」；隋至元末時期，同化的新分子又繼續增多，東西突厥、回紇、党項、吐谷渾、吐蕃、契丹、女真、蒙古等「在中國境內互相接觸的新分子，無論由自

動或由被動都漸混合同化。這是中華民族大融合的第三期」。[183] 編者此時的用語中雖仍有「同化」，但這是「中華民族」的「混合同化」，與所謂「漢族同化」已不可同日而語。最後則是中華民族由傳統轉入現代的「明至民國」時期。編者寫道：

　　明代極注意西南的國防，因此於西南的政治文化關係，也較前密切。至清，合漢滿蒙回藏為一家，開後來五族共和之先聲；同時厲行「改土歸流」政策，西南諸省的邊地人民，從此內向益堅。清亡，民國代興，中華民族內各分子平等結合，彼此感情的聯絡，更加融洽。到現在，我們四億七千萬同胞，在政治上、文化上，甚至在血統上都漸漸融合溝通而為一個整體了。這是中華民族大融合的第四期。[184]

　　此一表述模式，儘管在融合階段的具體劃分上未必能盡如今人之意（如把明朝和清代與民國劃分在同一個階段，就較具個性），但毋庸置疑，它把中華民族融合的日益廣大和不斷深化、乃至進入現代的歷史全過程，都清晰完整和邏輯化地「呈現」出來了。這不僅是現代中華民族觀念走向成熟的社會化標誌，也為中華民族進一步的現代認同奠定了新的更加明確系統的歷史認知基礎。

---

183 教育部教科用書編輯委員會編：《初級中學歷史》第 1 冊，第 24-26 頁。

184 同上，第 26 頁。

第四章

抗戰前後現代中華民族觀念的大普及

抗戰前後，現代中華民族觀念得到更為廣泛的傳播，這是中華民族現代認同得以基本實現的重要條件，也是抗日戰爭的偉大成果之一。在這一過程中，國民政府、中國共產黨政權，以及依違於或游離於兩黨之外的廣大知識分子的「中華民族」觀，又有了新的時代性的表述，並在一定程度上相互影響，收到了互動融合的認知、認同效果。接下來，我們便就此問題展開考察和論述。

一、現代中華民族觀念社會化與多媒介的認同表達

抗日戰爭爆發前夕和全面展開之後，就中國各民族一體化的「中華民族」符號的傳播和觀念認同廣度而言，報刊宣傳、中小學歷史地理教科書的民族教育、新生的電台廣播[1]等現代媒體，以及抗戰歌曲傳唱等所發揮的多媒介作用，均功不可沒。

以抗戰歌曲為例。像田漢作詞、聶耳作曲的《義勇軍進行曲》，光未然作詞、冼星海作曲的《黃河大合唱》這些流傳到中華大地各個角落的歌曲，其歌詞中飛揚的「中華民族」概念，可以說就以一種或深沉或激昂的旋律，被永久地烙在了億萬中國人民的心間。如前者就不停地吶喊：「中華民族到了最危險的時刻，

---

1 比如當時涉及到「中華民族」觀念的著名廣播講演就有：羅家倫 1933 年初題為〈中華民族生存之路〉的講演（可見《大公報》1933 年 2 月 29 日）；林森 1938 年 2 月 20 日的講演〈中華民族的正氣〉（可見《路向》1938 年第 4 期），等等。

每個人都被迫著發出憤怒的吼聲：起來！起來！起來！」而後者則深情地傾訴：「啊，黃河！你是中華民族的搖籃，五千年的古國文化，從你這裡發源；多少英雄的故事，在你的身邊扮演！」（第2樂章）「但是，中華民族的兒女啊，誰願像豬羊一般，任人宰割？」（第7樂章）

抗戰時期，類似這種肩負傳播現代中華民族理念以凝聚全民族感情之神聖使命的抗戰歌曲，可謂不勝枚舉。像凱豐作詞、呂驥作曲的《抗日軍政大學校歌》中就寫道：「黃河之濱，集合著一群中華民族優秀的子孫；人類解放，救國的責任，全靠我們自己來擔承」；塞克作詞、冼星海作曲的《救國軍歌》中也寫道：「我們是鐵的隊伍，我們是鐵的心，維護中華民族，永做自由人！」諸如此類，不一而足。

當時，還有不少歌曲在歌名裡就帶有「中華民族」一詞和概念，如《中華民族決不亡》[2]、《中華民族不會亡》[3]等等，它們在現代中華民族觀念的社會化傳播方面，顯然具有著別的媒體所難以比擬的功能。如由著名音樂家呂驥作曲、野青作詞的著名歌曲《中華民族不會亡》，就這樣唱道：

2　可見許可經作曲：《救亡歌曲集》，重慶：個人刊，1937年11月初版。

3　可見何立山編選：《民族呼聲集》（最新歌選），濟南：山東歌曲研究會1937年4月初版，同年5月再版。其中第一首即為《中華民族不會亡》。王文庼編的《軍民抗戰歌曲》（第2輯）（救亡出版社1938年5月版），所收的第一首歌曲也是它。當時的抗戰歌曲有幾千首，含有「中華民族」一詞者，實無計其數。

1935 年完成、抗戰時期廣為傳唱的歌曲《中華民族不會亡》

奮鬥抵抗，奮鬥抵抗，中華民族不會亡！

奮鬥抵抗，奮鬥抵抗，中華民族不會亡！

國難當頭，不分黨派齊奮鬥！

暴日欺凌，男女老少齊抵抗！

齊心奮鬥，合力抵抗，中華民族不會亡！

毫無疑問，在這一時期，抗戰歌曲的傳唱已經成為一體化「中華民族」符號和觀念廣泛傳揚、得到社會強烈認同的極為有效的途徑。

不過，若就現代中華民族觀念認知的深度來說，此期更值得重視的，還是那些闡述和宣傳這一整體觀念的各類專門著作。這些著作不少具有普及讀物的性質，此期得以更大量地出版，流傳極廣，可以說超出以往任何時期。除前文曾經提到過的那些著作反覆出版、繼續流播之外，其他值得一提的還有：施瑛的《中國民族史講話》（1934、1945）、宋文炳的《中國民族史》（1935）、呂思勉的《中國民族演進史》（1935）、郭維屏的《中華民族發展史》（1936）、林惠祥的《中國民族史》（1936）、陳健夫的《西藏問題》（1937）、張元濟的《中華民族的人格》（1938）、羅家倫等的《民族至上論》（1938）、熊十力的《中國歷史講話》（1938）、蕭一山的《民族之路》（1940）、張大東的《中華民族發展史大綱》（1941）、俞劍華的《中華民族史》（1944），等等。這些著作有的書名上雖稱「中國民族」，書中的目錄標題和內容裡卻大量使用「中華民族」的概念。

施瑛著《中國民族史講話》書影

在這些著作中，又以帶有民族史性質和包含相關內容的論著為最多，它們對於中華民族的起源、構成成分、地域分佈、歷史發展的分期（包括幾大民族混合時期），乃至民族文化的特徵、民族性格與精神等，均各自進行了闡發，儘管觀點不盡相同，但卻都致力於傳播全民族整體化的中華民族意識，以激發團結抗戰的力量，所謂「敘述中華民族歷史之悠久與光榮，以振起熱烈民族意識」是也。因此，在敘述之中，他們往往也自覺意識到「不作此疆彼界之分」，認定「中華民族已結合為一體，故過去歷史上，無論漢族，蒙族，或其他各族之光榮事跡，中華民族之全體，均當引為光榮」，「過去歷史上各民族間之摩擦或戰爭，皆為當時情況，已成過去，與今日無關」[4] 等等。不僅如此，不少著作還開宗明義，公開表明反對民族分裂，維護中華民族整體性的嚴正立場，如 1934 年，施瑛在《中國民族史講話》一書中就寫道：

現在組成中國國家的民族，叫做中華民族；組成中華民族的各系，照現在的名稱，是漢系、滿系、蒙系、回系、藏系及苗瑤等少數民族。……<u>中華民族</u>是整個的。本書稱作「中國民族史」，其實就是敘述<u>中華民族</u>的組成史，就縱的情形來看，在四五千年中，住在中國的各系民族，怎樣的由分到合，由零趨整，組成現在擁有人口四、五萬萬的<u>中華民族</u>。（見該書「總說」）

4　張大東：《中華民族發展史大綱》「編者大意」，軍訓部西南遊擊幹訓班印，1941 年 2 月出版。

中國國家，由中華民族所建立。今日的中華民族，非老朽的民族，相反的，而是新生的少年。中華民族，原由若干系組織而成；這若干系的人，在過去中國的地域上活動，終於互相融合，而成一心一德興國建業的中華民族，到現在始奠基礎。……自遜清中葉以來，中華民族各系，已漸一致而成一大集團。今則疆域泯滅，同舟共濟，在風雨飄搖的環境中，建立泱泱大國，以求恢復古昔的光榮。各系的名稱，也快成為歷史上的名詞。整個中華民族，是不可分裂的。若妄拾歷史上的名詞，以求脫離祖國，而為他族的奴隸，這不但無顏見其列祖列宗於地下，也簡直是中華民族的大罪人。所以本書開宗明義的話，或者是最後的結論，是：「組成中華民族的各系，有其悠久的歷史，是不可分裂的」。（見該書「小引」）[5]

這裡，作者既正視了各少數民族的傳統「民族」身份，在敘說它們化合成整個「中華民族」時，又「機智」地以各「系」相稱述，從而既避免了字面上「民族套民族」的外在矛盾，又與那些直接否認其為「民族」的官方說法保持「不衝突」狀態。相對來說，此種表述很能代表抗戰時期，特別是抗戰結束前後國內一部分較為審慎的知識分子和文化人之普通意見。

同歌曲傳唱和專門著作等相比，當時流通於社會上的各種中

5　施瑛：《中國民族史講話》，世界書局 1934 年 11 月版，第一章「總說」；「小引」，第 1-2 頁。引文中的橫線係原文所有。本書 1945 年曾由世界書局重版，文字略有改動。

小學史地教材、社會教材等對現代中華民族觀念傳播和滲透的影響，同樣值得重視，甚至更加值得重視，特別是歷史教材。因為它們既有社會化的普及廣度，又以一種較為系統、權威性的知識化傳統形態表現出來。本書第三章已談到中學歷史教材，不再贅述。此處不妨再補充一點有關社會教材的內容。如 1933 年，中華書局出版的《小學社會課本》談到有關問題時，就寫道：「我們中華民族的人們，包有漢、滿、蒙、回、藏、苗、瑤、黎等族，統稱為中華民族。中華民族的主要分子是漢族，約佔全國總人口的十分之九，散佈全國各省 ……」[6] 因本書第三章已有涉及，此處不贅。

　　除相關專著和教科書之外，這一時期還有大量學者和文化人在各種報刊雜誌上，發表了為數眾多的論文和各式文章，來表達和傳播現代中華民族整體觀念。就學者而言，他們既包括人類學（含民族學）學者，也有歷史學、地理學、教育學、社會學和政治學等學科的學者。他們乃是現代中華民族認同過程中重要的學術文化引導力量。

　　僅以民族學和人類學者為例，認同和積極傳播中華民族整體觀念的著名學者就有芮逸夫、謝康、黃文山、林惠祥、黃奮生、吳定良、江應樑等等。如謝康 1940 年發表〈民族學與中華民族的

6　此前，南京國民政府在《小學課程暫行標準小學社會》有關歷史部分，就要求學生掌握「中華民族的演進」等知識。轉見楊梅：〈「中華民族」概念在民國教科書中如何演變〉，《中華讀書報》2016 年 11 月 23 日。

認識〉一文，即有一定的典型性和代表性。該文指出，中華民族以文明悠久、人數繁多冠於全球，然而認真從客觀上研究中華民族的總體或一部分，應用生物科學、社會科學的法則特別是民族學和民族志的方法與經驗來從事研究的著作，無論是中國學者或外國學者，都還不多見，以致關於中華民族的來源、構成、性格特點，甚至關於中華民族的活動範圍等，世界上都流傳著各種誤解和誤識。因此加緊對中華民族的研究，就顯得十分必要。

在謝康看來，對中華民族的研究既要探討「血清」和「頭骨」等體質人類學的內容，更要從社會、歷史和文化各方面去作民族學和民族志的努力。他研究的結果，對「中華民族」及其內部結構形成如下綜合性認識：

我們所謂「中華民族」，翻成英文應該是 Chinese nation，法文應該是 La nation Chinoise，她的涵義大概是由天然力及政治文化經濟等力量造成的隸屬中國國籍的人民的總體，或者說中國人民（La population de l'Etat chinois）的全部，換言之，也就是中國人民所形成的「民族國家」（État-nation），所以也可以用「中華國族」的字樣。中山先生在民族主義演講詞中，曾經再三闡發造成「國族」的意義與步驟，現在「中華民族」或「中華國族」是毫無疑義的包含：四萬萬以上的漢族，本與漢族同源而數目只有一百多萬的滿洲族，幾百萬蒙古人，百餘萬信奉回教的突厥人，和兩百萬西藏人五大民族（race）及其他少數苗、瑤、侗、黎、儸儸、蠻夷諸

小民族（Sous-race）。[7]

　　謝康（1899-1994，廣西柳城縣人）乃留法歸國的文學博士，研究社會學和民族學，也懂得政治學。故他對英法文中 nation 現代含義的把握自然準確，而由此形成的對於「中華民族」的綜合認知與整體概括，也可以說較為正確完整地揭示了其時代的政治文化內涵。不過在謝康那裡，這種認知同他對「人種」和「民族」關係的看法，是聯繫在一起的。謝康認為，「人種」不僅包括原始的意義，也包括其後來演進的意義，而兩者之間存在著很大的差別，「從前所謂人種，大概血統的意味居多，而現今所謂人種，已經參雜了很多文化的、歷史的演進的成果」。正鑒於此，他給「人種」（race）的定義，就自覺將自然與社會歷史文化因素綜合了起來：「『人種就是一種居民的綜合體，這些居民底心理上潛伏的或顯著的性格及其人類生物學的條件或因素（血緣與頭骨）曾經構成一種與他族特異的單位』。這個『人種』如果是稱呼多數的話應該說人類各民族，有時也簡單稱為『民族』。」[8] 應當說，這與當時僅從血緣角度理解人種或種族，或者僅從社會文化角度理解「民族」者，都存在著一定的差別。謝康不是將 race 與 nation 簡單對立與割裂，而是力圖找到兩者之間的連接點，這就是他何以一面將漢滿蒙回藏對應為 race，而同時又將其稱作「民族」的原

7　謝康：〈民族學與中華民族的認識〉，《建設研究》1940 年第 3 卷第 3 期。
8　同上。

因所在，實際上在他看來，漢滿蒙回藏雖稱作「民族」，但卻是作為廣義 race（自然血緣因素與社會歷史文化因素綜合而成、接近於 ethnos）的民族，即族裔或種群民族；而中華民族則是作為 nation（廣義 race 因素＋共同國籍）的民族，即國民（家）民族，故又可稱「中華國族」。也就是說在謝康那裡，同稱「民族」，卻具有不同的內涵。

與前述「中華民族復興」等話語一樣，上述這些著作、教科書、論文既是現代中華民族觀念的直接產物，又反過來通過其所敘述的民族和民族史知識等，直接間接地解讀和闡發這一觀念的內容，從而對這一觀念的社會化滲透和現代中華民族的整體認同，發揮了一定的促進作用。

二、單一性民族的「中華民族」觀之強烈 訴説與迴響

抗戰時期，現代中華民族觀念傳播與認同有一個突出的特點，就是在民族危機的強烈刺激下，以蔣介石為首的國民政府領導人為了增強全民族的凝聚力，一度利用國家領袖名義和國民黨的宣傳機器，公然否認組成中華民族的各子民族（包括漢族）的現代「民族」稱謂與地位，大力宣傳「中華民族」為一個單一民族的觀點。一些傑出而真誠的愛國學者如顧頡剛等，也從學術角度堅執這一看法。甚至有些少數民族人士，此期也認同這一觀念，自覺而熱忱地予以傳播。但與此同時，這類觀點也引起了爭

論，它對於現代意義的中華民族之整體認同，產生了複雜的影響。

1. 顧頡剛關於「中華民族是一個」的論說及其爭論

抗戰前後，著名歷史地理學家顧頡剛，是最熱心於直接傳播和闡釋「中華民族」一體化觀念的大學者之一。在民族國家生死存亡的緊急關頭，他一腔熱血、滿懷激情地呼籲中國境內各族人民緊密地團結在「中華民族」的大旗之下。1937 年 1 月，他在《申報‧星期論壇》上發表〈中華民族的團結〉一文，公開宣稱，種族和民族不同，「血統相同的集團，叫做種族。有共同的歷史背景，生活方式，而又有團結一致的民族情緒的集團，叫做民族」；雖然中國境內存在許多種族，「但我們確實認定，在中國的版圖裡只有一個中華民族」。[9]

在此文中，顧頡剛還特別強調中國歷史上各種族血統混雜的事實，指出在清代以前，其彼此之間「遷徙和同化，血統已不知混合了多少次，區域也不知遷動了多少次。所以漢族裡早已加入了其他各族的血液，而其他各族之中也都有漢族的血液，純粹的種族是找不到了」。[10] 此後，顧氏又多次申說這些觀點。比如，對於「民族」，他就反覆強調「共同的民族意識」一點的重要性，認定「『民族』乃是具有共同民族意識的情緒的人群」，「這種情緒能把宗教信仰、經濟利益、社會地位各不同的人們團結在一個

---

9 顧頡剛：〈中華民族的團結〉，《申報‧星期論壇》1937 年 1 月 10 日。

10 顧潮編著：《顧頡剛年譜》，北京：中國社會科學出版社 1993 年版，第 265-266 頁。

民族意識之下」，他甚至認為，對「新的『民族』之詞的誤解」乃是造成甘肅的回漢人民有隔絕的原因之一；[11] 對於中華民族的多種族融化，他則強調主要表現在文化方面，「文化原是生活的方式，應當隨時制宜，又隨地制宜的」。這種文化融化工作至今也不曾停止。[12] 為了中華民族的進一步融合，他還特別主張「表彰並推廣各族優良文化」，「搜集並創作各族共有的中國通史」，[13] 尤其是應「把我們祖先冒著千辛萬苦而結合成的中華民族的經過探索出來，使得國內各個種族領會得大家可合而不可離的歷史背景和時代使命，……團結為一個最堅強的民族」[14]。這位以「疑古」著稱的史學家此時對於一體化中華民族的堅強信念，真可謂是意味深長。

顧頡剛是「古史辨派」的核心代表，也是中國近代歷史地理學的靈魂人物。他於 1934 年 3 月創辦《禹貢》半月刊，致力於研究祖國的領土地理、邊疆和民族問題，以服務於民族救亡的大業。1937 年 4 月，《禹貢》半月刊上連載歷史學家齊思和的〈民族與種族〉一文，其有關「民族」內涵的認識，已經存在著為流行開來的現代一體化的「中華民族」概念進行辯護的某種理論自覺。

11　顧頡剛：〈西北回民應有之覺悟及其責任〉，《抗敵旬刊》1937 年 12 月第 2 期，載《顧頡剛年譜》，第 281 頁。

12　1937 年 11 月 7 日為伊斯蘭學會同人講演的〈如何可使中華民族團結起來〉，《西北文化》創刊號，1947 年 5 月 15 日。

13　顧頡剛：〈西北回民應有之覺悟及其責任〉。

14　見顧頡剛為《禹貢》半月刊所寫的〈紀念辭〉，載《顧頡剛年譜》，第 269 頁。

該文認為孫中山在辛亥革命以前的民族主義雖不能説就是種族主義，但他未能將「民族」和「種族」予以區分，當屬於其不可否認之缺陷。他強調，孫中山所列舉的構成民族的五種「自然力」，即血統、生活、言語、宗教和風俗習慣，都不能構成「民族」的基準和絕對條件，「形成民族的最重要的力量是命運共同體一員的情緒」，而這種情緒的強化，又與外國列強侵略的刺激緊密相關。[15] 此一觀點雖然偏頗，也不新鮮（此前，政治學家張慰慈等已有類似申説），但卻對此後顧頡剛公開提出和論證「中華民族是一個」的觀念，產生了一定的直接影響，至少顧氏與這一關於「民族」的思考，部分地發生了強烈共鳴。

1939 年 2 月 9 日，顧頡剛寫成〈中華民族是一個〉一文，四天後發表在《益世報・邊疆週刊》上。此文較為明確而集中地闡發了他關於「中華民族」的認識。在他看來，中華民族並不是一個多民族組合而成的「大民族」共同體，而是由歷史上許多「種族」不斷融化而成的一個單純民族，其血統宗緒複雜，長期混同，難理頭緒，但並非「同源」；文化也是長期混合，沒有清楚的界限，雖勉強可分為漢、藏、回三個「文化集團」，彼此間確有「相同的質素」，但也不是「一元」。所謂「中國本部」之説，不過是日本人用來欺騙和分化中國的陰謀；而漢、滿、蒙、回、藏「五大民族」之説，更是「中國人自己作繭自縛」，糊裡糊塗，從而給那些別有用心者和敵對勢力造成了可乘之機。現在是必須正

---

15 齊思和：〈民族與種族〉，《禹貢》半月刊 1937 年第 7 卷第 1、2、3 合期。

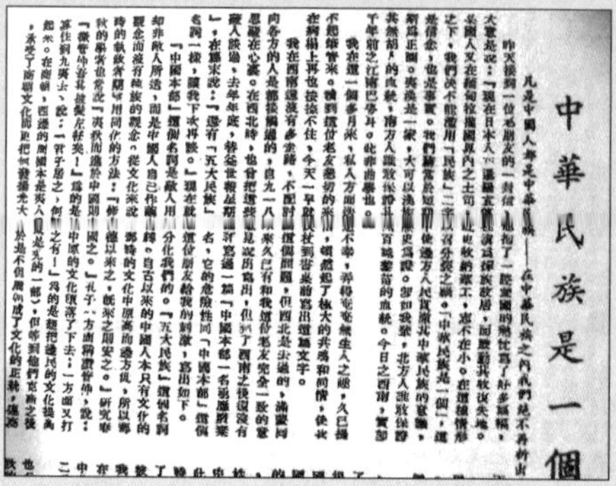

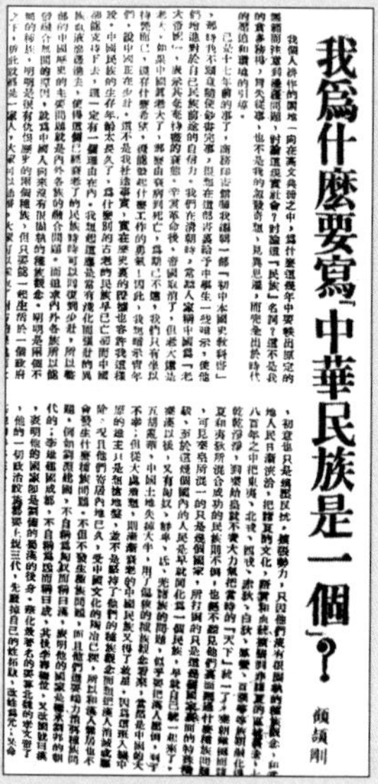

顧頡剛重登〈中華民族是一個〉、〈我為什麼要寫「中華民族是一個」？〉的片段（載《西北通訊》1947 年第 1-2 期）

視這一歷史錯誤的時候了。文章還分析了「五大民族」一詞出現的原因和導致的「惡果」，並以史實來論證中華民族是自戰國秦漢以來就逐步形成的偉大民族。文章反覆強調，要留神和鄭重使用「民族」二字，並以親身經歷說明這個概念傳入之前，各族人民之間本來相安無事，傳入以後卻被別有用心的人濫用，反而導致了無數國內動亂和分裂之災難。作者特別有感於日本帝國主義者以「民族自決」的名義搞偽「滿洲國」，又煽動搞偽「大元國」和「回回國」的陰謀，故痛心疾首、百感交集地寫道：

倘使我們自己再不覺悟，還踏著民國初年人們的覆轍，中了帝國主義者的圈套，來談我們國內有甚麼民族甚麼民族，眼見中華民國真要崩潰了，自從戰國秦漢以來無形中造成的中華民族也就解體了。從前人的口中不談民族而能使全國團結為一個民族，我們現在整天談民族而反使團結已久的許多人民開始分崩離析，那麼我們豈不成了萬世的罪人，有甚麼顏面立在這個世界上！……唉，民族，民族，世界上多少罪惡假汝之名以行！這是我們全國人民萬不能容忍的。[16]

從這裡實際也可以看到顧頡剛要公開談論「民族」和「中華民族」的原因。他再次重申，「本來民族是 Nation 的譯名，指營共同生活，有共同利害，具團結情緒的人們而言，是人力造成

---

16 顧頡剛：〈中華民族是一個〉，《益世報‧邊疆週刊》第 9 期，1939 年 2 月 13 日。

的」；而「種族」則是 Race 的譯名，「指具有相同的血統和語言的人們而言，是自然造成的」。在該文的另一個地方，他又指出，民族是指稱「在一個政府之下營共同生活的人」。然而在中國，由於人們常常望文生義，「一般人對於民族一名就起了錯覺，以為民是人民，族是種族，民族就是一國民內的許多不同樣的人民，於是血統和語言自成一個單位的，他們稱之為一個民族，甚至宗教和文化自成一個單位的，他們也稱之為一個民族，而同國之中就有了許多的民族出現」。他還分析指出，在中國，人們將「民族」與「種族」混淆，與清末革命黨人鼓吹「種族革命」等因素也不無關係。最後，他號召國人特別是青年要貫徹「中華民族是一個」的意識，要努力開發邊疆，並和邊民通婚，「使得種族的界限一代比一代的淡下去，而民族的意識一代比一代高起來；更吸收了各系的新血液，使後裔們的體格更趨健壯，能夠這樣，中華民國就是一個永遠打不破的金甌了！」

在該文中，顧頡剛態度極為明確地表示，「凡是中國人都是中華民族 —— 在中華民族之內我們絕不該再析出甚麼民族 —— 從今以後大家應當留神使用這『民族』二字」，「我們只有一個中華民族，而且久已有了這個中華民族！」「我們對內沒有甚麼民族之分，對外只有一個中華民族！」[17]

顧頡剛〈中華民族是一個〉一文的思想，顯然符合國民黨內單一性整體的「中華民族」觀念的精神實質，但在各族是否「同

17 同上。

源同種」問題上，卻又與之有別。此文感情充沛，觀點鮮明，加之出於學術名家之手，刊出之後頗為引人注目。重慶的《中央日報》和各地報紙轉載者甚多，影響不小。

在此文中，顧頡剛不把漢、滿、蒙、回、藏等境內各族當作「民族」看待，特稱其為「種族」，顯然有著避免所謂「民族套民族之矛盾」、以回擊那些藉此攻擊「中華民族」概念以分裂中國抗戰力量者的良苦用心，也表明了其對英語世界中現代 nation（民族國家，國民民族）概念的政治內涵，具有著某種直覺而敏銳的感悟（當然也還不夠充分）。不過，即便根據其自身在不同場合所闡述的諸如「有共同的歷史背景、生活方式，而又有團結一致的民族情緒的集團」等民族定義來衡量，簡單否定境內現存各族（包括漢族）已經獲得社會認同的原有「民族」資格與身份，卻也不是沒有問題。何況在西方還存在著從政治學和人類學的不同角度來界說民族現象和概念的差異？至於將民族僅籠統界定為「在一個政府之下營共同生活的人」，就更存在疑問了（到底是傳統國家政府還是近代國家政府？），所以顧文發表後不久，隨即引起了爭論。

社會學和人類學學者費孝通來函表示了對顧氏這一提法的憂慮和不同意見。他認為，中華民族固然應團結一體進行抗戰，「不要根據文化、語言、體質上的分歧而影響到我們政治的統一」，但中國是一個多民族的國家，從民族研究學理的角度來看，多民族、少數民族客觀存在的事實，還是應該得到尊重。他還專門就 state, nation, race, clan 幾個英文詞的含義作了辨析，認為 nation 的

意義通常並不指同屬一個政府下有團體意識的一輩人民，而是就語言、文化、宗教和血統相同的一輩人民而言，一般譯作「民族」（註：這其實是英、美、法語文中 nation 的傳統含義而非現代主流含義。現代德語中的 nation，最初也較多遺留了這一傳統的含義）；race 則一般譯作「種族」，指在體質上相似的人，並不包括顧頡剛所說的語言；而 clan 往往譯作「氏族」，單指親屬團體。照這樣的譯法，那麼顧頡剛所謂「種族」大體相當於通常所謂「民族」，而他所謂「民族」則與通常所說的「國家」相當。但國家和民族還是有區別的，不必因為要防止敵人的分化，而否認國內作為文化、語言和體質的團體（即「民族」）之存在。費先生甚至強調，「謀政治的統一者在文化、語言、體質求混一」是不必要的，也將「徒勞無功」，名詞的作用固不必誇大，重要的是「組成國家的分子都能享受平等，大家都能因為有一個統一的政治團體得到切身的利益」，只有真正消除不平等，它才能得到各分子的真誠愛護。否認多民族的存在或界限，不是解決民族問題的有效途徑。**18**

同時，自稱「三苗子孫」的苗民魯格夫爾也來信表示，漢苗同源論不過是「學究們」的想法，同源不同源，意義並不大，關鍵還在於政府能否給予苗民「實際的平等權利」。他公開反對「黃帝子孫」的說法，認為苗民就不能算是「黃帝子孫」，不僅如此，蒙藏回等同胞也會「必然反對」把黃帝作為自己的祖宗。他特別提醒，在各族人民共赴國難的時候，「對變相的大漢族主義之宣傳

---

18 費孝通：〈關於民族問題的討論〉，《益世報·邊疆週刊》第 19 期，1939 年 5 月 1 日。

須絕對禁止，以免引起民族間之摩擦、予敵人以分化之口實」。**[19]**
可見他所持的乃是一種有所保留的態度。

不過，從當時的公開回應來看，對顧氏主張表示積極認同的看法還是稍多。像顧頡剛的學生張維華、白壽彝，以及徐旭生、楊向奎和馬毅等學者都來信和寫文章公開響應顧氏的觀念，認可他當時明確提出這一觀點對團結抗戰具有現實意義。如張維華就認為「堅強的建立起『中華民族是一個』的理論來，便於無形中加強我們團結的思想，這正是解救時弊的一副良劑」。回族史家白壽彝也來信表示：「『中華民族是一個』，從中國整個的歷史上去看，的確是如此，而在此非常時代，從各方面抗戰工作上，更切實地有了事實上的表現，但在全民心理上卻還不能說已經成了一個普遍的信念，而還沒有走出口號的階段。」他稱讚顧氏此文是以事實證明「中華民族是一個」的開篇之作，並表示，「『中華民族是一個』，應該是全中國底新史學運動底第一個標語」，他主張中國史學家應該用真實的材料去寫就一部新的本國史，以進一步「來證實這個觀念」。**[20]** 古史專家徐旭生則辨稱，魯格夫爾「所抗議的『黃帝子孫』的話頭，固然不夠科學，應該避免，但是他所自署的『三苗子孫』，不科學的程度，也完全一樣……總之，

---

19 魯格夫爾：〈來函兩封〉，《益世報‧邊疆週刊》第 21 期，1939 年 5 月 15 日。

20 上述有關響應顧文的總體情形，可參見周文玖、張錦鵬：〈關於「中華民族是一個」學術論辯的考察〉，《民族研究》 2007 年第 3 期；部分亦可見《顧頡剛年譜》，第 293-298 頁。

這些話均不可談」。[21]

　　見到上述意見後，顧頡剛以「按語」等形式作出過不同程度的回應，如對「黃帝子孫」、「漢奸」等說法，就明確表達了自己的意見。他認為，「我們是『黃帝子孫』」、「黃帝子孫不當漢奸」這類說法，「原是漢人對漢人說的話。這種話固然不謹慎，但也可原諒，因為在這極度興奮的時勢之下，很容易『急不擇言』，不加上詳密的思考，我們總希望從此以後，這種話大家竭力少說，免得引起不必要的誤會」。他還特別提議：「『漢奸』一名應改稱為『內奸』，因為溥儀和德王們都是中華民國的奸，而不是漢人的奸。」他還認同徐旭生的觀點，強調黃帝不過是傳說中的人物，並無其人。漢人稱黃帝子孫「固應改正」，自稱三苗子孫，「也有改正的必要」。「每一個種族總好抬出歷史上的一個有名的人來做他們的祖先，這原是古人的習慣，我們生在今日就盡可不必這樣了。」[22] 在這點上，他顯然還是保持了一個「古史辨」史家的立場。

　　與此同時，針對費孝通的不同看法，顧頡剛更是接連寫了兩篇〈續論「中華民族是一個」〉，專門作答。在這兩篇文章裡，他一方面追憶了自己五度注意「民族」問題的經過，指出中國歷史上各族人民血統和文化不斷同化、融合的趨勢，強調其彼此之間「質的方面愈糅雜，量的方面愈擴大；糾紛是一時的，表面的，而

21　徐盧生（徐旭生自署名）：〈用歷史的觀點對魯格夫爾先生說幾句話〉，《益世報・邊疆週刊》第 24 期，1939 年 6 月 12 日。

22　見魯格夫爾：〈來函兩封〉「編者按」。

統一則是經常的，核心的」[23] 這一歷史特徵。同時，他還以自己的親身經歷，揭露「九一八事變」後以德王為代表的極少數上層蒙古人士在偽「滿洲國」建立的影響下，在日本帝國主義的金錢和政治誘惑下進行政治投機，搞民族分裂，以所謂「民族自決」始，而以「出賣民族」終的可悲事實，以及回漢矛盾在所謂的「民族」概念引入之後被人為加劇的令人痛心的慘劇，來說明「民族」一詞的濫用或不正確的「民族」概念的傳播，對於中華民族和中華民國，尤其是邊疆的少數「種族」或「部族」的人民來說，該是多麼大的災難和多麼大的不幸。他寫道：

我看了這種情形，心頭痛如刀割，推原這種情形的造成，還是「民族」二字的作祟。本來沒有這個名詞時，每次內亂只是局部的事件，這件事一解決就終止了。現在大家嘴裡用慣了這個名詞，每逢起了甚麼爭執和變動，大家就不先去批評那一方面的是非曲直，只管說是某民族與某民族之爭，於是身列於某民族的即使明知自己方面起哄的人是怎樣輕舉妄動，也必為民族主義努力，替他迴護或報仇，而私人的事就變成了公眾的事，隨時把星星之火擴而充之，至於天崩地裂的可能。事件平了，兩族的冤仇就永遠記住了，報復的機會總有一天會來到的……可知他們種

---

23 顧頡剛：〈續論「中華民族是一個」──答費孝通先生〉，《益世報・邊疆週刊》第 20 期，1939 年 5 月 8 日。也見顧頡剛同文另名文章〈我為什麼要寫「中華民族是一個」?〉，《西北通訊》1947 年第 1-2 期。

族方面原無問題，不過被這個新傳入的帶有巫術性的「民族」二字所誘惑，大家替它白拚命而已。唉，多麼的可憐！ **24**

然而「民族」一詞既然已經流行，關鍵還在於正確理解其概念的真實含義，在此基礎上尤需慎重使用，特別是當它用在國內人民身上的時候。顧氏反省自己從前曾經在中國古代歷史研究中濫用「民族」的經歷，坦承自己是在「九一八事變」之後，才感覺到從前的荒唐和沒有政治頭腦。由此出發，他進一步闡發了其對「民族」概念的理解以及對中華民族特點的認知，從而構成了其「續論」中另一方面的主要內容。

針對費孝通此前對 nation 的解釋，顧頡剛指出，nation 不是人類學上的一個名詞，而是國際法上的一個術語，它與 state 實無法截然分野。他引用美國政治學家何文康（Arthur N. Holcombe）的民族定義，認為「民族是具有共同民族意識的情緒的人群」，而「民族意識是一個團結的情緒 —— 一個國人彼此間袍澤的情感，相互的同情心」。他重申民族的構成是精神的、主觀的，而非物質、客觀的，其核心條件不是甚麼語言、文化和體質，而正是一種「團結的情緒」。**25** 以此為據，他不僅認定現實的中國是一個民族，而且強調歷史上的中國就是如此：自秦實現統一之後，

---

24 同上。

25 顧頡剛：〈續論「中華民族是一個」—— 答費孝通先生（續）〉，《益世報・邊疆週刊》第 23 期，1939 年 5 月 29 日。

朝代雖有變更，種族雖有進退，但「一個民族」總還是一個民族，且像滾雪球一樣越滾越大，終於成為世界上獨一無二的大民族。滿蒙回藏苗等都不能單獨稱作「民族」，只能稱為「種族」，漢人也是如此，其血緣既不純粹，文化也非一元，稱為「種族」其實也都還存在一定問題。如果要稱「民族」，他們當然都只能通稱為「中華民族」，**其中漢人屬於「中華民族之先進者」，而滿蒙回藏苗則是「中華民族之後進者」**，「因為他們尚沒有達到一個 nationhood，就不能成為一個 nation。他們如要取得 nation 的資格，惟有參加中華民族之內。既參加在中華民族之內，則中華民族還只有一個」。顧頡剛還認為，當時中國的不少民族問題如回漢問題，其實根本上都與「種族」無關，只不過是交通不發達導致的結果而已，等等。**26**

在「續論」中，對於「中國人」和「中華民族」的關係，顧頡剛還有過一個獨特的解釋，以往學界似乎不甚注意。他認為，「中國」和「天下」對應，靠的是「民族精神」的傳承和凝聚。「民族乃是國家的根本」，王朝國家滅亡了不要緊，「亡天下」也就是「失去民族精神」才真正可怕。「我們一說到『中國』和『中國人』，就感到它是有整個性和永久性的，無論地方勢力怎樣的分割或是朝代的怎樣嬗遷，它總是不變的。所以『中國』的『國』，和中華民族的『民族』，才是恰恰相當。」傳統一般的所謂「國」（像「大宋國」、「大金國」），「等於中央或地方的政府，已合於

---

26 同上。

英文的 state（美國一省即為 state），所謂『天下』等於中華民族或中國人，已合於英文中的 nation，意義非常清楚。要不是久已有了我們這個中華民族，古人就不會出現這種意識了！」[27] 顧頡剛這裡的表述有些模糊和費解，但如果換個視角來看，筆者以為，也就是說傳統的「中國」和「中國人」的意識裡面，其實帶有某種強烈的類似現代意義上的文化和民族認同的部分特徵，這就使得「中國」的「國」多少有別於「大宋國」和「大金國」的「國」。這一觀點，實際也是顧頡剛之所以將古來「中國人」與「中華民族」等而視之的原因。

對於顧氏的答覆，費孝通據說出於抗日政治環境的考慮，沒有再作進一步的辯論。倒是來自左翼的維吾爾族學者翦伯贊在見到顧頡剛答費孝通的「續論」之後，公開站出來發表論文，對顧氏的觀點進行了全面、嚴厲的批評。該文刊登在左翼報刊《中蘇文化》上，題為〈論中華民族與民族主義〉。在這篇論文裡，翦伯贊肯定顧頡剛當時「把中華民族當作一個問題而提出」，是「非常重要的」，但認為可惜的是，顧、費等人的論爭，「大半陷於抽象的形式問題如名詞的討論，把論爭的焦點轉向問題的側面，而不曾把中華民族與其現實的鬥爭關聯起來，作統一的生動研究，以至問題並不曾得到正確的解決」。在翦伯贊看來，作為顧頡剛討論中華民族觀念的出發點和最後結論的「中華民族是一個」這一命題本身，「似乎就太不正確」，它「包含著否定國內少數民族

---

27 同上。

之存在的意義，然而這與客觀的事實是相背離的」，因此其論爭難以得出正確的答案，也就並不足怪。

不僅如此，翦文還批評了顧氏在民族理論認識方面存在的幾個不足——他稱之為「極幼稚的錯誤」，並強調，「這些錯誤，對於中國目前正在堅決執行中的民族解放鬥爭，是可能引起有害的影響的」。首先，他認為顧頡剛把「民族」與「民族意識」混同起來，將「民族意識」當作「民族」，而否認民族得以成立的「物質基礎」和「客觀存在」，這很荒唐。實際上「不是人們的意識造成民族，而是一定的民族造成民族意識」。翦還引用斯大林關於「民族」的定義，以凸顯民族的實在性，認定「民族意識決不是自己發生的東西，必須有共同的領土，共同的經濟聯繫他才能表現為共同的利害關係，從而表現為民族意識」。如若像顧頡剛那樣把中國國內的少數民族「消解於一個抽象的『團結的情緒』的概念之下，而觀念地造成一個中華民族」，那無論如何造成的也只能是「『一個觀念的』中華民族」，這與顧本來的願望恰是相違背的。另外，當顧氏論證歷史上中國各少數民族為一個民族時，也注意到並強調了共同地域、共同歷史、文化交流和血液融合等客觀因素，這與他的民族定義難免前後矛盾。

在翦伯贊看來，顧頡剛的第二個認識錯誤，是「把民族與國家混同起來，他以為民族與國家是同時發生的」。其實國家很早就存在，在資本主義國家之前已有古代國家和封建國家，而民族則是近代的產物。在西方，「只有當資本主義向上發展的時代才形成民族」，而同樣，「一直到資本主義侵入之前，中國沒有民族主

義，而只有種族主義，⋯⋯ 實際上，中華民族在中山先生的歷史時代也才有形成的可能」。他認為顧氏所謂秦國時已形成統一的中華民族的說法是錯誤的，那時的國家只是傳統國家而並非「民族國家」，「統一的國家」和「統一的民族」完全是兩回事。

不僅如此，翦還批評了顧頡剛「把民族混合與民族消滅，混為一談」，把民族的形成僅歸結為「外界的政治推動，即『強鄰的壓迫』」，而否認其內在經濟聯繫的重要性，以及把國內民族問題歸結為「交通問題」等等「錯誤」，認為這些論調，有的「正是帝國主義所需要的」。在翦看來，「要使一個民族趨於鞏固，不是完全依靠『強鄰壓迫』而是要加強經濟聯繫」；而把民族問題當作交通問題，更是「有意迴避現實」，而一個真正具有「愛國情緒」的人，「應該不要逃避現實問題」。最後翦氏強調，國內民族問題的關鍵，「並不在於『交通便不便』，也不在於『現代化不現代化』，主要的是要承認各民族之生存乃至獨立與自由發展的權利，在民族與民族間建立經濟的政治的乃至文化的平等關係，以兄弟的友誼相互結合」，他認為只有這樣，「真實的民族大團結也才能實現」。[28]

從翦伯贊對顧氏民族思想的批評中，不難看到其受到唯物主義認識論和作為維吾爾族的少數民族情感的雙重影響。他對中華民族內部民族多元性的堅執和對民族構成客觀因素的認定，對於

---

28 翦伯贊對顧頡剛的批評內容，均見翦伯贊：〈論中華民族與民族主義 —— 讀顧頡剛續論「中華民族是一個」以後〉，《中蘇文化》1940 年第 6 卷第 1 期。

糾正顧頡剛的偏頗當然義正詞嚴，不過其對國內各民族一體性的認知和強調卻明顯不足，在全民族危機如此深重之時，他還認可國內少數民族政治上「獨立」的權利，這也容易引起歧義，無論如何都有不合時宜之處。事實上，當時中共民族政策的主流也已在逐步醞釀著實現從提倡「民族自決」到主張「民族區域自治」的轉變。

除了翦伯贊之外，當時參與直接間接討論、值得注意的還有人類學家、民族學家楊成志和胡體乾。楊成志留法歸國、胡體乾留美歸國，都是專業人類學出身，他們對西方「民族」概念及其相關概念與知識非常瞭解。楊成志作為顧頡剛和費孝通二人的朋友，認為他們二人之爭，「頗足代表我國學術界對『民族』名詞見解之紛殊」。「費先生所言之『民族』似近乎 ethnic，即多偏於客觀之民族志（ethnography）範圍；顧先生所言之『民族』接近 nation，即傾向於主觀民族論（nationalism），兩者雖各有所偏，要之均可稱為有心學術或國家之作。」

楊成志指出，關於 nation 和 ethnic 的廣泛混用（都譯為「民族」），不僅在中國如此，「即在外國亦無不皆然」。若要將學術研究與國家建設統一起來，處理好邊疆問題和民族問題，「必先就民族學研究之民族與國家政治權力之國族分開其不同之領域及其應徹底認識之立場不可。且學術之真價值，與國家之生命，值此抗戰建國期中，似乎應打成一片」。他極為清晰地寫道：

至民族一詞之真義，在缺乏民族學識之我國學術界中，常

與「國族」（nation）、「國家」（state）、「國籍」（nationality）、「國民」（citizen）、「部族」（tribe）及小而至氏族（clan or sib）大而至種族（race）……含混謬用。尤其是近來關於「民族問題」（national problem）或「民族解放」（national emancipation）或「民族自決」（self determination）等，各新書出版後更使一般青年讀者受其影響，動輒認凡關於國家政治問題，或國際關係問題，咸視為「民族問題」。不特青年如此，即號稱為學術界中人，往往更分不開歷史背景、文化交流、語言混化、宗教影響與風俗或儀式之傳播與借用種種關係，誤用「民族」二字混為一談。就此諸端，總合言之，世人認同一傳統或同一宗教，或同一文化政治，或同一語言，或同一慣俗，或同一意識或情感之某一人群或集團，即認為民族，此係普通之用法。若根據民族學狹義立言，「民族」一詞之使用，與「人種」（race）相同，均限於生物學或生體學範圍內，即係一種自然之集團，吾人藉以探討民族集團（ethnic group）或民族（ethnic）之真諦，與普通所使用之「國族」（nation）或「民族」（nationality）含有多多少少之政治意義不同，故研究民族構成之一種專門學問不稱為 nationalogy（國族學或民族學），而獨稱為 ethnology（民族學）者蓋有由也。雖然民族學不僅研究人類集團之體質，至文化與語言亦同注重。[29]

楊成志強調，在區分清民族學意義上的「民族」和國家政治

29 楊成志：〈西南邊疆文化建設之三個建議〉，《青年中國季刊》1939 年第 1 期。

權力意義上的「民族」（或「國族」）之後，就應當明白，「以整個國家政治與國民義務關係而言」，中國所有「同生長於本國領土內之人民，均是中華民國國民，在理論上，實不必有民族之區分，…… 況值此大中華民族正處危急存亡當中 …… 否則國之不存，族將焉附？」[30] 具體到「民族政策」和「民族研究」，楊成志則主張吸收德國、意大利、蘇聯和美國的經驗教訓，「不偏不倚、取長補短、最為上策」，如當「酌取蘇聯尊重其國內各民族固有之語言與文化至相當程度（即保優棄劣意）之方法 …… 為促進我大中華民族團結之立場」；「採取美國國籍化之理論與實施，提高及普及中華國民教育到國內各族去，作漢化實施之方針」，等等。與此相一致，在民族研究方面，他明確反對那種動輒稱各少數民族為 Non-Chinese 或 Non-Chinois 的做法，主張開展包含漢、滿、蒙、回、藏、苗等族文化在內的「中國文化圈之比較研究」，同時進行包括上述各族在內的「大中華民族體質型之普遍測量」等等。[31] 由此可見，楊成志的思想關懷，其實與顧頡剛要更為接近。

當時，胡體乾也發表了〈關於「中華民族是一個」〉一文，參與到顧、費之爭的討論中。他認為，英文中 race 和 nation 的用法本來就是變化的和混雜的，「race 的原義雖是體質團體，在使用習慣上，已經常被認為體質文化團體了。至於 nation 這個字，本義原是血統，和 race 相同，卻一被引申為體質文化團體，再被引

---

30 同上。

31 同上。

申為政治團體，其意義就更複雜了」。由此可知，顧頡剛和費孝通二位對於 race 和 nation 用法的理解，實際上「都非無根據」。而在中文裡，「種族」和「民族」用法的分歧更不在英文之下，相對說來，「種族」一詞指體質團體時多，指體質文化團體時少，算是要稍好一點。而中國人「更把當政治團體的 nation 有時譯作民族，有時譯作國家，更增加其分歧的程度。最奇的是民國十年至十五年間，民族主義與國家主義爭得甚囂塵上，而其英文譯名卻同是 nationalism。只有蔣廷黻先生把 nationalism 譯為族國主義，乃是避免用語混淆的辦法」。他因此提議：「將來若能把體質團體叫『種族』，把體質文化團體叫『民族』，把政治團體叫『族國』或『國族』，而把『國家』一詞專用以指政治團體的機構 state，或許可以免許多無用之爭。」**32**

由將「民族」限定在「體質文化團體」的認識出發，胡體乾對顧、費二人的觀點都提出批評，認為存在各自的思想偏向。顧頡剛強調國內各族原無界限、只因帝國主義利用「民族」的名詞實行分化「才起了裂痕」的說法，不免忽略了中國各族之間的體質、文化差異早已存在了漫長歲月的事實。帝國主義的分化確實存在，但「族間裂痕並非全為民族一詞所引起，也不能單因為民族一詞用法的更正而消滅」。而費孝通則走上了另一個極端，費氏強調國內各族的體質文化界限不容否認，但卻又錯誤地認為此種界限並不足以引起「政治的裂痕」，以為能真正引起政治裂痕的只是「政治上的

---

32 胡體乾：〈關於「中華民族是一個」〉，《新動向》第 2 卷第 10 期，1939 年 6 月 30 日。

不平等」。實際上,「體質文化的歧異和政治上的不平等,單獨地或結合地都會引起族間的裂痕。體質文化的差異常能引起政治上的不平等,政治上的不平等也會加強體質文化上的歧異的。所以體質文化的同一,終是消滅民族裂痕的根本辦法」。[33]

在胡體乾看來,「民族的界限本不是永恆固定的」。在世界範圍內都存在各民族「不斷同化」的事實。而在中國,古往今來,特別是近 300 年來,民族同化的成績更大。各族之間「打破了許多界限,增加了許多同一性」。民國以來因交通進步、經濟發展、人口遷移、教育普及,各族之間「同化的進行」較之有史以來速度更快,雖彼此之間的差異依然存在,有的甚至還顯露出「離心傾向」——或可稱為「同化中的副作用」,也就是說「中華民族」目前可能還不是「一個」,但無疑已在「成為一個的進程中」。胡氏聲言:「『中華民族在成為一個的進程中』這句話,大致都可以同意的。」[34] 特別是在當時面臨亡國危機的特殊時刻,「為加緊團結抵抗外患計,為廣播文化、提高各族地位計,皆有促進各族同化的必要」。他因此表示:「提出『中華民族是一個』的口號,廣播各族血統文化混合的事實,以加強各族同化可能且必然的信念,這和以前『天下一家、中國一人』、『五族同胞』等說法是一貫的,所以這口號是有用的。」正是因為這一點,他聲言對顧頡剛提出「中華民族是一個」的用意感到欽佩。[35] 這裡,胡體乾

---

33 同上。

34 同上。

35 同上。

所謂「同化」大體是各族彼此同化之意，他因此看到了中國各族作為同一個政治體「國族」、必然會不斷增強「同一性」的前途。但其言論中所包含的某種大漢族主義傾向，也是明顯存在的。

從現有材料來看，顧頡剛對於翦伯贊的批評和楊成志、胡體乾等人的評論，似乎並未作出直接的回應，原因不得而知。抗戰時期，顧頡剛建立在否認國內各民族為「民族」基礎上的「中華民族是一個」的觀點的確不無影響，甚至抗戰勝利後，仍有一些刊物特別鄭重地重新加以刊載，以廣流傳。如 1947 年，《西北通訊》第 1 期和第 2 期，就分別重刊了顧頡剛的〈中華民族是一個〉和他回應費孝通的第一篇文字（改名為〈我為什麼要寫「中華民族是一個」？〉），該刊還特別加了「編者按」，寫道：「顧先生此文，引證詳博，議論正大，為促進中華民族團結最為有力之作。其熱情洋溢，感人尤深。惟當發表之初，適在抗戰期間，四方阻隔，流傳未廣，殊以為憾。本刊初創，特商請先生同意，重為刊佈，想亦國人之所樂聞。先生尚有〈我為什麼（要）寫『中華民族是一個』〉一文，對此問題，續有推闡，將於本刊下期刊載，茲並附告。」[36] 可見顧頡剛至此，其主要觀點仍未改變。

2. 民族一元論的由來、其他形態與「黃帝子孫」說的新解釋
—— 兼及吳文藻「文化多元、政治一體」之回應

應當指出的是，類似「中華民族是一個」，國內其他各族都

---

36 顧頡剛：〈中華民族是一個〉，《西北通訊》1947 年第 1 期。編者按語附在該文之後。

不能單獨稱為「民族」的看法，卻並不始於顧頡剛。如前所述，早在清末，在一部分滿蒙留日學生中就已出現中國各族為同一「民族」，單個言實均為「種族」的觀念，不過尚未明確將其與現代中華民族符號直接結合起來而已。民國以後，特別是 1923 年以後至 1930 年代初中期，這種觀念在不少人那裡也曾時隱時現，雖沒有像顧氏這麼直截了當地「剝奪」各具體民族的「民族」身份與資格，但實際上已在逐漸地趨於明確。前述 1928 年張慰慈、1929 年蔣介石等的有關看法可以為證。1934 年底和 1935 年初，作為國民政府特使前往西藏，參加追封、祭祀十三世達賴喇嘛活動的黃慕松（1884-1937，廣東省梅州人，早年留日學習軍事，1935 年 3 月出任蒙藏委員會委員長）返京後不久，也發表過類似的意見。他強調：「我們與西藏完全是一整個民族，雖表面上分有漢、滿、蒙、回、藏、苗等種族，其實很不容易分析，就是請人種學的專家來分析，來研究，很難詳細的具體的劃分，因為我們都是一個民族，我可以將西藏人民的衣食住行風俗等略述，藉以證明我們都是一個民族，同時也可對永以西藏為其他民族的人，作一有根據的解釋。」[37]

　　1935 年 10 月，孫科創辦的《中山文化教育館季刊》登載留法歸國的賴希如之〈中華民族論〉一文，事實上也較為明確地闡

37 張清雲筆記：〈由西藏返京後的感想 —— 黃專使慕松在蒙藏學校演詞〉，《邊事研究》1935 年 3 月第 1 卷第 4 期。此條材料係楊思機博士先期發現和使用，參見其 2010 年中山大學博士學位論文〈指稱與實體：中國「少數民族」的生成與演變（1905-1949）〉第 84 頁。

述了「中華民族是一個」、國內各民族當時均為「種族」的觀念。不過，賴氏卻並未像顧頡剛那樣片面強調其中所謂「民族意識」的極端重要性，更沒有強調「血統」在其中不重要的觀點。相反，他明確聲稱，「中華民族是以諸夏血統及其文化為核心，由本系逐漸之藩衍發展，同時吸收其他蒙古種各支系之優秀成分，使之同化固結，而構成為一個極複雜極博大而極鞏固之民族，此不僅為研究民族史實之結論，而且經現代科學家分區分析吾族血統之結果，復加以證明」。不僅如此，賴希如還以此認識為基礎，進一步解說了他所理解的「中華民族」概念內涵。文章一開篇就指出：

　　我們現在稱「中華民族」，就狹義說，當然指的是中國境內民族的主體漢族。漢族古稱夏族；然夏和漢，皆為朝代之名，非民族之本稱，今民國已確定以「中華」為族國之全稱，故用今名。復就廣義說，中華民族是統指中國境內諸種族的全體而言。今日中國境內大別為六大種族，即漢、滿、蒙、回、藏，及未開化之苗族。漢族及其他各族，就人類學上和民族學上，當然有顯著的分別。惟漢族和其他各族，經數千年長期間的接觸，輾轉東亞大陸，互相交雜，在血統上早已混亂。若細加分析，漢族的血統中，實包含有其他五族的若干成分，如滿族之東胡、鮮卑、契丹、女真；蒙族之匈奴；回族之突厥、回紇；藏族之羌。元、清兩代，蒙族和滿族之同化漢族，則尤為顯著。至苗族如今雲南之一部分進化的土司，亦漸已同化於漢族。此種同化，一方面是血統上的混合和生活上的同化，別方面是精神上接受漢族的文化，

很自然地鑄成了新中華民族固結的基礎。故漢族實為中華民族的母體，自應代表中華民族之全稱。[38]

1935 年 12 月，顧頡剛五四時期「新潮社」的同道好友、長期擔任中研院歷史語言研究所所長的傅斯年，也發表了題為〈中華民族是整個的〉一文，強調中國歷來在政治上崇尚大一統與「中華民族」不可割裂的整體性之關聯。他的觀點與顧頡剛有相通性。他認為「『中華民族是整個的』一句話，是歷史的事實，更是現在的事實」。在歷史上，自從秦統一後，中國的各民族就合為一家，成為中華民族：「我們中華民族，說一種話，寫一種字，據同一的文化，行同一的倫理，儼然是一個家族。也有憑傅在這個民族上的少數民族，但我們中華民族自古有一種美德，便是無歧視小民族的偏見，而有四海一家的風度……到了現在，我們對前朝之旗籍毫無歧視，滿漢之舊恨，隨清朝之亡而消滅。這是何等超越平凡的胸襟！所以世界上的民族，我們最大，世界上的歷史，我們最長。這不是偶然的，是當然。」傅斯年對形成這一民族「一體」特徵的中國人崇尚「大一統」之精神基礎讚美有加。他充滿激情地寫道：

---

38 賴希如（1899-1975），又名賴先聲，廣東省梅州市大埔縣人。1922 年加入中國社會主義青年團，1925 年加入共產黨。國共合作時期以個人身份加入國民黨。曾任中共潮梅特委書記、國民黨潮梅特委主席。1927 年後脫離中共，由國民黨出資赴法留學，獲巴黎大學法學碩士學位。1933 年回國後任教於大學。抗戰期間，再度加入國民黨。

有時不幸，中華民族在政治上分裂了，或裂於外族，或裂於自身。在這時候，人民感覺無限痛苦，所渴望者，只是天下一統。未統一時，夢想一統；既統一時，慶幸一統；一統受迫害時，便表示無限的憤慨。文人如此，老百姓亦復如此。居心不如此者，便是社會上的搗亂分子，視之為敗類，名之為寇賊，有力則正之以典刑，無力則加以消極的抵抗。**39**

傅斯年發表在《獨立評論》上的這篇論文，由於強調中華民族整體性的宗旨本身，體現了全民族團結的時代願望和精神祈向，故引起不少共鳴。一時間，「中華民族是整個的」呼聲響成一片，儘管表述角度各有不同。**40** 如 1936 年《現代青年》雜誌發表〈中華民族是整個的〉同名文章，就公開表示：

「中華民族是整個的！」這是我們四萬萬同胞都應當有的一個認識。

因為中華民族是整個的，所以在行政上，不容有任何獨立的系統，在對外上，也決不能再以寸土予人。在這國家興亡正陷於十字路口的今日，我們應當發揮我們中華民族固有的精神，應當牢抱著

---

39 傅斯年：〈中華民族是整個的〉，《獨立評論》第 181 號，1935 年 12 月。

40 比傅斯年發表〈中華民族是整個的〉一文稍早，某一中學校刊也曾撰文表示：「中華民族是整個的，決不許任何人稍有攜離，攜離便是民族的罪人。打破民族的統一，便會斲傷國家的命脈……」見歐陽薇：〈一九三六年的中華民族及中學生〉，《一中校刊》1935 年第 3-4 期。

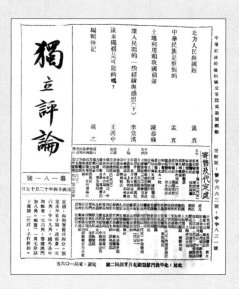

1935 年傅斯年在《獨立評論》上發表〈中華民族是整個的〉一文片段

祖產不可遺棄的堅決態度。中華民族在過去有數千年的光榮歷史，有時雖也曾橫遭夷狄侵襲，但最後還是保持一統，從來未分裂覆亡。到了現在，我們忍令國家長此衰弱或甚至滅亡嗎！？……

總之，中華民族是整個的，我們要以鐵與血來保護中華民國主權和疆土的完整！！ **41**

又如，1936 年初，著名的中國基督教刊物《聖公會報》也發表了題為〈中華民族是整個的〉的同名文章，反映出一個中國基督教徒至誠可感的民族心聲。他在文中寫道：

我國自辛亥革命以來，雖然經過了不少的變化，但至少有一件事，可以說是革命的成功，就是人人都覺得中華民國是一個中華民族的國家。雖然經過了許多年的內亂，但民族仍是統一的。但自從「九一八」不幸的事件發生後，一部分民族及其所居住的土地 —— 滿族及其所住的東三省 —— 遂被強鄰攫取，與中華民國脫離了關係，這實在是使人感覺山河破碎的一件傷心的事。最近華北方面又有少數不肖在那裡醞釀自治，希圖脫離中央……若長此以往，各方紛起傚尤，則中國不為俎上肉者幾希！所以一般憂時之士，大聲疾呼的說：「中華民族是整個的！……否則蠶食不已，大好河山將完全變色矣。最有效的抵抗，非全國上下一心一德，彼此精誠團結，大家都覺得中華民族是整個的不可！基督

---

41 楚人：〈中華民族是整個的〉，《現代青年》1936 年第 5 卷第 3 期。

徒本是服膺基督主義的，但同時也是中華民國的一份子，對於國事不可袖手旁觀，尤其是處於現在情形之下，更應當有一種「我也是整個民族一份子的覺悟」。國存與存、國亡與亡，皮之不存，毛將焉附？！……**42**

由此可見，當時「中華民族是整個的」觀念已逐漸成為國人普遍之意識。

不過，傅斯年等人雖強調中華民族的「整個」性與「一體」性，最初卻還沒有公開明確否認構成這一整體的國內各民族之「民族」身份和地位，儘管兩者之間有直接的關聯。稍後幾年，他們才更加明確後一種認識。據傅斯年的後人傅樂成回憶，1938 至 1939 年間，傅斯年曾著《中華民族革命史稿》一書，書中認為，中華民族內部雖然在名稱上有漢、滿、蒙、回、藏等族的說法，但事實上只為一族，如「漢族一名，在今日亦已失去邏輯性，不如用漢人一名詞。若必言族，則皆是中華民族耳」。**43**

顧頡剛無論是寫前述的〈中華民族是一個〉一文，還是為回應費孝通而準備的那兩篇論文，其實都與傅斯年有過實質性的交流，甚至「中華民族是一個」的命題，還可能是傅斯年先明確提出來的。因為顧氏在〈中華民族是一個〉一文一開頭曾特別提到，

---

42 瀚：〈中華民族是整個的〉，《聖公會報》第 29 卷第 1 期，1936 年 1 月。

43 可見傅樂成：〈傅孟真先生的民族思想〉，載王為松編：《傅斯年印象》，上海：學林出版社 1997 年版，第 204-205 頁。

昨天接到一個老朋友來信，他以一腔愛國熱情寫道：「我們決不能濫用『民族』二字以召分裂之禍。『中華民族是一個』，這是信念，也是事實。我們務當於短期中使邊方人民貫徹其中華民族的意識，斯為正圖。夷漢是一家，大可以漢族歷史為證，即如我輩，北方人誰敢保證其無胡人的血統，南方人誰敢保證其無百越黎苗的血統。今日之西南，實即千年前之江南巴粵耳。此非曲學也。」這裡，顧所提到的這個老朋友就是傅斯年。《顧頡剛日記》裡還多次記錄了其在草擬答覆費孝通的兩篇〈續論「中華民族是一個」〉的過程中，曾經與傅斯年往復討論和相互支持的有關情形。

在費孝通與顧頡剛具有不同意見的文章發表之後，傅斯年還曾試圖從行政上干預此事。在他看來，費孝通是人類學家吳文藻的學生，費文的寫作顯然受到吳氏的指使，而吳文藻當時是受中英庚款董事會的委派到西南地區工作的，於是他就直接致函此會董事長朱家驊和總幹事杭立武，希望將吳文藻調往他處。該信寫得很激動，信中指責吳、費等人否認「中華民族是一個」而將苗、藏等都視為「少數民族」並強調其有民族「自決權」的不當，對那種「為學問而學問，不管政治」的高調，也表示明確的反對和痛恨。信中寫道：「夫學問不應多受政治之支配，固然矣。若以一種無聊之學問，其惡影響及於政治，自當在取締之列。吳某所辦之民族學會，即是專門提倡這些把戲的。他自己雖尚未作文，而其高弟子費某則大放厥詞。若說此輩有心作禍固不然，然以其拾取『帝國主義在殖民地發達之科學』之牙慧，以不瞭解政治及受西洋人惡習太深之故，忘其所以，加之要在此地出頭，其結果必

有惡果無疑也」。[44]

　　吳文藻何以遭傅斯年如此之「痛恨」？他當時在這一問題上，究竟取何種認識與態度呢？查當時的報刊，知這位在雲南致力於人類學研究的學者，的確有一種人類學和民族學的特有情結，對研習、傳承、保護和發展各少數民族文化情有獨鍾，即便在抗戰那樣的特定時期也不例外。他當然也認同「中華民族」的整個性和一體性，但卻並不認為「中華民族」是由一個單一民族所構成。在他看來，回、苗、瑤等作為「民族」的存在，是應該正視的現實，而且這也並不妨礙大「中華民族」在政治上的團結統一。1939 年 3 月 17 日，吳文藻在《益世週報》上發表〈論邊疆教育〉一文，就藉機表達了自己作為一個人類學家的上述看法。此文發表的時間雖晚於顧頡剛之〈中華民族是一個〉一個多月，但卻應該不是專門針對顧文而發。當時，正值第三次全國教育會議在重慶召開，吳想趁此機會，較為系統地提出關於「邊疆教育」的意見，希望「作公開討論，以喚起輿論界對此問題的注意」。在此文中，吳文藻提出了三點主張：第一，「發展邊疆各民族的文化，乃是建設現代化的民族國家之當前急務」；第二，「促進邊疆教育，實為發展國內民族文化的基本工作」；第三，「邊疆教育乃是一種特殊的教育，必須先建設一套邊疆教育學的理論作為科學研

---

[44] 〈傅斯年致朱家驊、杭立武〉，該信全文見歐陽哲生編：《傅斯年全集》（七），長沙：湖南教育出版社 2003 年版，第 206-207 頁。主要內容，周文玖、張錦鵬〈關於「中華民族是一個」學術論辯的考察〉一文已經談到過。

究的張本，然後在應用一方面，始能根據確定一種或多種比較適當的邊疆教育政策」。此文不僅對邊疆教育的內涵和學術文化意義闡發了獨到見解，而且率先明確提出了「邊疆教育學」的理念以及人類學和社會學者在這一領域將大有可為、「貢獻獨多」的前景。以往，學界談到吳文藻先生在邊疆研究方面的貢獻時，一般都要提到他 1942 年所寫的那篇〈邊政學發凡〉的大作，其實，〈論邊疆教育〉一文，也是其值得重視的思想篇章，可惜卻長期被學界同人所遺忘了。[45]

在〈論邊疆教育〉一文中，吳文藻雖無意直接討論「中華民族是一個」這類問題，但顯然還是間接地表達了一些與顧頡剛和傅斯年等人所代表的觀點有異的看法，也不妨說是一種間接回應，而且比其弟子費孝通的直接回應要早一個多月。他認為在我國邊疆地區，「種族宗教複雜、語言文字歧異、經濟水平不齊、文化程度不等」且彼此感情隔膜不無相互猜忌之心的多民族存在，似並無否認之必要，只有本著「『中華民國境內各民族一律平等』的要旨，曉示『中華民族完成一個民族國家』的真義」，努力去扶植邊地人民，改善其生活，開發其智識，才能統一思想、化除

---

45 王慶仁、索文清編：《吳文藻人類學社會學研究文集》（民族出版社 1990 年版）所附的「吳文藻著譯目錄」裡，未收錄此文。直到最近幾年，筆者才見到有人提及此文。除楊思機博士 2010 年在其博士論文〈指稱與實體〉中對此文內容有較詳細介紹外，王炳根的〈吳文藻與民國時期「民族問題」論戰〉一文（載《中華讀書報》2013 年 5 月 1 日），也專門評述過此文內容。不過筆者以為，此文內涵還可以進一步解讀，尤其是在對其「文化多元」和漢語、漢文化關係思想的把握和理解方面。

畛域，充實國力，鞏固邊疆。特別值得注意的是，吳文藻在此文中還明確提出了所謂「『多元文化』和『政治一體』」的現階段中華民族建設構想。在各民族的「多元文化」中，又主張以漢文化作為「中心勢力」，積極促成「向心運動」，將其「冶為一爐」，為將來實現「中華民族」的「一個民族國家」做長期的積極的努力。文章寫道：

惟欲團結各族精神，使「多元文化」，冶於一爐，成為「政治一體」，當自溝通各族文化始。而欲溝通各族文化，必先發揚中國的民族文化及時代精神，造成一個中心勢力，有了中心勢力，就可消極的防止離心運動，積極的促成向心運動。故孫總理主張以漢族為團結與開化的領導者，大家聯合起來，組成一個強固有力的國族團體，而黨國則宣言根據國家生存上共同的利益，誠心努力實行扶植各民族經濟、政治、教育的發展，務期同進於文明進步之域。這是正大光明的理想，亦是解決國內民族問題合理的對策。與歐戰以來民族自決自治的潮流極相契合。但戰後倡行的民主自決主義，曾已幾度發生流弊，尤以「一民族一國家」的分裂趨勢為甚。自列寧闡明「民族自決」的真義及糾正「民族即國家」的誤解以來，於是一國以內少數民族的問題，開始得到了具體解決的妥善辦法。蘇俄的民族政策就是：凡軍事、外交，國家行政、國民經濟，必須統一於中央；而關於語言文字、藝術文學，以及教育與文化上的設施，則委權各民族（自）行處理，予以高度發展個性的機會，務使充分表現本族文化的特長。換言之，蘇

俄對於政治經濟事務，採取中央集權主義；對於教育文化事業，採取地方分權主義，黨國權威，如能本此立場，定為國策，廣示邊民，積極推行，則不但敵人無法施用挑撥離間的詭計，來分化我們的力量，且可促使邊民徹底覺悟，覆巢之下，絕無完卵，更加積極團結，一致擁護中央，共保中華民族！**46**

值得注意的是，吳文藻的方案，實際上既替少數民族的文化發展和切身利益考慮，也並不諱言在少數民族地區同時開展漢文化教育（他稱之為「漢化教育」）的必然性和必要性（與人類學家楊成志等相似）。他認為國內「民族文化的發展，既以建立一個民族國家為職志，則關於邊疆各族文化的振興，必以實行發展教育為入手辦法」。而在「經濟文化比較落後的弱小民族地區」興辦教育事業，「應以各該地方的土著人民謀幸福為原則」。特別應該認清邊疆民族地方對中央的關係，「不是殖民地的關係，不是藩屬的關係，亦不是如歐美人或日本人所說保護國和宗主權的關係，而是**整個中華民族或一個中華民國地方與中央的關係**。因此，我們所要提倡的邊疆教育，也就不是日本人對於朝鮮與台灣人民，或東三省以及淪陷區內諸同胞的奴化教育，亦不是歐美人所講的殖民地教育，而應是中國文化與土著文化雙方並重同時並行的邊地義務教育」。這裡，吳文藻所用的「中國文化」一詞與「土著文化」相對，顯然有欠推敲，並不妥當，他實際上指稱的乃

---

46 吳文藻：〈論邊疆教育〉，《益世週報》第 2 卷第 10 期，1939 年 3 月 17 日。

是漢文化。因此，他提倡應在當時邊疆少數民族經濟文化落後地區開展的「邊疆教育」，就是漢文化與少數民族文化並行並重的教育，用他的話來說也即是「漢化教育」與「土著教育」並存發展的「雙重教育」。在該文裡，吳文藻重點說明了為甚麼要格外重視「土著教育」的理由，其中最重要的理由就在於，「正當完善的教育，必以適應實際生活環境為目標」，「須以其固有的社會文化之背景為依據」。即便是在漢化教育程度較高的區域，依賴少數民族家庭和其他特有基層社會組織的那種「經驗教育的力量還是活潑地發生作用」。因此，在他看來，「欲同時推行漢化教育」，也「必須使之與各該民族的生活，密切配合，並努力發見各該民族的特性，使之與漢族的個性，溝通相成，而互相地發揚光大起來。反是，漢化教育，若與原有生活背景，完全脫節，則部落團結力的瓦解必然更快，文化綿續性的中斷必然更速」。所以他強調：「為顧全雙方利益計，在漢化與土化教育之間，必須力求協和融洽，作有意識的指導，謀有計劃的調適，務使二者同時並進，相成不悖。如是可以減少土著個人心靈中可能的衝突，避免部落社區整體頓形紛亂的局面。而調適的焦點，即在尊重土著民族的價值觀念。各民族有其一己的文化重心，例如宗教信仰，風俗習尚，務須同時加以相當注重。」**47**

如果我們將〈論邊疆教育〉與 1927 年吳文藻〈民族與國家〉中的有關思想相比較，他除了繼承發展了那種反對「一民族建立

---

47 同上。

一國家」的思想，將中國國內的各民族明確概括為不可分割的「政治一體」之外，還嘗試著提出了保持發展國內各民族「多元文化」格局的同時，在那些文化相對落後的少數民族地區同時需要實行一定程度的「漢化教育」的不可避免性。用他的原話來說就是，「漢化教育之增添，乃文化接觸過程中必不可免的一部分。漢化教育的結果，可以提高土人原有的生活程度，使之超於一般水準之上，刺激其在經濟上、政治上，及文化上的需要」，[48] 等等。這應當說比其學生費孝通一個多月後在與顧頡剛的討論中，只是簡單僵硬地認定「謀政治的統一者在文化、語言、體質求混一」既不必要、也「徒勞無功」，還是要略微高明一些，因為在各民族之間，勢必需要存在一種起共同溝通作用的 "common language"（族際共通語）。

三年後的 1942 年，吳文藻在〈邊政學發凡〉一文裡，對他此文的有關思想又有進一步的表達。他寫道：

中國這次抗戰，顯然是**整個中華民族**的解放戰爭，而不是國族內**某一民族單位**的解放戰爭。全民族求得解放，達到國際平等地位以後，就須趁早實行准許國內各民族地方自治的諾言，而共同組織成為一個自由統一的（各民族自由聯合的）中華民族。**建立一個多民族國家，是我們現階段的理想，而如何促成民族國家**

---

48 同上。

的組織，此種偉大事業，一部分就有賴於邊政學的貢獻。[49]

也就是說，在吳文藻看來，建立起複合性的「中華民族」之「多民族國家」是「現階段的理想」，而建立一個單一性的「中華民族」之民族國家，儘管是「偉大事業」，但顯然還有賴於包括「邊政學」建設在內的今後國人的努力。[50] 筆者以為，民國時期，吳文藻從人類學角度所提出的「文化多元、政治一體」的「中華民族」建設之初級階段論，具有重要的思想意義。它在某種程度上，形成了另一種不同於蔣介石和顧頡剛等所代表的單一性「中華民族」觀念的思想路向。它既吸收了蘇聯民族聯邦的思想因素，又自覺放棄了蘇聯「加盟共和國」和「自治共和國」這樣的「民族國家」之虛名（有名義，但沒有獨立國籍），[51] 這與中共在這一時期開始形成的民族區域自治的思想探索，是相向而行的。人們都知道費孝通先生後來提出的著名的「多元一體」的中華民族觀，它將中華民族的歷史形成與現實形態結合起來，深刻地揭示了其民族認同的不同層次之多元統一性，自然是較為成熟的理論。以往，討論有關問題的學者們多強調該理論的最終形成與費

---

[49] 吳文藻：〈邊政學發凡〉，《邊政公論》1942 年第 1 卷第 5、6 合期。

[50] 吳文藻在〈邊政學發凡〉一文中，明確提出「政治學」和「人類學」的兩種建設路向，自覺擯棄人類學的「殖民主義」色彩，呼籲建設服務於中國、「以資政為要」的邊政學，實際上表達的是以應用人類學為理論框架、整合政治學觀點的邊政觀。可見他也多少受到傅斯年等批評的影響，帶有思想互動後的反思特點。

[51] 關於蘇聯的民族體制，可以參見郝時遠：〈斯大林的民族定義及其在蘇聯的實踐〉，載氏著：《類族辨物：「民族」與「族群」概念之中西對話》，第 253-295 頁。

孝通反思昔日與顧頡剛的爭論，以及建國初期他親身參與的民族大識別工作之密切相關性，而筆者以為，其實在那一次論爭過程中，費氏所得到的吳文藻先生的指點、特別是〈論邊疆教育〉一文中所闡發的「文化多元、政治一體」的初級階段的中華民族建設觀，對其後來「多元一體」理論的形成也應當起到過某種直接的啟發作用。但這一點，似乎被人們所忽略了，甚至吳文藻此文本身也長期受到了不應有的忽略。[52] 而忽略該文的有關看法，直接以吳文藻 1927 年發表的〈民族與國家〉和 1942 年所發表的〈邊政學發凡〉兩文為據，來闡述吳氏民國時期的核心民族思想，恐怕是不完整的，甚至還可能容易產生偏頗的理解（如關於其對漢文化功能的認識方面）。

1939 年前後，傅斯年之所以「痛恨」吳文藻的有關思想活動，除了不喜歡人類學特有的那種專以「保護」少數民族的權益及其文化特性為職志的「為學術而學術」的姿態，以為容易激發其離異意識，從而不利於民族融合和抗戰建國之外，恐怕與吳氏本身並不諱言公開取法蘇聯的民族建設思路與模式，也不無一定關係。

---

52 比如，20 世紀 90 年代，新一代民族學的翹楚納日碧力戈等在新的背景下重提「文化多元」與「政治一體」，並認為「多元一體」論中「『多元』與『一體』的關係應當表述為『文化多元』與『政治一體』的關係」時，就不曾提及早年吳文藻的這一發明（見納日碧力戈：〈民族與民族概念再辨正〉，《民族研究》1995 年第 3 期）。當時，民族學界大多尚不瞭解吳文藻〈論邊疆教育〉一文及其內容，故此並不足怪。不過就具體內容而言，納日碧力戈的觀點與吳文藻此文的看法，也還存在差別（比如在對待漢文化的問題上）。

從傅斯年上述的「中華民族是整個的」，到顧頡剛的「中華民族是一個」，可以說較為典型地反映了抗戰時期時代思潮的強勢流向和許多國人的情感歸趨。相比之下，吳文藻和費孝通的這類複合式的中華民族結構論之聲音，反而一度趨於低調和沉默。實際上，在顧頡剛發表〈中華民族是一個〉之前，為強調「中華民族」乃一個單一性民族，就否認漢、蒙、回、藏等為「民族」的明確論調，便已屢見不鮮了。除了前文已經提到的「種族」論事例外，還可另舉出一些代表性形態，像「支族」論、「部族」論等其他方面的例證。如 1938 年，教育學者汪少倫曾在《國是公論》上發表〈中華民族的意義〉一文，就已明確提出並論證了漢、滿、蒙、回、藏、苗六大支族構成一個中華民族的「支族論」。該文指出：

所謂中華民族係指漢、滿、蒙、回、藏、苗六大支族的化合或綜合體。歷來中外學者多認這六個支族為六個民族實是一種錯誤。因為支族的特徵在相信其出於共同的祖先。……而且這六個支族經過數千年來的互相接觸，互相通婚，互換姓氏，互相模仿已完成或大部分化為共同的一體。……上述各支族間互相同化在數千年前即已開始，現代每個中國人業已經過百餘代，即現代每個中國人為無數萬萬祖先的產物。安知在這無數萬萬的祖先中不有幾個各出於這不同的六族？所以最低限度，現代中國人大部分為這六族的共同產物，已不能斷定誰為誰。至漢唐以來的中國文化多為此種共同產物的產物，更不能認其為某一族的文化。

接著，汪少倫從共同自然、共同文化、共同利害、共同價值和共同心靈等幾個方面，進一步論證了六個支族構成一個中華民族的觀點。他認為，漢、滿、蒙、回、藏、苗諸族實際上已經「化為共同自然 —— 其著者如互相雜處，互通婚媾」；享有「共同文化 —— 其著者如語言、文字、習慣、道德等的一致」；擁有「共同利害 —— 其著者如當今對外的休戚與共」；顯現「共同價值 —— 其著者如外國人不問我們真正的來源若何，認為我們都是中國人，能力道德相似」；具有「共同心靈 —— 其著者如我們自己亦多認為中國人，而不深究我們的來歷的一體或民族，現所見者不過是些支族的遺跡與殘餘而已」。汪氏還強調，這種支族的遺跡和殘餘在歐洲至今也是存在的，不僅德意志民族和法蘭西民族如此，英吉利和意大利民族也無不如此，「上述各民族既不因其各支族間尚有遺跡或殘餘被否認為整個的民族，則中華民族自亦不能因其各支族間尚有遺跡或殘餘被否認為整個的民族」。當然，汪氏論證「中華民族」整體論的目的，最終還是要服務於全民族的抗日戰爭需要，故他毫不含糊地寫道：

　　中華民族既為漢滿蒙回藏苗六大支族的化合或綜合體，則目前中華民族生存與自由的問題實即這六大支族共同生存與自由的問題。而中華民國實為一個中華民族的國家，凡目前生活於中華民國境內的人，除掉俄、韓少數民族與其他外僑以外，均為現代中華民族的份子，…… 所以這些人為實現其歷史的使命計，固不能不為中華民族而犧牲；為實現其本身生活計，更不能不力謀抗

日戰爭的勝利。[53]

其實，這種「支族論」與顧頡剛的「種族論」之間，只不過是大同小異而已。

顧頡剛等人關於「中華民族是一個」，漢、蒙、回、藏等皆為「種族」的看法，當其正式闡發之時，無疑受到時局的左右和孫中山有關民族思想的影響，但他們反過來是否直接影響到了國民黨最高層的有關民族決策，目前尚缺乏具體深入的實證研究。但大體可以肯定的是，其作用無論如何不宜過於誇大，充其量只能說，他的有關論點與同時代的許多類似觀點發生了共鳴，與國民黨一度佔主導地位的民族觀傾向較趨一致，並因此得以推波助瀾。

不錯，在 1938 至 1940 年前後，國民黨內上述有關的思想傾向的確是迅速強化了，但這主要是國內抗日戰爭的形勢和二戰中的一些相關國際因素影響的結果。就拿曾與傅斯年就此問題通過信的國民黨高官朱家驊（時任國民黨中央執行委員會秘書長、黨務委員會主任）來說，他在 1939 年 7 月就曾公開反對「**少數民族**」的稱謂，聲稱「少數民族」純粹是「外國的名詞」，「在外國也有

53 汪少倫：〈中華民族的意義〉，《國是公論》1938 年第 13 期。汪少倫（1902-1982），安徽桐城人。早年加入共產黨，後脫黨加入國民黨。曾留學日本和德國，學習教育學。回國後，曾任中央政治學校教授、國立中央大學教授兼公民訓育系主任。1940 年代後，曾任安徽省教育廳長、國民政府立法委員。後到台灣，任台灣師範大學教育學教授。著有《民族哲學大綱》、《中國之路》等。

他存在的理由，在中國這種名詞決無提起的道理。要知道捷克便是為這樣的名詞所誤了，以致於滅亡。我們中華民族 ── 國族，是有一體性的，是合體同命的」。[54] 從這裡不難發現，1938 年 9 月至 1939 年初德國藉口少數民族問題強迫捷克割讓蘇台德地區並最終佔領捷克全境的事件，對於國內知識人和國民黨的有關反應，顯然也產生了相當直接的刺激作用。

就在顧頡剛發表〈中華民族是一個〉的同一天（1939 年 2 月 9 日），國民黨的《中央週刊》上也發表了著名清史專家蕭一山的〈中華民族問題〉一文，這頗能表明國民黨的態度。該文採用約翰·密爾（John Stuart Mill）對「民族」的解說，來論證漢、滿、蒙、回、藏為同一個民族，表面上與顧頡剛採用何文康的民族定義略有差別，實則有異曲同工之妙。密爾這樣定義「民族」：「民族是具有共同意識感情，因歷史流傳，政治上結合已久，各自願隸屬於一個政府下的人類集團。」這一定義既強調共同的民族意識和感情意願的重要，又重視與此密切相關的政治因素：政治上結合已久的意義，毋寧說這也是一種民族觀的自覺選擇。在〈中華民族問題〉一文中，蕭一山還論證了歷史上的各族人民早已互相融合為一體、難以分別的歷史特徵，並且以「蕭」姓為例，對此作出極為生動的說明。他說：「譬如姓氏是代表民族血統的，然而現在的姓氏，最不可靠，以我的姓 ──『蕭』來說，

---

54 朱家驊：〈抗戰兩年來的教訓〉，載王聿均、孫斌編：《朱家驊先生言論集》，台北：中央研究院近代史研究所 1977 年版，第 468-469 頁。

本是殷民大族之一，封為蕭而後得氏，可算是老牌的漢族了，五代時，契丹大將侵入開封，羨慕漢姓，讓書記替他起一個名字叫蕭翰，因此遼的後族，都姓蕭，最有名的蕭太后 —— 和楊家將對壘的 —— 也就是這一族人，有誰知道現在姓蕭的，還是『豐沛故家』，還是『蘭陵舊族』呢？還是『契丹之後』呢？」[55] 應當說，以此例來說明中國歷史上各族人民之間血緣的混雜難分，的確是相當具有說服力的。

受蕭文影響，一年以後的 1940 年，著名刊物《民族公論》上又刊載了一篇引人注目的長文〈論中華民族〉，作者為姚江濱。該文不僅從蕭一山前文中借用了約翰·密爾關於「民族」的定義，且繼續此文的思路和論說方法，對歷史和現實中的各族最終融合為一個中華民族的特點，進一步地加以了揭示。文章指出，「中華民族的同化與演進，恰如水波，一起一伏，有一次的戰爭，就有一次的混合，就有一次的統合為前推後進，愈演愈廣，愈演愈強，所混合的成分，也愈繁多；活動的範圍，也就愈大，民族的努力，當然要漸漸的雄偉起來」。在作者看來，「『中華』，既為國族的全稱，那麼我們就應該認清：建立『中華民國』的人民，是『中華民族』；『中華民族』是統指中國史乘的各種人的全體而言，例如漢、滿、蒙、回、藏、苗等」—— 她並非只是一個漢族的天下，其文化也並非只是漢族的文化。在語言文字、宗教信仰、血緣等方面，她都由「多元」構成。當時流行的所謂「漢奸」

55 蕭一山：〈中華民族問題〉，《中央週刊》1938 年第 1 卷第 26-27 合期。

說法，也是不妥當的，應該稱之為「華奸」或「國奸」，甚至漢、滿、蒙、回、藏等名詞，也有「取消的必要」等等。在該文中，作者格外強調歷史對於一個民族的極端重要性，認為「一個民族在共同的歷史過程中，有著共同的榮辱，共同的艱苦與幸福，共同崇拜的民族先哲聖賢，以及共同的目標和希望。因此，歷史最能維繫民族的感情，鞏固民族的團結，統一民族的意志，發揮民族的力量」。[56] 可見姚氏這裡的「多元」論，與承認各族為「民族」條件下的多元論又是有差別的。

與此相關，該文還特別提出了民族史上的「中心人物」以及民族共同祖先的問題，並給予專門闡釋，這反映出當時中華民族認同的某種認知演進。作者認為，在中華民族早期的黃帝時代，中心人物其實並不止黃帝一人，此外還有炎帝和蚩尤。由於黃帝在戰爭中戰勝炎帝和蚩尤，各民族遂得以融合，黃帝也最終歷史性地成為「整個民族的同一個領袖」，他「十足地代表著當時民族的中心，並且領導民族更廣大的進行民族生活，使得萬世的子孫流傳下來，所以黃帝不單是所謂漢人的祖先，也是滿、蒙、回、藏…… 等同胞的祖先；而炎帝與蚩尤，也是大家的祖先。由此可以說：我們全中華民族，都是薰鬻、獫狁、畎夷、匈奴、東胡、鮮卑、突厥、氐羌…… 的子孫，而今日所謂漢滿蒙回藏苗，

---

56 姚江濱：〈論中華民族〉，《民族公論》1940 年第 3 期。作者姚江濱，生平不詳，1938 年 9 月發起成立中國大眾文化社，任社長。曾致函國民政府社會部，呈請改正西南少數民族命名中帶蟲獸偏旁的現象。意見後被採納。可見他大體是一個關心中華民族問題的民間思想家。

根本就不能代表一個民族或種族」。[57] 在作者眼裡，種族與民族似乎仍然是一回事，而擁有共同祖先的中國各族人不僅不能單獨稱為「民族」，甚至也不能單獨構成「種族」。這裡存在的偏頗是顯而易見的。但作者以歷史上最早的「民族中心人物」的典型代表，來解釋「黃帝祖先」說，卻是別有意味。

談到「黃帝子孫」問題，抗戰時期還有一種從中華民族整體觀角度為之辯護的有趣說法，不妨一提。該說是一位叫陳子怡的人在《西北史地季刊》上發表的。陳氏認為，後世之人之所以都自稱「黃帝子孫」，「此中亦有道理在」：一則它與生活於母系向父系（作者稱之為「女系」和「男系」）社會過渡時期的黃帝本人有關，「男系之初，離開女族以後，未得確定國基時，亦只有流寇生活而已 …… 黃帝者，男系中開首成就大業者也」，史稱黃帝「披山通道，未嘗寧居」，東奔西跑，「遷徙往來無常」，東至於海，西至空桐，南至於江，北逐葷粥，合符釜山，且相傳他又善「御女術」，故黃帝既在如此廣闊的區域裡四處留情，「必到處多有黃帝子孫，且其數無法稽考」。另外，「因人各有其身份，而黃帝之子，必多生於女系之後家，故自此之後，凡在中國得位者，皆黃帝子孫也。爾時男系中平民無姓，惟貴族有之，自然有姓者多是黃帝子孫。厥後貴族已衰，平民立姓，依附舊邑主為稱，即某地之民，亦姓某也。因此非黃帝子孫者，皆納入黃帝子孫之中，而無論何姓，皆黃帝子孫矣。厥後又婚姻相通，血液混合，

---

57 同上。

底是各姓皆含黃帝血液，而此說更無法否認矣」。[58] 陳子怡的說法亦莊亦諧，夾雜荒謬，但倒也並不完全局限於血統立論，他實際上同時也看到了某種如今人王明珂所指明的那種後人熱心「攀附」的現象和因素。[59] 攀附，用今人的話來說，也就是一種主動認同的文化方式。

在陳子怡看來，「現在共認之中華民族，祇是文化上之一名詞。若加以分析，某是中華民族正系，某是中華民族別支，真所謂一塌糊塗，無法清理矣。現在所謂中華民族者，祇有說凡祖居中國境內者，皆中華民族也，因血液上既不能分別，祇有混而一之耳」。那麼既然中國人血液如此混亂，又如何要稱其都是「黃帝子孫」呢？陳子怡的回答是：「此正可以稱黃帝之裔也。天下無論何民族，決無同姓自婚，以保持其純粹血液，能得優生結果，永久競得生存者也。依此定律，進步之女系民族，血液上祇有女族之半，男系亦然。故混合愈甚者，改良進步亦愈速……故凡優秀之民族，血液無不混合者。至混合後之優種，稱為男族之裔可，稱為女族之裔亦可。此則任人類意識上自記之耳。中華民族與他族混合後而大加改進，以成今日之東亞大民族，而史籍所傳，惟記其始祖為黃帝，且有漢族文化以維護之，而永保其黃帝

---

58 陳子怡：〈中華民族，黃帝子孫，一耶？二耶？〉，《西北史地季刊》1938 年第 1 卷第 1 期。

59 可參見王明珂：〈論攀附：近代炎黃子孫國族建構的古代基礎〉，載《中央研究院歷史語言研究所集刊》2002 年第 73 本。

之裔之局面。今者不稱黃帝之裔，將誰稱耶？」**60** 陳子怡的這種解釋，或可概括為中華民族的血緣早已混雜難辨，「黃帝子孫」說，不過是因歷史文化記憶和既有延續性認同而加以追認的自然結論。

如前所述，「黃帝子孫」的說法早在秦漢時期已經存在，並非是清末民初才有的名詞。據陳子怡所見，「揚州八怪」之一的鄭板橋就曾致其弟書質云：「世人皆稱是黃帝子孫，黃帝時之臣民安在哉！」而對此疑問，陳氏則解釋說：「所謂當時臣民，固非滅絕，特為黃帝子孫所吸收耳。」**61** 可見抗戰時期，那種維護中華民族人民皆為「黃帝子孫」說法的意識，在一些中國人那裡已經是相當的自覺了。

民國時期，從思想的內在邏輯上看，「中華民族」觀念中的那種「同宗共祖」說和「一元多流」論，似乎為各族人民均為「黃帝子孫」說留下了更多自然的空間，事實上也正是這一論點的秉持者們，將現代中華民族含義上的「黃帝子孫」說，喊得最為響亮。從戊戌維新時期的康有為、唐才常、嚴復，到立憲時期留學日本的滿族留學生 —— 那些創辦《大同報》的八旗子弟，再到形式上統一全國後的蔣介石國民黨，都是如此。前文我們曾提到1936 年體現國民政府民族政策的《綏蒙輯要》一書，可以說已將此一觀點表述得非常完整。抗戰爆發前後，又有人特別重視從蒙藏民族的血緣角度，來對此加以論說。其中最為典型的，乃胡石

---

60 陳子怡：〈中華民族，黃帝子孫，一耶？二耶？〉。

61 同上。

青的〈蒙藏民族是否炎黃子孫〉和黃籋青的〈西藏民族是黃帝子孫之後裔說〉兩文。[62] 此外，還有著名新儒家熊十力的《中國歷史講話》一書，書中對漢滿蒙回藏五族同源共祖說也大加闡發，不僅維護「黃帝子孫」說，還將其與更遠的祖先「北京人」結合起來，振振有詞，慷慨激昂。他聲言：

中華民族，由漢滿蒙回藏五族構成之。故分言之，則有五族；統稱之，則唯華族而已。如一家昆季，分言之，則有伯仲；統稱之，則是一家骨肉也。(見該書第 622 頁)

余以黃帝為中國五族之元祖，數千年信仰所集，故不能無辨。余堅確之信念，則莊子重言，既稱黃帝，必古有其人；亦為世所共知有者，始可假其事與言，以為重。又凡有人名而無實人者，唯神話中之人名，則然。今諸書涉及黃帝者，多係正規典冊，絕非神話性質，而所傳名事，又非怪誕之談。(見該書第 659 頁)

我確信中國民族賅五族言，是一元的，是同根的。向懷此

---

62 胡石青的〈蒙藏民族是否炎黃子孫〉一文（載《經世》1937 年第 1 卷第 8 期），認為西藏人是炎帝的純血子孫，蒙古人是黃帝比較純血的子孫，漢族則是炎黃混合的混血子孫。民國以來的五族共和未曾把各族的源流考明白，硬把漢滿蒙回藏各民族劃出界線來是錯誤的。帝國主義者遂得以藉此挑撥離間。黃籋青的〈西藏民族是黃帝子孫之後裔說〉一文（載《人文月刊》1937 年第 8 卷第 2 期），則認為黃帝入主中原之前曾發祥於西藏地區，並在此繁衍後代。西藏地名、語言文字，乃至冠服之制、佩帶之章、相見之禮、歌舞之節、等級之分等，都與中國古代有相通之處。黃文甚至認為，「我民族之來源於此，四千年前是一家，漢藏不分，一萬里外同中國，重聯同氣，聲光震耀全球。共樹國威，民族縱橫四海」。此兩文雖反映了當時「中華民族」一體觀念的強烈影響，但其所論說從純學術角度而言，則多信口無徵、牽強附會之處。

意，唯苦於中華民族之源本未有徵據，不便楷定。及考古學家發見北京人以後，乃確信此最初之人種，是吾五族共同的老祖宗。其後支分派別，乃有今之所謂五族云。**63**

熊十力反覆言及「自考古學家發見北京人，而後知吾五族本自同源。易言之，即五族血統，同出於北京人」。**64** 可見，對於他這樣的哲學家而言，重要的是邏輯和信念，遠古真相本身既難考證，似乎也不甚重要。

不過，將「種族」的概念一會視為與「中華民族」同體的概念，一會又視為其下位概念，矛盾也依然存在。其實，也並非所有同宗共祖說者，都是死心眼的、刻板僵硬的「血緣同一」論者，比如康有為，他實際上就是一個注重認同的泛血緣論的代表。在他看來，歷史上長久以來，有些少數民族人士自身都自以為是「黃帝子孫」，而現今的革命黨人卻要強作分別甚至加以排斥，實在是昏聵糊塗，大可不必。

至於多元一體論或複合性的中華民族論者與「黃帝子孫」說的歷史關係如何，也不能一概而論。從表面邏輯上看，兩者確有矛盾，事實上秉持此論者中，也有明確否認所有中國人均為「黃帝子孫」的人，較早一些的，如本書第一章提到的清末學者胡炳

---

63 熊十力：《中國歷史講話》，載蕭萐父主編：《熊十力全集》第 2 卷，武漢：湖北教育出版社 2001 年版，第 645-646 頁。《中國歷史講話》一書最初於 1938 年由中央陸軍軍官學校石印，1940 年又分別由正中書局和黃埔出版社重版。

64 同上，第 634 頁。

熊；稍晚一些的，如 1928 年《中華民族小史》的作者常乃惪等，都是如此。但我們也決不能因此就認定，「多元一體」論者多屬「黃帝子孫」說的反對者。事實上，延安時期的中共，既是複合性現代中華民族觀念的有力倡導者，更是這一意義上的「黃帝子孫」說持續高亢的認同者和言說人。[65] 此一情形，實際至今也依然沒有改變。就拿常乃惪來說，正如我們在前文所提到過的，他一方面說「中華民族，非一單純之民族也；中華民族，非盡黃帝之子孫也」，但另一方面卻又說，「然至於今日，則人盡自覺為中華民族之一員，人盡自覺為黃帝子孫，此無他，五千年來文化陶鎔之所自也」。由此可見在情感上，常氏也並不排斥對「黃帝」這一象徵性先祖的認同態度。

順便提及，與「黃帝子孫」說同時，近代中國還有今人更為熟悉的「炎黃子孫」說也得到傳播。如前文提到的胡石青〈蒙藏民族是否炎黃子孫〉一文，即為其代表。不過就當時的傳播程度而言，「炎黃子孫」說（包括炎黃之冑、炎黃遺裔等說），似遠不如「黃帝子孫」（包括黃帝遺冑等）之說來得流行。不僅抗戰時期如此，整個近代恐怕也是如此。這是筆者在閱讀過程中得到的明顯印象。[66] 「炎黃子孫」說在民族祖先的涉及範圍上，較之「黃帝

---

[65] 朱德、周恩來、任弼時等中共高層人士，抗戰期間就習慣使用「黃帝子孫」一詞。如 1937 年《中共中央給中國國民黨三中全會電》中，即有「我輩同為黃帝子孫，同為中華民族兒女」等語。此不備舉。

[66] 利用有關晚清和民國報刊篇目數據庫，特別是《申報》數據庫，也能對此印象給以初步的證實，但由於數據庫目前均不完善，數字很難精確。此略。感謝李愛軍、朱星星在這方面的幫助。

子孫」說要略為寬泛，它得到更為廣泛的傳播並遠遠超越「黃帝子孫」說，大約是 1949 年以後的事情，尤其是 1980 年代之後。這與建國後「民族政治」環境的變化不無關係。

筆者以為，抗戰前後的「黃帝子孫」或「炎黃子孫」說，不過是部分反映全民族同類認同和凝聚意願的一種象徵性說法而已。它在本質上，乃是以「*泛血緣認同*」為表現形式之一的政治和歷史文化的整體認同。[67] 一些明知黃帝、炎帝和蚩尤等為歷史中傳說人物的歷史學家，在抗戰時期卻也並不否認「黃帝子孫」或「炎黃子孫」認同的歷史延續性、某種拉近情感的積極意圖及其當時對於凝聚中華民族的政治文化意義，原因就在於，歷經外族入侵的中國人，當其民族危機異常強烈之時，實在迫切需要一種情感上的團結力。光是政治認同還遠遠不夠，還需要一種帶歷史文化認同意義的「泛血緣」紐帶的聯結──「你中有我、我中有你」，可謂此種泛血緣聯繫最為生動形象的概括。這對於處在抗戰時期的普通中國人尤其是作為主體民族的廣大漢人來說，似乎是一種有益於凝聚為一體、易於相互傳導和彼此感染的精神紐帶。

至於這種說法的內在矛盾，當時卻很少有人在意和深究。

1939 年初，與顧頡剛發表〈中華民族是一個〉幾乎同時或稍晚，《文化動員》雜誌上也發表了何國雄的〈談中華民族〉一文，

---

[67] 「泛血緣認同」的提法，筆者係得之於李喬先生的啟發，他強調「炎黃子孫」之類的說法是歷史形成的，應予尊重和正確界定。因為它「只是一種泛血緣意義和文化象徵意義上的稱謂」而已，其中，文化象徵意義甚至佔的比重更大。見李喬：〈關於「炎黃子孫」這個詞〉，《北京觀察》2010 年第 7 期。

同樣不承認國內各少數民族為「民族」，而只認其為「種族」。作者明確表示：「一個民族的長成，通常是由氏族而種族，由種族而民族。我中華民族，一般人都說是由漢滿蒙回藏五個民族結合而成，我以為所謂滿蒙回藏充其量只能承認他是種族，決不是民族。」何氏還強調，「舊說所謂五族，在某種程度上說，實在是受了列強分割政策的影響。不客氣的說一句，也可認為舊說的『五族共和』我們實在上了當。如今我們明白了，我們不再附和任何分割的謬論，中華民族是整個的。」在民族稱謂的相關問題上，何氏甚至還表現出一種極度的緊張，他主張為避免紊亂和以正視聽計，不僅錯誤的民族理論要糾正，一些不正確的稱謂也當立即廢除。文章寫道：

為了糾正許多不正確的觀念，我們希望教育部照（民國）二十年公佈「東北」一詞的成例，立刻公佈有關國家民族的各種名稱。比方我們的民族，應當正式規定為「中華民族」，簡稱為華族。西南邊省的山居人民，絕對廢除「苗」的稱呼！其餘舊所謂蒙、回、藏，以及其他一切邊省人民，以後只能稱為「邊省人民」，漢族也只能用「內地（或腹地）人民」的稱號。蒙藏委員會、蒙藏學校之「蒙藏」二字，也宜以「邊政」二字代之。此外，賣國求榮的漢奸，因「漢」字義狹，應該改名為「華奸」，不然就直接了當呼為賣國賊也可以。**68**

---

68 何國雄：〈談中華民族〉，《文化動員》1939 年第 1 卷第 7、8 合期。

這種對國內少數民族稱謂的高度敏感和警惕，也曾一度引起國民政府的共鳴和重視。1939 年 8 月，國民政府行政院批准教育部的有關呈請，下令禁止濫用「少數民族」名詞，要求此後「普通文告及著作品宣傳品等對於邊疆同胞之稱謂，似應以地域為區分，如內某某省縣人等。如此原籍蒙古地方者，可稱為蒙古人；原籍西藏地方者，可稱為西藏人；其餘雜居於各省邊僻地方文化差異之同胞，似亦不妨照內地人分為城市人鄉村人之習慣，成為某某邊地人或邊縣人民，以盡量減少分化民族之稱謂」。[69]

值得一提的是，當時關於構成單一性「中華民族」的各個具體組成部分的稱謂性質，除了前面提到的「種族說」和「支族說」之外，還有一種「部族說」。早在 1934 年初，廣西省政府設立特種教育委員會時，就曾將正加以「開化」的苗、瑤、侗等眾多西南少數民族，統稱為「特種部族」，此後多年一直沿襲不衰。[70] 當時的廣西教育廳廳長雷沛鴻（字賓南），已經認為中華民國之內將來只能有一個民族 —— 中華民族，但她可以包含許多不同的種

---

[69] 1939 年 8 月 15 日行政院呂字第 9222 號文件。轉引自黃奮生：《抗戰以來之邊疆》，史學書局 1944 年版，第 61-62 頁。其實，按「現在行政區劃之地名」來稱呼少數民族區域之人的建議，早在 1935 年 10 月近代史家鄭鶴聲就曾提出過，見其文〈應如何從歷史教學上發揚中華民族之精神〉，《教與學》第 1 卷第 4 期。

[70] 著名廣西少數民族文化研究者陳志良 1940 至 1942 年就發表和出版了大量關於「廣西特種部族」的論著。如〈廣西特種部族的新年〉（載《公餘生活》1940 年第 3 卷第 8-9 期）、〈廣西特種部族的舞蹈與音樂〉（載《說文月刊》1940 年第 2 卷）等論文，以及流傳很廣的編著《廣西特種部族歌謠集》（科學印刷廠 1942 年版）等。至於當時報刊雜誌上稱西南少數民族為「部族」者，就更多不勝舉了。

族。雷氏曾留學英美多年，熟悉西方現代的民族思潮，也是國內較早對「民族」和「種族」概念有過一定研究的學者型官員。在他那裡，「部族」和「種族」似乎是同一個層次的概念，他們都有別於「民族」。他強調，「民族是構成新社會的政治基礎、經濟基礎，以至文化基礎。將欲在中華民國中改建一個新社會，我們不可不先將全國民眾組成一個民族，使形成一個中華民族」，也就是說，「中華民族的組織及功能應該類似一個大熔爐」，滿漢蒙回藏苗等「種族」，儒道佛回耶等宗教，都在其中「盡被同化，成為一個化合體」。[71] 這麼說來，雷沛鴻也是較早將中華民族的各分支民族稱之為「種族」的思想先行者了。只是在他那裡，「種族」和「部族」還在彼此混用。

實際上，曾參與顧頡剛和費孝通有關「中華民族」問題討論的徐旭生（當時寫作「徐虛生」），也是喜歡使用「部族」一詞的。顧頡剛可能受到徐氏的影響，在回應費孝通的第二封信中，偶爾也用「部族」一詞來稱滿蒙等少數民族。

1940 年完成、1942 年初出版的《我們的國族》一書的作者毛起鷸、劉鴻煥等，更是鄭重而明確地稱漢、滿、蒙、回、藏等族為「部族」，並反覆強調所謂中國「少數民族」的說法不對：「要知道中國境內，是沒有西方那樣的『少數民族』問題的。我們也

---

71 雷賓南：〈民族的概念分析〉，《新社會半月刊》1933 年第 2 卷第 7 期。楊思機的博士學位論文〈指稱與實體：中國「少數民族」的生成與演變（1905-1949）〉已先提及雷氏的有關思想，見該文第 100 頁。

一再說過，漢、滿、蒙、回、藏、苗……並不是民族單位，只不過代表中國境內生活、習慣稍有不同的各種人，他們都不過是組織中華國族的各支系，所以叫他們為部族，是最適宜不過的。」**72**在同年發表的〈民族、種族、國族〉一文中，毛起鵁又表示，「部族」的含義與英文中的 nationality 大體相當，換言之，「'nationality'應譯為『部族』，近似所謂『少數民族』(minorities)」，但其與「少數民族」又有所區別。「民族」與「部族」可依兩個標準來區分：一是「政治組織之有無」；二是「人數之多寡」。「民族為政治的結合，部族則為非政治的結合。政治的結合最高形態為國家為民族所應有，卻非部族所必需」；「在一民族一國家裡，民族就是人民的全體；在多民族的國家裡，多數民族即可作為民族的代表，而少數民族便是部族」。**73**毛起鵁的具體表述或許不無矛盾之點，但他願意稱中國國內各民族為「部族」，卻是明白無誤。

在當時的中國，與上述看法相關，且最有影響力和較為流行的，當然還是蔣介石那眾所周知的「宗族說」，它直接促成了抗戰中期關於單一性「中華民族」輿論宣傳高潮的到來。

---

72 毛起鵁、劉鴻煥合編：《我們的國族》，獨立出版社 1942 年印行，第 50 頁。

73 毛起鵁：〈民族、種族、國族〉，《軍事與政治》1942 年第 2 卷第 5 期。在該文中，毛起鵁同時又強調，中國的漢、滿、蒙、回、藏等族「彼此同一血緣者多，而非同一血緣者少」，因此嚴格說來，「以之比擬於西方國家中了〔的〕所謂部族（nationalities）或所謂少數民族（minorities），均屬不倫」。

3. 蔣介石以「宗族説」為基礎的「中華民族」一體觀

作為國民黨最高統帥的蔣介石，從 1940 年代初開始，已公然地不願再稱漢、滿、蒙、回、藏各族為「民族」。如在 1942 年發表的題為《中華民族整個共同的責任》的講話和 1943 年出版的《中國之命運》一書中，他都明確地表明了這一點。只是蔣介石與顧頡剛等又有所不同，他這時已寧願稱各族為「宗族」而不再願意稱其為「種族」了。因為他此時的看法已有所改變，他明確意識到中國各民族並非為血統有別的異「種族」存在，而「本是一個種族和一個體系的分支」，是「同一血統的大小宗支」，「中華民族是多數宗族融合而成的」，「我們的各宗族，實為同一民族」。[74] 若以前述齊思和等人的觀點來看，蔣肯定與孫中山一樣，未能理解「民族」與「種族」的關鍵區別，甚至與孫中山比起來，他還要更有過之，但這已屬於另一層面的問題。

可以肯定的是，蔣介石此時在民族問題上，已有一種新的「思想自覺」。他顯然並不完全滿意於像顧頡剛等人那樣將「種族」與「民族」加以簡單對立性區分、而把血統因素完全留給「種族」的做法。在他看來，顧頡剛等人的看法尚停留在他 1929 年發表〈三民主義綱要〉時的含混認知水平；「民族」和「種族」固然有差別，但也未嘗不是意義上有所交叉重合的概念。這一點，當時實際上已多有學者加以辨析。如《我們的國族》一書的作者即曾指出：「雖然說民族和種族有著不同的性質，但我們一研究到民

---

74 蔣中正：《中國之命運》，中央訓練團 1943 年印行，第 2 頁。

族時，總會牽連出種族的問題，因為種族畢竟構成民族的一重要因素，所以它和民族是保有興衰隆替的密切的關係。此外還有許多民族的問題，也是由於種族問題而發生的……德國人排斥猶太人，是極好的例證。歷史告訴我們，這些事實是太多了。」[75] 應當說，蔣介石對現代西方民族概念的核心內涵並非一無所曉。對他來說，只是簡單強調「種族」與「民族」的區別，而看不到或不願強調兩者之間關於血緣及血緣意識等多方面的密切聯繫，這在當時那種特殊的中國國情之下，對於「中華民族是一個」的整體認同恐怕並無益處，甚至倒還可能有點「別生枝節」的書呆之氣也未可知。長期以來，**學術界較多關注顧頡剛與蔣介石思想的同一性方面，乃至懷疑其有可能被蔣「御用」，[76] 反而忽略當時兩人彼此之間思想的差距，這其中恐怕存在失察之處。**

當然，蔣介石選擇「宗族」概念來界定「中華民族」的分支，也是直接受到孫中山 1924 年關於民族主義的演講中所使用的那種「宗族」概念及其「用宗族為單位，改良當中的組織，再聯合

---

75 毛起鵁、劉鴻煥合編：《我們的國族》，第 3-4 頁。

76 可能因為顧頡剛抗戰時期的有關思想和學術態度較能體現國民政府意願的緣故，蔣介石 1941 年 7 月 10 日和 17 日的日記中，曾記錄他預定要約見顧頡剛，以及錢穆、熊十力和馮友蘭「談話」之事〔見《蔣中正日記》（未刊本），民國 30 年 7 月 10 日、7 月 17 日〕。從《顧頡剛日記》來看，1941 年 7 月 13 日，在朱家驊等的安排下，顧氏的確與陳立夫、陳布雷等一道到黃山謁見過蔣介石。不過所談為「經學」和「整理中國古籍事」（見《顧頡剛日記》第 4 卷，台北：聯經出版公司 2007 年版，第 557 頁），似未及「民族」問題，否則以顧頡剛的性格，不會沒有紀錄。此前日記中就多次記錄過有關事情。

成國族，比較外國用個人為單位當然容易聯絡得多」之思想的啟發。他的確相信，以血緣為紐帶的溫情脈脈的傳統宗族關係，即便在民國時期的中國，似乎也不缺乏其重要的社會凝聚功能與力量。

由於蔣介石在抗戰時期的獨特地位，他以「宗族論」為基礎的中華民族觀曾得到廣泛播揚，一度幾成「正統」。以往，內地民族史學者在談及蔣介石有關民族思想的時候，多愛摘引其 1943 年初《中國之命運》一書的片段言論加以批判，其實或許更值得注意的是，此前的 1942 年 8 月 27 日，他在西寧對「漢滿蒙回藏士紳、活佛、阿訇、王公、百千戶」所發表的講話 ──《中華民族整個共同的責任》中，就已經相當集中、甚至更為簡潔清楚地談到了有關論說的主要觀點，並且當時還出版了單行本，得到廣泛傳播。鑒於蔣氏此論在抗戰時期的重要影響力、極端代表性和以往論者某種程度上對其的忽略，茲將其論說詳細引錄於下：

我們中華民國，是由整個中華民族所建立的，而我們中華民族乃是聯合我們漢、滿、蒙、回、藏五個宗族組成一個整體的總名詞。我說我們是五個宗族而不說五個民族，就是說我們都是構成中華民族的分子，像兄弟合成家庭一樣。《詩經》上說：「本支百世」，又說：「豈伊異人，昆弟甥舅」，最足以說明我們中華民族各單位融合一體的性質和關係。我們集許多家族而成為宗族，更由宗族合成為整個中華民族。國父孫先生說：「結合四萬萬人為一個堅固的民族」。所以我們只有一個中華民族，而其中各單

位最確當的名稱，實在應稱為宗族。我們中華民族聚居於東亞大陸廣大肥美的土地，經過五千年來歷代祖先慘淡經營的結果，直到我們國父領導我們革命，才建立了現在這個偉大莊嚴的中華民國。歷史的演進，文化的傳統，說明我們五大宗族是生命一體。不只是榮辱與共，而且是休戚相關。我們中華民族是整個的，我們的國家更是不能分割的。我們這次對日寇抗戰，奮鬥到五年以上，能夠造成這樣一個勝利的基礎，這完全是由於我們全國同胞，不論宗族，不分宗教，大家都知道我們五千年來中華民族的根源及其不可分離的關係，都知道抵禦外侮、復興民族是我們人人應負的使命和應盡的責任，因而精誠團結，犧牲奮鬥，才能得到今天這樣光榮的歷史。我們過去既然有了這種偉大的表現，今後自然更要認識我們自己的地位和我們大家對整個中華民族與中華民國的關係。就我們對於整個中華民族的關係言，我們無論屬於漢滿蒙回藏哪一宗族，大家同是中華民族構成的一分子，猶如一個家庭裡面的兄弟手足，彼此的地位是平等的，生死榮辱更是相互關聯的。就我們對於國家的關係而言，我們人人都是中華民國的國民，都是中華民國的主人，對於建立中華民國，大家都負有共同的責任，都應該盡到共同的義務，亦都能享受平等的權利。至於國內各種宗教，都是我們民族文化構成的一種要素，政府自然要保障人民信教的自由，而無所輕重。各位同胞們明白了這個根本要旨之後，則今後在精神上更須團結一致，在感情上更要親愛精誠，彼此密切提攜，共同奮鬥，來驅逐我們當前的敵寇，恢復我們錦繡的河山，等到抗戰勝利，建國成功之日，我們

漢滿蒙回藏全體同胞，就可以真正享到平等自由的幸福。……切盼各位同胞領袖……一致努力，喚醒民眾，認清我們**中華民族是整個的**，我們大家都是痛癢相關、生死與共的，我們都要愛護自己的國家，服從政府的法令，來盡到我們抗戰建國的職責，才能共同完成我們復興中華民族的大業！ [77]

　　蔣介石的這篇講話具有明顯的偏見和誤識，但也不乏精彩之處。在該篇講話中，他從中華民族與中華民國的關係，中華民族成員之間平等的、榮辱與共的「整體」關係（包括政治上的權利義務關係、宗教信仰上的自由平等關係等），以及這種關係認知的現實必要等各個方面，反覆說明了他對「中華民族」整體認同的理解，其核心就在於論證「中華民族是一個」，其各個組成部分都不能被單獨稱為「民族」。他雖然並沒有直接闡述自己對「民族」概念的定義，但其所謂「歷史的演進，文化的傳統，說明我們五大宗族是生命一體」的表述，似乎表明了他對「民族」概念那種血緣、歷史文化和政治團體的綜合理解。在這點上，他的確

---

[77] 中國國民黨革命軍事委員會委員長侍從室：《中華民族整個共同的責任》。筆者 2003 年底在哈佛燕京圖書館得見此書 1942 年 8 月版的單行本時，同時獲知，三十多年之後，得到國民政府重視的陳大絡所著《中華民族融合歷程考述》一書（1979 年台灣國立編譯館中華叢書編審委員會編印、發行），仍以「先總統蔣公訓詞」的名義，專門將此講話列在其書首，不無感慨。該書還特別設有〈中華民族血統之合流〉一章。可見國民黨的主流觀點或至此未變（張知本、梁寒超等國民黨大老曾分別為陳大絡的書作序，刊登在台灣《中央日報》和《中華日報》上，均認為其「立論正確」，堪稱有意義之作。時張知本已 95 歲，「將屆期頤，不欲為文；惟嘉其誠，勉為序焉」）。

是煞費苦心。早在 1939 年，為了增強全民族抗戰的凝聚力，他就開始了否認回族為一個「民族」的過程，[78] 此論不過是其思想在新的抗戰形勢下的一個系統化極端發展罷了。

抗戰時期，不願或避免稱少數民族和漢族為「民族」，以免與整體的「中華民族」發生矛盾，並非是 1940 年前後蔣介石一個人的意向，而是國統區不少人共同的關切，在一段時間內，它甚至一度幾乎佔據了國民黨和國統區輿論的主導地位。前文我們曾提到汪少倫的「支族說」，顧頡剛等的「種族說」，以及《我們的國族》一書裡的「部族說」等等，都在在體現了這一關切。蔣介石的「宗族說」，似乎很想在這方面，再大膽地向前邁進一步。這在他本人，也未嘗不是對孫中山晚年民族主義思想的長久體會和反思的結果。值得注意的是，蔣介石何以此時有此「創造」民族理論的衝動？這應當與 1942 年前後中國國際地位的改變和蔣本人國際國內威望的提升都不無關係。不平等條約的廢除，新疆軍閥盛世才的「歸誠」，中共「新民主主義」理論的挑戰等等，都使得此時的蔣介石既有信心又急於對「中國向何處去」等抗戰建國的一系列重大問題發表系統的看法。何況解決「民族」問題還是其治理新疆正面臨的緊迫的實踐需要，自然不能加以迴避。不過，蔣氏對自己理論創造的實踐價值之自我期許，顯然還是有些

---

[78] 蔣介石不僅在 1939 年開始否認「回族」為一個「民族」，而且將昔日孫中山「回教雖眾，大多漢人」的觀點推到極端，認為「中國的回教，是漢族信仰回教」，似乎連回教徒的「種族」身份也一併否定了。見〈蔣委員長對回教代表訓詞〉，《回教論壇》第 2 卷第 2 期，1939 年 7 月 30 日。

過高了。

　　蔣介石的「宗族論」拋出之後，特別是 1943 年《中國之命運》一書對「宗族論」予以更系統地闡發之後，國民黨《中央日報》等報刊廣為宣傳，有的吹捧其為「精確的南針」、「光明的燈塔」；有的認為其「以『宗族』替代『民族』含有深切的意義，這在三民主義的理論上是一個新發展」，稱讚其有審時度勢的思想智慧和敢於面對現實的理論勇氣。因為以「宗族」代替「民族」，「不僅表示事實發展的趨勢，並指示我們努力的方向」，既然各族國民已經結為一體，「我們亦何必拘泥於若干形式的不同，而尚保持民族的畛域，授敵人或漢奸以分化與離間的機會呢？」[79] 更有人為蔣氏的思想作全面闡釋，稱讚其已構成為「新民族政策」的理論基礎。這裡，我們不妨以當時的蒙藏和邊疆問題研究專家黃奮生的〈「中國之命運」與新民族政策〉一文為例，來看看這些贊同蔣介石觀點的人，當時究竟如何言說。以往，我們的民族思想和民族政策史研究者們，大多都不厭其詳地談到中共等方面的批判意見，而對於被批判方意見的揭示，誠不免過於忽略了。

　　黃奮生（1904-1960），江蘇沛縣人。曾長期擔任《蒙藏週報》、《蒙藏旬刊》編輯和主編，還曾擔任過九世班禪行轅秘書。1941 年，他與顧頡剛、馬鶴天等創辦中國邊疆學會，致力於邊疆

---

[79] 可分別見《中央日報》1943 年 2 月 1 日社論〈「中國之命運」〉和羅剛〈讀《中國之命運》〉（載《中央日報》1943 年 4 月 27 日）。這一點請參見楊思機：〈指稱與實體：中國「少數民族」的生成與演變（1905-1949）〉，第 4 章第 2 節「蔣介石的宗族論」，第 211 頁。

民族問題研究。曾著有《蒙藏狀況》、《蒙藏新志》、《邊疆政教之研究》等。[80] 蔣介石的《中國之命運》出版後，黃奮生著文〈「中國之命運」與新民族政策〉，稱讚該書「為抗戰建國之寶典，博大精深，其影響中國之前途，將無可限量」，認為該書的第一章「將中華民族歷史的演進，各宗族文化的交融，生活的互依，命運的共同都有扼要正確的指示，提出了新民族政策的歷史背景和奠定了新民族政策的堅固基礎」。文章專門有一節為「『宗族』的正名」，強調中國的「五族一家」，不僅是政治上的，而且是種族上的。中國的各族人民都是黃帝子孫。藏族也不例外。他說，藏族在古時代叫羌，《舊漢書》謂：「西羌之本，出自三苗，姜姓之別也」；《路史》謂：「蚩尤姜姓，炎帝之裔，逐帝自立，僭稱炎帝」。蚩尤為九黎之君，黎就是苗，「是知藏族乃炎帝之後代。姜羌藏為一音之轉，黃帝為少典之後，與炎帝神農氏同族，世稱『炎黃之胄』，即指此義，因此我們可以說藏族也是黃帝的子孫」。

黃奮生由此認定，蔣介石「建立這個『宗族』的名稱以代替以往國內各『民族』的稱呼，就是為正本清源，為切合中國民族構成的歷史要素」。他寫道：

80 1949 年後，黃奮生任教於西北大學、西北民族學院和蘭州大學歷史系，講授邊疆民族問題。又出版有《藏族史略》(1985 年) 等。見南海：〈傑出的蒙藏研究開拓者 —— 記黃奮生教授〉，載西北民族大學 60 週年校慶網，資料來源於：http://www.xbmu.edu.cn/frontContent.action?siteId=1&articleClassId=116&articleId=232 (最後訪問日期：2016年 6 月 24 日)。

領袖說:「人群的組織,由家族而宗族,由宗族而民族」,現在的漢滿蒙回藏各族,就是由同源於一個始祖的家族,而析離孳乳婚姻互通結成的幾個宗族。現在的中華民族,就是由這幾個宗族組織成的民族。以往國父雖是對國內的各「宗族」曾稱之為「民族」,但他對於中華民族就稱之為「國族」,⋯⋯但在兩個場合的用語比較上,宗族等於民族,民族等於國族,**在習慣應用上,「中華國族」究不若「中華民族」來得普遍明瞭,在民族的構成上,稱各「宗族」以「民族」,不若稱各「民族」為「宗族」來得恰貼符合**。其命名雖有不同,而領袖和國父對於中國民族構成的根本看法,還是一貫的。不過這個「宗族」名稱的建設,使國內各宗族,都能直覺的明瞭他們自己是中華民族的同一血統的一個宗支,有共同的命運,這於民族團結上,將會收到莫大的效益,並可免「民族」二字的誤用,尤其可以免去帝國主義者對於各宗族挑撥分化的口實。[81]

黃奮生的此種「宗族論」解釋,大概真正符合蔣介石本人及其高參們在改「民族」為「宗族」問題上的意識形態意圖。當時,公開贊成這種「宗族論」的學者,實大有人在。如著名學者羅家倫,民族學者俞劍華、岑家梧,邊疆教育研究者曹樹勳,語言學

---

[81] 黃奮生:〈「中國之命運」與新民族政策〉,《新中華》復刊第2卷第2期,1944年2月。在該文結論部分,黃氏繼續強調:「『宗族』名稱的建立,既符合中國的史實,又關係中華民族之團結甚大」,且與孫中山所稱的「民族」相比,「其意義相同,而後者的命名更為明瞭易解,不致為人誤用」云云。

者羅常培，民俗學者陳國鈞，歷史學者金毓黻、姚薇元，教育學者汪通祺等，都明確表示過對蔣氏「宗族論」的認可、欣賞乃至讚佩。[82] 如羅家倫在《新民族觀》一書中就表示，蔣介石「特別提出『宗族』一個名詞，也極為精當而切於事實」；認為「我們國內的民族問題，最好說是宗族問題，實在比較單純」。[83] 俞劍華的《中華民族史》則乾脆以「宗族論」為基礎展開全書。岑家梧此前遇到這一類名詞時，雖一般用「種族」，但總覺還是無所適從。直到蔣介石提出「宗族」一詞時，他感到「這個問題，才得到正確的解決」，認為用「宗族」統稱中華民族以內的各族，比較「民族」、「種族」、「部族」等任何一種名詞「都要恰當」，也「最能表現中華民族的同一性，最能道出中華民族演進的史實」。[84] 金毓黻也認為，蔣介石在《中國之命運》一書中「概稱中華民族的五六個大族為宗族，而不稱他為種族，為民族，這是十二分妥當的一個名辭」。因為他向來主張「中華民族一元論」，認定漢滿蒙回藏同出一源，為同一種族而不是不同種族。只有將漢滿蒙回藏各族稱為「宗族」，才能「明其為整個中華民族的分支，或為其一部」，「凡言同一民族內各宗族，仍含有大部分血緣相同的意味

---

82 楊思機的博士學位論文〈指稱與實體：中國「少數民族」的生成與演變（1905-1949）〉，對蔣介石「宗族論」出籠後各方反應的論述詳細而深入，涉及人物和評論亦多，有關岑家梧、曹樹勳、羅常培、陳國鈞、金毓黻、姚薇元和汪通祺等的具體評論，均可以參見該論文第 211-232 頁。金毓黻的觀點，可另見其論文〈中華民族與東北〉，《東北集刊》第 6 期，1944 年 1 月。

83 羅家倫：《新民族觀》，重慶商務印書館 1946 年 2 月初版，第 55、29 頁。

84 岑家梧：〈論民族與宗族〉，《邊政公論》1944 年第 3 卷第 4 期。

在內」。[85]

概而言之，上述諸人之所以欣賞蔣的「宗族論」，除了認為它「解決」了大民族套小民族的矛盾問題之外，還在於它協調或理順了與流行的「黃帝子孫」或「炎黃子孫」說之間的關係問題。

應當承認，抗戰中後期，在民族危機的強烈刺激下，人們力圖擺脫「民族套民族」的外在「邏輯」矛盾，急切否認包括漢族在內的所有子族的「民族」身份區別，以實現團結抗戰和一體凝聚的那樣一種「中華民族」整體認同，雖直接間接地體現了蔣介石政府的政治意志和文化高壓的影響，但也確實成為那一時代應對時局、尋找民族和國家出路的不容忽略的民族文化思潮之一。

不過，具體到蔣介石的「宗族論」來說，其思想本身的缺陷卻也相當明顯。儘管他在實際論說中並沒有把「宗族」限定在狹隘的血統範圍內，而是強調了血統和文化的融合（這一點甚為明白），但畢竟在漢語中，「宗族」一詞乃「家族」的放大，其血緣性基層社會組織的本質含義難以被超越，以之指稱像漢族、蒙族和藏族這樣有深厚歷史文化傳統、其自身結構又很複雜的民族，甚至是指稱今人所謂的「族群」（ethnic group），實在都很不恰當，它太過小化和矮化了人類學、民族學乃至社會學意義上的國內各民族的文化、政治地位與應有形象。正因此，當中共方面的陳伯達特別選擇以「民族血統論」為靶子，將其斥為「法西斯主

---

85 金毓黻：〈中華民族與東北〉。

義糟粕」而加以譏嘲和政治批判的時候，[86] 你可以說他難免帶有黨際鬥爭的「曲解」策略，但卻也不能不說是抓住了要害。

與此同時，蔣之「宗族論」大膽置早已流行開來的國內各民族為「民族」的既成說法於不顧，在民族政治極為敏感的年代，也很容易造成簡單粗暴地否認各族人民，特別是少數民族人民已經取得的原有「民族」地位與現實身份的不良印象，不免表現出一種缺乏政治智慧的生硬特徵和霸道性格。甚且其未能將有關立論建立在明確說明「民族」概念內涵之嚴密學理基礎的鄭重努力之上，既因襲社會上流行已久的「民族」含義，又得出有悖於社會新常識的斷案，且自身還經歷過一個從「承認」到「否認」的前後矛盾的過程，這對於一個國家執政黨的最高領導人來說，實在有欠明智和審慎。誠然，如果拿西方現代 nation 概念的政治內涵來衡量，一個現代國家內的各民族或族群，都不能具有獨立建國的政治權利，從防止、制約或反對國內民族分裂的嚴峻形勢來看，避免稱少數民族為政治上各自完足獨立的 nation，其政治正當性之顧慮與考量亦屬十分自然；但問題在於，在擁有共同憲法的現代國家 —— 中華民國裡，對於那些具有各自歷史文化傳統的蒙藏回等族的人民，除不得享有單獨建國權之外，其他方面的權利、利益，特別是其文化訴求和政治尊嚴，亦絕非所謂「宗族」

---

86 陳伯達〈評《中國之命運》〉一文經毛澤東修改，發表在 1943 年 7 月 21 日的《解放日報》上。該文很快被印成幾萬本小冊子，版本很多，傳播很廣。蔣介石曾下令查禁，稱其為「陳逆伯達」。後來，陳伯達在批蔣方面意氣風發，寫出更有影響力的《人民公敵蔣介石》和《四大家族》等宣傳名作。

的身份所能直接賦予或全部滿足！蔣介石的所謂「宗族」，名義上雖也包括漢族在內，但作為民族共同體多數的漢人和蒙、藏、回等族人民，其有關處境和顧慮又怎會沒有差異？也正因此，周恩來代表中共譴責蔣介石國民黨搞「大漢族主義」，批判「他簡直將蒙、回、藏、苗等稱為邊民，而不承認其為民族」，[87] 強調必須承認「在中國人或中華民族的範圍內，是存在著漢蒙回藏等民族的事實」等，[88] 也就顯得義正詞嚴，並因此能夠得到國內少數民族人士的同情。

實際上，即便只是在純粹民族學和人類學的意義上來使用「民族」，在中國實際的現實生活（而不是機械的概念邏輯）裡，也並非是認同了整體的「中華民族」，就一定得否認其所屬國內各族的具體「民族」身份不可。就少數民族人士來說，他們對大小民族的雙重認同現象不僅長期存在，而且也很自然。何況當時的「中華民族」概念所主要體現的乃是作為現代 nation 之國民部分的核心內涵，其中訴諸文化和族裔融合的那一部分內涵，不少還屬於對於未來的期待呢（正如前述胡體乾所謂「中華民族在成為一個的進程中」）！留日和留法歸國的人類學家和民族學家衛惠林，就因此而不贊成蔣介石「宗族說」所代表的「中華民族一元論」，他認為與其滿足於「空唱民族統一」，鼓吹甚麼「民族一元

---

87 周恩來：《論中國的法西斯主義 —— 新專制主義》，載中共中央文獻編輯委員會編：《周恩來選集》上卷，北京：人民出版社 1980 年版，第 147 頁。

88 中共中央統戰部編：《民族問題文獻彙編》，北京：中央中央黨校出版社 1991 年版，第 729-730 頁。.

論」，還不如承認和面對邊疆那些「有其獨自的語言、文化與特殊政教制度」的少數民族存在之客觀現實，切實地搞好邊疆民族建設，為國內民族的進一步融合創造條件。因為「無論國內民族是否改成宗族，或從歷史考證上是否可以證明此等少數民族與漢族同源，皆不足以變動問題之真實性」。[89] 此類公開批評宗族論的言論，在當時雖不多見，卻很能反映人類學和民族學的某種典型思路。

「宗族論」闡發之後，特別是戰後制憲國大期間，少數民族精英自身的「民族」意識不僅沒有衰落，反而與整體的「中華民族」意識一樣得到強化的表面「矛盾」之現象，以及後來連蔣介石本人也不得不實際放棄「宗族論」的最終結局等，均有助於今人去反思此種觀點內在的缺失和不當。筆者以為，無論是就思想本身來說，還是從實際的政治結果來看，「宗族論」都只能算是一種基本失敗的「嘗試」。

不過，長期以來，人們以為蔣介石的「宗族論」就是抗戰時期國民黨民族思想或政策的全部，這也是一種錯誤的印象。其實，在國民黨高層內部，有關這一問題的意見並不完全一致，也並非所有人都認為「宗族論」符合「總理遺教」，因此今人討論1949 年以前國民黨和國民政府的民族思想與政策時，切不可被

---

[89] 衛惠林：〈如何確立三民主義的邊疆民族政策〉，《邊政公論》第 4 卷第 1 期，1945 年 1 月。衛惠林（1904-1992），山西陽城人，畢業於早稻田大學和巴黎大學。先後執教於國立中央大學社會系、台灣大學考古人類學系等單位。在台灣，曾訪問四十多個少數民族部落，寫出不少有價值的論著，在海內外產生重要影響。

「宗族論」徹底障蔽視野。對此，我們在下一節還會詳細談到。

與此相一致，自然也不能像過去某些不嚴謹的教科書那樣，武斷地認為，國民政府只會實行民族歧視和壓迫，從而看不到其同時在有些方面，也曾為改進國內民族不平等的現狀作出過努力。比如，在廢除對少數民族帶有歧視意味的族稱符號之原有漢字書寫上，他們的作為就很值得稱讚。1939 年 1 月至 1940 年 2 月，國民政府教育部、社會部和中央研究院等，曾就改訂西南各少數民族帶有歧視性的稱謂用字問題，反覆研討，最終於 1940 年 1 月擬訂出「改正西南少數民族命名表」。同年 2 月，教育部發出《修正西南少數民族蟲獸偏旁命名令》，直接通令全國學校遵照執行。10 月，行政院也向全國頒發了《改正西南少數民族命名》的訓令。這次改訂少數民族命名的主要原則是，凡屬蟲獸偏旁之命名，一律改為「人」字旁；不適應此條者，則改為同音假借字；有些稱謂少數民族生活習慣的不良形容詞，也必須廢止，等等。**90** 於是，像猺、猓、玀、獠、獞等帶「犬」字旁的字和「蜑族」的「蜑」這樣帶「蟲」字旁的字等，在民國漢字裡就都有了相應的替代字。

---

90 芮逸夫：〈西南少數民族蟲獸偏旁命名考略〉，載《中國民族及其文化論稿》（上），台北：藝文印書館 1972 年印行，第 73-79 頁。另據筆者所見，民族學家謝康在〈民族學與中華民族的認識〉一文（載《建設研究》1940 年第 3 卷第 3 期）中，也提到這件事並說明這三條改訂原則，並強調，「關於（西南）各特種部族的名稱，在漢字字典上，過去曾有以蟲獸偏旁命名的錯誤觀念，這也是數千年來漢民族輕視四鄰各小民族的人種偏見，很早就應當改正過來的」。作者還認為，「經過這番正名的工作，對於民族政策的推行，當必有很大的補益。不過要改正各個特種部族的名稱，必須有民族學的知識作根據，才能夠斟酌至當，免於錯誤同時也便於學術上的研究和教育上的工作」。由此也可見其重要性及其在民族關係方面的積極影響。

這些替代字儘管還未必完善，有的也未必最後流行開來，且國人對少數民族稱謂及其實際尊重習慣的養成，也還有一個發展過程，但是在這方面，國民政府畢竟邁出了其不失真誠和切實努力的一步，有利於國內各民族的團結和凝聚。因此，在國內民族關係史和現代中華民族觀念及其認同史上，此事理當佔有一定的歷史地位。

過去，國內不少學者在談到有關國民黨的民族思想和國民政府的民族政策時，往往立足於「批判」，只談其中一面，忽略甚或故意掩蓋另一面，這是昔日政治鬥爭的不當延續，有不完全符合歷史事實的地方，它無助於今人準確認知和瞭解民國時期那段複雜的民族關係及其相關的思想史，自然也不利於今人和後人深刻地總結歷史的經驗和教訓。

三、「中華國族」入憲討論與芮逸夫的「中華國族」解

談到抗戰前後的「中華民族」觀念和大民族的整體認同問題，還有一點值得特別指出，那就是在國民政府內部及其所影響的學者中間，雖然早就有人感覺到國內各具體民族單位與整個全民族共同體意義上的「中華民族」之間難免有「矛盾」，認為這有礙於全民族進一步的一體性融合，但一開始，人們也並不都是從考慮調整各具體民族單位的「民族」稱謂這一個角度著眼，有的恰恰是從相反的方向致思的。也就說，有一部分人曾直接或間接地

嘗試去調整各民族共同體的整體稱謂，比如自覺將「中華民族」改稱「中華國族」，或更確切地說，將「中華國族」與「中華民族」配合起來、相間使用。毋庸置疑，這同樣屬於現代中華民族觀念及其認同問題中不容忽視的重要組成部分，不過是努力路徑有所差異罷了。在這方面，以孫中山之子孫科為代表的部分國民黨大員及其有關「立憲」活動，或許應當引起研究者格外多一點的關注。因為這段歷史迄今為止不僅長期被學界所忽略，而且同時還涉及到今人所關心的「中華民族」概念入憲的有關問題。[91]

在討論孫科等人將「中華國族」入憲的嘗試之前，有必要先簡單考察一下「中華國族」一詞和概念在民國時期的傳播、運用情形及其內涵。

受孫中山思想的直接影響，1924 年後特別是 1928 年國民黨奪取全國政權後，「國族」一詞在中國的使用逐漸增多，「中華國族」一詞和概念也已開始出現。儘管「國族」一詞運用於當時的中國人整體時指的自然就是「中華國族」，但「中華國族」作為一個正式的詞彙和概念，其出現還是要較「國族」略晚，並且實際的使用也要少得多。筆者查閱《申報》資料庫得知，1931 年「九一八事變」之前，該報似乎僅兩次使用過「中華國族」：一是 1928 年 4 月 2 日，江蘇大學民眾教育學校的開學典禮上，其中一

91 可參見李占榮：〈論「中華民族」入憲〉，《社會科學戰線》2008 年第 10 期；常安：〈「中華民族」入憲有利於維護祖國統一〉，《中國民族報》2009 年 11 月 20 日等。在中國民族學學會會長郝時遠先生看來，「中華民族成為憲法概念也是遲早的事情」。見郝時遠：《類族辨物：「民族」與「族群」概念之中西對話》，第 305 頁。

副對聯裡曾有使用。該對聯為「造中華國族新生命，放世界人類大光明」；[92] 二是 1930 年 1 月，國民政府蒙藏會議期間，《申報》的有關報導中曾有使用。一篇題為〈蒙藏會議提案標準〉的「要聞」報導寫道：「本會議一切提案，均應尊奉總理遺教、及本黨歷次宣言決議案，以扶植蒙藏民族，使之能自決自治，與國內各民族實行團結，為整個的大中華國族為目的。」[93] 如果說，1928 年那副對聯中的「中華國族」含義還難以確切把握，尚無法確認其如何看待構成「中華國族」的國內各民族之身份，那麼 1930 年的「中華國族」用法，則顯然以明確承認國內各民族的「民族」身份為前提。

就目前筆者集中閱讀有關資料的體驗來看，「中華國族」一詞和概念的社會化使用，是在 1931 年之後，特別是在國民黨「五五憲草」之起草、臨時公佈和公開討論的過程中逐漸增多的。因此，要瞭解「中華國族」概念的運用及其命運，增加對抗戰前後「中華民族」觀念傳播和影響的認識，我們不妨詳細考察一下民國時期「中華國族」和「中華民族」概念入憲的那段特殊歷史。

1. 孫科等人與「中華國族」入憲的努力

正如已有研究者敏銳指出的，1943 年蔣介石《中國之命運》將「宗族論」高調闡發之後，孫科等卻並不附和，或者說根本不

---

92 〈江大民眾教育學校開學禮記〉，《申報》1928 年 4 月 2 日第 11 版「要聞」欄。

93 〈蒙藏會議提案標準〉，《申報》1930 年 1 月 20 日第 6 版「要聞」欄。

予理睬。是年 11 月 15 日，他在國民黨中央訓練團黨政班演講「憲政要義」問題時，仍舊強調：「中國是多民族的國家，其中佔最大多數的當然是漢族。」[94] 這實際上也是他體會其父遺教、並多年堅持不變的觀點。在孫科看來，把中國各族融化成一大「中華民族」固然是目標，但在目前各民族依然存在，卻也是必須正視的現實。

孫科早年留學美國，對憲政有所訴求。1931 年前後，他就曾公開表達對於蔣介石獨裁統治的不滿，呼籲國民黨應盡快結束「訓政」、開始「憲政」，並有志於為中華民國創製一部憲法。1932 年 12 月，他出任國民政府立法院院長之後，立即成立了憲法起草委員會，延聘國內 36 位著名法學家參加，自己兼任委員長，親自主持起草工作。經過幾年的反覆研討和修改，最終完成了《中華民國憲法草案》，並於 1936 年 5 月 5 日由國民政府公佈出來，亦稱「五五憲草」。由於立意要貫徹「三民主義」原則，該憲草在結構上勢必涉及「民族」問題專節，這就為「中華民族」概念的入憲，提供了更多的機會。此前民國制定的各種憲法，多只從國民角度，提「中華民國人民」、「中華人民」和「中華民國國民」等概念，尚沒有從民族問題角度涉及「中華民族」及其類似概念者。

在 1936 年公佈的「五五憲草」中，「中華國族」一詞首次被正式寫入了第一章「總綱」。該章的第五條明確規定：「中華民國

---

94 孫科：《憲政要義》，重慶：商務印書館 1944 年 2 月初版，第 16-17 頁。此條材料係楊思機告知，特此致謝。

各民族均為中華國族之構成分子，一律平等。」這顯然是有意借用了孫中山有關「國族」的概念。正如我們在本書前面曾提到過的，孫中山在〈民族主義第一講〉中，曾矛盾地認為，中國早就是一個民族造成一個國家，民族與國家在中國，早已合而為一。這在世界上也是一大奇跡，所以在中國，中華民族就是「國族」，民族主義就是國族主義。孫中山的這一「國族」論，實際上造成兩種不同的理解，一種是將「國族」完全等同於「民族」，趨向於認同單一中華民族論。1940 年代初，有的單一性中華民族論者，即樂於在這一特定的含義上使用「中華國族」，如 1942 年出版的《我們的國族》一書的作者，就是典型代表，他們聲稱，其之所以將此書題為「我們的國族」而不是「我們的民族」，正是得之於孫中山上述「這一獨特天才的啟示」。所以在該書的章節標題上，他們反覆使用「中華國族」概念，並特別指出：「國父中山先生體認了中華民族的這一特點，賦予了一個特創的名詞 —— 國族」；「國族是甚麼呢？我們以為它和民族在某種情況下，是同一個東西，是同一的範疇。我們以為凡是一個民族，如果具有『一民族一國家』（one nation one state）的這一特點，這民族便可算是國族。」由此出發，他們直接否認了國內蒙藏回等少數民族為「民族」，而是將其稱之為「部族」，又認為漢、滿、蒙、回、藏、苗等稱呼，「嚴格的說，已經不能代表民族的名稱。因為它們並沒有因血統等關係而形成另外的組織而單獨的存在。他們每個不個〔過〕中華民族的支派或組成的一個分子。實際歷史已經把他們鑄成一個同命的不可分離的結合體，而今我們只可說僅有一

個『中華國族』，漢、滿、蒙、回、藏、苗等的名詞，是不必要的了」。[95] 這裡，作者所謂「中華國族」與「中華民族」一樣，無疑屬於一種「單一性」民族構成的政治概念。

但是顯然，孫科主持制定的憲草中的「國族」概念的使用，卻與此狹隘用法存在區別：他直接就強調了這一「國族」之下有多「民族」存在的事實。在筆者看來，孫科的認識理當被視為對孫中山「國族」論內涵的另一種理解和把握。就此而言，他的確體現出了某種與後來蔣介石所闡發的「宗族論」明顯有別的思想旨趣。

可以肯定，「五五憲草」中「中華國族」一詞的使用，與孫科個人的偏愛有關。他要貫徹自己一貫堅持的「國內各民族一律平等」的原則，而又能同時在字面上避免「民族套民族」的稱謂矛盾。本來，在 1933 年憲法起草委員會副委員長吳經熊所起草的《中華民國憲法草案初稿試擬稿》裡，最初使用的原是人們更為習慣的「中華民族」一詞，而不是「中華國族」。吳經熊的擬稿分總則、民族、民權、民生諸篇。民族篇的第一章為「民族之維護」，第一條即為「國內各民族均為中華民族之構成分子」；第二條為「中華民族以正義、和平為本，但對於國外之侵略強權，政府應抵禦之」，等等。[96] 1934 年 6 月 30 日，以吳稿為基礎多方修

---

95 毛起鷾、劉鴻煥合編：《我們的國族》，第 2、3 頁。

96 見夏新華、胡旭晟整理：《近代中國憲法歷程・史料薈萃》，北京：中國政法大學出版社 2004 年版。轉見常安：〈中華民族認同與國家建構〉，《湖北民族學院學報》（哲學社會科學版）2010 年第 1 期。這是筆者見到對近代中國「中華民族」入憲問題有所

改、由初稿審查委員會擬定的《中華民國憲法草案初稿審查修正案》裡,「總綱」部分新增第五條為:「中華民國各族均為中華民族之構成分子,一律平等。」1934 年 10 月 16 日,立法院通過的《中華民國憲法草案》裡,第五條則被改為:「中華民國各民族均為中華國族之構成分子,一律平等。」具體提出這一關鍵修改意見的人物,據筆者查證,當是立法委員陳長蘅。

陳長蘅(1898-1987)為四川榮縣人,著名人口學家。1911 年赴美留學,1917 年獲哈佛大學碩士學位歸國。1928 至 1935 年曾任國民政府第一至四屆立法委員。1934 年 9 月 21 日,立法院召開第六十七次會議研討憲法草案問題,陳氏為出席會議的 74 人之一。該會由立法院院長孫科任主席。會上,陳長蘅針對原第五條「中華民國各族均為中華民族之構成分子,一律平等」,發表了專門的修改意見。雖然,這位深知英文中 nation 現代內涵的學者,究竟表達了怎樣的具體見解,如今已經難得全知,但他顯然主張明確稱國內各少數民族為「民族」,而同時把「中華民族」改為「中華國族」,這一意見也無疑得到了主席孫科和其他在場人士的基本認可。因為當天的國民政府「中央社電」明確報導說,原草案中的第五條,「照陳長蘅之提議,改為(中華民國各民族,均為中華國族之構成分子,一律平等)」。次日的《申報》也曾據此給予報導。[97] 一年後的 1935 年 10 月 25 日,立法院再次召開會議討論修

涉及的論文。不過討論的內容不多。有些材料內容與筆者所見尚有出入,待考。

97《申報》1934 年 9 月 22 日。

正過的草案內容時，此條表述仍然保持未變，**98** 一直到「五五憲草」正式公佈。

不過，將「五五憲草」中關於「中華國族」的表述和承認國內各民族存在的事實，僅僅歸結為孫科、陳長蘅等立法院人士或者孫科一系的堅執之果，恐怕還過於簡單。事實上，1930 年代中後期，國民黨高層內部，在要不要承認國內各少數民族的「民族」身份問題上，意見始終是分歧不定、缺乏強有力共識的。存在類似孫科之思想者，還有多人。以馮玉祥的有關思想為例，1935 年前後，他就受蘇俄民族政策影響較大，主張承認少數民族的「民族」身份，並著文公開批評國民政府的邊疆政策無異於愚弄「邊疆民族和人民」，呼籲「對於各民族的待遇一律平等而優待，絕不加以歧視」。**99** 而當時他不僅與孫科一道，同為國民黨五屆一中全會中央執行委員會的常委之一，還是國民軍事委員會的副委員長，次年又與孫科一道，共同列名為國民黨五屆二中全會的九名主席團成員。不僅如此，甚至於國民黨的五全大會正式通過的宣言，也令人驚異地包含了公開承認少數民族之「民族」名義的內容，據說其草擬者竟然還是一年前公開反對這一觀點的戴季陶，而國民黨元老于右任和張繼，也聯署表示了支持。他們的意思，一是承認現存各民族名義，二是各民族參政應納入地區範圍，而

---

98 立法院中華民國憲法草案宣傳委員會編：《中華民國憲法草案說明書》1940 年 7 月版，附錄三：〈立法院歷次所擬憲草各稿條文〉，第 186、208、228 頁。

99 馮玉祥：〈中國與二次大戰〉，載馮玉祥選集編委會：《馮玉祥選集》上卷，北京：人民出版社 1998 年版，第 222-223 頁。

不以民族為單位。在此前提下，可以享受特殊待遇、適當增加代表名額等。**100** 這一改變，可能與華北危機之後國民黨逐漸明確的「聯蘇抗日」之外交策略，不無一定關係。而蔣介石個人，即便當時不願意接受少數民族為「民族」，至少對「五五憲草」中的「總綱」第五條以及五全大會宣言中的有關表述，也還是一度給予了容忍。

值得注意的是，同承認國內各少數民族的「民族」身份相一致，這一時期，強調各民族政治上不可分離的整體概念 ——「國族」之使用，在國民黨的官方文件中也愈來愈多。據筆者的閱讀印象，大約在 1931 年「九一八事變」之後，「國族」一詞已不斷地出現在國民黨的官方文書裡，1935 年時已經是相當正規而不容忽視了。如國民黨「五大」宣言及其五屆一中全會重要決議案裡，就都反覆使用了「國族」概念，前者宣稱「吾人必須團結四萬萬人民為一大國族，建設三民主義強固之國家」，「重邊政、弘教化，以固國族而成統一」，特別強調：「必須扶助國內各民族文化經濟之發展，培養其社會及家族個人自治之能力，尊重其宗教信仰與社會組織之優點，以期鞏固國家之統一，增進國族之團結」；

---

100 見《戴季陶先生文集續編》第 236-237 頁；《戴季陶傳記資料》（二）第 30 頁。轉引自楊思機的博士學位論文〈指稱與實體：中國「少數民族」的生成與演變（1905-1949）〉，第 85 頁。有意思的是，張繼此人還喜歡公開攻擊孫科、馮玉祥和于右任等「親共」。有一次他正攻擊之時，蔣介石竟當著許多人的面痛斥他這種言論雖表面「愛黨」，實則「害黨」。後在日記中，蔣又表示過於嚴厲而後悔。見呂芳上主編：《蔣中正先生年譜長編》第 6 冊，台北：國史館 2014 年版，第 519-520 頁。

後者則要求黨員「團結國族，共赴國難 …… 增進邊區人民國家民族之意識」，等等。「國族」概念在國民黨政治話語中的時興，不管與孫科本人地位的提升與思想傾向有無關聯，都肯定為他在憲法草案的起草中直接使用「中華國族」概念並得到認可，創造了條件。

1937 年，青年黨骨幹常乃惠發表〈國族的血〉一文。這位崇尚國家主義的著名學者，抗戰時期已很喜歡使用「國族」一詞，而在此文中，他還迅速而敏感地把握到「五五憲草」裡採用「國族」概念和「中華國族」表述的特殊意義，並予以積極的解讀：

中國今日已經超越了民族社會時代而逐漸進到國族社會的建設時代。最近立法院的中華民國憲法草案，明定國族與民族的區別，實在是一件比較進步的認識。但是在中華國族的輪廓之內，依然有漢滿蒙回藏苗夷各民族的單位存在著，這些民族在事實上不能分離而各自建設一獨立的國族。**101**

1938 年 3 至 4 月，國民黨召開臨時全國代表大會，其對「民族主義」進行重新解釋時，也特別強調「中國境內各民族，以歷史的演進，本已融合而成為整個的國族」。**102** 可見在「國族」概念

---

101 常燕生：〈國族的血〉，《國論》1937 年第 2 卷第 10 期。

102 有關詳細內容，見榮孟源編：《中國國民黨歷次代表大會及中央全會資料》下冊，北京：光明日報出版社 1985 年版，第 467-468 頁。

之下，依然承認國內各少數民族存在的事實。

由於抗戰全面爆發，立憲活動被迫延後。1938 年秋，為集思廣益，團結各方力量，國民政府在武漢成立政治協商機關國民參政會，依照左舜生、張君勱等人意見，組成了包括國民黨、共產黨、民盟人士在內的憲政期成會以修改「五五憲草」。1940 年 3 月 30 日，國民參政會上通過了《中華民國憲法草案（「五五憲草」）修正草案》，也就是所謂「期成憲草」。該草案對「五五憲草」中的「總綱」章第五條和其他章中涉及少數民族權利的部分，均提出了修改意見。其中關於第五條中的「中華國族」提法，陶孟和與章士釗都不太認同，故其草案「附記」中特別註明：「陶參政員孟和，章參政員士釗主張將『中華國族』改為『中華民國』。」[103] 關於「人民之權利」的條款部分，則要求寫明「聚居於一定地方之少數民族應保障其自治權」。

對於「期成憲草」的上述修改建議，時任國民參政員的陳長蘅曾作文加以反駁，認為「五五憲草」的「總綱」第五條「表示中華民國各民族無論其為多數或少數，均為中華國族之構成分子，彼此利害相同，休戚與共，不得任意脫離，亦不得互相歧視，比之協商會議所擬修改原則僅保障少數民族之自治權一點，實遠較完善周妥」。[104] 他顯然是要維護昔日他曾發揮過重要作用的

---

103 中國國民黨河北省黨部編：《中華民國憲法草案及各方研討意見》（河北黨務叢刊之十五），出版日期不詳，第 24 頁。

104 同上，第 52、76 頁。

憲草成果。該年 4 月，國民參政會一屆五次大會在重慶開幕，正式討論憲草修正案。蔣介石主持大會，孫科則介紹了「五五憲草」的起草經過並對有關內容進行了特別説明。在説明中，孫科專門提到：「第五條規定中華民國各民族均為中華國族之構成分子，一律平等，充分表現出民族主義中國國內民族一律平等的原則。」[105] 為了表達對「期成憲草」的不滿及對陶孟和與章士釗等修改意見的不認同，孫科會後還特別讓立法院編輯了《中華民國憲法草案説明書》，於 1940 年 7 月公開出版。在這份《説明書》中，我們可以看到孫科對於「中華國族」、「中華民族」以及「中華民國」之關係的完整理解。鑑於此前似未曾見到有人提及此事，這裡不妨較為詳細地引錄如下：

民族主義之目的，對外在求國家之平等，對內在使國內各民族一律平等。中華民族，係由漢、滿、蒙、回、藏⋯⋯等族所構成。分而言之，則為「各民族」，合之則為整個之「國族」。國父曾言「在中國，民族就是國族」。故特著為專條，以明中華民族之構成分子，而示民族團結平等之精神也。外國立法例如蘇聯憲法，亦有類似之規定。有謂此種規定為《中華民國臨時約法》、《訓政時期約法》及歷來各次憲草所無，「中華國族」宜改為「中華民國」，不知本條所定，乃指「國族」之構成分子，非指「國

---

105 孫科：〈關於憲草制定之經過及內容之説明〉，載《中華民國憲法草案説明書》，第 161 頁。

家」之構成分子而言。國族之構成，以民族為單位；而國家之構成，則以個人為單位。本條所定各民族一律平等，與第八條所定「……人民在法律上一律平等」其涵義固不同也。[106]

從上文可知，在孫科等人看來，「國族」還是有別於「國民」的，後者以個人為單位，前者以民族為單位。但蔣介石本人顯然並不同意孫科等的意見。正如前文所提到的，他曾明確反對稱國內各民族為「民族」，認為中國只有一個民族即中華民族，其他所謂民族都只能稱為「宗族」。這一國民黨內一度強勢的單一性中華民族觀念，自然也影響了抗戰時期地方政府對《中華民國憲法草案》的修改意見。如 1944 年 5 月，新疆省民政廳憲草研討會就提出有關憲法草案的修正案，並上呈省政府，主張「『中華民國各民族』應將『民族』改為『宗族』；又同條『中華國族』之『國』字應改為『民』字」。[107] 這抱持的無疑仍是蔣介石 1943 年在《中國之命運》中所闡發的那一影響深遠的「宗族論」看法。

筆者以為，對於孫中山 1924 年的民族主義思想而言，如果說蔣介石的發揮走的是從「宗族」到「民族」之路，那麼孫科的繼承，則走的是從「民族」到「國族」之途。前者重視各族之間血統的交融與統一性而漠視其獨立的「民族」性存在，而後者則

106《中華民國憲法草案說明書》，第 9 頁。

107 新疆維吾爾自治區檔案館檔案檔案（政 2-2-620）：《新省民政廳呈報成立憲草研討會情形並附呈提案》，1944 年 5 月 23 日。轉引自王曉峰：《民國時期新疆地方憲政研究》，北京：中國政法大學出版社 2013 年版，第 234-235 頁。

正視各民族依然存在的現實，希求得國家層面的平等團結、進一步的深入融合以及政治上的不可分離。從思想來源來看，孫科顯然較多地受到蘇聯民族政策和憲法理念的影響，[108] 這使他在這一點上，似與中共及吳文藻、費孝通等人類學家的觀念，反有接近之處。**過去，學界一談到國民政府有關「中華民族」的民族政策或民族觀，總是只提蔣介石的「宗族論」思想，而看不到以孫科為代表的國民黨內另一思想路線的長期存在及其勢力，這是亟需加以糾正的。**不過，無論是蔣介石還是孫科，他們都強調和認同「中華民族」的一體性；與此同時，他們也都共同維護國民黨的政治利益。

由於蔣介石和孫科都不滿意於「期成憲草」，因此制定憲法的任務只能是繼續後延。直到抗戰勝利以後，它才再度被提上議事日程。不過，在這期間，民間對於「五五憲草」進行「修正」或「補訂」的熱情，也未曾中斷。筆者就曾見過一份《大中華民國憲法草案補訂案》的「非賣品」印刷物，這裡不妨略加介紹，以窺「中華民族」入憲願望不絕如線之一斑。該《補訂案》為江蘇學者喬一凡（1896- ？）努力參政議政之「傑作」。喬氏乃

---

108 在將國內各民族的「民族平等」入憲的問題上，孫科受到蘇俄憲法精神影響較大是顯而易見的。他在「外國立法如蘇聯憲法，亦有類似之規定」處，特別做一註釋，譯出其具體規定內容：「不論民族及人種，蘇聯人民在經濟、國家及政治社會所有各生活方面之平權，為不變之法律」；「公民權利之任何直接及間接限制，或反之由於其民族及人種差別之直接及間接特權之規定，暨人種或民族排斥或仇視及侮慢之一切仙〔遷〕播，均受法律之懲治」。見《中華民國憲法草案說明書》，第 8 頁。

江蘇寶應人，1927 年曾主持南京教育會，30 年代創辦過《南京日報》，抗戰爆發後入重慶工作，曾作《武漢退卻後上蔣委員長書》，抗戰勝利後當選為國民政府立法委員。喬一凡的這一《補訂案》，印刷於 1940 年 5 月，也就是前述國民參政會討論「期成憲草」前後。它給筆者印象最深的地方有三：一是全篇標示「大中華民國」和「大中華民族」；二是明確提出憲法須「規定正月朔為大中華民族節」；三是在「宗族」問題上大做文章，要求將「宗族」建設入憲，但又與蔣介石的「宗族論」意旨大別，可謂別生諧趣。蔣介石明明是要以「宗族」取代以往對國內各民族之「民族」稱謂，而喬氏不僅公開承認各族的「民族」地位，還偏強調這各民族乃均以「宗族」為重要的基層組織。該方案的第二章題為「民族」，其中第七條為：「大中華民國各民族均為大中華民國構成之份」；第八條為：「大中華民國各民族之宗族得依其習慣設族長以教其族人」。在所附的說明中，喬一凡大講孫中山從「宗族」入手進行「國族」建設的高明之處，認為「此條入憲，實無異為國家添數千萬管教人員」；且抓住了「中國文化的核心」，既可「示人生正確之觀念」（非個人主義），亦可「奠民族文化獨立之基礎」。[109] 這一源自孫中山思想啟示的國內「各民族之宗族」入憲說，在筆者看來，對蔣介石試圖加以改造以代替國內各民族稱謂的「宗族論」，恰恰形成某種悖論性的解構效果。

---

[109] 喬一凡：《大中華民國憲法草案補訂案》，重慶市沙坪壩印刷生產合作社 1940 年 5 月代印，第 10、36-38 頁。其《武漢退卻後上蔣委員長書》，中國民生教育學會 1938 年印。

1946 年底，國民黨與青年黨、民社黨等合作，聯合召開了沒有共產黨和民主同盟參加的「制憲國民大會」（後通常被內地學者稱之為「偽國民大會」）。會議期間和前後，國內各少數民族代表圍繞著本族的權利與義務，據理力爭、決不妥協的各民族意識，得到毫不含糊的彰顯。他們有的堅決要求民族自治，有的反覆籲求增加本民族代表名額，有的強調本民族的名稱必須寫進憲法，同時呼籲政府扶持弱小民族、尊重少數民族等等，慷慨陳詞，毫不退讓。[110] 一時間各類報刊爭相報導，給當時的政黨代表、知識分子和政府官員，留下了極為深刻的印象。在這種大勢所趨的情況下，蔣介石若還要堅持否認中華民族之下存在不同民族，已經幾無可能。制憲國大期間，蔣介石因此一反常態，被迫接受了國族之下存在各「民族」的事實，不得不暫時收起了他那套「中華民族一元論」的「宗族説」。

相比之下，「五五憲草」中的「中華國族」説之基本精神，反得到了較多同情。如國大代表趙炳琪就認為：「明白規定各民族皆為國族之構成分子，不僅表明我國數千年以來，國內各民族血統相混文化交流、彼此相互融合之事實，亦指明今後逐漸融為國族之趨向，以提高各民族一致團結之精神，而加強其向心力之力

---

110 可參見楊思機：〈指稱與實體：中國「少數民族」的生成與演變（1905-1949）〉，第五章，第 233-284 頁。

量！」**111** 以往，學界同人過於誇大了蔣介石「宗族」說的影響，實際上它在政治思想界的公然傳播和絕對主導地位，也就只有不過三四年而已。

1946 年 12 月 25 日，制憲國大最終通過了民社黨黨魁張君勱等以「五五憲草」為基礎起草的《中華民國憲法》，1947 年元旦由國民政府加以公佈，宣佈當年 12 月 25 日起正式實施。該憲法第一章「總綱」第五條最終定為：「中華民國各民族一律平等。」其中，既沒有「中華民族」，也沒有「中華國族」，不免令許多究心「中華民族」整體認同者感到失望。但畢竟，國內各「民族」的現實地位得到了明確承認，「民族平等」的原則也被莊嚴地寫入憲法，這總還是體現了時代的進步。因此，1947 年 8 月，由國民代表李楚狂編著、正中書局權威出版的憲法解讀書《中華民國憲法釋義》鄭重點明：「本條之規定，係以民族為主體，而保障各民族在政治上之地位平等。與本憲法第七條所定人民在法律上一律平等之以個人為主體，而保障個人在法律上之地位平等者，意蓋有別。」**112**

更值得注意而今人多未注意、似乎當時人也未必真廣泛在意的是，1947 年 9 月，也就是一個月後，由孫科題寫書名的《（中英對照）中華民國憲法》——一部旨在對外宣傳、以彰顯中國民

---

111 見《國民大會代表對於〈中華民國憲法草案〉意見彙編》上冊，國民大會秘書處印，第 28 頁。上無具體出版時間，估計為 1946 年底制憲國大期間和會後所印。中國人民大學圖書館藏。

112 李楚狂編著：《中華民國憲法釋義》，正中書局 1947 年 8 月初版，第 18 頁。

主建設偉大成就的憲法之英譯文本，也由商務印書館權威推出。此條的英文翻譯表述為：All the races of the Republic of China shall be equal.[113] 不知這一將中華民國各民族（包括漢族）譯成 races（種族或種族的擴大）的翻譯，究竟達成了誰的心願？顯然不完全是蔣介石的，似乎也不全合孫科的主張，倒是比較符合顧頡剛和謝康等人的認知。至於這樣的翻譯如何形成，由哪些專門的國家組織和機構曾真正嚴肅地加以對待，這已經不是筆者目前的研究所能回答的了。

兩年後的 1949 年，中國人民政治協商會議在北京召開，這是中國共產黨領導的新中國成立的標誌。但其所通過的「共同綱領」也只談到國內各民族的平等團結、民族區域自治和保護少數民族政治、經濟和文化發展權等內容，同樣沒有使用現代意義的中華民族概念。也就是說，**在整個民國時期，尤其是抗戰時期及其後，包括國內各民族在內的「中華民族」這一總的民族共同體概念符號，儘管傳播很廣、關係重大，但卻因為認識和理解上的分歧，始終都未能正式入憲。「中華國族」也不例外。這是研究者不能不指出的事實。**

2. 芮逸夫的「中華國族」解說

「中華國族」概念及相關認識，無疑是近代「中華民族」觀念及其認同思想史上不容忽視的重要問題和內容。該概念在民國

---

[113] 赫志翔譯：《（中英）中華民國憲法》，上海：商務印書館 1947 年 9 月初版，11 月再版。

時期特別是抗戰時期有一定的傳播，特別是 1936 年公佈、至少在中國流傳和被期待了十年的《中華民國憲法草案》（「五五憲草」）將其正式列入「總綱」第五條之後。前文我們曾提到 1940 年夏孫科在《中華民國憲法草案說明書》中對這一概念與「中華民國」和「中華民族」之關係有過粗略說明，當時很多人見到這一說明後，未必都能滿意。人類學和民族學家芮逸夫就是其中很有代表性的一個。1942 年 12 月，芮逸夫發表〈中華國族解〉一文，便試圖從理論上較為系統地專門闡釋「中華國族」概念，從而形成與流行的「中華民族」概念的某種調和，可以說理論上具有一定的自覺性和典型性。由於類似的思想努力在民國時期並不多見，故筆者以為值得格外關注。

芮逸夫（1898-1994），江蘇溧陽人，長期任職於中央研究院歷史語言研究所，是民國時期較早注重田野工作的著名人類學和民族學家之一。1933 年，他與凌純聲等一起赴湘西南考察，寫成《湘西苗族調查報告書》，被認為是我國最早一份正式的苗人調研報告。後來，在考察和改定西南少數民族漢字族稱方面，他也曾作出過重要貢獻，並積極致力於提高少數民族參政權的工作。1942 年 9 月，芮逸夫寫成〈中華國族解〉一文，三個月後發表在中國人文科學社主辦的《人文科學學報》上。該文認為：「國族之名，創自孫中山先生。…… 由我國的情形說，國族和民族是相同的；而民族和國家也是相同的；其在西文，本同作一詞：拉丁文作 Nationem，英、德、法文並作 Nation。所以我嘗以為中華國族，中華民族和中華國家三個稱謂，可以說是『三位一體』。」

他這一認識的得出，應當受到過清末時章太炎先生〈中華民國解〉一文有關看法的啟發。章氏強調華、夏、漢等傳統稱謂，儘管最初的本義有別，但後來卻含義交叉互攝，所謂「華云、夏云、漢云，隨舉一名互攝三義。建漢名以為族，而邦國之義始在；建華名以為國，而種族之義亦在。此中華民國之所以謚」。不過，芮逸夫卻認為章太炎「對於中華民族之義，似乎不很瞭解。他對於所謂金鐵主義者之說，駁斥不遑。其實所謂金鐵主義者對於中華民族的見解，雖不盡然，卻頗有相當的是處」。他肯定金鐵主義者楊度認為「中華」不是「一血統之種名，乃為一文化之族名」的觀點「正合乎現代民族學者所採民族分類的標的」。因為「民族與種族，雖然相關，但不容相混。前者是文化的融合，而由於社群的團結；後者是體質的聯繫，而由於血統的遺傳」。種族是「天然的，是有史以來生成的」；民族則是「人為的，是在歷史的過程中由人類的思想、感情、意志造成的，是經過長時期的努力獲得的」。他還指出：「一個種族可以分裂為幾個民族，一個民族也可以包含幾個種族。我國民族乃是經過幾千年，融合古今來好些個種族，及其思想、感情、意志而成。本文所稱的中華民族，即指此義。」

在芮逸夫看來，「中華國家」、「中華民族」和「中華國族」雖然是「三位一體」，但彼此之間又是「各有分際」：「和種族為生物學及人種學上的名詞一樣，民族為社會學及民族學或文化學上的名詞，國家為政治學及法律學上的名詞。換句話說，即由社會的及文化的觀點來說，應稱中華民族；由政治的及法律的觀點

來說，應稱中華國家；而中華國族則為兼由社會的、文化的，及政治的、法律的種種觀點而稱說的名詞。所以中華國族的第一義，我們可以省作中華國家和中華民族聯成的一個複合詞的簡稱解。」[114] 由此出發，他將「中華國族」具體析成四義，即「地域的中華國族」，「人種的中華國族」，「語言的中華國族」和「文化的中華國族」，並一一解析了其內涵。

在討論「文化的中華國族」的時候，芮逸夫特別提到，全國各地風俗習慣大同小異，「只有蒙古、西藏、新疆，差異稍大，然其化而為大同小異，也只是時間問題而已」。在強調「一個種族可以分裂為幾個民族，一個民族也可以包含幾個種族」這一點上，他與人類學家吳文藻等的認知頗有相似之處，但芮此文只稱蒙藏回等族為「種族」或「族類」，並主張中國國內各族文化應不斷融合，認為「中華民族」的概念，與千年混成的「中華國族」之文化層面的內涵一致；而「中華國族」之所以不斷壯大，恰得益於本民族「中庸之道」的文化精神。

不僅如此，芮逸夫還對「中華國族」的多元一體特點，作出了自己獨特的總結：

我中華國族在任何意義上都是多元的：領土兼具多種地形，

---

114 認為「國族」是民族與國家兩相結合的看法，民國時期也較流行。如胡一貫在〈國族之神聖與動力〉一文中就認為：「民族與國家的結合，是神與聖的結合。分而言之，曰民族，曰國家；合而言之，曰國族，曰神聖。所以國族是神聖的。」載《三民主義半月刊》1946 年第 3 期。

人種混凝多數族類，語言包含多數支派，文化融合多數特質。然此種種，早已混合同化，而歸於一。秦、漢的統一，是我國族的初步形成；兩晉時五胡的亂華，而突厥種人同化於我；兩宋時遼、金的南侵，而通古斯種人同化於我；後來蒙古滿洲，先後以武力主宰中原，然終被華化，而各各成為今日中華國族的重要成分。正如江海的不辭細流，所以能成中華國族之大。[115]

　　芮逸夫顯然懂得現代 nation 概念的內涵，故能在「國家」政治整合的基礎上，復提出語言文化和血統進一步融化的整體訴求，並強調中國歷史上國家與民族曾不斷互動、取得階段性政治、文化和血統等的融合成果之綜合延續性。這種試圖調和「中華國族」與「中華民族」說的「多元一體論」，不僅將國家和民族統一起來，而且把歷史和現實聯繫起來，顯示出宏闊的視野和一定的靈活性。不過，芮逸夫的這種調和論最初並沒有將傳統國家與近代憲政國家及其人民加以區分（對他來說，有所區分是1947 年以後才有的事情），且完全以回到孫中山的「國族」說為其立論基點，只是重新加以解釋而已。在這點上，他本人似乎受到前文提到的《我們的國族》一書的某種影響（如果仔細對讀兩者，不難發現此點）。但芮逸夫畢竟是專業的民族學家和人類學家，且有較強的理論闡釋興趣，因此在對待國內少數民族的稱謂問題上，他也沒有走到絕對否認其「民族」身份或特徵的地步，

---

[115] 見芮逸夫：〈中華國族解〉，《人文科學學報》第 1 卷第 2 期，1942 年 12 月。

只是盡量避免了「民族」的提法，一般從「種族」構成成分角度加以涉及而已，儘管他同樣強調「中華民族」的一體性和整個性。

三年後的 1946 年 4 月，芮逸夫在《民族學研究集刊》上發表〈再論中華國族的支派及其分佈〉一文，對他自己稱之為「急就章」的〈中華國族解〉一文的有關內容，又有所補充。一方面，他從人種學（包括體質遺傳特徵研究和血液型研究）與民族學兩個角度，將此前的觀點進一步條理化，把「中華國族」具體析成「六支三十組」的支派，強調「構成我們國族的因素大體是相同的，但這是就構成分子的『共相』而言；若就各分子的『自相』來說，我們知道一個娘胎裡生不出兩個完全同樣的弟兄。我們的國族人口有四億五千萬之眾，分佈有一千一百萬方公里之廣，當然不會沒有差異。況且數千年來漸次加入的新分子，其同化程度也各各不等。由於地理和其他環境的不同，自然而然發生不少差異」。不僅如此，芮逸夫還將中華國族因「共相」而「凝聚同化而歸於一」的主要原因，歸結為其主體漢族「文化的優越和文字的統一」，歸結為其「包容力含孕之力極大」一點。在這點上，他基本接受了孫中山的漢族中心觀和「同化融合」說，與其頂頭上司傅斯年的觀點大體保持一致，至少不與之直接衝突。他明確表示，今後國人必須「賡續祖先的遺業來創新，來求進步，就國族的融合一端來說，祖先之業已經給我們做到百分之九十五以上了，其餘不足百分之五的支派，不容諱言，尚有待於進一步的融合，這進一步融合的責任，我們就應該負起來」。具體而言，就是應該對這些「支派」進行扶植，「使他們達到現代的文化水準，

同進於文明之域。扶植之道，首先要把我們的優越的文化，統一的文字，普及於各支各組各族的國民，使他們都有『同聲之應』、『同氣之求』，且得『同文之便』。本著我們的祖先傳來的『中庸之道』，配合著『三民主義』，使他們心悅情願地向心同化」。[116]

　　這裡，或許值得注意的還有芮逸夫如何稱謂蒙藏回等國內少數民族的問題。1942 至 1946 年間，芮氏在構築「中華國族」說的時候，不妨說採取了一種含糊其辭的迴避態度。如果按照其所信服的民族學或人類學見解之內在邏輯，既然視「民族」為一種社會歷史文化之群體，那麼蒙藏等族便依然可稱之為「民族」。在這點上，他當時應該說是有所顧慮，故而前後難免有所矛盾，而寧願在「種族」意義上談論各族。1942 年前他稱國內少數民族為「民族」自不待言，此後他雖多從「種族」角度加以談論，卻也仍有保留稱其為「民族」的時候，如 1943 年，他發表〈西南民族的語言問題〉一文時，就仍稱西南少數民族為「民族」，由此可見其矛盾心態。直到確認國內各少數民族為「民族」的《中華民國憲法》公佈之後，芮逸夫才最終克服這種矛盾，明確稱國內蒙、回、藏、苗等為「民族」而不再改變。在 1947 年 9 月發表的〈行憲與邊民〉一文中，他明確寫道：「本文所稱的邊民，是指全國的邊疆各民族，也就是全國的邊疆國民。所以稱他們為民族，只

---

116 芮逸夫：〈再論中華國族的支派及其分佈〉，《民族學研究集刊》1946 年第 5 期。1972 年，芮先生出版的《中國民族及其文化論稿》中所收錄的〈中華國族的分支及其分佈〉一文，是根據 1946 年〈再論〉版本修改而成。其中缺失的那幾個字也修改了。將「向心同化」改成了「現代化」。

是說他們各有其文化的特徵。我們知道，中華國族的文化是凝聚多數特徵而成的。概括地說，邊民的特徵是：口操非漢語，寫讀非漢文，或沒有文字，信仰某一種宗教，或僅保存原始的靈氣信仰；……在這個邊民的含義之下，蒙古和西藏兩族也是包括在內的。」**117**

這樣，芮逸夫的「中華國族」論就與承認國內少數民族為「民族」的那種「中華民族」論完全統一了起來，且此後不再有大的變化，即認為中華國族是由中華國家和中華民族合構而成的混合體，而中華民族之下暫時還存在各個分支民族。「國族」與「民族」的差別，實際表現在前者建有統一的國家政權作為基礎。**118**這種觀點，頗能體現民國時期民族學或人類學界有關的主流思想傾向。**119** 1947 年之後，作為國民政府立法委員的芮逸夫，在為國內

---

117 芮逸夫：〈行憲與邊民〉，《邊政公論》1947 年第 6 卷第 3 期。

118 1971 年，芮逸夫主編《雲五社會科學大辭典》第 10 冊《人類學》，撰寫「民族與國族（nation）」時，仍然保持此種看法，不過寫得更為簡潔明白：「『民族』與『國族』二詞，在西方只是一詞，所以都可解說為由共同文化與共同意識結合而成的最大的人群……至於二者的存在，雖同為歷史上的結合和文化上的連繫，但也略有區別：即民族可不必有政治上的自治權及國家的形態，如過去的猶太民族是；而國族則必須有國家的實質，如中華國族是（編者按：『國族』是國父孫中山先生所創用，詳見民族主義第一講，民國 13 年）。」見該書台灣商務印書館 1971 年版，第 94 頁。

119 關於「民族」和「國族」的區別，早在 1946 年，國民政府蒙藏委員會委員、民族學研究者李寰在《邊鐸月刊》上，也明確表達了與芮逸夫大體相同的看法，認為：「考民族一語，在英文中為 Nation，意即民族國家，亦有謂為國族者，後因含義不明，遂另製『民族』（Nationality）一字，專指同語言與同習俗之人群，而國族則指有主權政治國家之人民，以為區別。」見李寰：〈國族與宗族〉，《邊鐸月刊》1946 年第 7-8 期。李寰（1896-1989），四川萬縣人，曾任國民政府貴州省政府秘書長和國大代表。

少數民族爭取政治地位、權利和文化融合方面，做了很多努力。他主張「依據憲法民族平等的精神」，在邊疆地區可以實行「民族平等的邊疆地方自治」，「依各民族人口的比例，確定其實行選舉的各級民意機構組成分子的名額」。[120] 在芮氏看來，1947 年 1 月公佈的《中華民國憲法》中對蒙藏等地區的國民大會代表和立法委員名額規定之優待辦法，在世界各國中都不曾有過，若僅就此方面而言，「可以說是世界上最民主的憲法了」。當然，他認為國民政府還可以做得更好，比如對於邊疆地區少數民族的各級代表和議員的名額，還可以「採加倍優遇方法」[121] 等等。至於在少數民族聚居的邊疆地區如何開展地方自治，他則進一步提出了「服從多數、尊重少數」的原則，「因為各民族的多寡不等，必不免引起多數民族（不一定是漢人，有很多地方是邊民佔多數的）排斥少數民族（不一定是邊民，有很多地方漢人佔少數的）的問題」，只有實行「服從多數、尊重少數」的原則，給少數民族「相當限度的否決權」，「而後少數民族的意見遂不致永遠在被犧牲之列，而後才能做到大家都盡義務，大家同享權利，共同從事邊疆地區的建設」。當然，這種以地域為單位的地方自治，同中共後來實行的以民族為單位的區域自治，仍存在一定的差別。芮氏認為，在邊疆地區實行民族平等的地方自治，加深不同族類彼此的瞭解和文化的協調，是先決條件。而要做到這一點，「實有賴於與內

---

120 芮逸夫：〈行憲與邊疆地方自治〉，《邊疆通訊》1948 年第 5 卷第 2-3 期。

121 芮逸夫：〈行憲與邊民〉。

地文化的交流融合，使同趨於現代化，首先應開闢邊疆地區的主要公路和鐵路，使邊疆和內地的交通日臻便利，並振興教育以提高邊民的文化的水準，…… 憲政前途，實利賴之」。[122] 他此時已經不再講少數民族文化與漢族文化「同化」，而是講「同趨現代化」了。這在 1946 年制憲國民大會通過《中華民國憲法》之後，似乎成為一種較為普遍的思想潮流和現象。

大約在 1946 至 1948 年間，與邊疆自治問題相關，談邊疆民族文化「國族化」或「中國化」的人也增多了起來。且談論者一般都注意將其與「漢化」或「同化」論劃清界限，而強調「共同進化」和「現代化」，從而顯示出時代的進步。如 1948 年，國民政府蒙藏委員會委員李寰就撰文強調，中華民國的各族人民當「共同努力於文化及其他有益事業」，也即「共同進化」。他寫道：

「共同進化」一詞，一般人多誤解為「同化」之變名，其實兩者是兩樣含義，各不相同。如以民族文化為例，「同化」是以一族優良之文化、制度，來同化於其他族落後之文化、制度，不管他族是否適合，而亦同化變更之，可說是含強制性。共同進化則不然，是配合時代需要，採取各族之優點文化，創立新的典章制度，是一種順應自然之方式。在今天言，共同進化，最適合於國情最愜洽乎民心，因邊地同胞，保存有幾千年來之優良文化，大可彼此交流，酌情採用，融洽成整個國族文化，於國於民，皆有利焉。

---

122 芮逸夫：〈行憲與邊疆地方自治〉。

在李寰看來，這種「共同進化」的實現，實有賴於厲行一種「中國化運動」。「中華民國，為中華民族全體建立之國家，中華國族係由國內各宗支族所組合而成，亦稱中華民族」，要想文明程度不一的各族「同心協力」，非實行「中國化運動」不可，否則不足以促進彼此的精誠團結和共同進步。「所謂中國化運動，凡屬中華國籍之人民，無論屬於任何宗支族，其衣食住行、語言文字、行為思想等，必須合於一種中國化之公式。」這種公式的具體內容如何，作者沒有說明，但他卻強調其必須「是採取各族之優點，交流各族之文化而成」。這種「中國化」同學習西方文化採用民族形式的那種流行的「中國化」說法有別，實際上是「國族化」的同義語。[123]

當時，另有研究邊疆民族的學者撰寫〈論邊疆文化國族化〉一文，聲言應當使全國人民特別是邊疆同胞形成如下三點認識：「第一是今日的國族文化，不是中原民族獨創的文化，而是國內各民族文化匯融的結晶，現在卻正在積極地現代化；第二國族化不是漢化，是國族底現代化，旨在發揚邊疆固有的優良文化，提高邊疆文化生活水準，以便加速國族文化現代化；第三是文化國族化，不是地方或民族便沒有自決自治的權利，…… 每一個民族的文化國族化，與他的政治制度沒有甚麼絕對的關連。每一個地方或民族，儘管自治，甚至於成為自治邦 …… 他的文化還須要國族

---

123 李寰：〈論共同進化與中國化運動〉，《邊鐸月刊》1948 年第 1 期。

化的。」**124** 這大體上反映了抗戰結束後國內主流的民族思想。

　　應該指出的是，當時使用「中華國族」概念的人，很多時候都是和孫中山一樣，是在強調中華民族的獨特性時才樂於這樣用的，並非是著意要取代「中華民族」概念。因此使用者往往同時並用、或在基本相同的意義上使用這兩個概念。如 1941 年，國民政府的要員、回族高官白崇禧在對蒙回藏慰勞抗戰將士團的講話中的有關使用，就可視作典型。他說：「總理在《民族主義》裡面曾經說過：『民族主義就是國族主義』，換一句話說，民族主義不僅在打倒滿清政府，而是要在打倒了滿清政府之後，做到漢滿蒙回藏五大民族團結，成世界上一個最偉大的中華民族，也就是一個精誠團結的中華國族。中華民族或中華國族的造成，不是用武力霸道去壓迫國內任何民族，而是順適自然，本共同生產共同開發的原則來達到的。」**125** 又如更早的 1932 年，胡石青在民社黨的《再生》雜誌上曾撰文聲稱「吾中華民族亦全世界國族之一」，**126** 同樣是在相同的意義上使用兩詞。類似的例子前文實已多有呈現，不必贅言。

　　雖然，「中華國族」的說法在字面上為蒙、藏等民族的「民族」稱謂留下了某種程度的空間，但由於當時很多使用者多將其與「中華民族」的概念完全等同使用，也並非所有「中華國族」

---

124 張漢光：〈論邊疆文化國族化〉，《邊疆通訊》1947 年第 4 卷第 4 期。

125 白崇禧：〈實現總理的國族主義〉，《邊疆月刊》1941 年第 3 期。

126 胡石青：〈「九一八」之回顧與展望〉，《再生》第 1 卷第 5 期，1932 年 9 月 20 日。

論者都認可國內少數民族的「民族」地位和身份。前文提到毛起鶊等編的《我們的國族》一書的思想傾向，便是突出例子。甚至在確認蒙回藏苗等少數民族「民族」地位的《中華民國憲法》得以頒佈之後，依然有人堅持這一觀念。如前文提到的李寰一方面喜歡使用「中華國族」的整體概念，而同時仍願意把漢、滿、蒙、回、藏等民族稱之為「宗族」，即為例證。

實際上，無論是「國族」還是「中華國族」概念，在抗戰時期乃至 1949 年以前的中國，其傳播雖有逐漸增多之勢，但畢竟都還不能說已在社會上真正廣泛地流行開來，「中華國族」一詞使用尤少。特別是中共方面，幾乎不用。從純語言使用效果上來看，「國族」和「中華國族」對於當時的中國普通民眾來說，與「國家」及其主體「國民」之全體相比，似並無甚麼特別不同之處，因此很難顯示出超越於純政治範疇的「國家」及其主體「國民」之上更深一步的民眾凝聚力之意義（儘管使用者往往也有超越「國民」政治概念的文化意圖）。而「中華民族」一詞，一方面既可以在「中華國族」概念意義上使用，另一方面因其涵括了「民族」，同時又凸顯了一種歷史文化融合乃至涵容泛血緣混雜意義（你中有我、我中有你）的社會文化內涵，也即民族學和人類學意義上的「民族」內涵，從而更易形成一種族類親近感、歷史縱深感和文化黏合力，這就是為甚麼當時「中華民族」作為一個帶有自我身份認同意義的總體符號，仍具有某種不可替代性，並為政治家、思想家和一般國人所普遍樂於使用的原因。

四、中共的「中華民族」觀及其與其他各方之互動

抗戰前後，「中華民族」深化認同還有一個重要的現象，那就是這一時期中國共產黨對於「中華民族」一詞和概念的使用已經成為習慣，對於「中華民族」作為一大多民族共同體的整體性的體認進一步加深，並且以此為思想前提還主動同國民黨進行了再度合作，這對於此期乃至此後一體化的現代中華民族認同之繼續深化，產生了不容忽視的重要影響。

1. 抗戰時期中共「中華民族」觀念的變化

如前所述，關於「中華民族」觀念，在國共兩黨之間是存在差異的。中共並不像國民黨中的蔣介石派那樣，追求實現一種當下的「單一性民族」的「民族一體化」，而只是認同一種多民族平等存在與融合而成的「複合性」的一大民族共同體而已。這實際也是其至今依然堅持的政策和目標。正因為如此，對於國民黨的民族政策，中共便時常採取一種批評態度。如 1943 年，周恩來就明確譴責蔣介石以「宗族」視國內各少數民族的行為為「民族歧視」，指出：「蔣介石的民族觀，是徹頭徹尾的大漢族主義。在名義上，他簡直將蒙、回、藏、苗等稱為邊民，而不承認其為民族。在行動上，也實行民族的歧視和壓迫。」[127] 由此可見其分歧

---

[127] 周恩來：〈論中國的法西斯主義 —— 新專制主義〉。

所在。

然而在整個民國時期，中共的「中華民族」觀卻也並非一成不變。1935 年前後的情況可以說就略有不同。大體說來，此前由於更多地受到蘇俄和共產國際思想的影響，中共既注重民族解放鬥爭，更注重階級鬥爭，因此只是一味強調國內各民族政治上的「國家」或「國民」一體性，對於多民族歷史文化的相關性和一體性尚重視不足，從而也影響到其對於「民族」共同體整體性程度的體認和表達。這一點，不僅表現在有關的民族政策上，[128] 從中共文件對於「中國民族」和「中華民族」兩詞的使用中，也可以見及某種間接的反映。

「九一八事變」甚至 1935 年以前，在中共的正式文件中，「中華民族」和「中國民族」兩詞往往是交替使用的，且後者的使用還遠比前者為多。1935 年前後，因受到日本侵華所造成的巨大民族危機的刺激，同時也鑒於「中華民族」一詞已在國統區輿論界較為流行和國共合作需要共同語言等原因，中共文件和報刊中對

---

[128] 如中共為了與國民黨進行政治鬥爭，一面強調國內各少數民族統一於「中華」或「中國」，一面又鼓勵蒙藏等族建立各自獨立於國民黨「中華民國」的政權，然後再與中共的蘇維埃政權建立「聯邦」，直到國共合作正式開始以前都是如此。這反映了當時中共在理論建設上尚不成熟。可見《瓦窯堡會議決議》等中共中央文件。大體說來，中共的民族政策，在抗戰全面爆發前後，經歷了一個從主張少數民族「自決」獨立、與漢族政權建立「聯邦」，到認同少數民族實行「區域自治」的轉變。參見王柯：《民族與國家：中國多民族統一國家思想的系譜》，第 10 章，北京：中國社會科學出版社 2001 年版，第 245-266 頁。也可參見留美華裔學者劉曉原的英文著作 *Frontier Passages: Ethnopolitics and the Rise of Chinese Communism, 1921-1945* (Stanford University Press, 2004) (《邊疆通道：民族政治與中國共產主義的興起》)。

於「中華民族」一詞的使用才猛然增加，並逐漸成為習慣用語。

這一變化，與中共將以階級鬥爭為主暫時調整為以民族解放鬥爭為主的政策轉換是基本一致的。在 1935 年 8 月著名的「八一宣言」中，中共就提出了停止內戰、一致抗日的主張，呼籲「中國是我們的中國！中國民族就是我們全體同胞！」「一切不願做亡國奴的同胞團結起來！」「為民族生存而戰！」並高呼了「大中華民族抗日救國大團結萬歲」等口號。**129** 1935 年 12 月底，在瓦窯堡會議的決議中，中共又明確提出建立「最廣泛的反日民族統一戰線」，以爭取「中華民族的徹底解放」的策略，同時作出許多政策調整，包括改「蘇維埃工農共和國」為「蘇維埃人民共和國」等，以適應新的鬥爭形勢。在決議中，中共中央政治局對此還作了明確的說明：「這些政策的改變，首先就是在更充分的表明蘇維埃自己不但是代表工人農民的，而且是代表中華民族的。中華民族的基本利益，在於中國的自由獨立與統一。」**130** 1936 年 8 月，在「致中國國民黨書」中，中共更直接地表示：「我們要為大中華民族的獨立解放奮鬥到最後一滴血！中國決不是阿比西尼亞！四萬萬五千萬的中華民族，終會有一天，在地球上的東方，雄壯地站起來。」**131** 1937 年 4 月，在闡釋自己主張的誠意時，中共又明

---

129 中央檔案館編：《中共中央文件選集》第 10 冊，北京：中央黨校出版社 1991 年版，第 518-525 頁。

130 《中央關於目前政治形勢與黨的任務決議（瓦窯堡會議決議）》，同上，第 598-623 頁。

131 《中國共產黨致中國國民黨書》，載《中共中央抗日民族統一戰線文件選編》（中），北京：檔案出版社 1985 年版，第 245 頁。

確認證:「中國共產黨確是把爭取中華民族的徹底解放,當做了他目前的唯一任務。中華民族的解放,是每一個黃帝子孫,每一個中華兒女的責任,也是中國無產階級政黨的責任。徹底解放中華民族,就是無產階級當前的最高利益」;同時聲稱:「這絲毫不表示我們的『投降』,而正表示我們的無成見,我們的不念舊惡,我們大中華民族的氣概。為了中華民族的徹底解放,我們願意犧牲一切過去的爭執,共同奔赴偉大的前程。」[132] 1940 年 2 月,中國共產黨發佈《中共中央關於目前時局與黨的任務的決定》,確定了 14 個常用的政治宣傳鼓動口號,其中最後一個就是:「中華民族解放萬歲!」[133]

可以說 1936 年以後,在中共的各種正式文件中,「中華民族」一詞作為表示國內各民族一體化的整體性概念,或者說作為表示具有歷史延續內涵的社會文化層面之中國人的總體概念,其使用已經基本上穩定了下來(儘管偶爾也還會有指代漢族的使用[134])。正是與這種對「中華民族」一詞和概念逐漸增多及至習慣性使用相一致,中共對於國內各民族及其人民之間政治、經濟、

---

[132] 洛甫(當時的中共總書記張聞天):《迎接對日直接抗戰偉大時期的到來》(1937 年 4 月)。同上,第 456、460 頁。

[133] 見《中共中央關於目前時局與黨的任務的決定》,《解放》週刊第 98-99 期,1940 年 2 月 20 日。

[134] 可參見鄭大華:〈民主革命時期中共的「中華民族」觀念〉,《史學月刊》2014 年第 2 期。不過,1935 年以後至 1938 年底,中共有時將「中華民族」與蒙回等「弱小民族」並列相提,很多時候已是在不同層次上使用「民族」概念,並不意味著廣義「中華民族」不包括這些少數民族在內,這樣並列,只是為了特別突出和強調後者而已。

文化和命運一體性的整體認識與揭示，也進一步地加深了。

從表面上看，民國後流行的「中國民族」和「中華民族」兩詞，都強調了各組合民族成分之間的統一性和整體性，但就其漢字語言傳播效果而言，「中華民族」的說法無疑更相對淡化了國家政治的強制性，而強化了歷史與文化的連續性和同一性，或者更確切地說，它在保持了其國家政治認同性的基礎上，又進一步強調或強化了其歷史與文化的整體認同性。因此，「中華民族」在漢語中，是比「中國民族」一詞更能有機地體現一大「民族共同體」性質的概念。

中共的「中華民族」觀念內涵所發生的上述微妙變化，自然有其策略性考慮的一面，但從根本上說，還是1935年以後隨著民族危機的空前加深、其自身的文化民族性意識強烈覺醒之後才得以逐漸實現的自然轉變。[135] 這種覺醒的文化民族性意識，能夠將歷史和現實更為緊密地結合起來，從而增強了整體性的民族認同。不過對於這一觀念的轉變本身，中共當時似乎並沒有很清楚的自我意識。這就導致了一種比較複雜的情況。一方面，它對國民黨所倡導的建立在否認境內各民族「民族」資格基礎上的單一性「中華民族」的觀點，一如既往地保持警惕並不斷提出批評，強調「中華民族」統一體的多民族構成特點，甚至在與國民黨的

---

135 1935年以前，中共一味強調文化的時代性，而極度輕視文化的民族性，這一傾向直至抗戰時期才得以發生根本改變。這一改變的重要政治和思想文化意義，可參見黃興濤、劉輝：〈抗戰前後中國共產黨文化「民族性」意識的覺醒及其意義〉，《北京檔案史料》2002年第1期。

爭論中，為了批駁國民黨的「大漢族主義」，有些代表人物還聲稱「中華民族」一詞本身就是「中華各民族」之意。如陳伯達1943年在〈評《中國之命運》〉一文中就寫道：「平日我們習用的所謂『中華民族』，事實上是指中華諸民族（或各民族）。我們中國是多民族的國家，這本來是不用多辯的。」他批評蔣介石等「以血統立論」，「捏造這種單一民族論，其目的就在於提倡大漢族主義，欺壓國內弱小民族」。1947年，中共黨員、著名馬克思主義史家呂振羽在《中國民族簡史》中，也表達了相似的看法。**136**

---

136 如1947年，呂振羽在《中國民族簡史》中寫道：「『中華民族』或『中國民族』的用語，是從馬克思、列寧、斯大林的著作中譯來的，這個用語的本來意義是『中華諸民族』或『中國的民族』。但中國封建的買辦的法西斯主義者，曾從大民族主義的立場來竊用這個神聖的用語。他們顛倒黑白，歪曲歷史事實，無恥地只承認漢族是一個民族，說國內其他民族如滿、蒙、回、藏、苗等等，都只是所謂『宗支』或『宗族』。」見該書三聯書店1950年增訂版（初版為1947年）正文部分第1-2頁。應該指出，呂振羽上述說法中問題頗多。且不提馬、列、斯所謂「中華民族」是否就一定是「中華各民族」之意，實際上國民黨等使用「中華民族」，也沒有理由說就是「竊用」了馬、列、斯等人的用法。此外，說蔣介石國民黨只認漢族為「民族」，其他國內少數民族均為「宗族」等，亦有失準確，因為他們同時也強調漢族同樣只是「宗族」的一支。呂氏等人的觀點，毋寧說反映了當時國共兩黨政治鬥爭的需要，是毫不奇怪的。但遺憾的是，如今不少民族史著作在譴責蔣介石的「宗族」觀時，也直接或間接地襲用呂振羽的說法，只提蔣視各少數民族為「宗族」，而不提他同時也視漢族為「宗族」這一事實。許多論著甚至明確說蔣「視漢族以外的少數民族為宗族」，這就不太全面和嚴謹了。事實上，蔣介石的「宗族分支」論之所以能流行一時，與其至少在表面上「平等」對待各民族不無關係。民國建立後，「五族共和」的平等原則公諸於世，是沒有人敢於明目張膽地公然加以違背的。因此，即便是不同意蔣氏此論的少數民族人士，當時一般也只批評他搞「變相的大漢族主義」，或者譴責他搞實際的民族不平等。由此看來，陳伯達當時的有關批評，至少比呂振羽先生還要相對高明些。最近，筆者校對本書、查讀毛澤東著作時發現，1945年毛的〈論聯合政府〉一文中曾有言：「國民黨反人民集團否認中國有多民族存在，而把漢

而另一方面，在對「中華民族」一詞的固定化習慣性使用（有時也喜使用「大中華民族」一詞 **137**）之中，這一時期的中共黨人特別是其高級領導人，又常常自覺或不自覺地去揭示各民族不僅在政治上，而且在歷史文化方面的整個性和一體性，清楚地表明對「中華民族」這一大「民族」共同體整體的自然認同。在這方面，毛澤東堪稱典型代表。1938 年底至 1940 年初，毛澤東在〈論新階段〉、〈中國革命和中國共產黨〉、〈新民主主義論〉等人們耳熟能詳的名著中對「中華民族」概念的有關使用，就顯示出這一點。如其 1939 年底出版的小冊子〈中國革命和中國共產黨〉（張聞天等也參與了起草），其第一章第一節就題為「中華民族」。這也是

族以外的各少數民族稱之為『宗族』。」（見《毛澤東選集》第 3 卷，北京：人民出版社 1991 年版，第 1083 頁）可見，呂振羽等人的有關說法，也可能部分地來源於毛澤東此一當年的國共政治鬥爭用語。

137 如 1934 年 4 月中共組織的「中華民族武裝自衛委員會籌備會」發佈《中國人民對日作戰的基本綱領》，其文最後就有「大中華民族解放萬歲！」這樣的口號，載《中共中央抗日民族統一戰線文件選編》（上），第 250-256 頁。不過，這裡使用的「大中華民族」一詞，其含義既不同於具有帝國主義性的「大日耳曼民族主義」那種意義上的「大中華民族」，也有別於具有大漢族主義性的同化國內各少數民族意義上的那種所謂「大中華民族」，而指的只是由眾多民族組成的一個更「大」民族之意而已。對於前述那兩種意義上的「大中華民族」的概念，中共一直是明確反對的。早在 1925 年，在《對於民族革命運動之決議案》中，中共就聲稱反對「以對外擁護民族利益的名義壓迫本國無產階級，並且以擁護自己民族光榮的名義壓迫較弱小的民族，例如土耳其以大土耳其主義壓迫境內各小民族，中國以大中華民族口號同化蒙藏等藩屬」等行為。見《中共中央文件選集》（1），第 330 頁。不過當時，中共仍稱「蒙藏」為中國「藩屬」是極其荒謬、非理性和不可思議的。蒙藏當時早已是中華民國的平等組成部分，而絕非甚麼「藩屬」。此種表述在堅持某種正確原則的同時，也暴露出幼年共產黨早期民族政策中嚴重的左傾幼稚病。

中國共產黨首次正式表達對「中華民族」具有模式意義的官方見解。文章一開篇就寫道：

我們中國是世界上最大國家之一，它的領土和整個歐洲的面積差不多相等……從很早的古代起，我們中華民族的祖先就勞動、生息、繁殖在這塊廣大的土地之上。……

我們中國現在擁有四億五千萬人口，差不多佔了全世界人口的四分之一。在這四億五千萬人口中，十分之九以上為漢人。此外，還有蒙人、回人、藏人……等，共有數十種少數民族，雖然文化發展的程度不同，但是都已有長久的歷史。中國是一個由多數民族結合而成的擁有廣大人口的國家。

中華民族的發展（這裡說的主要地是漢族的發展），和世界上別的許多民族同樣，曾經經過了若干萬年的無階級的原始公社的生活。……在中華民族的開化史上，有素稱發達的農業和手工業，有許多偉大的思想家、科學家、發明家、政治家、軍事家、文學家和藝術家，有豐富的文化典籍。在很早的時候，中國就有了指南針的發明。還在一千八百年前，已經發明了造紙法。在一千三百年前，已經發明了刻板印刷。在八百年前，更發明了活字印刷。火藥的應用，也在歐洲人之前。所以，中國是世界文明發達最早的國家之一，中國已有了將近四千年的有文字可考的歷史。

中華民族不但以刻苦耐勞著稱於世，同時又是酷愛自由、富於革命傳統的民族。……中華民族的各族人民都反對外來民族的壓迫，都要用反抗的手段解除這種壓迫。他們贊成平等的聯合，

而不贊成互相壓迫，在中華民族的幾千年的歷史中，產生了很多的民族英雄和革命領袖。所以，中華民族又是一個有光榮的革命傳統和優秀的歷史遺產的民族。**138**

這就是我們今天再熟悉不過的「中華民族」權威敘述模式的由來：她有幅員遼闊的國土，有眾多的人口和多民族的構成，有悠久的歷史和包括四大發明在內的燦爛的文化，以及光榮的革命傳統，等等。可以說，這一敘述模式一直延續至今。

在不久之後發表的〈新民主主義論〉裡，毛澤東更是大談「中華民族的政治」，「中華民族的經濟」和「中華民族的文化」。如關於中華民族新文化，他便寫道：

這種新民主主義的文化是民族的。它是反對帝國主義壓迫，主張中華民族的尊嚴和獨立的。它是我們這個民族的，帶有我們民族的特性。**139**

從毛澤東的上述文字中，我們可以清楚地看到中華民族是「一個」大民族共同體整體的意思，同時也可看出，該詞與帶有從古至今歷史文化延續性內涵的「中國人民」一詞基本上是近似

---

138 毛澤東：〈中國革命和中國共產黨〉，載《毛澤東選集》第 2 卷，第 621-623 頁。

139 毛澤東：〈新民主主義論〉，《解放》週刊第 98、99 合期，1940 年 2 月 25 日。載《毛澤東選集》第 2 卷，第 706 頁。

語。這種表述，同蔣介石國民黨所謂的一個單一性民族當然存在區別，它所指稱的乃是建立在與外來侵略民族相對立基礎上的國內各民族聯合組成的一大複合性民族共同體，是以承認國內各民族現有的「民族」資格與地位為前提的。

抗戰時期，中共最高層的理論家張聞天、王明等對於「中華民族」概念的鄭重使用，也反映了類似的觀念。以張聞天為例，他這一時期就在包含中國各民族的總體意義上，頻繁地、激昂慷慨地使用「中華民族」概念，而且為了強調這一概念與「全體中國人」所指涉範圍的同一性，他一般都是將兩者連在一起使用，習慣地稱之為「中華民族與中國人民」。如1938年6月17日，作為中共中央最高負責人之一的張聞天寫就〈中國共產黨十七週年紀念〉一文，其中就在三十幾處連續刻意使用了「中華民族與中國人民」，不僅如此，該文還是最早對中國共產黨與「中華民族」的關係自覺進行理論說明的代表之作。

首先，張聞天特別提到包含「推翻國際帝國主義的壓迫，達到中華民族完全獨立」、「中國境內少數民族一律平等」等六條內容在內的中共「二大」綱領的意義，指出它「在中國歷史上第一次這樣明確的給中華民族與中國人民指出了一條自求解放的道路與共同奮鬥的目標」；接著強調，「十七年來的中國共產黨為建立民族獨立、民權自由、民生幸福的民主共和國而英勇奮鬥的歷史，充分的證明了：中共是代表中華民族與中國人民的全體利益的黨，中共是最徹底的、最堅決的、最一貫的為中華民族與中國人民的利益而奮鬥的黨」。然後聲言，中共之所以能做到這一點，

乃是因為中共不僅是「中國工人階級的黨」，也是「馬克思列寧主義的黨」的緣故。在中共看來，「只有沒有人剝削人的制度存在的共產主義的勝利，才是中華民族和中國人民的最後解放，也是中國工人階級的最後解放」，而當下中華民族的抗日戰爭，正是走向這一最後解放的必要的歷史階段。這一特殊使命就決定了中國共產黨必然成為抗日救國的「重要因素」和「偉大力量」，其「獨立存在與發展都是絕對必要的」，「是中國社會發展的必然的產物」，也「是從中國社會的血肉中生長出來的」，因而「它在中國社會中是根深蒂固牢不可破的」。

在此文中，張聞天還特別強調馬列主義的引入「大大的提高了中國的思想與文化的水平」，不僅是「世界革命的科學」，也代表著中國文化的發展方向。但他同時還認定，「馬克思列寧主義不是教條，而是行動的指南。對於馬克思列寧主義，真理不是抽象的，而是具體的」。[140] 這實際上等於已率先提出了延安時期那「把馬克思主義的普遍真理與中國革命具體實踐相結合」的重大的思想理論命題，從而顯示出張氏本人在中共這一重大理論建設中的某種思想先行性。[141]

1940 年 10 月 7 日，張聞天與王明、朱德等共同出席延安「回

---

140 張聞天（洛甫）：〈中國共產黨十七週年紀念〉，《解放》週刊 1938 年第 43-44 期，第 65-69 頁。

141 關於張聞天在這一時期中共思想建設中的其他方面的理論貢獻，可參見劉輝著：《中國共產黨人的文化自覺：新民主主義文化思想再研究》，北京：中共黨史出版社 2008 年版，第 176-210 頁。

民文化促進會」成立大會，在會上他發表講話，更明確闡述了對於「中華民族」的理解。他強調指出：「中華民族是一個偉大的民族，它包含的民族是很多的，由漢滿蒙回藏所謂『五族共和』，實際上不只五族，還有苗夷等族」；又表示：「敵人要中華民族內各民族分裂，我們就要各民族間團結，我們要用各種方法來揭破敵人挑撥離間各民族團結的陰謀。」[142] 這就大體確立了抗戰時期中共的「中華民族」觀之基盤。

談到延安時期中共對民族問題的理解和「中華民族」觀時，有個叫楊松的理論家的專門思考，也值得引起今人格外的注意。楊松（1907-1942），化名吳平，湖北大悟縣人。1927 年曾赴莫斯科中山大學學習，精通俄語，懂英文。1938 至 1940 年，在延安任中共中央宣傳部副部長兼秘書長。1941 年春創辦《解放日報》，兼任總編輯。次年病逝於延安，年僅 35 歲。

1938 年 8 月至 9 月，楊松在《解放》週刊上連續發表了三篇關於「民族殖民地問題講座」的文章，即〈論民族〉（第 47 期）、〈論資本主義時代民族運動與民族問題〉（第 49 期）、〈論帝國主義時代民族運動與民族問題〉（第 52 期）等。在這些講座中，他闡述了斯大林關於民族屬於近代歷史範疇的見解，強調歷史只有發展到近代，民族才由部落、種族等進化而成，且其終有衰亡消失之一日。他嚴厲批判德國法西斯主義者的「種族論」，認為其

---

142 見張聞天：〈邊區回民代表大會、回民文化促進會、回救邊區分會同時開幕〉，《新中華報》1940 年 10 月 20 日。

「反科學反歷史」,「硬要用種族或人種的概念去代替近代的民族概念,……表面上好像掛著『科學』的招牌,骨子裡卻暗藏著民族侵略主義之真正內容」,從而也把「民族」與「種族」區別開來。在民族觀方面,楊松是一個地道的「斯大林主義」者,他不僅完整地引用和解釋了斯大林的民族定義——「民族是歷史上形成的一種有共同語言、共同領土、共同經濟生活以及在共同的文化上表現出共同心理結構的固定集團」,還以此為標準,駁斥了日本帝國主義者所鼓吹的「中國人不是一個民族,中國不是一個有組織的國家,而是一個地理概念」等論調,並由此論證「中國人是一個近代的民族」,日本和中國並非為「同文同種」的同一民族等觀點。

楊松關於「中華民族」的那部分論述,自然最值得我們關注。他認為,「近代的中華民族像法蘭西、北美利加、德意志、意大利、英國等等近代民族之形成一樣,乃是由各種不同的部落、種族等等共同組成的。近代的中國人是從漢人、滿人、漢回人、漢番人、熟苗人、熟黎人及一部分蒙古人(土默特蒙古人)等等共同組成的。……已同化了的滿人、回人、番人、苗人、蒙古人、黎人等等在經濟生活、語言、風俗、習慣等等方面已與漢人同化,並且已與漢人雜居,因而失去構成民族的特徵,但是在風俗、習慣上仍與漢人有些分別,他們既非原來的種族,也非漢人,而是一個新形成的近代民族——中華民族」。不僅如此,在反抗日本侵略的抗戰實踐中,中國人能夠不分階級、黨派、信仰、籍貫、性別等不同,「民族內部團結一致,去抵抗異民族日寇

之侵入」，這「已在實際行動上證明了和證明著中國人是一個近代的民族」。因此，無論從理論上還是從實際上看，中國人都已經是一個近代民族。「日本軍閥法西斯蒂說中國人非民族，中國非國家，這是對於中華民族及中華民國的侮辱。這是日寇企圖欺騙全世界的社會輿論，以為日寇侵華之『理論』根據，而證明日寇是東亞的『安定因素』」的陰謀。

不過，楊松的論述，又是具有內在矛盾的。他所謂「中華民族」，似乎還不是中華民國境內所有民族的總稱，而是廣大的已經逐步與漢族「融化」的那些民族人民之總體。但他同時又強調指出：「就對外來說，中華民族代表中國境內各民族，因為它是中國境內各民族的核心，它團結中國境內各民族為一個近代的國家。」也就是說，對外而言，「中華民族」實際上是中國境內所有民族的「代表」，也可說是「代稱」。在這個意義上，「中國人」全體則又與「中華民族」有著基本對應的概念內涵，特別是當它與侵略民族 —— 日本對立使用的時候，指的就是中華民國境內各民族的命運共同體 —— 全體國民。楊松還特別指出，「中國人是一個近代民族」並不意味著「中國只有一個民族」，在中國境內「還存在著少數民族」，如蒙族、回族、藏族等，「這些蒙古人、西藏人、回人等等，就民族來說，是各個不同的民族；但就國籍來說，都是中華民國的國民，都是共同祖國的同胞，而且都是日寇侵略之對象」，他們彼此之間也只有聯合起來，建立各民族抗日統一戰線，共同保衛中華祖國，才能實現各民族自身的解放，

然後「建立一個各民族自由聯合統一的中華民主共和國」。[143] 顯然，楊松是在以他特有的方式，表述並理解著「中華民族」概念的內涵和矛盾，但無疑地，他的認知與理解，卻又格外彰顯出這一概念在內涵上實存的「層次」之差，以及從政治學概念走向民族學概念所需要的那種進一步融合的「時間」差。

楊松的這種「中華民族」觀，雖然包含著部分走向成熟的因子，但因其所說的「中華民族」尚沒有涵蓋中國境內的「全部民族」，且僅具有「對外」的主體代表意義，故未能成為抗戰時期中共「中華民族」觀的權威性看法或主流觀點。後來成為中共權威或主流意見的看法，是認為中華民族乃「中國境內各民族的總稱」之說。而這一意見，最早得到清晰明確的表達，一般認為是在 1939 年 12 月八路軍政治部編輯出版的《抗日戰士政治課本》中。該課本寫道：

中國有四萬萬五千萬人口，組成中華民族。中華民族包括漢、滿、蒙、回、藏、苗、瑤、番、黎、夷等幾十個民族，是世界上最勤苦耐勞、最愛和平的民族。

中國是一個多民族的國家，中華民族是代表中國境內各民族之總稱。四萬萬五千萬人民是共同祖國的同胞，是生死存亡利害

---

143 楊松：〈論民族〉，《解放》週刊第 47 期，1938 年 8 月。日本學者松本真澄較早專門談及楊松的民族觀，見松本真澄著、魯忠慧譯：《中國民族政策之研究 —— 以清末至 1945 年的「民族論」為中心》，第 224-227 頁。

一致的。**144**

　　不難發現，當年八路軍政治部的這一表述所蘊含的「中華民族」基本觀念，不僅一直延續至今，而且在內地始終保持著其意識形態的權威性。同這一「中華民族」的現代觀念相一致，中共還有一個貫穿始終的民族思想與政策，那就是既反對漢人歧視少數民族的「大漢族主義」，也反對各少數民族人士的「狹隘民族主義」。如 1941 年，中共在延安編定出版的《回回民族問題》一書裡，就在充分肯定回族對於中華民族抗日戰爭的重要地位和作用的同時，明確提出了反對「大漢族主義」和「狹隘回族主義」傾向的雙重任務。大漢族主義的表現很多，包括不尊重少數民族的宗教信仰、風俗習慣，忽視少數民族平等的參政權和其他各方面權力，尤其是傳承發展其自身民族語言文字的權力，等等。而關於狹隘回族主義的表現和實質，該書亦有深入的揭示。它寫道：

　　狹隘回族主義傾向的實質，就在於力謀離開中華民族解放運動的總潮流，而把自己關閉在自己民族的外殼以內；就在於力謀排斥一切外來的但是進步的東西，而保持自己的一切落後的東西；就在於只關心那可以使回、漢民族彼此隔離的東西，而不關心那可以使回、漢民族彼此接近聯合起來的東西；就在於極力閉

---

144 八路軍政治部編：《抗日戰士政治課本》（上、下），載中共中央統戰部編：《民族問題文獻彙編》，北京：中共中央黨校出版社 1991 年版，第 807-808 頁。

塞自己民族大眾的耳目，使他們盲目的反對大漢族主義，以保衛自己在民族中的特權等等⋯⋯ 回族中的狹隘民族主義，還表現在以大回族主義的壓迫政策去對待它自己的統治區域內的各少數民族，如藏人、撒拉人、蒙古人以及漢人等⋯⋯ 這種狹隘回族主義的傾向，同樣，已經被日寇利用作為挑撥回、漢惡感、誘惑回族的武器。**145**

抗日戰爭時期及其之後，中共複合性的「中華民族」共同體觀念，就是在反對大漢族主義和少數民族的狹隘民族主義的雙重鬥爭中得以形成、傳播、發展和鞏固的。

2. 共產黨、國民黨和其他各方的觀念互動及其結局

在認知抗戰時期現代中華民族觀念的時候，國共之間存在著分歧並進行鬥爭一點固然需要重視，但同時我們也應看到，「九一八事變」特別是抗戰爆發後，在使用和認同「中華民族」這一整體性稱謂，也就是將「中華民族」作為所有中國人的集體身份認同標誌，表明各族人民共同的命運和目標，以便與共同的外來民族敵人戰鬥到底這一無可質疑的凝聚符號一點上，國共雙方又是完全一致的，且彼此相互支持。尤其是「國共合作宣言」等一系列震動全國、激動人心的政治文件中對於「中華民族」概念的共同使用和對全民族「整個性」的一致強調，它們對於現代中

---

145 民族問題研究會編：《回回民族問題》，1941 年 4 月 15 日初版，第 112-113 頁。

華民族觀念認同所產生的影響，更是不能低估。

1937 年 7 月 15 日，中共代表周恩來將起草好的「國共合作宣言」正式交付國民黨。9 月 22 日，國民黨中央通訊社以《中共中央為公佈國共合作宣言》的形式將其公開發表。這一簡短的宣言，竟在全民族整體的概念意義上四次使用了「中華民族」一詞，強調國共合作對於偉大的中華民族的前途，具有極為「重大的意義」，認為它使得「民族團結的基礎已經定下」，「民族獨立自由解放的前提也已創設」，並激情萬丈地呼籲，「寇深矣！禍亟矣！同胞們，起來，一致地團結啊！我們偉大的悠久的中華民族是不可屈服的。…… 勝利是屬於中華民族的」。[146]

對此一宣言，國民黨中央社還特地加了按語，強調說明：「此次中國共產黨發表之宣言，即為民族意識勝過一切之例證。」1937 年 7 月 17 日，即「七七事變」後的第十天，蔣介石在初次回應中共合作建議的著名的「廬山講話」中，也明確強調了「中華民族」觀念。他沉痛地表示：「戰爭既開之後，則因為我們是弱國，再沒有妥協的機會，如果放棄尺寸土地與主權，便是中華民族的千古罪人！那時便只有拚全民族的生命，求我們最後的勝利。」[147] 1938 年 10 月，毛澤東在中共擴大的六中全會政治報告〈論新階段〉中，就來之不易的抗日民族統一戰線的建立對中華民

---

146 見中共湖北省委黨史資料徵集編研委員會等編：《抗戰初期中共中央長江局》，武漢：湖北人民出版社 1991 年版，第 63-64 頁。

147 彭明主編：《中國現代史資料選輯》第 5 冊，北京：中國人民大學出版社 1989 年版，第 25-26、215-216 頁。

族的意義，更是豪情滿懷地宣稱：「現在全中國全世界的人都明白：中華民族是站起來了！一百年來受人欺凌、侮辱、侵略、壓迫，特別是『九一八事變』以來那種難堪的奴辱地位，是改變過來了。全中國人手執武器走上了民族自衛戰爭的戰場，全中國的最後勝利，即中華民族自由解放的曙光，已經發現了。」[148]

　　這些曾經使處在亡國滅種關頭的中國人激動不已的宣言、決議和講話，對於國人「中華民族」整體意識的凝聚、強化之意義，實在不容忽視。因為全國各族人民從中清楚地看到，國共這對生死搏鬥十年的冤家對頭，正是在「中華民族」這面神聖的旗幟下停止內戰、再次合作了起來。這一事實，不僅在當時極大地鼓舞了全民族人民抗戰勝利的信心，促進了現實的民族融合，而且其本身還被視為中華民族凝聚力和生命力的某種象徵。正如兩年後《中共中央為國共關係問題致蔣介石電》中所指出的：「中外人士皆認此為抗戰必勝、建國必成之主要根據；此不僅為兩黨同志之光榮，抑且顯示中華民族之偉大。因此，凡關心中華民族命運者，無不企盼國共兩黨之鞏固的與長期的合作。」[149]

　　對於中國共產黨自身來說，它也正是以抗戰特別是國共合作為契機，更加堅定地舉起了「中華民族」和「馬克思主義中國化」的大旗，並從文化之根上開始樹立起自己作為中華民族優秀傳統的繼承者，其根本利益和訴求的可靠代表者，以及從中國國情出

---

148 見毛澤東：〈論新階段〉，《解放》週刊第 57 期，1938 年 11 月，第 5 頁。

149 見《中共中央文件選集》第 12 冊，第 17 頁。

發的實事求是的革命者形象，從而為自己的事業贏得了更多知識分子的支持。[150] 此後，當它發出「中國共產黨為中華民族進步之力量 …… 反共即反對中華民族解放之事業」，[151] 中共之「所以產生，所以發展，所以沒有人能把它取消得掉，那是因為中華民族的歷史發展要求有這樣一個政黨，猶之乎中華民族的歷史發展要求有一個革命的資產階級政黨一樣」[152] 這類宣言時，也才能顯得更加的自然而然和氣壯如牛。

抗戰時期及其前後，正如我們在前文已經略有提及的，社會上廣泛流行、國共兩黨乃至其他愛國的政治派別和文化集團都普遍認同的「抗日民族統一戰線」、「民族救亡」和前面已多談及的「民族復興」，乃至「民族英雄」和「民族敗類」等概念，其中的「民族」，指的也多是全民族總體意義的「中華民族」，借用當今有的民族學者的說法，即為「宏觀民族單位」而不單指某一具體的「基本民族單位」。[153] 這一政治和思想文化史的事實同時也表明，從整個的「中華民族」共同體（無論是單一性還是複合性民族共同體）的角度來考慮全局問題，此時已經基本內化為中國許多政治家、知識分子乃至一般中國人致思國內民族命運的思維習

---

150 參見黃興濤、劉輝：〈抗戰前後中國共產黨文化「民族性」意識的覺醒及其意義〉，《北京檔案史料》2002 年第 1 期。

151 〈中國共產黨與中華民族〉，《解放日報》1943 年 7 月 1 日社論，為紀念中共成立 22 週年而作。

152 同上。

153 此處借用的是鄭凡的概念。可參見鄭凡等：《傳統民族與現代民族國家 —— 民族社會學論綱》，昆明：雲南大學出版社 1997 年版，第 111-112 頁。

慣了。

　　抗戰全面爆發前夕，一位研究西藏問題的學者曾從國民政府的角度，對現代中華民族觀念的發展加以總結說：「自（民國）十二年一直到現在，中華民族的思想漸漸成熟，尤其是九一八以後，國人對這種觀念尤為明瞭，且求之甚切！所以民國十二年到現在才是中華民族萌芽的時期。」**154** 其關於「中華民族萌芽時期」的觀點，當然可以商榷，因為中華民族的形成與現代中華民族觀念的成熟，畢竟還不完全是一回事。但他關於「中華民族的思想」社會化發展成熟期的看法，卻不能不說是一種相當真切的觀察。1939 年底，一位回族知識分子也曾深深地感到，「盧溝橋的炮火已經把中華民族四萬萬五千萬條心融冶成一座堅實的牢固不破的整體」了。**155** 這個由各階層、各民族所共同構築成的「心」體，也就是基於「中華民族」共同命運和整體觀念認同的那種情感統一體。所以有學者正確地指出：「從激發民族主義情緒的功用而言，中華民族符號系統裡還沒有超過抗日戰爭的。」**156**

---

154 陳健夫：《西藏問題》，商務印書館 1937 年 2 月初版，第 142 頁。陳健夫在此書中還列了一個「中華民族演進表」，認為春秋至清代為中華民族演進的「第一時期」，也即「國境內各族互相攘奪，文化溝通時期」；民國建立後至他寫作此書之時為中華民族演進的「第二時期」，其中民國元年至民國十二年為「中國境內各族互助、文化調和時期」；民國十二年至他出版此書之時為「中華民族萌芽，各族界限消滅，文化開始統一時期」。見該書第 143 頁。這也是民國時期關於「中華民族」觀念的一家之言。

155 馬天鐸：〈三民主義與回教青年〉，《回教論壇》半月刊第 2 卷第 9 期。此條資料係李少兵教授代為查找，特此致謝。

156 徐迅：《民族主義》，北京：中國社會科學出版社 1998 年版，第 142 頁。

人們常說，是抗日戰爭重新再造和鍛鑄了中華民族。誠然。實際上最終把一體化的現代中華民族觀念牢固地確立在最為廣大的中國民眾和海外華僑的腦中與心中的，也是這場持久而壯烈的抗日戰爭。

　　抗戰時期和抗戰勝利之後，在現代中華民族觀念問題上，儘管蔣介石一系國民黨官方的觀點藉助媒體強勢，一度聲音較大，但在國民黨內有關的認識既不統一，而且在全國各種不同政治勢力之間，彼此的理解更有不盡一致之處，因此最終在中國，關於「中華民族」的社會化認知，其實仍然是一種多方互動的結果。在這方面，共產黨、國民黨、其他民主黨派以及蒙、回、藏、苗等各少數民族精英之間，就「少數民族」這一概念的認知與使用達成某種妥協性共識，最後將承認蒙、回、藏、苗等為「民族」的條文正式列入《中華民國憲法》之中，可以視為這一「多方互動」說最為典型而有力的證明。

　　據楊思機等學者研究，「少數民族」一詞，早在 1905 年就曾在漢語裡出現，汪精衛在〈民族的國民〉一文中已有較早的使用（載《民報》1905 第 1 期）。它最初服務於排滿革命的浪潮，以顯示作為多數民族的漢族的排滿的正當性。從 1919 年開始，「少數民族」被用來對譯英文中的 minority，以描述歐洲的民族問題。國民革命時期，它又和從共產國際「被壓迫民族」概念轉化而來的「弱小民族」一起，被國共兩黨用作非漢民族的泛稱。中共首次在自己的文件中使用「少數民族」概念，時間為 1926 年，此後使用日益廣泛並逐漸固定化。但國民黨蔣介石係因為堅執單一民

族論的「中華民族」說，不願稱漢、滿、蒙、回、藏、苗等為「民族」，故一度也不願或忌諱使用「少數民族」一詞。1939 年 3 月，由陳立夫任部長的國民政府教育部召開第三次全國教育會議，還曾一度下令禁止使用「少數民族」名稱。1942 年，國民政府正式將「少數民族」改稱「邊疆民族」，意為中華民族在邊疆之部分，簡稱「邊民」、「邊胞」。[157] 這顯然體現了蔣介石的意志。然而與此同時，抗戰時期的中共因堅持複合性民族的「中華民族」觀，對「少數民族」概念的使用卻更加自覺而堅定，並通過戰後的積極宣傳，影響到民主黨派和少數民族人士的自我認識，最終迫使國民黨內原來反對承認少數民族「民族」身份的人如蔣介石、傅斯年等，也不得不被動使用這一名詞，被迫接受其為「民族」的說法。

抗戰勝利後，「少數民族區域自治」的聲浪日高，在這一過程中，中共將其作為自己明確的民族政策主張加以倡導，發揮了重要的政治推動作用。1946 年 1 月 15 日，參加政治協商會議的中共代表提出和平建國綱領草案，其中「地方自治」一節就明確表示：「在少數民族區域，應承認各民族的平等地位及其自治權。」[158]

---

[157] 可見楊思機的〈「少數民族」概念的產生與早期演變 —— 從 1905 到 1937 年〉（載《民族研究》2011 年第 3 期）和〈民國時期「邊疆民族」概念的生成與運用〉〔載《中山大學學報》（社會科學版）2012 年第 6 期〕兩文。更可見其以「少數民族」概念為研究主題的博士學位論文〈指稱與實體：中國「少數民族」的生成與演變（1905-1949）〉。亦可參見金炳鎬撰〈我國「少數民族」一詞的出現及其使用情況〉（載《黑龍江民族叢刊》1987 年第 4 期）等文。

[158] 中國社會科學院民族研究所民族問題理論研究室編：《黨的民族政策文獻資料選編》（1922.7-1949.10），1981 年，第 98 頁。

1月25日，政協會議通過了關於憲草問題的協議，議定在憲法修改原則中，關於人民權力的部分有一條規定：「聚居於一定地方之少數民族，應保障其自治權。」次日通過的《和平建國綱領》，雖沒有提少數民族區域自治權，但卻也規定「邊疆少數民族」可以在各自治地方按民族比例參政。值得注意的是，兩者都明確使用了「少數民族」概念。1946年3月，國民黨召開六屆二中全會，其黨內雖有人如張其昀等仍強烈反對使用「少數民族」的名詞，[159] 但會議最終的決議還是承認了蒙藏回等族的「民族」身份。也就是說，抗戰勝利之後，被迫恢復承認國內各「民族」存在、允許其在同一個區域內平等參政，但卻不准以民族為單位劃分行政區劃，成為當時國民黨逐漸修正、以應對時局的政策立場。[160]

1946年11月至12月，國民政府組織的制憲國民代表大會在南京召開，共產黨和民盟代表均未參會。會上，蒙、藏、維等少數民族的代表不僅積極爭取自身的民族權利，要求自治，而且主動接受並開始習慣以「少數民族」自稱。他們呼籲把各少數民族的名稱寫入憲法，主張「憲法上應承認少數民族的地位」，[161] 甚至還彼此聯合起來，以「少數民族」的名義，共同表達自身的政治

---

159 可見張其昀：〈「少數民族」名詞的糾正 —— 並論中國邊疆問題〉，《申報·星期論壇》1946年3月24日。

160 參見楊思機：〈指稱與實體：中國「少數民族」的生成與演變（1905-1949）〉，第五章，第229-300頁。此處關於「少數民族」概念內容的紹述，多參引楊文。

161 可見余國光：〈察哈爾的代表們〉，《中央日報》1946年12月1日；〈蒙民的願望〉，《大公報》1946年11月24日。

訴求。如在國大會議上，由蔣介石本人邀請的滿族代表溥儒就聯合各少數民族代表 34 人，共同完成了一份提案，籲請政府明令禁止那些刊載有「污蔑國內各少數民族」內容的書刊和影劇的刊行與出演。[162] 由此可見，此時的「少數民族」已經由他稱完全轉變為自我認同的重要符號了。與此同時，面對少數民族人士不容置疑的「民族」及其「自治」訴求，原來一度強烈反對稱蒙藏等為「民族」的傅斯年等人，此次國民大會上竟也出人意料地撰文主動承認蒙藏等為「民族」，強調「中華民國內最大多數人 —— 漢人 —— 有在經濟上文化上政治上提攜少數民族的義務，不特平等而已」，並建議憲法中給予蒙古民族充分的參政權。[163] 甚至於連蔣介石本人，國會期間也被《大公報》報導稱其使用了「少數民族」概念。[164] 由此可見當時的輿論氛圍之一斑。

　　1946 年 12 月 25 日，制憲國大通過並於次年元旦公佈了《中華民國憲法》，其中有關民族問題的條款，最終並沒有體現蔣介石原「宗族論」傾向的看法。如第一章「總綱」的第五條就明確寫道：「中華民國各民族一律平等」—— 它不僅明確承認了國內各少數民族的「民族」地位，甚至連 1936 年公佈的「五五憲草」

---

162 國民大會秘書處編：《第一屆國民大會第一次會議提案原文》，第 15 冊，1946 年。

163 傅斯年：〈內蒙自治問題 —— 駁盟等於省旗等於縣說〉，載歐陽哲生編：《傅斯年全集》（四），第 337-343 頁。

164 〈蔣主席告國民黨代表保持憲草重要原則〉，《大公報》1946 年 12 月 17 日。其記述蔣介石之言道：「少數民族在憲法中地位問題，憲草規定各民族一律平等，如再對少數民族問題有所規定，反而顯有民族不夠平等之象徵。」

中關於「中華國族」的提法，也被刪除，這顯然是被動接受了此前中共主張的影響，部分地遵從了少數民族代表意願的結果。至此，可以說，蔣介石以「宗族論」為基礎的「中華民族」觀基本上是失敗了，或者說連他自己也不得不被迫放棄了。這一點提醒今天的研究者們，以往學界把蔣介石的「宗族論」視為整個民國時期國民黨民族政策的全部或基石，視其 1942 至 1946 年間公開鼓吹的「宗族論」之中華民族觀為整個民國時期主導型的中華民族觀念，肯定有誤。

1948 年，葉紹鈞等所編的小學教材《中國的民族》一書，其有關表述在民國時期「中華民族」觀念的社會化傳播方面，具有某種體現此前蔣介石國民政府官方意志的總結性意義，但也注意到有限反映某些一般的社會共識，以便能與後者保持一種相對的協調或平衡，或至少不與之公然衝突。該書為中華書局所出版的「中華文庫」小學教材系列的第一集，專供小學高年級學生使用。在這本專門化的全國通行的正規教材中，關於「民族」的定義，編者採用了孫中山以血統、生活、語言、宗教和風俗等五種「自然力」綜合形成的人類集團之看法，同時強調民族是一種有別於國家這種「政治機關」的「社會集團」，也就是特別凸顯民族的「社會性」或「文化性」。而關於「中國的民族成分」，也即「我們中國，究竟只有一個民族呢？還是有幾個民族」的問題，該書則作出了如下回答：

　　中國從古到今，時常由一個民族作主幹的。其他的民族起先

和這主要的民族互相競爭，或竟征服這主要民族；但是到後來反被這主要民族同化了，混合成一個新的民族。

就這種歷史的趨勢看來，<u>中國</u>的民族是一個繼續擴大的單一民族，我們可以叫他做<u>中華民族</u>。

<u>中華民族</u>就現狀而言，還可以分為幾族，就是<u>漢族</u>、<u>滿族</u>、<u>回族</u>、<u>蒙族</u>、<u>藏族</u>和南方各族。這幾族都是<u>中華民族</u>的一分子。[165]

作者在書中並未明確否認漢、滿、蒙、回、藏和南方苗、瑤各族為「民族」，而是在歷史和現實兩方面都曲折地予以承認。[166] 因為從古至今，既有「主幹民族」，必有「枝幹民族」。其在分別介紹各族的情況時，事實上也是按人口、居地、生活、語言文字、宗教風俗等通常所謂的民族構成因素來逐一展開的，書中還就「中國地理與民族分佈的關係」等問題，談到了各民族之間的融合和彼此仍然存在著的差異問題。但在具體表述時，又不得不小心謹慎地體現國民政府的政治意旨，往往迴避直稱某族為「民族」，並且明確強調其「歷史的趨勢」和前途，乃是各民族不斷與主幹民族化合後形成的「單一民族」—— 中華民族。作者指出：「**中國的民族分佈，總括起來，可以分作兩大組：第一組是漢族、滿族**

---

165 葉紹鈞、吳研因、王志瑞等編：《中國的民族》，「中華文庫」，小學第 1 集（高級），1948 年 1 月初版，第 1-3 頁。

166 書中的「瑤」，當時均寫作「傜」，類似的稱謂改動還有「裸儸」。作者自覺將以往該字詞帶有歧視意味的「犭」旁一律改為「亻」旁，以示尊重。見葉紹鈞等編：《中國的民族》，第 18-19 頁。

和其他各族的一部分，大家都把漢族做中心融成了一片。第二組是蒙、回、藏和南方各族，大家都保守著自己的生活、語言、風俗等等，和漢族很有不同。這個原因大概是為了各族的進化先後不同；但和地理的情形，也有重大的關係。」[167] 書中強調「中華民族的主要部分是漢族」，並大略勾勒了歷史上漢族與各少數民族不斷「混合」的特點，認為「中華民族的歷史就是不絕的發展和不絕的融合」，而每經過一次「民族大混合」，中華民族的大家庭裡就「添進了不少新鮮的成分」。[168]

在《我們的民族》一書的最後一節裡，作者還談到近百年來中華民族作為「弱小民族」受到帝國主義列強侵略和壓迫的悲慘遭遇，以及「中華民族誓死抗戰」、最終提高國際地位、獲得全民族解放的光輝歷史。該書的結束語這樣寫道：

從今以後，包含在中華民族中的各成分，就是漢族、滿族、蒙族、回族、藏族及南方各族，要更能融和，更能團結，化合為真正平等自由的中華民族。[169]

顯然，該書還保留了國民政府某種「漢化」論的民族偏見和陳述中的內在矛盾，但同時它也清楚地表明，作為一個人類學和

---

[167] 同上，第 20-21 頁。
[168] 同上，第 24、28 頁。
[169] 同上，第 31 頁。

民族學意義上的概念之「中華民族」，當時仍處於一種既完成而又未最終完成的複雜狀態，寄託著某種立足現實的國家信念和民族理想。

實際上，就近代中國「中華民族」觀念的主流而言，這種「既完成而又未完成」的矛盾意識，乃潛藏在許多思想者的內心深處，並貫穿於整個清末民國時期。一方面，作為以漢族為主體，漢、滿、蒙、回、藏等國內各民族組合而成的一體性複合式大民族共同體的「中華民族」，其根本基礎也即主要表現為現代政治學意義上的「國族」（nation）或「中華國族」已然奠定，並正向著進一步的文化融合方向發展，這是確然無疑的現實；但那種在「中華國族」的政治基礎上，經過中國各民族文化真正涵化融匯、「化合」而成的人類學、民族學意義上的民族化過程，最終形成一個「真正平等自由的中華民族」，當時卻被許多人認為還是一種正在追求的、根基已備但尚未能完全徹底實現的「理想」目標，它不過呈現出一種「歷史和現實的趨勢」而已，因此尚需要國家自覺的建設，以及各族人民共同的努力。這種核心意識，在清末民國時代實具有某種歷史的象徵性，它不妨說集中體現了那種「一般思想史」意義上的、實現傳統民族和國家更生再造的近代中國之思想和精神遺產，當然是值得反思的遺產。

現代中華民族觀念及其認同特徵的再認識

在本書前述各章，我們對清末民國時期現代中華民族一體性思想觀念之演變和發展，進行了粗細相間的歷史勾勒和必要分析。這或許可以作為本書的主要目標。90 年前，王國維在《國學叢刊序》中曾說：「凡事物必盡其真，而道理必求其是，此科學之所有事也；而欲求知識之真與道理之是者，不可不知事物道理之所以存在之由與其變遷之故，此史學之所有事也。」[1] 對於「史學」的功能及其與一般科學之關係的闡發，此論可謂言簡意賅、耐人尋味。不過，即便依王氏此說，從「知事物道理之所以存在之由與變遷之故」的角度來看，本書的任務也還未完成，就更不必提史學那種內在的「求真求是」的「人文科學」追求了。

比如，清末至民國時期逐漸建立起來的現代中華民族觀念，究竟是一種人類學意義上的「民族」認同觀念，還是像有些學者所說的那樣，實質上只不過是一種純政治性的「國民」全體認同觀念呢？此一認同賴以支撐的理論依據和認知基礎，有何值得注意的明顯特點？再比如，該觀念產生、傳播和社會認同的過程本身又具有何種重要特徵，單純用「建構論」來概括其長期存在的歷史過程之性質是否妥切恰當等等問題，實都仍需我們作出進一步集中的探討和回答。

1　吳無忌編：《王國維文集》，北京燕山出版社 1997 年版，第 413 頁。

一、"NATION"內涵的歷史性、複合性與現代中華民族認同之性質

要想回答上述問題，我們不能不首先回過頭來重新檢視一下使用和認同現代中華民族觀念和符號的人們對於「民族」概念的基本理解，以及對於「中華民族」的歷史 —— 現實結構之總體特點的一般認知等等歷史內涵。而在做這種檢視之前，對於西方特別是英文裡 nation 概念的確切含義及其歷史演變作一集中說明，又是很為必要的。這不僅因為現代漢語中流行開來的「民族」一詞，最初就是從日本引進的對西文特別是英文中 nation 的翻譯概念，「中華民族」概念從其誕生之日起，其權威和公認的英文對譯也一直就是 the Chinese Nation。而且從前文的有關梳理中還可得知，它在傳入中國之後，對中國人的實際「民族」觀念及其「中華民族」認同，也已產生過直接、重要而複雜的影響。

在西方文字裡，nation 作為概念，其內涵其實也經歷過一個歷史演變的過程，大體可以區分為前現代和現代兩個階段。民國時期，國人談論有關 nation 概念內涵的時候，個別熟悉西方文化的學者儘管有所涉及，但當時卻很少有人作出過明確的區別與說明。

據英國著名學者雷蒙・威廉斯的權威研究，英、法、德文裡的 nation 一詞，均來源於拉丁文的 nationem，意指人種、種族。13 世紀末期時，該詞已在英語中流行開來。其最初的主要含義乃是種群（racial group），而非「政治組織群體」（a politically organized group）。「其作為一種政治構成物（a political formation）的那種佔支配地位之現代含義的出現，在時間上不易確定，因為在這些含義之間，存在著顯而易見的交疊部分。」但他還是指出，nation 明顯的政治用法出現於 16 世紀。17 世紀末時這一用法已經流行開來。從 17 世紀早期開始，它還出現了一種與國中某些部分群體相對而言的、指稱「一個國家的全體人民」之意的用法。[2]

另據英國史家喬治‧科爾頓（George Gordon Coulton）研究指出，法語中的 nation，其拉丁語詞源 natio 或 nationis 意為「被生出」、「種屬」和「族部」。因此 nation 一詞在歐洲古代和中世紀的很長時間裡，都用來表示一個人的出生和出生地，並且單指非政治組合的族類。到中世紀晚期，教皇主持的宗教會議採用的 nation 概念，開始指稱具有表決權的下屬族群。[3] 正如方維規教授所指出，這多少為近現代以政治認同為主導和以國民為核心的nation 概念的生成開了先河。在他看來，「歐洲前現代 nation 概念，指的是歷史形成的，與地域、語言、習俗密切相關的社會文化所決定的『族類』或『居民』等」。與這一傳統的 nation 概念

---

2 Raymond Williams, *Keywords: A Vocabulary of Culture and Society* (London: Fontana, 1983), pp.213-214.

3 George Gordon Coulton, "*Nationalism in the Middle Ages,*" (1935/1937) *Cambridge Historical Journal* 5, 15-40. 轉引自方維規：〈近代思想史上的「民族」及相關核心概念通考〉，載孫江、陳力衛主編：《亞洲概念史研究》第 2 輯，北京：生活‧讀書‧新知三聯書店 2014 年版，第 8 頁。

相伴隨，在歐洲曾出現許多「方言和文化共同體」的認同，形成「法國人」或「意大利人」等的意識。這和現代 nation 認同之間並非完全沒有延續性。「隨著現代共和政體與公民意識在法國、美國和英國的崛起，現代 nation 概念的內涵才真正開始顯露出來，而原先那種多少帶有『自然而然』意味的語言文化共同體則逐漸淡化，取而代之的是另一種共同體的抽象觀念，也就是國籍觀與所有公民理想組合體的觀念，以及公民對『他們的國家形態』及『他們的共和國』的認同。」**4**

這裡，筆者想要補充的一點是，前現代的 nation 概念，往往也涵容血緣或泛血緣的族群在內。大體相當於民族學（ethnology）和人類學意義上的體質文化團體。人類學裡有體質人類學和文化人類學之分，而對歷史文化的重視，乃成為現代人類學之魂。在本書第一章中，筆者曾經指出，同現代化起步較早、憲政民主發展較為成熟的英法兩國相比，後進的德國基於一種心理反彈，更多地強調其中的文化（種族、歷史）共同體的傳統意涵，也就是說，19 世紀的德語中，nation 一詞曾一度較多地保留了其前現代的含義，這也是赫爾德的文化（型）民族主義之所以率先產生在德國的原因。而在西歐的英法等國，反映盧梭「主權在民」精神的 nation 之政治（法律）共同體的含義被突出，體現了以民主國家來界定民族的新趨向。當然這也是相對而言。20 世紀之後，德國與佔主流地位的英法美等國的現代民族概念用法，日益趨同。

4　方維規：〈近代思想史上的「民族」及相關核心概念通考〉，第 8-11 頁。

西方現代 nation 概念是基於政治學的。其真正產生較大影響，與 1789 年法國大革命中現代民族國家意識的勃興有關。這一意識，首先關乎國家和社會內部，而非針對外國和外族。但隨後拿破崙的對外擴張引發一系列爭取自由、獨立和政治自決等的反抗行動，nation 的現代意義遂在對外層面得以伸張。因此筆者曾認為 nation 具有雙向「主權」的內涵，即對內是國民或公民主權，對外是獨立自主的國家主權，這也就是 nation 何以能與「民主」價值理念實現同構、並形成一對孿生體的原因。

那麼，現代以國民或公民為核心的 nation（下面暫按通行譯法，譯作民族）概念，到底包含些甚麼樣的具體內容呢？這一問題，1991 年英國倫敦經濟學院的安東尼・史密斯教授在其名著《民族認同》一書中，為今人給出了富有啟發性和影響力的回答。史密斯認為，作為一個現代的範疇，西方「民族」及其認同主要由以下四個方面的內涵構成：（一）它首先是一個空間或領土的概念，必須有明確的地理邊界，人群與其傳統居住的土地（即歷史形成的領土）之間有著密不可分的關係；（二）它必須是具有單一的政治意願的一個法律與制度的共同體；（三）其所有成員都具有法律保障的、包括參與政治等在內的各種平等的「公民權」（citizenship）；（四）它還具有共同的文化和意識形態。史密斯稱具有這幾個特點的民族共同體為「公民（或市民）的民族模式」（a civic model of the nation），與他所謂亞洲和東歐的「族群（或族裔）

的民族模式」（an ethnic model of the nation）正好區別開來。**5**

　　在以上四個方面中，為了機械地凸顯其所謂兩種民族模式間的明顯差異，史密斯教授顯然太過忽略、至少是輕視了前述威廉斯所強調的西方「民族」概念中原有的那種與「政治構成物」相重疊的「族群或族裔」方面的內涵（他大約是將其包含在第四點裡面）。或許是意識到這一概括不足的緣故，在本書稍後通論東西方民族認同的共同特徵部分時，他對此的表述又不得不有所調整。如在該書的最後總結一章中他就指出：「民族及其認同的結構非常複雜，包含一些相互關聯的組成部分，如族群或族裔（ethnic）、文化、領土、經濟和法律政治諸方面。」與此相應，他還將前面所提到的四個特徵改換成五個，除把原有的第二和第三兩個特徵加以合併外，又增加了反映傳統族群（或族裔）歷史因素和經濟特徵兩方面的內容。這五個特徵分別為：（一）歷史形成的領土；（二）共同的神話傳說和歷史記憶；（三）共同流行的大眾文化；（四）所有成員所具有的法律權利與義務；（五）共同的經濟。**6**

　　史密斯的這一調整並非是不經意的，特別是他對與「族群或族裔」因素相對應的「共同的神話傳說和歷史記憶」內容的補充，

5　見 Anthony D. Smith, *National Identity* (London: University of Nevada Press, 1991), pp.9-11, 14-15。此處對安東尼・史密斯觀點的摘錄部分，也可參見馬戎：〈評安東尼・史密斯關於 "nation"（民族）的論述〉，《中國社會科學》2001 年第 1 期。筆者最早得以關注安東尼・史密斯的民族學說，實受到馬戎先生此文的啟發。

6　同上，第 14 頁。

更是如此。在本書後面的其他部分，他還曾反覆説明，「民族」在概念上實包含了兩組特徵，一種是「公民的」和「領土的」，另一組是「族群」與血緣譜系的（genealogical），並認為在實際社會的個案中，這兩個維度的內容總是以不同的比例混合在一起，有的情況是第一組比較重，有的情況則是第二組比較重。他甚至還以法國為例，説明即便在同一個「民族」發展的不同階段，也會出現有時強調「公民的」和「領土的」因素，有時又強調「血緣族裔的」和「文化的」因素的複雜情形。[7] 可見在他看來，「血緣族裔的」和「文化的」因素，無論如何也是構成「民族」及其認同不可缺少的組成部分，即便在他所謂的「公民的民族模式」中，也不例外。也就是説，在東西方的現代「民族」及其認同之中，並不是其基本構成因素有甚麼不同，而只不過是這些因素的實際組合方式，即「具體比例」有所差異罷了。

　　筆者以為，史密斯調整後的概括應當説更為可取，也更能揭示西方現代民族的真實特徵。可惜，在他那裡，這種對現代民族各因素間不同「組合方式」的複雜分析法，在他那裡並沒有能夠貫徹到底。實際上，即便孤立地稱西方現代意義的「民族」為「單一的政治共同體」也是明顯不夠的，因為它同時也是共同文化認同的共同體，或至少是帶有同一性文化認同因素的共同體。如果説前者彰顯的是它有別於傳統族群、族類或族裔的現代性政治品格，那麼，後者則表明的是其與傳統族群或族裔相聯繫，即與之

7　同上，第 15 頁。

相因相續同時也發生過現代變革的歷史文化內涵。任何一個現代「民族」（nation），如果缺少了以上兩個方面內涵的立體融合，都是難以成立的。當然不可否認，在這兩方面因素構成的現代西方「民族」認同模式中，「公民的」和「領土的」政治因素，誠如史密斯所言，又佔有著某種優先性和主導性地位。

但是，從社會性品格來說，「民族」得以維繫和發展，終究還不是靠政治強制，而是要依靠社會文化、包括現代政治文化的涵化功能。這就是為甚麼同樣作為「政治共同體」，它既有賴於又有別於作為強制性「公共機構」之現代「國家」（state）的原因。正如史密斯所指出：「『民族』的成員分享共同的文化傳統，與國家公民間存在的純粹法律和科層紐帶是完全不同的。」[8] 所以，人們通常忠於自己的「民族」，但卻不一定忠於執政的國家政權，維克多・雨果因為痛恨法國政府而長期流亡在外，但他卻始終熱愛「法蘭西」，就是一個例子。

實際上，西方現代意義上的 nation 內涵的構成，體現了政治學與人類學理解的某種內在矛盾與互動融合。它的形成、發展不僅具有區別於前現代的歷史性，在內涵結構上又具有一詞多義、多層次性和複合性的特點。這就決定了在中文裡選擇某個詞來精準、簡潔傳達其複雜的內涵，是相當困難甚至是不可能的。

近 30 年來，國內學術界對於 nation 概念的中文翻譯問題，仍時有探討。除了傳統譯為「民族」之外，也有的主張應譯為「國

---

8 Anthony D. Smith, *National Identity*, pp.14-15.

民」，[9] 還有的認為當譯為「國家」，近十餘年來受台灣影響，更流行譯為「國族」，但究竟將其譯作何詞為妥，迄今並無定論。實際上，這也是清末以來就一直困擾中國人的問題。

筆者曾查考 19 世紀 80 年代以前來華傳教士和中國人自己所編的各種英漢字典，發現 nation 一詞多譯為「國、邦國」，少數詞典除此之外，另列有「民、百姓」等譯詞，幾乎沒有譯為「族」的。「族、類」等詞，多被用來對譯 race（種族）。[10] 20 世紀初年一些傳教士所編的此類字典，往往也是如此。「民族」譯詞流行開來，主要是戊戌以後受日本影響的結果。但有關的歧異，也很早出現。如前文我們曾提到的，早在 1907 年烏澤聲就從反對狹隘民族主義的角度出發，指出將 nation 譯為「民族」，是日人不察英法此詞與德文有別而又「慕德風之流弊」的緣故，主張 nation 應譯為「國民」。至於民國以後，持類似或相近看法者就更多了。青年黨及其前身國家主義派中的許多人乾脆就將 nationalism 譯成「國家主義」。像 30 年代的常乃惪就公開強調，nation 實為「國家」之意，而 state 則當譯為「政邦」，他因此很喜歡使用以國家作為政治依託的國民全體之「國族」一詞來對應 nation，並認為「國族」代表著比「民族」更高的社會發展階段。[11] 本書前述各章

9　如朱倫先生就主張譯 nation 為「國民」，見其〈人們共同體的多樣性及其認識論〉，《世界民族》2000 年第 1 期。這裡轉見於前引馬戎先生文。

10　見黃興濤：〈中文裡「民族」一詞究竟何時出現〉，《浙江學刊》2002 年第 1 期。

11　見黃敏蘭：《學術救國——知識分子歷史觀與中國政治》，鄭州：河南人民出版社1995 年版，第 174 頁。

中也都有主張譯現代 nation 概念為「國族」的，如楊成志、胡體乾等皆是。另外，還有人將其譯為「族國」（如蔣廷黻）等等，不一而足。這些都已成為我們今天反思 nation 中譯的歷史資源。

受芮逸夫談「國家」、「民族」和「國族」三位一體論的啟發，方維規則提出了「國」、「族」、「民」三位一體說。他認為從國、族、民這三個方面來思考對應，是中文翻譯西方現代 nation 概念複合內涵的「順理成章」之事。現今的各種英漢雙語辭典中，nation 也依然有「民族」、「國家」和「國民」三個主要譯詞，並非無故。方氏還以此為線索，細緻地梳理了清末民初現代世界體系中的中國國家意識自覺、種族民族主義昌盛和國民觀念勃興等三者與早期民族主義傳入的歷史關係，[12] 這對今人認知 nation 的內涵，實不無裨益。

筆者以為，理解西方現代 nation 概念的關鍵，在於把握內蘊於其中的「民族與國家兩相契合」的理念。就族性而言，它是一種「國民（公民）民族」或「國家民族」，與西方前現代 nation 概念所表示的「種群（族裔）民族」（亦大體即後來民族學和人類學意義上的 ethnic group）相對；就國性而言，它則是一種民族國家或國民國家，有別於傳統的專制帝國和獨裁君主國。如果從漢文角度來說，nation 也就是「民族國家」與「國民民族」二者的統一體，或者亦可稱之為二位一體。借用蔣廷黻的譯法，民族國家或國民國家，或可簡稱為「族國」，但這一用法至今並未流行；

---

12 方維規：〈近代思想史上的「民族」及相關核心概念通考〉，第 12-37 頁。

「國民（公民）民族」或「國家民族」，亦可簡稱為「國族」，該簡稱民國以來已有相當程度的使用，但眾所周知，更為流行的譯法還是「民族」。這樣，the Chinese nation，也就是中華國民民族或中華國家民族，它既可像長期以來約定俗成的那樣，簡稱「中華民族」，亦可簡稱為「中華國族」。

從字面上看，「國族」一詞在表達現代 nation 特有的以全體國民為「族」的族性內涵方面，似乎較「民族」一詞要更為準確，因為其中既包含了「國家」、又體現了「族類」。而在傳統漢語裡，「民族」與更常用的「族」、「族類」等詞一道，主要用於指稱血緣、社會和文化方面的群體，字面上與國家政治、國民或公民整體之類含義並無直接關聯，這也是迄今為止，似乎愈來愈多的海外學者願意使用「國族」和「國族主義」，來分別翻譯 nation 和 nationalism 的原因。但清末以來，「民族」和「民族主義」既然已分別被廣泛用來對譯 nation 和 nationalism，它們的活躍不僅成為思想觀念史的事實，而且實際參與並極大地影響了民國時期社會政治運動的歷史進程。因此，今天的歷史學家更需要重視的當然不是如何翻譯才更為準確，而理應是如何理解這種翻譯的由來、使用及其歷史成因和影響所在。

在筆者看來，清末民初的國人之所以會選擇以「民族」譯 nation，除了日本的影響等其他因素之外，與「國族」一詞在「族」字的構詞上多少顯得有些彆扭、生硬也不無關係。正因為傳統的「族」字有太強的血緣社群含義之故，所以「家族」、「宗族」等體現血緣關係和「貴族」、「皇族」等體現血統關係的詞彙，在

古代中國很流行。「民族」一詞在古代中國雖並不常用，但「民」畢竟屬人，兩字連和起來亦屬自然，而「國」字則不同，它完全就是一個超越「族」的純政治組織，稱「族」總有不自然之感。在日本，現代漢字詞裡面也基本沒有「國族」一詞，至少不通行，或許可以佐證這一點。至於「國家」和「國民」兩個政治概念，在漢語中本身都具有獨立的、明確的含義，無法直接傳達出 nation 中由傳統貫穿到現代的那一層「族類」之義。特別是「國家」，不僅與傳統「族類」意識全不相干，且不具備「共同體」成員總合的基本含義，還不如「國民」。[13] 而在這方面，「民族」一詞著實能顯出其獨特的優勢。事實上，如果自覺從政治學與人類學的分異與互動角度，取一個較長時段的視野，將 nation 作為一個從傳統到現代有變化也有延續內涵的「基本概念」來貫通把握：既涵括其前現代的族裔或種群含義，又容受其近現代的國民或國家民族的內涵，那麼將 nation 譯成「民族」亦自有其妙處，至少不無理由；儘管在另一層面，也難免會因此同時帶來類似西文中

---

13 關於 nation 與 state 的差別及其常被混淆的原因，石元康在〈民族與民族自決〉一文中曾作解釋。他指出，在英文中，nation 與 state 是兩個不同的字，許多人視它們為同義詞是不對的。「由於 state 這個字在英文中不能變化為形容詞，所以當我們在英文中要說『國家的』時候，我們就常用 national 這個字，例如 national insurance, national debt 等。但是，有些例子又顯示出，nation 與 state 是含有不同意義的字，否則英文中就不應該出現 nation-state 這個詞了。……如果它們是完全同義的話，民族主義的問題，一個民族應該建造一個國家也就不會發生了。」見《從中國文化到現代性：典範轉移？》，北京：生活・讀書・新知三聯書店 2000 年版，第 252 頁。實際上，只就「國家」而言，英文中的 country 主要是從地域和住民的角度去談，state 是從行政管理和機構運行的角度去談，而 nation 則是從民族的角度去談。

nation 一詞之傳統與現代含義那樣的矛盾和衝突。

「國民」一詞在表現 nation 的現代政治含義方面，有明顯的優長，但對於現代民族的全體成員來說，這一「國民」的政治身份仍只是其核心的必要條件，而非充分條件。此外，共同的歷史記憶、文化傳統等與傳統族群或族裔相「交疊」的那一部分內容，也就是其共同的「文化」身份，也並不可少。而「國民」一詞在傳達這一方面內涵時，就顯得相當不足。該詞實在太缺乏歷史的縱深感和延續性的文化內涵了。比如，當我們說「法蘭西」和「法國人」，與說「法國國民」時，感覺就很不一樣。「國民」的政治身份，在中文裡並不能顯示出一種文化的凝聚意義，從而帶給人一種悠久感。同樣，我們說「中華民族」、「中國人」，與說「中華民國國民」時，感覺也是如此。尤其是「中華民國」建國的時間短，其「國民」身份就更明顯地不如「民族」身份來得深沉厚重了，自然地，就其對所屬群體的凝聚力而言，「民族」一詞也要遠遠大於「國民」。

這很容易使筆者想起本書第二章中曾提到的光昇在民初時對於「民族」與「國民」關係的獨特「處理」。光昇顯然相當熟悉傳統民族向現代民族轉換的內涵，故他一方面認為「自羅馬之世界國家亡，而近世民族國家代之以興，民族即國民也」，但另一方面他卻又並不願直接以「國民」取代「民族」，而是將其換成「國民性」一詞，直致其行文彆扭難通而在所不惜（「學者或舍民族舊名而改稱曰國民性，即能為一國民之集合體之性質也」）。其實此無他，只因「國民」一詞在中文裡難以有效反映超越政治之

外的歷史文化認同方面的一致性內涵，太缺歷史縱深度和文化涵融力，包容不廣、運轉不靈故也。

相比之下，「國族」一詞確乎要更勝一籌。儘管其構詞不免有生硬之處，但後因政治等多方面的原因，它在民國時期還是得到了相當程度的傳播。不過，就其語言使用的實際效果而言，正如本書前章所指出的，它對於當時的中國普通民眾來說，由於「國」字當頭，且字面上失去了主權的平等主體——「民」的構成詞素，那個「族」字的內涵其實亦不易彰顯，很難收到超越於「國家」和「國民」這兩個純政治範疇之上、更進一步凝聚民眾的社會歷史文化效應，因此也不能算是一個令人十分滿意的理想譯詞。不過，民國時期，「國族」一詞的傳播和「中華國族」一詞的存在與運用，卻不乏思想意義。它在精英思想階層，對於緩和與調節「民族」與「國家」之間觀念的張力和矛盾，作用顯著，對於現代中華民族觀念的形成、傳播來說，也發揮過疏解矛盾、有助於理解把握漢族和其他少數民族之間整體性和統一性的積極功能。當然，它同時也帶來了新的有關概念分辨方面的困擾。

在現代英文裡，為克服 nation 使用中傳統和現代詞義的矛盾，一般表達血緣、文化意義上的民族或族群，多採用民族學和人類學的概念，或用 ethnic group，或泛用 race 等，而一國之內的民族或族群，則使用 nationality（取其非「國籍」、非「國民性」或「民族性」的政治義），以及 national minority（少數民族），ethnic majority（多數民族）等等。現代民族學或人類學，最早以族裔民族或種群民族（古希臘詞 ethnos）為基本對象。20 世紀 60

513

年代中葉以來，在西方學術界，為淡化其生物學意義的 race 色彩，強調其社會歷史文化共同體的含義，其流行的英文專用詞彙逐漸變成 ethnic group，現一般多譯作「族群」。

概而言之，無論是將 nation 譯為「民族」還是「國族」，是譯為「國家」還是「國民」，現代西方的 nation 概念都深深地影響了近代中國的歷史。筆者討論 nation 在西方的古今含義以及在近代中國的翻譯和使用情形，既不意味著中國現代「民族」概念在西方的影響下誕生後，其在自身的社會運行中的實際內涵與其在西方的本意出現差異為不正常現象，更不意味著我們只能以西方的標準，來評判中國現實中出現的民族認同運動乃至觀念的得失。筆者只是相信有關辨識，能夠有助於我們去更好地參照、認知和分析清末民國時期那些認同「中華民族」的人們對於「民族」的實際理解及其認知特徵而已。

在前面各章考察「中華民族」觀念的時候，我們曾順便提到過烏澤聲、梁啟超、楊度、顧頡剛、楊成志等許許多多人關於「民族」概念的見解。如果更為廣泛地瀏覽民國時期認同「中華民族」的人們的「民族」觀，則可以發現，這些觀點雖有各種各樣的具體表現形態，對構成民族的諸多成分的認識不盡一致，強調的重點也各有不同，但總的來看或者說合而觀之，它們卻並沒有忽視和偏廢通常被今人所提及的那些民族構成要素，如共同的地域（或稱領土）、血統聯繫、語言溝通、風俗、生活方式、政治法律制度（包括平等的公民權），以及經濟生活、共同的民族自我意識、歷史記憶、文化心理素質（或國民性），等等。也就是

説，在闡發和認同「中華民族」觀念的各種論説裡，這些因素都被不同程度地考慮到了。但與此同時，有一點也很明顯，那就是在這當中，又存在著前現代民族觀念和現代民族觀念之間，或者説民族學、人類學意義上的民族觀念同政治學意義上的民族觀念之間，彼此混雜並存、交互影響的現象，它們既矛盾抵牾，又相互牽引作用，在與清末民國社會政治現實的複雜互動的過程中，共同促成了獨特的現代中華民族觀念形態的產生與發展。

前文我們曾提到，安東尼・史密斯的《民族認同》一書將民族及其認同劃分為兩種模式，一為「公民（或市民）的民族模式」；一為「族群（或族裔）的民族模式」，他認為前者可以西歐和北美為代表，後者則以亞洲和東歐為典型。從表面上看，他關於兩種民族概念類型的劃分，似與西方現代和前現代 nation 概念內涵兩相對應、重合，其實卻存在著不同之處。因為他清楚地看到了兩種模式之間的相對性，即彼此的各種構成要素總體相似，只是組合方式和「比例」存在差別而已。不過細究起來，其有關的具體分析仍不免失之於簡單化和機械化。比如，在史密斯看來，作為亞洲國家的中國，其民族及其認同特性明確屬於「族群的民族模式」，這一模式具有三個特點：一是對血統和譜系的重視超過對領土的認同；二是在情感上有強大的感召力和動員效果；三是對本土文化的重視超過法律。[14] 此種概括是否適用於整個亞

---

14 見 Anthony D. Smith, *National Identity*。此處對安東尼・史密斯觀點的摘錄，也可參見馬戎：〈評安東尼・史密斯關於 "nation"（民族）的論述〉。

洲和東歐各國的具體情況，可暫置不論，單就近代中國「中華民族」觀念及其認同根據而言，就很難說完全符合事實。其簡單化和機械化之弊，從史密斯將「血統」與「領土」、「文化」與「法律」簡單對應甚至對立起來考慮問題的思路一點，即可了然。實際上，對於秉持現代中華民族觀念的人們來說，其心目中對「領土」與「血統」，「文化」與「法律」的關注程度，究竟何者為高，也就是說哪一個更為重要的問題，是沒法給予簡單化判斷和回答的。

清末民國時期，傳播現代中華民族觀念的人們本身，既有持「公民民族模式」的民族概念者，也有持「族群的民族模式」的民族概念者，難以一概而論。與其像史密斯那樣，將他們心中的民族概念籠統歸結為所謂「族群的民族模式」，還不如將其視為上述兩種模式的民族概念彼此互動、複雜影響的混合產物更加恰當，也更為符合歷史真實。一方面，揆諸當時社會上廣泛流行和運用的中文「民族」概念，我們不難發現，很多時候它們的確都是在人類學意義上被使用，也就是說，不少人從理論上接受了人類學和民族學有關知識和價值的理念，認可歷史文化因素在民族構成中居於極為重要的地位。這也是國人願稱漢、滿、蒙、回、藏等為「民族」的原因。此種認知結果，在清末民國時期是極其自然的，因為它完全符合中國傳統族類認同觀的精神。換言之，這一層面的民族含義，其實也體現了中國傳統族類觀的延續和直接影響。

但另一方面，近代中國人「民族」概念的實際運用，又沒有

局限在歷史文化的層面，而是同時實現了超越，引入了共同體成員平等的國民和公民政治身份的內涵並將其置於基礎性地位，筆者所謂現代民族概念在中國得以形成，正是此義。換言之，表面上看，人類學意義上的「民族」認知，與強調民族成員為平等「國民」或「公民」身份的西方現代民族概念認知，似乎構成分歧乃至對立，但在近代中國人的實際運用中，卻又並非如此簡單。那些傳播「中華民族」整體觀念者，有的可以說是純粹的現代政治民族論者，有的不妨說仍是主要秉持傳統的民族概念或人類學民族概念的人，而後者可能同時接受漢、滿、蒙、回、藏等國內族群也稱「民族」，只不過「中華民族」為大，各民族為小而已。但在近代中國，無論是秉持人類學民族概念者，還是秉持政治學民族概念者，只要他認同並傳播中華民族一體觀念，就都會格外強調國內各族人民已具有同一的國民、公民身份這一點，並將其視之為全民族整體認同的基本前提，然後又認為僅此還遠遠不夠，進而呼籲在文化上實現進一步的融合。由此可見，文化上加深融合的急迫感，實際上構成了當時強調現代中華民族觀念及其整體認同的直接思想動源。

當然，此種新舊民族概念的混雜，也難免導致一些思想者關於中華民族觀念的內在矛盾。以李大釗為例，這位高揭現代中華民族旗幟的先驅者，一方面明確聲稱「凡隸籍於中華民國之人，皆為新中華民族」，強調所屬成員建立共同的政治法律制度、同做平等國民的重要性，另一方面卻又認為：「民族的區別由其歷史與文化之殊異，故不問政治、法律之統一與否，而只在相同的歷

史和文化之下生存的人民或國民，都可歸之為一民族。例如台灣的人民雖現隸屬於日本政府，然其歷史文化卻與我國相同，故不失為中華民族。」[15] 其民族觀的內在矛盾如此，在近代中國尚非個別現象。但值得注意的是，此種認知矛盾卻並沒有妨礙李大釗本人對中華民族的積極認同、以及他對現代中華民族觀念的真誠倡導。他發表上述意見的時間為 1924 年，其對甲午以後被日本強行割去的寶島台灣及其人民的格外眷顧，毋寧說折射的正是其內心深藏的現代「領土」意識及其對帝國主義侵奪領土的憤慨之情。此種中華民族整體觀念，在 1945 年台灣終於回歸祖國之後，才得以同現代民族概念的主體內涵基本統一起來。

與此同時，也正是基於現代「國家」和「國民」認同還不足以凝聚國人、保住疆土的隱憂，「中華民族」觀念的倡導者、傳播者和認同者們，有些還極為看重國內各族昔日的「血緣或泛血緣」聯繫，強調「你中有我、我中有你」，並不惜筆墨做了大量的論證和揭示工作。這一現象，與近代中國「民族」一詞始終涵留濃烈的種族、族裔含義，也是一致的。具體說來，近代中國認

---

15 〈人種問題〉，載《李大釗文集》，北京：人民出版社 1999 年版，第 427 頁。這種「文化的」民族觀在民國時期相當普遍，屬於文化人類學的基本認識。後來徐文珊的《中華民族之研究》一書對此亦有系統性總結。他認為組成「民族」有三要素：血緣、地緣、文化緣。「人們心理上對先天的血緣地緣的相異，遠不如後天文化相異的印象鮮明而深刻，並且是多方面的。而血統的同異則僅是膚色和體格的差異，不足構成民族間鴻溝之界。惟有言語、文化、生活習慣、食衣住行、文化思想等等，才是民族間顯然的界限，合作的障礙。因此我們可以說，文化實在是民族的靈魂。」（台北：三民書局和中央書局 1969 年版，第 30-37 頁）

同「中華民族」的人們對各族之間血緣或泛血緣聯繫的強調，也還存在著不同的表現程度。像蔣介石等人，乃是其中相當偏激的一類。更多的人，雖也重視泛泛揭示各族間血緣聯繫的持久性與廣泛性，卻往往更願意強調彼此間共同的歷史記憶和文化的統一性，而有意無意地將血緣交流視為綜合性歷史聯繫的一部分來看待，習慣把它納入到「歷史與文化」因素中去總體考量，這一點，實際上也恰好得到了主流人類學取向的支持。

「民族」及其認同問題是一個世界性的難題。如何定義民族和認知民族認同，至今眾說紛紜，莫衷一是。[16] 民國時期中國人的有關理解和實踐既帶有中國性，也具有世界性意義，無法簡單地套用某一家現存的「民族」界說來隨意臧否它們。從本質上說，「民族」的概念只能由其被使用的實際歷史來定義。因此，充分尊重和正視既存的各民族歷史，與充分尊重和正視「民族」概念在各國政治、文化中被使用的歷史，從某種意義上說，對於民族思想史研究中把握和認知「民族」，都具有同樣的重要性。

通觀清末民國時期的現代中華民族觀念及其符號認同，毫無疑問，它是一種受到西方民族或國族思想與政治現實直接影響的中國產物，是在特有的民族格局和歷史處境中得以出現並形成社會認同的政治文化現象。就其主流而言，它既承認中國各既有民

---

16 關於「民族」概念的分歧，可參見魏鴻鳴、張謀、馬守正：〈建國五十年來關於民族概念的研究〉，《黑龍江民族叢刊》1999 年第 2 期。另見 Ernest Gellner, *Nations and Nationalism* (Oxford: Basil Blackwell, 1983)。

族的現實民族地位，謀求原有國內民族間的平等並存、深化融合與統一，又不期而然地以西方的現代民族或國族作為自己發展的潛在參照，追求自身民族從傳統向現代的轉換。這種既矛盾又統一的民族訴求，在複雜的歷史與現實的互動中，獨特地組合在一起，構成了 20 世紀前半期「中華民族」的認同運動。

　　從清末民國時期中國人所使用的「中華民族」符號中「民族」概念的實際內涵來看，持現代中華民族觀念者所要表達的，顯然不能說只是一種單純意義的當下國家政治認同意願，而是建立在現代國家即中華民國的政治基礎之上，進一步謀求一種基於社會文化層面一體化的大民族共同體的認同。換言之，在這一過程中，雖然可能有不少人，特別是有些少數民族人士，其有關的認同直接建立在歸從當時中華民國的國家政權層次上，尚停留在現代「國民」政治身份認同的水平，這是事實；但不可否認的是，更多熱心使用「中華民族」概念的中國人，或者說「中華民族」論的主流，則不僅以現代中華民國認同為現實基礎，更以中國文化的不斷融合、歷史（包括泛血緣）的密切聯繫為深厚依託，從而超越政權認同和傳統族裔認同的界限，在兩者的張力和互動之中，追求一種包括各少數民族在內的大民族共同體整體認同，也即獨具內涵的「中華國族」認同 —— 一種以數千年延續不斷的共同體稱謂「中國」或「中華」為標誌符號、建立在作為平等公民集合體的現代「中國人」認同基礎之上、並有進一步融合期待的政治與文化認同；一種現實和理想交織、既完成而又未完成的認同。在一部分持極端意見者那裡，它甚至還是一種國內各現存民

族已然同化、或正在實現的單一性民族的不切實際的偏激化認同。

這就是為甚麼我們在這一認同的過程中，雖然經常會看到「中國人民」、「中華民國人民」、「中華民國國民」，甚至「國族」、「中華國族」一類詞彙或概念，但它們通常都是出現在與「中華民族」概念相間使用的文字裡（從本章前面的有些引文即可有所見及），構成對「中華民族」一詞和概念符號的某種補充，而不是也無法將其徹底取代的根本原因所在。如果僅僅從用語習慣的角度來解釋這一現象，顯然是缺乏說服力的。

二、「一元」抑或「多元」？「建構」還是「演化」？

除了「民族」觀之外，整體的「中華民族」如何構成，或換言之，「中華民族」的歷史和現實結構的總體特點究竟怎樣，其來源如何等等，也是當時言說「中華民族」的學者們所不能不考慮的難題所在。它不僅成為現代中華民族觀念的有機組成部分，還構成這一觀念賴以成立、引發廣泛社會認同的知識基礎。因此弄清「中華民族」的結構與來源問題，對於認識清末民國時期現代中華民族觀念的歷史根基和認同的特質，也是很有意義的。

綜觀近代中國的各種議論與著述，關於這一點可以說大體存在著兩種主要思路，一種不妨稱之為「一元多流」說，另一種則可姑且稱之為「多元一體」論。與之相伴隨的，當然還有各式各樣的混雜形態。從本章前面的有關述介中，對於上述兩種核心思

路我們已不難有所體察。但這卻並不構成甚麼新的「發現」。早在抗戰時期，已經有學者對此做過很清楚的概括了，如 1941 年張大東在《中華民族發展史大綱》一書中，就曾明確指出：

中華民族者，非吾族以往歷史上之名詞，乃中華民國以內之數個民族，結合而成為一個民族之總名詞，關於此總名詞含義之揭示，約有二義，分述於後：

一派主張，中華民族內之若干支，自古實同一祖先；經過五千年之流轉遷徙，種種演變，固曾分為若干不同之名稱，迄今尚有一部分各異之痕跡，但追溯有史以來之血統，仍為一元的。⋯⋯（漢滿蒙回藏苗等）皆為黃帝子孫。此一派以熊十力氏主張最力。熊氏著有《中國歷史講話》，其立說之根據，大抵擇取我國史家之記載，一部分加以推論。擁護斯說者，近來頗不乏人，文字散見於雜誌及通訊小冊中，不復一一徵引矣。

另一派主張，則謂今日之中華民族，係由有史以來，若干不同之民族，互相接觸之結果，逐漸循著自然之趨勢，陶熔結合而成為今日之一個龐大民族。在過去中國歷史上之若干民族中，當然以華夏系（即後之漢族）之文化為最高，故同化工作上，亦以華夏系為主幹，逐漸將華夏之文化，向東西南北四面發展，最後從語言文字，風俗習慣，宗教信仰，以及生活血統各方面，將四圍之外族，同化吸收，使之加入華夏系之中，而消弭民族之界限差別於無形。故今日之中華民族，實積歷史上若干不同之民族血統，混合凝結而成者。此一說，一般史學家，及稍有常識之人，

大致均無異義。[17]

　　不過，且不說這兩種觀念的混合形態，即便是「一元多流」論和「多元一體」論各自的表現形式本身，也並不完全一樣。一元論有像蔣介石所倡言的那種典型的「分枝宗族」論，也有像顧頡剛等所秉持的那種中國始終為「一個民族」的「種族匯合」論，還有熊十力等人所主張的那種一般性的「同一祖先」論（均為黃帝子孫，以北京人為遠祖）。同時，其關於各族血統聯繫的具體觀點，也不盡相同。至於「多元一體」論，其在關乎中國歷史上多民族不斷融合、一體化範圍逐漸擴大並將繼續融化下去這一主旨上並無分歧，但在對待現存中國各民族特別是各族文化的態度上，卻還存在差異：有的主張現存各子民族（包括漢族）在互相融合的過程中，將會而且已經在迅速「化合」為一，甚至已經基本上「化合」為一了（同時也還存在著很少的差異），即前文所提及過的以強調「多元」的不斷消失為前提和特徵；有的則希望在現時代仍然能夠保持一種多民族並存、以平等的自然融合為趨向的「一體化」民族共同體。晚年的梁啟超就基本上屬於前者，而費孝通和抗戰以後中共的「中華民族」觀則大體上屬於後者，儘管他們當時還並未能對此作出清楚準確的闡釋。

---

17 見張大東：《中華民族發展史大綱》，第二章第二節「中華民族釋義」，軍訓部西南遊擊幹訓班班行，1941 年 2 月版，第 21-22 頁。另，張書 1942 年 9 月又曾在桂林由文化供應社印行，署名「張旭光著」，書名也略有差異，為《中華民族發展史綱》。

實際上，在清末和民國的那一特定歷史時期，「中華民族」一體觀念的「一元論」和「多元論」，往往複雜乃至矛盾地絞合在一起，其彼此之間的界限並不十分明晰。絕大多數文化人甚至對此種分辨都缺乏自覺，更不用說一般老百姓了。也就是說，在民國時代，就一般的社會認知而言，是一元論、多元論兩者及介於它們之間的各種混合形態，共同支撐了一體化的「中華民族」概念和觀念符號，並由此推動了整體化的中華民族現代認同。它們彼此之間，內在的分歧和矛盾固然存在，但由於其具有共同的情感主體、認知動機、特別是共同的認同目標，故當時能在實際上和睦相處、互相支持。如它們對各族人民共同的「國民」平等身份的執定，對各族相互融貫的共同歷史文化因素的強調，對於其泛化的彼此血緣相混事實的揭示，對其遭受外敵入侵和需要合作發展的共同民族命運之分析等等，在社會上就顯然聯合發揮了引導「中華民族」整體認同的積極功能。

關於這一點，有一個事實或許應引起研究者的注意，那就是在當時，即便是對此中分際有著一定自覺的研究專家和著作者們，一般也往往並不急於或在意於要去分辨兩者之間的是非曲直。如前述《中華民族發展史大綱》的作者張大東在介紹了「多元」和「一元」兩種不同觀點後，就這樣寫道：「以上二說，孰是孰非？吾人不必遽下斷語。惟當知前一主張，對於中華民族之統一與團結上，頗有良好之影響。後一主張，對於民族之奮鬥發展，與同化結合之跡象，易作明顯之說明……亦足以振奮民族

精神也。」**18** 這表明，在民國時代，要想分辨清楚中華民族的整體結構究竟是「多元一體」還是「一元多流」，其學術條件和現實環境都還不夠成熟。不過，在邏輯上或事實上，「多元一體」論卻無疑已經顯示出了更強的歷史解釋力度和現實說服力。

民國時期，「一元多流」說和「多元一體」論的矛盾及其共存本身，從一個側面也證實了前述「中華民族」概念和一體化的共同體認同觀念的那種複雜性和獨特性。但無論是前者還是後者，它們所表達的認同對象都超越了或者說不限於那種單純政治意義的「國家」認同性質——不管是傳統國家，抑或是近現代國家，也不管是就起源而論，還是就當時的現實而言。

作為一個歷史的過程，清末至民國時期現代中華民族觀念的萌生與確立，是與整個中國現代化的運動相聯繫的，尤其是與西方民族主義思潮所引發的理想的現代「民族國家」之追求，以及形式上的此種國家即「中華民國」形成與發展的實際歷史運動相伴隨的。自由、平等、獨立和解放等現代理念，既是啟動現代民族意識的基本價值觀念，也成為「中華民族」觀念的現代價值起源（包括對內對外兩方面）。從這個意義上說，「中華民族」的一體認同觀念本身，無疑帶有著一種現代性。

由於近代中國現代化發展的前提，是實現中國自身的獨立與完整，它必然內在地需要一個既能整合國家、社會和文化，又能有效地連接歷史與現實的關於全疆域內人民的現代統一體概念，

---

18 同上，第 22-23 頁。

以便承擔起獨特的社會動員的時代使命，於是「中華民族」概念及其相應的一體認同觀念乃應運而生。就其上述符號功能意義的要求而言，它實在是「中華民國」、「中國」、「中華國族」、「中華國民」乃至「中國人民」等概念所無法比擬和替代的。因此，這一概念的誕生和流播，的的確確屬於時代需要的產物。它並且因此成為生息在中國這塊古老土地上的各民族實現從其自身的傳統形態向其共享的現代形態轉化的鮮明標誌。

但「中華民族」這一符號所內聚的現代觀念同時也是中國有史以來、特別是清代以來歷史發展的結晶。因為具有現代民族國家形式的「中華民國」的建立，同樣與這種歷史發展緊密相關。如果沒有歷史上各族人生活在同一塊地域範圍的制約因素，沒有政治經濟上廣泛深入的聯繫和血緣上長久而複雜的交流，以及共同的歷史記憶和文化熏陶，這一概念和相應觀念的形成與廣泛認同是根本無法想像的。換言之，作為一種歷史存在，那種具有獨特聯繫的、尚處於「自在」階段或古代狀態的族群共同體之存在及其向近現代演化的內在可能與趨勢，對於「中華民族」概念及與之相應的一體認同觀念的形成來說，也是最為重要的決定性因素。且不提清朝以前的漫長時期，即拿民國以前的清朝時期來說，作為整體認同對象的「中華」和「中國」兩詞或概念本身，就已經具有了帶現代性因素的歷史文化共同體與國家政治體符號性質的客觀內涵（見本書第一章），這一點對於我們理解「自在」的中國人和「自覺」的中華民族共同體之間的內在關聯，便不無某種豁然開朗的啟發效果。當然，此處所謂「自覺」，還並不只

是對以往那種各民族整體性聯繫之「自在」狀態的簡單覺悟和感知，而是一種基於現實環境和諸多現代性因素（特別是現代公民政治因素）作用背景下的能動反映，甚或其本身，就理當包括林毓生先生所謂的「創造性轉換」在內。

在這個問題上，我們必須摒棄那種將現代性和前現代性因素絕對對立和完全割裂的機械論觀念。就拿儒家的「天下觀」為例來說，它與清末民國時期「中華民族」的民族主義觀念的關係，也並不像有的學者所強調的那樣，完全處於簡單對立狀態（它誠然與民族主權觀念有直接衝突的一面）。在歷史上，儒家的「天下主義」、大同觀念不僅成為古代華夏民族能夠不斷匯聚各族、發展壯大的重要歷史文化因素，即使到清末民國時期，正如前文所提到的，它依然發揮過協調和凝聚國內各族人民的不容忽視的文化功能。同時，這種觀念本身，事實上還成為了現代中華民族崇尚和平、心胸博大的民族優越感、民族自信心和自尊自重的民族主義的情感源泉之一，也即它參與過現代中華民族情感統一體的形構過程。[19]

時下，認為「民族」為想像的共同體（imagined communities）和依賴於這一認知途徑的所謂「建構」說，正流行一時。[20] 從學術

---

[19] 本書第二章所引 1918 年《民國日報》社論〈吾人對於民國七年之希望〉對中國「世界主義」傳統的稱讚，以及與「中華民族」觀念的有機聯結，就是很好的說明。

[20] Benedict Anderson, *Imagined Communities: Reflections on the Origin and Spread of Nationalism* (London, NewYork: Verso, Rev. ed., 1991). 安德森全書的看法其實還比今人常引述的要複雜。但其最出彩且引人注目的還是在於其「想像共同體」的觀點。該觀點影響很大，被廣泛引

角度來講，這些說法的確有助於人們更充分地瞭解現代民族形成和發展過程中主體的能動性作用，及更好地洞悉其中話語與權力之間某些歷史關係的生動複雜面相，從而擴大我們思考民族問題的空間，但在筆者看來，它實際上與近代以來那些過於強調「民族意識」和自我認同精神的各式主觀論「民族」觀點，也不乏一脈相承之處，甚至在誇大「主觀性」方面並沒有本質的差別。從根本上說，這樣的定義和理解無疑走向了偏頗。比如，在那些民族「建構」觀者們看來，關乎現代民族賴以依託的歷史上和現實中既存的一切，都只不過是可供建構主體進行選擇的「資源」而已，而這些「資源」如何「呈現」和發揮功能，完全取決於「建構」主體如何進行「選擇」。可是，正如著名哲學家陳先達先生所指出的那樣，「人的活動的選擇性是以不可選擇為前提的」。[21]「因此，選擇，在任何時候都是對可以選擇東西的選擇。」[22]

　　具體到清末民國時期「中華民族」一體認同觀念的形成和發展來說，不僅歷史上各民族之間實際融合關係的歷史「聯繫性」和演進趨勢具有某種潛在的不可選擇性，現實的政治、經濟和文化關係的基本走向，同樣具有某種不可選擇性。這就是為甚麼

用。國內早已有了中文譯本。另可參見尹健次著、武尚清譯：〈近代日本的民族認同〉，《民族譯叢》(京)1994 年第 6 期。其實，與其說「民族」是「想像的共同體」，不如說它是帶有「想像」性因素或成分且這種因素或成分在其中發揮特殊重要作用的共同體。參見黃興濤：〈「話語」分析與中國近代思想文化史研究〉，《歷史研究》2007 年第 3 期。

21 陳先達：《漫步遐思》，北京：中國青年出版社 1997 年版，第 211 頁。
22 陳先達：《靜園論叢》，北京：中國人民大學出版社 2000 年版，第 111 頁。

「排滿」思潮雖一度時興但卻不得不最終消歇，國內民族分裂主義者始終不得人心，帝國主義的種種分裂挑唆和吞併陰謀終究大多難以如願，各種對立的大政黨無論政見如何分歧，最終卻都不得不高揭「中華民族」整體性旗幟的深層原因。清末民國時期「中華民族」一體認同觀念的萌生、發展與確立，固然與國人趨利避害的主動選擇不無關係，然就其本質而言，它又是受到社會歷史條件的根本性制約的。

從主觀方面看，在清末民國時期，「中華民族」一體認同意識或觀念的萌生和發展，不妨說乃是中國各族人民在帝國主義列強的侵略和欺壓之下，在西方民族主義思潮的傳入和直接影響之下，在「現代民族國家」的現實運動之中，對於其當下和未來的共同命運、前途、利益的感知和體驗過程；更是其對彼此之間長期形成的歷史聯繫與一體性演化趨勢的不斷自覺和深化認識的過程；同時，也是一個經由「先知先覺」的認知、揭示、啟發、倡導、鼓吹，到全民廣泛認同的發展歷程。而從客觀方面或者主客觀互動合一角度來看，它則是帝國主義侵略與中國各族人民致力於全民族獨立與解放運動相互作用的產物，是西方和日本的近現代「民族」思想與中國傳統的以文化認同為主要取向的「族類」觀互相作用、尤其是其與清末民國時期中國的社會政治現實相互作用的產物。同時，它也是中國各民族長期以來不斷融合的歷史之延續和發展，是民國建立以後這種融合又加速進行和進一步深化的事實在思想觀念上的即時反映。

這樣一種「精英和大眾、歷史和現實、傳統與現代深刻互動」

之果的「一般思想」觀念及其認同歷史，[23] 這樣一個客觀與主觀長期複雜互動的社會過程本身，如果必須對其整體性質進行概括，而且非要在「演化論」同「建構論」二者之間擇一不可的話，那麼筆者寧願選擇前者，儘管後一種表述目前更加時髦。雖然在這一過程中，無疑包含著無量的主觀努力和「建設」嘗試，不可避免地激發出種種想像甚至於出現「神話」或「迷思」，但這只能說明它不是一個純「自然化」的社會性歷史過程而已。同歷史「演化論」相比，「建構」一詞實在是太過於張揚了人的主觀性，乃至容易被人凸顯某種隨意性，而實不免輕忽了不以人的意志為轉移的社會歷史因素的能動力量，以及這種力量與人的選擇之間「互動」的客觀性方面。因此，用「建構」一詞來參與分析這一過程的人為努力部分，應當是必要的和有意義的（重視「過程」的意義本身，也是「建構論」者的重要特徵），但只用它來單面性地概括這一長期的歷史過程之總體性質，卻並不妥當。

應該坦承，對於清末民國時期的「中華民族」及其認同觀念來說，就筆者本意而言，其實更願意在「演化論」與「建構論」之間，走一條折中的道路，即，將其視為歷史的延續演化和主觀能動建構彼此互動的產物。因為畢竟，像外蒙從中國分離出去這樣的歷史事實，是無論如何也無法單一地用一般的歷史「演化論」來加以有效解釋的。也就是說，在歷史解釋之中，強調主觀能動

---

23 黃興濤：〈近代中國新名詞的思想史意義發微──兼談對於「一般思想史」之認識〉，《開放時代》2003 年第 4 期。

選擇的「建構論」因素，也的確存在其合理性的一面，不能全然加以漠視。實際上，尋求兩者之間的某種調和，或許乃是更為穩妥的結論。這是筆者較之 15 年前，願意在認識上所作出的一點調整。

正是基於此種認識，本書才取名為「重塑中華」，認定現代中華民族觀念的形成、傳播與認同，乃是一個延續與創造辯證統一的歷史過程。

三、一點感悟

在近代中國，現代意義的「中華民族」這一認同符號的形成、確立及其內含的一體性觀念之萌生、演變與社會化傳播，是中國歷史上的一件大事。其實際認同在清末民國時期已然奠定了最為重要的基礎，完成了實質性任務，但卻並沒有最後終結這一過程。就蒙、藏、維等少數民族的認同來看，1949 年中華人民共和國的成立和整合無疑也具有著極為重要的意義。一定程度上甚至可以說，該過程至今也仍然處在某種延續和自覺深化之中。從 20 世紀 80 年代以來廣泛播揚的「中華民族多元一體論」，到 90 年代後激盪神州的「中華民族偉大復興」的時代強音裡，我們都分明可以聽到此一認同進程的歷史回聲。

現實是歷史的延續。作為一個關切自己民族國家乃至人類前途的中國人，當他回望近代中國的坎坷命運，品味「亡國焦慮」與「再生渴望」的國人心態史的時候，定能強烈感受到那種平等

一體的主導型中華民族觀念及其認同的來之不易，從而倍感珍惜。在當今中國，強化中華民族或中華國族的整體認同，無疑仍是時代的使命和當務之急，而與此同時，自覺而有效地維護少數民族的權利，努力保持各民族的文化個性和多樣化發展，也同樣是迫切而持久的需求——如何在兩者之間保持一種張力與平衡，實在既需要國人平靜的理性、深入的調研，又需要長遠的眼光和智慧的創造。

從以上關於近代中國「中華民族」觀念的歷史考察中，我們常常可以看到政治學與人類學視角的歧異和矛盾，也能見及兩者之間的交互作用與影響。而要想真正處理好國內民族問題，包括與國外民族的交往問題，不妨說又期待著思想者和實踐者同時擁有政治學與人類學的雙重關切與複合智慧，去積極探尋同政治一體格局相互涵容、既著眼於長遠而又切實有效的文化融合之道。實際上，不僅是民族問題，還有環境問題、邊疆問題等諸如此類問題，都需要我們既坦誠地面對現實，又要理性地反思過去和清醒地面向未來。唯有在與歷史不懈的對話之中，自覺求取和保持一種多元一體、團結統一、人文是尚、和諧發展的民族格局，未來才有可期。國家的命運與人類的前途，端賴於是。這，就是筆者多年研究近代中國有關「中華民族」觀念之後，最後想要表達的一點感悟。

情感、思想與運動：

近代中國民族主義研究檢視

關於近代中國民族主義的研究，成果很多，而且大有持續興旺之勢。近年來，學界對 20 世紀 90 年代以來的有關研究，也屢有「綜述」出現。[1] 但在筆者看來，目前的有關研究和綜述仍然存在一些被忽視或重視不足的問題點值得注意。本文試圖在把握近年來有關近代中國民族主義研究動向的基礎上，再以扼要的形式提出幾個重要的學術焦點問題略作解析，以期拓展同人思路，推進相關研究的深化。

一、從傳統「民族」意識到近（現）代「民族主義」：不容忽視的歷史過程與內涵轉換

民族主義是一個近代性或現代性的範疇。它是一種建立在「主權」觀念基礎上的民族自我意識，一種追求、保護本民族利益和發展壯大自身的主體自覺狀態。它對外貫注著反抗壓迫、維護

1　綜述主要有王春霞、王穎的〈近十年來關於「中國近代民族主義」的研究綜述〉（載《中州學刊》2002 年第 4 期）；蕭守貿的〈近年來中國近代民族主義研究概述〉（載《歷史教學》2003 年第 3 期）；暨愛民的〈20 世紀 90 年代以來中國近代民族主義研究述評〉（載《教學與研究》2006 年第 1 期）；崔明德、曹魯超的〈近十年來中國民族主義研究述評〉〔載《煙台大學學報》（哲學社會科學版）2006 年第 1 期〕。關於近代中國民族主義的研究專著不少，有些接下來會提到或引用，此不備舉。2000 年以來的專題論文集較有代表性的有兩種，一種是鄭大華、鄒小站主編的《中國近代史上的民族主義》（社會科學文獻出版社 2007 年版），一種是李世濤主編的《知識份子立場：民族主義與轉型期中國的命運》（時代文藝出版社 2000 年版）。

國權的主權訴求，對內則充溢著國民平等而又團結統一的精神感召，並凝聚為建立和發展現代民族國家的持久衝動。民族主義不僅是一種普遍存在的情感取向，一種思想原則並表現為多姿多彩的觀念形態，還往往作為一面政治大旗被弱小民族和國家公然揭櫫、不斷揮舞，成為一種合法而強勢的意識形態。與此同時，它還通常直接構成和導致所在民族與國家現實的政治、經濟、文化運動和社會實踐。因此，作為歷史現象的民族主義無疑是複合性的、多層次的、立體的和動態的。不過，由於各民族主體的自身歷史、當時的國際地位和其他現狀的不同，在近代不同時期和不同國家，民族主義出現與活躍的特點也必然存在種種差異。

在近代中國，民族主義的興起是多種因素綜合激發的產物。從思想來源上說，它既包括傳統族類意識、華夷觀念、「大一統」和「正統」、「道統」觀念的延續作用，更包括近代西方種族、主權觀念，歷史、地理和政治法律等方面的其他相關新知乃至專門的民族主義「學理」輸入的觀念啟導。從現實刺激方面看，作為「他者」的歐美、日本等近（現）代強勢民族和印度、越南、波蘭等弱小民族的命運參照和比鑒之效也顯而易見，而列強對中國不斷進行的軍事侵略、政治訛詐、經濟掠奪，以及文化與種族歧視所導致和強化的民族現實危機，更成為驅動近現代民族主義在中國興起、發展的直接動力。

有學者認為，與民主主義的思想主要來源於西方不同，近代中國的民族主義主要來源於傳統的族類觀念，特別是「華夷之辨」

的傳統民族觀，[2] 這種見解值得商榷。要辨析這一點，必須首先瞭解中國傳統民族意識與近現代民族主義在內涵上的區別與歷史關聯問題。早在 20 世紀 70 年代初，王爾敏先生就曾敏銳地指出，中國近代民族主義實際上由三種自覺意識組成，一種是族類自覺意識，一種是文化自覺意識，一種是近代國家「主權」自覺意識。前兩種東西中國自古並不缺少，只有「主權」觀念乃屬近代時從外新來，並且構成近代中國區別於中國古代民族意識（他稱之為古代民族主義）之特色所在。他以王韜、曾紀澤等幾位「思想先知」為代表，勾勒了 19 世紀 60 年代之後近代「主權」意識在中國逐漸覺醒的歷程。同時還以戊戌時期的學會活動為依據，對此期以「保國、保種、保教」三者並提且以「保國」的主權意識為首的近代民族主義勃興的情形，給予了清晰揭示。[3]

應當說，王先生簡潔、樸實而睿智的看法，對今人瞭解傳統中國民族意識與近現代民族主義之間的關係富有啟發意義。不過，筆者對王先生的見解雖多表贊同，卻覺得其中仍有不甚完備之處。一則，他把「主權」觀念僅局限在外交層面，實忽略了現代民族國家「主權」的擁有者主體是平等、自主的「國民」，而不是專制君王或傳統意義上的「臣民」這一基本連帶意涵。孫中山先生後來強調國內各民族一律平等的民族主義價值，正是基於

---

2 參見馮天瑜：〈中國近世民族主義的歷史淵源〉，《湖北大學學報》（哲學社會科學版）1994 年第 4 期。

3 見王爾敏：〈清季學會與近代民族主義的形成〉，載《中國近代思想史論》，北京：社會科學文獻出版社 2003 年版，第 177-197 頁。

這一層面的內涵。這涉及到主權在國內如何取得合法性和怎樣應用的問題。換言之,「民族」的主權關切不僅存在對外維度,也存在其對內維度,它在近代西方民族主義的原發意義上,與「民主」實本有同構之處和交集之點;[4] 二則,他在討論這一問題時,對清初尤其是晚清以來西方傳入的新的種族知識、政治和文化觀念〔包括現代意義的「種族」、「民族」、「國民」和「民族(國家)主義」等概念〕及其由此帶來的變化與影響似也不甚重視。這些不足,不免會妨礙我們更為全面準確地認知相關問題。

在筆者看來,今人探討近代中國民族主義興起問題時,應不能忽略兩個歷史過程,一個是前清以來尤其是晚清以來中國就與早已進入現代民族國家行列的歐美各國及其人民打交道的歷史過程;一個是西方「種族」、歷史和地理、政治法律(如國際公法和議會民主)等新知識、新思想和價值觀念傳入中國,並與傳統

---

4 姚大力教授就曾精彩地指出:「民族國家的形式,最初正是通過將權力主體轉移到全體國民一方,也就是形成所謂人民主權而實現的。權力在民以及各不同階層民眾之間的基本平等乃是現代民族國家觀念的精髓,同時這也正是民主的基本原則。在這個意義上,民主與民族的意識同時誕生。十八世紀西方的民族主義,在極大程度上是一場限制政府權利、確保公民權利的政治運動…… 民族主義在它的原發地是民主政體的催發劑。但它在向其他不同地區傳播時,它與民主原則的最初等同性很可能消失。」(見氏著:〈中國歷史上的民族關係與國家認同〉,《中國學術》2002 年第 4 期)這裡,如果將 18 世紀西方民族與民主原則的「最初同等性」改為「最初同構性」,「很可能消失」改為「很可能大為削弱」,或許要更為準確。實際上,在 18 世紀以前,歐洲民族國家形成過程中,也經歷過一個打破教會壟斷勢力和拉丁文主導地位的「君主專政」時期。可參見張慰慈:〈民族主義與帝國主義〉,《東方雜誌》第 25 卷第 15 號,1928 年 8 月。也可參見錢乘旦:〈歐洲民族問題的歷史軌跡〉,《中國社會科學季刊》1996 年 8 月秋季卷。

民族意識互動而發生作用、導致相應變化的歷史過程。這兩個過程之間又是不可分割的。

比如，就中國人帶有明顯現代性因素的國家疆域和邊界意識而言，我們就不能說從戊戌時期才開始，甚至也不能說從 19 世紀 60 年代初《萬國公法》翻譯成中文出版，現代「權利」特別是「主權」概念以及國際法知識得以正式形成和傳播才開始，實際上至少從康熙皇帝與歐洲國家打交道的時代就已經開始了。康熙和雍正兩帝通過與俄羅斯無數次的近代式談判，以一系列條約形式劃定了長達數千俄里的邊界線的行為眾所周知，乾隆帝在給英國國王的敕諭中更是明確宣稱：「天朝疆界嚴明，從不許外藩人等稍有越境攙雜 …… 天朝尺土俱歸版籍，疆址森然，即島嶼沙洲，亦必劃界分疆，各有專屬。」**5** 1820 年完成的《嘉慶重修大清一統志》不僅在前朝幾部「一統志」的基礎上增添了劃界與邊疆統部轄境內容，還明確繪有全國總圖，並標明了與鄰國之邊界。可以說，這些無疑都是鴉片戰爭前近代國家（領土）主權意識因素在中國不斷積聚的重要證據。**6**

5　見《清高宗實錄》卷 1435，乾隆五十八年己卯。北京：中華書局 1986 年影印版。

6　有的學者甚至認為當時的中國實際上已是近代民族國家。參見于逢春：〈論中國疆域最終奠定的時空坐標〉（載《中國邊疆史地研究》2006 年第 1 期）。還有學者指出，早在宋代，由於北方遼、西夏和後來的金、元等異族政權的先後崛起，唐以前漢族中國人關於天下、中國和四夷的觀念才被打破，明確的邊界意識開始出現。這種意識有別於歐洲近代民族國家意識，但卻「成為中國近世民族主義思想的一個遠源」。見葛兆光：〈宋代「中國」意識的凸顯 —— 關於近世民族主義思想的一個遠源〉，《文史哲》2004 年第 1 期。

又比如，鴉片戰爭前後中國人開始部分見證、傳播，於清末民初大肆流行開來的新「人種」知識，其對近代中國民族意識形成的推動作用也不能忽視。早在 1853 至 1854 年傳教士慕維廉編著的《地理全志》一書中，有關世界人種就被分為白人、黃人、紅人、黑人、銅色人（又稱「棕色人」）五種，且附有人種形象插圖，[7] 此後關於這些人種的外形特徵，他們的歷史和風俗文化，以及在世界各地的不同命運等信息和知識，也隨之逐漸流傳，正是因此，中國人那種以「黃種人」自我定位、自我期許的民族意識得以逐漸形成，並構成了清末民初中國人「亡國滅種」危機意識和奮發進取的民族自信之重要組成部分。戊戌時期，生物和社會進化論之所以發揮如此巨大的作用，也不能說與這種建立在新「種族」知識基礎上的民族自我意識無關。在這方面，梁啟超 1897 年發表的那篇具有民族自覺宣言性質的〈論中國之將強〉一文可以為證。在此文中，梁氏民族自信的一個重要理由就是所謂黃種人的「優越性」。他慷慨激昂地說：

吾請與國之豪傑，大聲疾呼於天下曰，中國無可亡之理，而有必強之道……彼夫印度之不昌，限於種也。凡黑色紅色棕色

7 題為《人類形貌圖》，見慕維廉：《地理全志》卷 8，上海墨海書館鉛印本 1853-1854 年。馮客（Frank Dikötter）著的《近代中國之種族觀念》（*The Discourse of Race in Modern China*）一書（江蘇人民出版社 1999 年版，楊立華譯），對晚清西方種族知識的傳播研究較早，但也有不足，如未曾提及 1903 年林紓、魏易合譯出版的重要著作《民種學》一書。

之種人，其血管中之微生物，與其腦之角度，皆視白人相去懸絕，惟黃之與白，殆不甚遠，故白人所能為之事，黃人無不能者。日本之規肖西法，其明效也。日本之種，本出於我國，而謂彼之所長，必我之所短，無是道也。……

夫全地人類，祇有五種，白種既已若是，紅種則湮滅將盡，棕黑兩種，其人蠢而惰，不能治生，不樂作苦，雖芸蕓猶昔，然行屍走肉，無所取材。然則佃治草昧，澄清全地者，舍我黃人未由也。今夫合眾一國，澳大一洲，南洋一帶，苟微華人，必不有今日。今雖獲兔烹狗、得魚忘筌，擯之逐之，桎之梏之，魚之肉之，奴之僕之，然篳路藍縷之功，在公論者終不沒於天下。……殆亦天之未絕黃種，故留此一線，以俟剝極將復之後，乃起而蘇之也。[8]

由此可見西方種族知識對於中國近代民族自覺影響之一斑。

與此同時，進化論還改變了中國傳統的「文明」和「文化」觀念，將「競爭」、「尚武」和物質層面發展的內涵也納入其中，[9]並由此使中國人同時感受到一種前所未有的文化危機意識。凡此，都成為影響近代中國民族主義的完整形態最終發生於甲午戰爭以後的重要因素。

---

8 見《時務報》光緒二十三年六月初一日，第 31 冊。中華書局 1991 年影印《強學報、時務報》（3），第 2073-2079 頁。

9 可見黃興濤：〈晚清民初現代「文明」和「文化」概念的形成及其歷史實踐〉，《近代史研究》2006 年 6 期。

當然，清末民初現代民族主義成熟思想形態的出現，也是梁啟超、康有為、蔣智由、汪精衛、孫中山、陶成章等先進知識分子從日本接受現代「民族」、「民族主義」、「帝國主義」等思想概念，「收拾西方學理」（章太炎語），並結合傳統的民族意識資源，借用傳統民族象徵符號，加以創造性發揮和動員的結果。[10] 他們的有關思想文本，遂成為近代中國民族主義理論自覺的直接象徵。

二、近代中國民族主義值得深入透視的幾個現象與特點

整體把握近代中國民族主義，總不免要對其特點加以思考。然而一旦真正探討起這個問題來，才發現已有的說法雖有不少，但真正得到學界較為認同的觀點其實並不多。由此也可見該問題的難度。在筆者看來，以下幾個現象，或許可以為我們進一步思考這一問題提供些許啟示。

首先，在近代中國，民族主義作為一種對列強欺壓和侵略予

---

10 沈松僑的〈我以我血薦軒轅 —— 黃帝神話與晚清的國族建構〉（載《台灣社會研究季刊》1997 年第 28 期）與〈振大漢之先聲 —— 民族英雄系譜與晚清的國族想像〉（載賀照田主編的《學術思想評論》第 10 集，吉林人民出版社 2003 年版）等文，對這方面的問題有過專深的研究。王明珂、石川禎浩和孫江有關 20 世紀初年中國「黃帝」的論文也可資參考。見王明珂：〈論攀附：近代炎黃子孫國族建構的古代基礎〉（載《中央研究院歷史語言研究所集刊》2002 年第 73 本）；石川禎浩：〈20 世紀初年中國留日學生「黃帝」之再造 —— 排滿、肖像、西方起源論〉（載《清史研究》2005 年第 4 期）；孫江：〈連續性與斷裂 —— 清末民初歷史教科書中的黃帝敘述〉（載王笛主編《時間・空間・書寫》，浙江人民出版社 2006 年版）。

以自覺回應的現代性思潮和運動，其勃興、發展和高漲始終都與
「日本因素」特別是其連續不斷的侵華活動密切相關。長期以來，
這樣一個似乎相當明顯的事實和特點，從近代中國民族主義思潮
全域的角度加以把握者並不多見；從「民族主義」的心理、思想
和運動「三位一體」的角度來自覺進行整體性剖析的，就更為少
見了。實際上，同為「黃種」、過去深受中國文化影響但不為中
國所重的日本通過學習西方、成功改變自己被列強欺辱的民族命
運，並最終發動甲午戰爭打敗中國，不僅成為刺激中國現代意義
的民族主義勃然興起的標誌性開端，隨後大批中國人到日本留學
和由日本大量轉輸西方新式文化資源，還孕育出清末第一批完全
自覺的民族主義者。日本在軍國主義的支配下加入列強行列，對
「同文同種」的中華民族不斷實施侵略、掠奪與歧視的殘酷打擊，
可以說成為近代中國民族主義最為重要和持續性的動力來源，同
時也塑造了這一民族主義恥憤交加、空前奮發和最終在絕境中通
過涅槃獲得重生與自信的情感品格和精神素質。「中華民族復興」
這一近代中國民族主義最具象徵性的論題之提出及其思想建設，
中共文化「民族性」意識覺醒並將「民族性」置於新民主主義文
化特性之首的重要轉變，[11] 現代中華民族觀念的普及和認同的基本
形成，也都是在「九一八事變」日本佔領東北、1935 年日本入侵

---

11 可參見黃興濤、王峰：〈民國時期「中華民族復興」觀念之歷史考察〉，《中國人民大
　學學報》2006 年第 3 期；黃興濤、劉輝：〈抗戰前後中國共產黨文化「民族性」意識
　的覺醒及其意義〉，《北京檔案史料》2002 年第 1 期。

華北和全面抗戰爆發之後才得以實現的。

對於日本與近代中國民族主義發展關係的研究，美國學者柯博文（Parks M. Coble）1991 年出版的《走向「最後關頭」——中國民族國家構建中的日本因素（1931-1937）》一書，[12] 是一部有價值的著作。該書對國民黨政權的有關努力及其與民族主義意識形態之間的衝突與一致關係的審視，尤為難得，不過其探討的時段主要限於日本大規模侵華時期。[13] 最近，有中國學者著文嘗試從甲午戰後中日關係全域的角度來整體把握近代中國的民族主義，顯示出將中日關係的事件史與民族主義的思想史結合起來的可貴自覺。[14] 該文以 1895、1905、1915、1925、1935、1945 六個關鍵年度為視點，考察了伴隨中日關係的中國近代民族主義的演變歷程，透視了各個時間點民族主義的特徵及其與日本因素的關係。當然，這一問題所涉範圍極為廣泛，難度不小，作者的有些分析似還存在可以商榷的餘地，比如作者認為中國近代民族主義形成於 1905 年，就未必妥當；而他認定 1945 年抗戰勝利後這一民族主義就走向了「基本的終結」之結論，恐也難以服人。在筆者看來，此後以「沈崇事件」為標誌，以反美帝侵略為主題，以至不少典

---

12 該書英文版 1991 年由哈佛大學出版社出版，中譯本由馬俊亞譯，2004 年由中國社會科學文獻出版社出版。

13 更早一些時候由日本學者池田誠編著的《抗日戰爭與中國民眾——中國的民族主義與民主主義》（中國人民抗日戰爭紀念館編研部譯校，求實出版社 1989 年版），也在相同時段討論了相關問題。此書日文原本 1987 年由京都法律文化社出版。

14 見臧運祜：〈近代中日關係與中國民族主義〉，載鄭大華等主編：《中國近代史上的民族主義》，第 412-432 頁。

型的自由主義者也都捲入其中的民族主義浪潮，應該才是鮮明地體現了該思潮時代特色和歷史功能的終結標誌。**15**

其次，近代中國民族主義包含「抗議與建設的兩面」，總的說來兩者是「相輔相成而不可分割」的關係，**16** 但與前述現象相關，它也表現出「反抗」或「抗議」的一面更受關注及凸顯、「建設」的一面相對發展不足的特點。「反抗」、「抗議」本身，彰明了中國近代民族主義的「防禦」性質、政治正當性和激烈悲壯的道義色彩；同時，巨大的生存危機對「民族自信力」的本能呼喚，又為「文化民族主義」的繁榮創造了條件；而另一方面，民族主義「建設」面向的展開，則蘊涵了其與民主主義、自由主義等思潮複雜膠合的歷史多面性及其內在張力。其中「自由民族主義」的思想選擇，至今仍是一個亟需重視和深入研究的課題。

由於始終不斷的救亡逼迫，對內建設「民族國家」的許多工作不及著手，遑論完成？近代中國民族主義與民主主義、自由主義建設因此發生現實矛盾乃至思想衝突，實不足怪。但如果僅以此來認識兩者之間的歷史關係則是偏頗的。從理論上說，民族主義的最終價值根據恰是獨立和平等的民主原則，這一點也恰恰體

---

15 甲午以後，除日本外，美國和俄國等是對近代中國民族主義影響較大的國家。關於美國與中國近代民族主義的關係，王立新的《美國對華政策與中國民族主義運動》一書（中國社會科學出版社 2000 年版）的研究，頗有價值。

16 這裡借用了羅志田教授的提法。見其〈近代中國民族主義的史學反思〉一文，載《二十世紀的中國思想與學術掠影》，廣州：廣東教育出版社 2001 年版，第 104 頁。下文提到他的有關見解，也都出自此文，不另註明。

現了兩者之間內在的相關性和交叉性；而從歷史上看，近代中國民族主義一開始就以激昂的聲音呼喚「新國民」，無論是提出「三民」思想的嚴復，還是鼓吹「新民說」的梁啟超，實際上都已成為了基於自由民主價值自覺的民族主義思想先驅。

　　不過，關於「自由民族主義」的提法在西方學術界雖早就存在，國內的研究者在相關民族主義分類中也早有提及，但有關近代中國「自由民族主義」的系統深入的專題研討卻一直相當缺乏。這與近代中國文化民族主義研究的熱鬧情形恰成對照。在這方面，許紀霖教授近年發表的〈在現代性與民族性之間 —— 現代中國的自由民族主義思想〉一文，頗值得關注。**17** 該文不僅認真梳理了從梁啟超到張君勱的自由民族主義思想的發展歷程，而且細緻論析了其內部由政治民族主義向文化民族主義演化的思想脈絡和該思潮的一些重要特點。其自覺將文化民族主義置於自由主義的框架裡而不是在以往學界通行的文化保守主義的框架下來認識，的確對今人認知近代中國民族主義的特質和複雜性有所助益。不過，對於近代中國「自由民族主義」的研究也不能情緒化，有學者不分時段，也不具體問題具體分析，總是一廂情願地把那頂「理性民族主義」的桂冠戴到那些身份待定且不斷游移的所謂「自由民族主義者」頭上，這種簡單化的做法本身就未必是「理性」的和符合當時歷史實際的。

　　回到「反抗」與「建設」的關係上來。事實上，在有的自由

---

17 許紀霖此文前三節載《社會科學》2005 年第 1 期，第四節載《學海》2005 年第 1 期。

民族主義者看來，自覺、持久、有組織有準備地「對抗」過程不僅是「建設」即民族建國的前提，甚至其本身就是「建設」的一部分。傅斯年和張君勱等人就都曾具有以「反抗」求「建設」的自覺意識。如日本佔領東北後，傅氏就曾激動地聲言：「大規模的抵抗便是中國受嚴格的國民訓練之開始。中國之徹底腐敗，非借機鍛煉一下子不可的。譬如打鐵，鋼是打出來的。以局勢論，這是中國人挺起身子來做人的機會，以力效論這是我們這老大國民再造的機會。打個落花流水，中國人才有翻身之一日。」[18] 可見對於傅斯年等人來說，「反抗」只不過是「建設」的一個手段而已。

在民族主義「建設」的面向裡，尤其是在強烈不滿政治文化現狀的「未來取向」的思路中，還會自然出現程度不同的所謂「反傳統」傾向問題。明確提出「反傳統」是近代中國民族主義的「特殊形態」，並由此引人深思兩者之間「歷史」關係的，仍然是羅志田教授。不過對此一斷言，筆者雖大體接受，卻以為尚需要作點分辨。

在近代受外來列強欺壓而又專制嚴重、缺乏近代民族傳統的弱小民族裡，民族主義者通常都不會絕對不反「傳統」，他們也會幹著「以傳統反傳統」，或確切地說「以此傳統反彼傳統」，以歷史反現實，以「復興」相號召的事情。但真正思想上自覺的民

---

18 傅斯年：〈中國做人的機會到了！〉，《獨立評論》第 35 號，1933 年 1 月。有關分析可見張太原：〈建立一個民族的國家：自由主義者眼中的民族主義〉，載鄭大華等主編：《中國近代史上的民族主義》，第 259 頁。

族主義者，尤其是「文化民族主義」者卻一般不會籠統地、全方位地、整體性地「激烈反傳統」，而是在批評某些傳統的同時，又特別自覺、有選擇地積極強調、闡發和宏揚主流傳統或至少是部分傳統文化的意義與價值。只有少數強烈認同現代民族國家價值的「政治民族主義」者，在民族危機相對弱化的特定時期，才會有全盤激烈反傳統的異常之舉，故羅志田稱之為中國近代民族主義的「特殊形態」，筆者也表示認可。但是，這與有些學者將「激烈反傳統」徑直歸為「文化民族主義」者的認識，[19] 實在仍存在差別。

關於這一問題，筆者還願從「愛國主義」與「民族主義」的異同角度，再略作一點發揮。

在筆者看來，若暫不考慮「愛國主義」與「民族主義」思想的西方來源，僅就兩者漢字字面和近代中國人的習慣用法而言，它們當屬既有密切關聯和重合內涵、又有一定區別的概念。「愛國主義」大體可以與「政治民族主義」的有關訴求相對應，但其也不排斥文化民族主義的有關訴求。由於「民族」（或譯為「國族」）主要是一個帶有政治性的社會文化範疇，故「民族主義」必然含具一種與生俱來的對其主體歷史延續性的固執強調，而「愛國主

---

19 參見曹躍明、徐錦中：〈中國近現代民族主義之路〉，《天津社會科學》1996 年第 5 期。他們認為：「所謂文化民族主義應當具有下面兩層含義：1. 以傳統文化為民族國家的象徵和根本命脈；2. 不論是發揚和攻擊傳統文化，都認為只有從思想觀念入手才能解決民族問題。」這兩者間似不無矛盾之處。在目前討論近代中國文化民族主義的論著中，類似的矛盾所在多有。

義」則不然。「愛國」主要是一個帶有文化性的政治範疇,作為政治範疇的「愛國主義」並不必然要求對「傳統」的忠誠。換言之,愛傳統和反傳統,都可以構成「愛國主義」的表現,但激烈的全面的反傳統,即便在當時也難以被「民族主義」同道所容納,甚至連激烈反傳統者自身也不會去進行這種自我身份認同。這就是為甚麼那些批評民族主義或至少不願認同民族主義價值的人,卻可以也願意聲稱自己是一個「愛國者」或不是「非愛國者」的原因。[20] 在這方面,五四時期以激烈反傳統著稱的陳獨秀、魯迅,上世紀 20 年代後期和 30 年代初期鼓吹「全盤西化」的陳序經和胡適等,可謂突出代表。值得注意的是,他們在激烈和全方位地反傳統之際,恰恰並不以「民族主義」標榜(卻也不妨以「愛國」自我辯護),而明明自覺地認同於與民主民族建國取向並不必然矛盾的「世界主義」。

在近代中國,如果說改革導向的「國語」運動更多地體現了政治民族主義的文化關懷,那麼保守取向的「國學」運動則較多地反映了文化民族主義的學術追求和時代特色。這有助於我們理解兩者之間的差別與聯繫。

第三,在近代中國民族主義思潮和運動中,以「中華民族」為主要符號標誌,在通常所謂的「大民族」與「小民族」之間存在著一種矛盾統一的雙重認同並存的局面,這也可以說是近代中

---

20 關於近代中國愛國主義的歷史研究,可參見李文海主編:《中國近代愛國主義論綱》,北京:中國人民大學出版社 1991 年版。

國民族主義的一大現象和特色。這種雙重認同曾不免造成一定程度的政治困擾，不過在抗日戰爭的血火洗禮中，其整體認同最終還是得以形成並不斷趨於鞏固。值得指出的是，在國共兩黨之間，對於「中華民族」的理解也曾有所差別。抗戰時期，國民黨政權中的蔣介石一系為了增強民族凝聚力，曾一度機械地按照西方現代民族國家觀念，在將整個中華民國的國民全體稱之為「中華民族」的同時，把國內包括漢族在內、清末以來特別是民國之初即已普遍取得現代「民族」稱謂和身份的滿、蒙、回、藏[21]等轉稱為「宗族」，結果遭到許多抵制；相比之下，中共在基於長期歷史文化和血緣交流關係的政治命運共同體的意義上使用「中華民族」概念，似更顯政治智慧；[22]而潘光旦等一些社會學家在介於「種族」和「國家」之間互動內涵的「民族」意義上使用「中華民族」概念，則表現出中國特色的學理創造性。[23]當然，也還存在著其他的一些理解。不過，不管當時作為認同主體的中國人所

---

21 關於國民黨曾經提倡五族共和、認可五族為「民族」，後來又轉而放棄五色旗等的認識和行為變化，可見村田雄二郎的〈辛亥革命時期的國家想像 —— 五族共和〉，《現代中國研究》2001 年第 9 號，第 20-26 頁。

22 關於國共兩黨民族觀及其演變和差異，可見松本真澄著、魯忠慧譯：《中國民族政策之研究：以清末至 1945 年的「民族論」為中心》。

23 潘光旦認為：「同是一種結合，國家是有政治、經濟、法律等意味的，種族是生物學與人類學的，民族卻介乎二者之間。一個結合，在種族的成分上，既有相當混同劃一的性質，而在語言、信仰、以及政、法、經濟等文化生活方面，又有過相當持久的合作的歷史 —— 這樣一個結合，就是一個民族。」1937 年 7 月版《民族特性與民族衛生》，載潘乃穆、潘乃和編：《潘光旦文集》第 3 卷，北京大學出版社 1995 年版，第 43 頁。

秉持的「民族」概念有何差別，也不論學者們對此認同過程如何認識和評價，「中華民族」的共同符號的確最終成為了現代中國各民族普遍認同的身份象徵，完全獨立的現代民族國家也終於誕生。這無疑是近代中國民族主義一個最為重要的政治成果。

在「中華民族」的現代認同問題上，筆者不太贊同那些過於誇大認同者的主觀人為性「建構」努力，而較為輕視歷史文化重要影響和制約因素的認識傾向。其實在中國歷史上，傳統意義上的少數「民族」，許多也曾具有雙重「民族」認同的歷史，一方面他們要建立自己獨立的政權，維護本民族的利益和文化，而同時又無不想或實際上入主內地和中原，接受或至少是部分接受漢族的制度和文化，從而表現出對包含龐大漢族在內的「大中國」的認同。這一點，在滿族建立的大清朝的歷史中體現得最為充分。雍正皇帝親撰並發佈的《大義覺迷錄》可謂這種雙重認同的絕佳文本。清末當西方現代「民族」觀念傳入中國之初，不僅在梁啟超、楊度等漢族知識分子那裡激起一種各民族基礎上建成「大民族」共同體的構想，在滿蒙回等一些留日學生那裡，也同時出現過類似的觀念，這種現象實在絕非偶然，[24] 它對把握近代中國民族主義歷史基礎的意義是至關重要的。

---

24 關於「中華民族」觀念及其傳播和認同的研究，可見黃興濤：〈民族自覺與符號認同：「中華民族」觀念萌生與確立的歷史考察〉，《中國社會科學季刊》（香港）2002 年第 1 期創刊號。

三、「新文化史」研究方法的運用與思想分析的強化問題

長期以來，近代中國的民族主義都是吸引中外學者共同興趣的學術領域，特別是在西方漢學界，作為一種認知工具的「民族主義」，還一直是專攻中國近代史的史學家們最慣見而又常常能使其研究新見迭出的視角。但 20 世紀 90 年代之後，隨著深受後現代思潮影響的「新文化史」方法的介入，有關近代中國民族主義的研究開始發生一些重要變化。總體而言，「民族主義」由原來的政治史、思想史、文學藝術史等傳統史學領域分別研究的問題，逐漸變成了一個真正跨領域綜合把握的歷史對象。

所謂「新文化史」或稱社會文化史的一個重要特點，就是從「文化」的大視角出發，始終關注文化與政治、社會一體化互動的主體「實踐」（practice）史，重視揭示思想觀念的社會化過程及其功能。就其追求而言，它乃是一種力圖將傳統的思想史、文化史和社會史關懷結合起來的史學研究方法與路徑。[25]

這種新的方法引入之後，對「近代中國民族主義」的研究所產生的影響是顯而易見的。過去的研究通常是將民族主義作為一種社會心理和思想形態來把握，「問題意識」是認知它如何形成，

---

25 關於「新文化史」的總體特點，筆者相對全面一點的認識，可見拙編：《新史學》第三卷《文化史研究的再出發》「序言」，北京：中華書局 2009 年版。但這裡強調的綜合性「主體實踐」，或亦可補充前者。

又如何具體滲透和影響到上述政治、經濟和文化各具體領域歷史發展的進程；而新文化史的有關研究，則不僅將民族主義視為社會心理和思想形態，同時還將它直接視作為一種連接心態、思想，並貫通政治、經濟和文化諸領域的主體社會化「實踐」，研究者除了原有的那些問題意識並對其加以調整之外，某種程度上還特別關心政治和文化諸領域如何因「民族主義」而互動的歷史情形。

雖然，自覺或不自覺地大體以這種新文化史的追求來關照近代中國民族主義課題的學者及其研究成果，也是五花八門、互有差異，[26] 但總的說來，這種方法的引入還是有助於克服以往思想史研究的不足，使相關的探究更加豐富多彩，更加充滿活力，不僅擴展了關注範圍，提高了綜合深度，也在整體上推進了研究的進展。這是因為，新文化史方法的綜合性，正好與近代中國民族主義現象集社會心理、價值傾向、思想意識形態和社會實踐運動於一身，合政治經濟文化現象於一體的綜合特點，一拍即合。

在以新文化史的方法來綜合研究近代中國民族主義的論著中，澳大利亞學者費約翰（John Fitzgerald）所寫的《喚醒中國：

---

26 有些學者的後現代關懷更為鮮明和強烈，喜歡以「話語實踐」理論來處理民族主義及其分支論題（如「國民性」），強調主體之間「權力」博弈的文化「建構」功能；有的則力圖淡化「話語」分析的偏頗性，努力吸收其分析法的長處；有的在以安德森（Benedict Anderson）民族為「想像的共同體」的理論解構近代中國民族主義「話語」的同時，還致力於建構自己的理論，如杜贊奇（Prasenjit Duara）構建史學研究的「複線歷史」（bifurcated history）觀，劉禾（Lydia H. Liu）構建「跨語際實踐」（translingual practice）理論等。

國民革命中的政治、文化與階級》和任教於英國牛津大學的葛凱（Karl Gerth）所著《製造中國：消費文化與民族國家的創建》兩書，最見風采。《喚醒中國》一書以寓意深刻的「睡獅」被喚醒為一語雙關的民族主義隱喻，以國民革命的領導集團如何「喚醒」中國民眾為研究主題，從立體角度全方位展開分析和論述，它既注重領導人的有關思想、政治和文化活動，更注重政府宣傳機關和部門的結構、運作與功能，並將許多關於民族主義重要的思想問題如「階級」與「民族」關係，民族利益的「代表」及其資格，以及「封建主義」等政治概念如何發揮民族主義作用等問題，置於一個動態的實踐過程中去把握，同時還通過對一些涉及中外關係的特別事件如「臨城劫車案」，美國新聞記者甘露德（R. Y. Gilbert）具有民族歧視性的著名作品《中國怎麼了》等引起的風波之意義透視，來綜合揭示此間「民族覺醒」的全息圖景。筆者閱讀此書，對新文化史那種縱橫捭闔、綜合立體的研究風格留下極深印象。應當承認，許多思想問題的民族主義意涵，也的確只有在這種多維歷史關係的實際透析中，才能更好地瞭解與把握。**27**

葛凱所著《製造中國》一書，則從近現代「消費文化」的興起與「民族國家」創建之歷史關係的獨特角度，生動地揭示了民

---

27 見費約翰著，李恭忠、李里峰等譯：《喚醒中國：國民革命中的政治、文化與階級》（*Awakening China*），北京：生活・讀書・新知三聯書店 2005 年版。

族主義在近代中國的成長及其影響問題。[28] 該書關於「男性形象的民族化」、「女性消費群體的民族主義化」的討論，將社會史的性別關注與傳統思想文化史的「民族主義」關懷有機地結合起來考察，給人的印象相當深刻。此外，該書以民族資本家吳蘊初為例對「塑造愛國企業家」問題的討論，以「民族主義商品展覽會」為例對所謂「民族主義視覺認知」問題的論析等，也多新穎獨到、別具匠心。特別是書中精心選配的各種精彩圖片，不僅有助於揭示研究主題的內涵，還能使讀者展開聯想。這也是新文化史研究能格外吸引人的魅力所在之一。

關於近代中國民族主義興起史的研究，近年來也有兩部帶有新文化史研究風格的著作值得一提，一部是美國學者柯瑞達（Rebecca E. Karl）的《登上世界舞台：20世紀初中國的民族主義》，[29] 一部是日本學者吉澤誠一郎的《愛國主義的創成 —— 從民族主

---

28 見葛凱著、黃振萍譯：《製造中國：消費文化與民族國家的創建》（*China Made: Consumer Culture and the Creation of the Nation*），北京大學出版社 2007 年版。在該書導論中，作者明確表示：「本書論證，消費主義在民族主義明晰化過程中扮演了一個基本角色，同時，民族主義對於界定消費主義也是如此。對所有商品進行『本國』和『外國』的區分，有效地產生了『叛國的產品』和『愛國的產品』這兩個概念，這就使得民族主義塑造出了萌芽中的消費文化的基本形態。這種民族主義化了的消費文化就變成了一個表達場所，在這個場所裡，『民族』這個概念和中國作為『近代民族國家』的概念是相關聯的，他們都在被制度化，以及在被實踐著。經由民族觀念來解釋商品消費，不但有助於形成『近代中國』的真正概念，而且也成為中國的老百姓開始認為自己是近代國家的公民這個概念化過程的主要途徑。」（見該書中譯本，第 4 頁）該段文字不僅清楚說明了本書主題，也典型地反映了新文化史的方法和研究旨趣，故特引錄於此。

29 Rebecca E. Karl, *Staging the World: Chinese Nationalism at the Turn of the Twentieth Century* (Duke University Press, 2002).

·

義看近代中國》³⁰。前者從全球化環境和世界空間的形成展開，及從全球觀念、世界意識與中國民族主義關係的角度，對 20 世紀初中國民族主義的興起進行了獨特透視。著作探討了「太平洋」和「夏威夷」是如何成為「中國民族主義空間」的；菲律賓反美革命是如何服務於中國人認知的「殖民主義」目標的，布林戰爭及其國民話語又是如何成為提升中國民族的知識和手段的，同時還涉及到「種族」、「殖民」、「亡國」、「膨脹主義」等等概念建制如何被用於書寫上述這些全球性事件，以激發中國民族主義意識和運動的等等，一言以蔽之，即以一種世界的視野和綜合的眼光，來生動地揭示當時中國民族主義的知識和話語生產的情形。後者則從海外移民與人種主義、都市秩序與國家意識、地理概念與歷史認知、身體與文明化之關係、悼亡愛國者等多重視角出發，並圍繞同胞團結意識的形成，中國一體性的追求等問題，探討了近代中國民族主義形成的過程與特點，也不乏自己的獨到之處。

其實，早在多年前，陶緒教授在《晚清民族主義思潮》³¹一書中也已對相關內容有過扎實的探討，不過因缺乏類似的方法和視野，其所提供的問題意識和造成的認知效果，實與之有著相當的

---

30 吉澤誠一郎：『愛國主義の創成　ナショナリズムから近代中國をみる』，岩波書店 2003 年版。

31 見陶緒《晚清民族主義思潮》第二章，北京：人民出版社 1995 年版，第 75-113 頁。此前，俞旦初在〈二十世紀初年外國愛國人物在中國的介紹和影響〉等文〔後收入《愛國主義與中國近代史學》一書（中國社會科學出版社 1996 年版）〕中，也多曾涉及於此。

不同。

　　當然，目前以新文化史方法研究近代中國民族主義的不少著作，也存在某些不能讓人完全滿意的地方。除了因後現代意識過強所造成的偏頗之外，有些論著還普遍表現出「主題」思想討論相對分散，歸納性研討少，發散性思辯多，往往是火花四閃而論題頻頻轉移，涉及內容龐雜眾多而討論難以深入。筆者以為，救濟之法，可能是自覺將傳統思想史研究的固有長處融合進來，又或是以傳統思想史為主體，將目前新文化史的一些優點適當收容進去。總之，強化思想分析的力度，恐怕乃是目前近代中國民族主義研究的迫切任務之一。

　　在提升研究的思想力度方面，目前實有很多基礎的工作亟需推進。比如，關於近代西方民族思想在華傳播的問題，學界迄今便只是做過一些零散的研究，從沒有系統地進行過清理。即便是關於「民族」概念的認知，也是如此，[32] 更不用說那些系統的思想

---

[32] 比如，我們知道李大釗、吳文藻等人都在歷史文化族群的意義上理解「民族」，1914年光昇在〈論中國之國民性〉一文（載《中華雜誌》創刊號）中，也介紹了柏哲士的同樣觀點。最近筆者在閱讀五四時期的有關資料時發現，美國思想家杜威在1920年初的中國也傳播過相同思想。他在中國的一次演講中指出「國家」（state）與「國」（country）和「民族」（nation）的不同時說：「『國』只要土地人民就夠了，『國家』的重要成分卻不僅在土地人民，而且在行使職權和能力的機關。這權力對外可以抵抗防禦，對內可以執行法律。這便是國家的特性。『國家』又與『民族』（nation）不同。有相同的語言、文字、文學，及大同小異的風俗、習慣、思想，就可以算一個民族了。但民族不是國家。試看歐洲波蘭等民族，久在那裡想變成一個國家。這可見民族可以變成一個國家，卻未必就是國家。有對內對外的威權，才是國家的特性。」（見杜威講演、伏廬筆記：〈社會哲學與政治哲學〉，《晨報》1920年1月21日）

著作和當時關於民族主義思想的相關研究成果了 **33**。而這對於深化近代中國民族主義思想研究的意義卻是不言而喻的。與此相關，一些與民族主義緊密相關的重要概念、觀念和思想範疇，如「帝國主義」、「殖民主義」、「國際主義」、「世界主義」和「愛國主義」等，也需要對其在華傳播和被中國各階層人理解、運用的近代歷史，進行專題的考察和系統的研究。它們不僅影響今人對於近代中國「民族主義」概念的認知，實際也是當時中國人進行民族主義動員、激發民族主義情緒的有力思想工具。

同時，從一般思想史角度著眼，對那些具有近代中國時代特色和深刻民族主義思想內涵的流行觀念、理念、信念和命題等加以進一步關注和深入透視，也是提升目前民族主義研究思想水平的不容忽視的方面。除「中華民族復興」理念和已深受關注的「國學」觀念等之外，當時更為一般性的關於「民族自信力」的議題與討論等，也具有深入挖掘的思想價值。

在近代中國這樣一個落後被欺壓的弱小民族裡，特別是在屢遭外來民族的軍事侵略、政治壓迫、經濟掠奪、種族和文化歧視的時代背景下，「民族自信力」問題的重要性顯而易見。該問題在近代中國究竟如何被意識到、被提出、被討論，不同的政黨、思

---

33 如被公認為西方民族主義研究兩大開山之師之一的海斯的有關著作內容在華傳播的情況，就缺乏關注。早在 1930 年代初，海斯（Carlton Hayes）的名著 *The Historical Evolution of Modern Nationalism* 就被譯作《族國主義論叢》在華出版，譯者為著名人物蔣廷黻，他與近代自由民族主義的關係極為特殊。蔡樂蘇、金富軍的〈蔣廷黻外交思想探悉〉一文（載《清華大學學報》2005 年第 1 期），對蔣氏翻譯此書的情形有所介紹。

想派別又如何認識它、並提出怎樣的應對方案等等，至今仍是近代中國民族主義思想史領域缺乏專門研究的課題。

即便是廣受關注、如今人們似乎早已厭煩的「國民性」（又稱「民族性」，還稱「國性」）問題，也還有從心態、思想和實踐相結合的民族主義角度加以整合研究的必要。以往我們只關注「改造國民性」思潮及其文學滲透等問題，如今又樂於一味對其進行解構。其實許多問題都還沒有進行深入細緻的研究。不說別的，僅就這一問題的中西日三方互動關係及其對中國民族主義的影響而言，就有不少重要的文本迄今尚無人討論。

至於中國人以西文著述、直接向西方抒發民族主義情懷，進行民族主義辯護，闡發民族主義思想的這一重要民族主義載體，目前就其整體而言，基本上還處於被忽略的境地，而它對於我們認知近代中國民族主義的特徵本應是大有裨益的。

全面加強中國近代民族主義的研究，當然不僅是一個提升思想分析能力的問題。如前所述，現今許多充滿活力的民族主義研討，恰恰是在那單調的「思想」把握之上，又添補和滲入了活生生的社會心理與政治文化實踐等方面的內涵。不過，這卻並不意味著可以從以上任何一個層面即能單獨確定某種意識、思想和行為的民族主義性質。比如我們判斷一種思想屬不屬於民族主義範疇，就不僅要看其主體者的心理層面，起碼還要看其在思想層面是否認同民族主義的基本價值目標，是否使用現代民族主義的基本概念和詞語，甚至還要看其思想主體者的相關行為。在這個意義上，筆者不太認同羅志田教授將那種主張所謂「超人超國」的

近代思想現象也直接歸結為民族主義範疇的觀點。儘管其視角獨特，無論是對於理解近代中國「超人超國」思想流行現象的形成、傳播，還是對從心理層面來認知近代中國民族主義都有啟發意義。同時，我們也不會不看心理和行為，就天真地給那些標榜「曲線救國」的思想及其思想者冠以「民族主義」的身份。

實際上，在研究近代中國民族主義的時候，既需避免僅停留在民族心理和情感層面，將民族主義泛化的理解和處理方式，[34] 也要避免不深究思想內涵和歷史的實際存在情形，僅滿足於一味從邏輯上進行分類且樂此不疲的「理論」癖。適度地將情感、思想形態和社會實踐結合起來認知，乃是近代中國民族主義歷史現象所提出的內在要求，也是我們今後的研究需要進一步努力的方向。

（本文係應日本東京大學村田雄二郎教授等邀請為其主持的「20 世紀中國史系列」所寫專稿。載飯島涉、久保亨、村田雄二郎主編：「20 世紀中國史系列」第 1 輯《中華世界與近代》，東京大學出版會 2009 年版，第 185-205 頁。日譯者為小野寺史郎。徵得主編同意，本文曾以中文在國內發表於《廣東社會科學》2009 年第 3 期。此次收錄本書，個別地方略有文字調整並補充兩個註釋。）

---

34 耿雲志先生在〈中國近代思想史上的民族主義〉一文中的意見與筆者類似，他曾強調：「民族主義會牽及民族感情，甚至可以承認，民族主義有其心理和感情的基礎，但絕不可以因此將民族主義歸結於感情，或停留在感情的層面上。」見李文海、耿雲志等：〈「中國近代史上的民族主義」筆談〉，《史學月刊》2006 年第 6 期。

參考文獻

一、清代、民國時期的有關報刊文章、時人著作

(包括今人所重新編輯的有關當時人的史料彙編、文集等)

1. 愛漢者等編、黃時鑒整理：〈東西洋考每月統記傳〉，北京：中華書局 1997 年影印本。

2. 八路軍政治部編：《抗日戰士政治課本》（上、下），載中共中央統戰部編：《民族問題文獻彙編》，北京：中共中央黨校出版社 1991 年版。

3. 白崇禧：〈實現總理的國族主義〉，《邊疆月刊》1941 年第 3 期。

4. 北京師範大學圖書館編：《北京師範大學圖書館藏稀見方志叢刊》，北京：國家圖書館出版社 2007 年版。

5. 步陶：〈雜評二〉，《申報》1914 年 3 月 9 日。

6. 曹亞伯：〈武昌起義〉，載《中國近代史資料叢刊・辛亥革命》（五），上海人民出版社 1957 年版。

7. 長風：〈漢奸新論〉，《創進》1937 年第 1 卷第 2 期。

8. 裳：〈華奸〉，《救國月刊》1933 年第 4 期。

9. 岑家梧：〈論民族與宗族〉，《邊政公論》1944 年第 3 卷第 4 期。

10. 常乃惪（燕生）：《中華民族小史》，上海愛文書局 1928 年 5 月初版。

11. 常燕生：〈國族的血〉，《國論》1937 年第 2 卷第 10 期。

12. 陳伯達：〈評《中國之命運》〉，《解放日報》1943 年 7 月 21 日。

13. 陳辭修：《認識時代：一個民族復興的大時代》，第一戰區司令長官司令部秘書處，出版年代不詳，疑為 1937 年前後，國家圖書館有藏。

14. 陳登原：《陳氏高中本國史》上冊，世界書局 1933 年版。

15. 陳健夫：《西藏問題》，商務印書館 1937 年 2 月初版。

16. 陳敬第：〈滿漢問題之解決〉，《中國新報》1907 年第 1 卷第 5 號。

17. 陳啟天：〈新國家主義與中國前途〉，《少年中國》1924 年第 4 卷第 9 期。

18. 陳立夫：〈民族復興與復古不同〉，《河南政治月刊》1934 年第 4 卷第 8 期。

19. 陳旭麓、郝盛潮主編：《孫中山集外集》，上海人民出版社 1990 年版。

20. 陳旭麓主編：《宋教仁集》，北京：中華書局 1981 年版。

21. 陳訓慈：〈民族名人傳記與歷史教學〉，《教與學》1935 年第 1 卷第 4 期。

22. 陳伊璇：〈民族英雄應具之特性〉，《遺族校刊》1935 年第 2 卷第 4 期。

23. 陳儀講、台灣國語推行委員會編選：《民國三十四年民族復興節廣播詞》，台北：台灣書店 1946 年版。

24. 陳雨耕：〈認清中國的現代來找民族英雄〉，《遺族校刊》1935 年第 2 卷第 4-5 期。

25. 陳玉甲編：《綏蒙輯要》，編輯印刷時間不詳，據考時間為 1937 年（一說 1936 年）。

26. 陳垣整理：《康熙與羅馬使節關係文書影印本》，北平故宮博物院 1932 年套紅影印。

27. 陳志良：〈廣西特種部族的新年〉，《公餘生活》1940 年第 3 卷第 8-9 期。

28. 陳志良編著：《廣西特種部族歌謠集》，科學印刷廠 1942 年版。

29. 〈陳專員祭海演說詞紀略〉，《蒙藏旬報》第 6 卷第 1 期，1932 年 10 月 10 日。

30. 陳子怡：〈中華民族，黃帝子孫，一耶？二耶？〉，《西北史地季刊》1938 年第 11 期。

31. 楚人：〈中華民族是整個的〉，《現代青年》1936 年第 3 期。

32. 《辭海》子集，中華書局 1938 年版。

33. 戴季陶：《孫文主義之哲學的基礎》，上海民智書局 1925 年 6 月版。

34. 戴季陶：《國民革命與中國國民黨》(黨員必讀)，1928 年重刊本（無版權頁）。

35. 鄧長耀：《五族聯歡歌》，《綏遠月刊》1925 年第 1 卷第 3 期。

36. 慕維廉：《地理全志》卷 8，上海墨海書館鉛印本 1853-1854 年。

37. 丁俊賢、喻作鳳編：《伍廷芳集》上冊，北京：中華書局 1993 年版。

38. 丁文江、趙豐田：《梁啟超年譜長編》，上海人民出版社 1983 年版。初版於民國年間。

39. 杜威講演、伏盧筆記：〈社會哲學與政治哲學〉，《晨報》1920 年 1 月 21 日。

40. 〈對於湘陰農村建設之商榷〉，湘濤學社編《湘濤》雜誌 1936 年。

41. 〈俄蒙交涉檔案〉，《申報》1912 年 12 月 20 日。

42. 〈二中全會通過之三要案〉,《申報》1929 年 6 月 19 日。

43. 〈發刊詞〉,《藏文白話報》1913 年創刊號。

44. 范筱珊:〈中華民族萬萬歲〉,《新音樂》雜誌 1941 年第 3 卷第 5 期「新人曲選」欄。

45. 〈防奸續議〉,《申報》1894 年 9 月 4 日。

46. 費孝通:〈關於民族問題的討論〉,《益世報・邊疆週刊》第 19 期,1939 年 5 月 1 日。

47. 馮穎達:〈中華民族不會亡〉(書法作品),《兒童世界》1939 年第 42 卷第 5 期。

48. 馮玉祥選集編委會:《馮玉祥選集》,北京:人民出版社 1998 年版。

49. 傅斯年:〈中國做人的機會到了!〉,《獨立評論》第 35 號,1933 年 1 月。

50. 傅斯年:〈中華民族是整個的〉,《獨立評論》第 181 號,1935 年 12 月。

51. 傅斯年:〈內蒙自治問題 —— 駁盟等於省旗等於縣說〉,載歐陽哲生編:《傅斯年全集》(四),長沙:湖南教育出版社 2003 年版,第 337-343 頁。

52. 傅運森編纂,高鳳謙、張元濟校訂:《共和國教科書・新歷史》(高等小學用),商務印書館 1912 年。

53. 傅振倫編:《民族抗戰英雄傳》,青年出版社 1935 年初版,1945 年再版。

54. 高材世雄:〈民族主義之教育 —— 此篇據日本高材世雄所論而增益之〉,《遊學譯編》1903 年第 10 期。

55. 龔書鐸主編:《中國通史參考資料・近代部分》(修訂本),北京:中華書局 1980 年第 2 版。

56. 古城貞吉:〈土耳其論〉,《時務報》光緒二十二年(1896)十月十一日,第 11 冊。

57. 故宮博物院明清檔案部編:《清末籌備立憲檔案史料》,北京:中華書局 1979 年版。

58. 顧潮編著:《顧頡剛年譜》,北京:中國社會科學出版社 1993 年版。

59. 顧頡剛:〈中華民族的團結〉,《申報・星期論壇》1937 年 1 月 10 日。

60. 顧頡剛:〈西北回民應有之覺悟及其責任〉,《抗敵旬刊》第 2 期,1937 年 12 月。

61. 顧頡剛:〈「中國本部」一名亟應廢棄〉,《益世報・星期論評》1939 年 1 月 1 日。

62. 顧頡剛：〈中華民族是一個〉，《益世報‧邊疆週刊》第 9 期，1939 年 2 月 13 日；《西北通訊》1947 年第 1 期。

63. 顧頡剛：〈續論「中華民族是一個」：答費孝通先生〉，《益世報‧邊疆週刊》第 20 期，1939 年 5 月 8 日。

64. 顧頡剛：〈續論「中華民族是一個」：答費孝通先生（續）〉，《益世報‧邊疆週刊》第 23 期，1939 年 5 月 29 日。

65. 顧頡剛：〈我為什麼要寫「中華民族是一個」？〉，《西北通訊》1947 年第 2 期。

66. 顧頡剛：〈如何可使中華民族團結起來〉，《西北文化》創刊號，1947 年 5 月 15 日。

67. 光昇：〈論中國之國民性〉，《中華雜誌》創刊號，1914 年 4 月 16 日。

68. 〈廣西特種部族的舞蹈與音樂〉，《說文月刊》1940 年第 2 卷。

69. 郭士立：《古今萬國綱鑒錄》卷 16，新嘉坡堅夏書院藏板，道光十八年（1838）戊戌仲秋鐫。

70. 郭士立：《救世主耶穌基督行論之要略傳》，新嘉坡堅夏書院藏板 1834 年版。

71. 〈國家學上之支那民族觀〉，《遊學譯編》第 11 冊，1903 年 10 月 5 日。

72. 《國民必讀課本》（甲編）下，學部圖書局宣統二年（1910）正月印行。

73. 國民大會秘書處編：《第一屆國民大會第一次會議提案原文》，第 15 冊，1946 年。

74. 《國民大會代表對於〈中華民國憲法草案〉意見彙編》上冊，國民大會秘書處印，出版日期不詳。

75. 〈國民黨宣言〉，《民立報》1912 年 8 月 18 日。

76. 瀚：〈中華民族是整個的〉，《聖公會報》第 29 卷第 1 期，1936 年 1 月。

77. 何國雄：〈談中華民族〉，《文化動員》1939 年第 1 卷第 7、8 合期。

78. 何立山編選：《民族呼聲集》（最新歌選），濟南：山東歌曲研究會 1937 年 4 月初版，同年 5 月再版。

79. 〈河北回民的奮鬥精神〉，《回民言論》第 7 期。

80. 赫志翔譯：《（中英）中華民國憲法》，上海：商務印書館 1947 年 9 月初版，11 月再版。

81. 恆鈞：〈中國之前途〉，《大同報》第 1 號。

82. 胡炳熊：〈論中國種族〉，《東方雜誌》1905 年第 2 卷第 8 期。

83. 胡漢民：《胡漢民先生歸國後之言論》（四），先導社 1936 年編印。

84. 胡石青：〈「九一八」之回顧與展望〉，《再生》第 1 卷第 5 期，1932 年 9 月 20 日。

85. 胡石青：〈蒙藏民族是否炎黃子孫〉，《經世》1937 年第 1 卷第 8 期。

86. 胡體乾：〈關於「中華民族是一個」〉，《新動向》第 2 卷第 10 期，1939 年 6 月 30 日。

87. 胡偉國：〈民族自決與蒙古獨立〉，《醒獅週報》第 41 號，1925 年 7 月 18 日。

88. 胡一貫：〈國族之神聖與動力〉，《三民主義半月刊》1946 年第 3 期。

89. 湖南省社會科學院編：《黃興集》，北京：中華書局 1981 年版。

90. 黃奮生：〈「中國之命運」與新民族政策〉，《新中華》復刊第 2 卷第 2 期，1944 年 2 月。

91. 黃奮生：《抗戰以來之邊疆》，史學書局 1944 年版。

92. 黃欣周編、沈雲龍校：《常燕生先生遺集》第 2 卷，台灣常燕生先生七旬誕辰紀念委員會 1967 年初版。

93. 黃籛青：〈西藏民族是黃帝子孫之後裔說〉，《人文月刊》1937 年第 8 卷第 2 期。

94. 季陶：〈東方民族與東方文化〉，《新亞細亞》第 2 卷第 1 期，1931 年 4 月。

95. 翦伯贊：〈論中華民族與民族主義 —— 讀顧頡剛續論「中華民族是一個」以後〉，《中蘇文化》1940 年第 6 卷第 1 期。

96. 劍雲：〈「民族復興」與「民族解放」〉，《北大旬刊》1936 年第 2-4 合期。

97. 〈江大民眾教育學校開學禮記〉，《申報》1928 年 4 月 2 日第 11 版「要聞」欄。

98. 江湘：〈延安各界舉行成吉思汗夏季公祭〉，《新中華報》1940 年 7 月 30 日。

99. 姜義華、張榮華編校：《康有為全集》，北京：中國人民大學出版社 2007 年版。

100. 蔣堅忍：《日本帝國主義侵略中國史》，上海：聯合書店 1930 年版。

101. 蔣天樞：《陳寅恪先生編年事輯》（增訂本），上海古籍出版社 1997 年版。

102. 海斯（C. J. H. Hayes）著、蔣廷黻譯：《族國主義論叢》，新月書店 1930 年版。

103. 蔣維喬、莊俞等編，榮德譯：《滿蒙漢三文合璧教科書》內府抄本（卷 4），宣統元年（1909）。

104. 〈蔣委員長對回教代表訓詞〉，《回教論壇》第 2 卷第 2 期，1939 年 7 月 30 日。

105. 蔣中正：〈三民主義綱要〉，副題為「十八年七月在北平陸軍大學講演詞」，《中央週報》1929 年第 63 期，第 18-19 頁。1930 年，它又曾以〈三民主義的綱要〉為題，發表於《中央半月刊》第 2 卷第 24 期。

106. 《蔣中正日記》（未刊本），民國 30 年 7 月 10 日，7 月 17 日。

107. 蔣中正：《中國之命運》，中央訓練團 1943 年印行。

108. 〈蔣主席告國民黨代表保持憲草重要原則〉，《大公報》1946 年 12 月 17 日。

109. 絳央尼馬：〈對於民族掃墓之意見〉，《大公報》1935 年 4 月 8 日。

110. 教育部教科用書編輯委員會編：《初級中學歷史》第 1 冊，國定中小學教科書七家聯合供應處印行，1946 年版。

111. 〈解散漢奸說〉，《申報》1885 年 3 月 6 日。

112. 〈今日市執委會招集市民代表大會〉，《申報》1929 年 4 月 18 日。

113. 金毓黻：〈中華民族與東北〉，《東北集刊》第 6 期，1944 年 1 月。

114. 〈舊金山華僑空前之大群眾運動〉，《申報》1922 年 1 月 10 日。

115. 舉安：〈復興中華民族的重心 —— 西康〉，《康藏前鋒》1933 年第 3 期。

116. 〈卷頭語〉，《東方雜誌》1929 年第 26 卷第 20 號「民族運動號」。

117. 〈康藏民眾代表慰勞前線將士書〉，《新華日報》1938 年 7 月 12 日。

118. 康有為：〈救亡論〉，《不忍雜誌》1913 年第 7 期。

119. 〈抗戰三週年紀念感言〉，《中國回教救國協會會刊》第 2 卷 6、7 期合刊，1940 年 7 月。

120. 雷賓南：〈民族的概念分析〉，《新社會半月刊》1933 年第 2 卷第 7 期。

121. 黎潔華、虞葦：《戴季陶傳記資料》（二），天一出版社 1985 年版。

122. 李楚狂編著：《中華民國憲法釋義》，正中書局 1947 年版。

123. 李大釗：〈民彝與政治〉，《民彝》創刊號，1916 年 5 月 15 日。

124. 李大釗：〈人種問題〉，《新民國雜誌》第 1 卷第 6 期，1924 年 6 月 20 日。

125. 李寰：〈國族與宗族〉，《邊鐸月刊》1946 年第 7-8 期。

126. 李寰：〈論共同進化與中國化運動〉，《邊鐸月刊》1948 年第 1 期。

127. 李璜：〈國家主義正名〉，載《國家主義論文集》第 1 集，中華書局 1925 年版。

128. 李清悚、蔣恭晟編：《初中本國史》（第四冊），大東書局 1937 年版。

129. 李宗仁：《民族復興與焦土抗戰》，民團週刊社 1938 年南寧版。

130. 立法院中華民國憲法草案宣傳委員會編：《中華民國憲法草案説明書》1940年 7 月版，附錄三：〈立法院歷次所擬憲草各稿條文〉。

131. 立齋（張君勱）：〈穆勒約翰議院政治論〉，《新民叢報》1906 年第 18 號（總第 90 號）。

132. 利瑪竇、金尼閣著，何高濟等譯：《利瑪竇中國劄記》，北京：中華書局 1983年版。

133. 梁啟超：〈論中國學術思想變遷之大勢〉，《新民叢報》1902 年第 5 號。

134. 梁啟超：〈歷史上中國民族之觀察〉，《新民叢報》第 65-66 號，1905 年 3-4 月。

135. 梁啟超述、賈伸筆記：〈中華民族之研究〉，《地學雜誌》1922 年第 2 期、第 3 期，1923 年第 1-2 期、3-4 期。

136. 梁漱溟：《東西文化及其哲學》，商務印書館 1922 年 1 月初版，1987 年影印。

137. 林森：〈中華民族的正氣〉，《路向》1938 年第 4 期。

138. 凌樹勳講演，何元興、雷家駿筆述：〈五族同化之歷史及其關係〉，《江蘇省立第四師範學校校友會雜誌》1916 年 6 月第 1 卷。

139. 劉炳藜編：《民族革命文選》，上海前途書局 1933 年 1 月初版。

140. 劉德岑：〈對於編纂歷史故事的商榷〉（續），《建國與教育》1939 年第 4-5 期。該文第一部分載該刊 1939 年第 2 期。

141. 劉覺：《中國歷史上之民族英雄》（上下卷），重慶：商務印書館 1940 年初版，1945 年三版。

142. 劉揆一：〈提倡漢滿蒙回藏民黨會意見書〉，載章開沅、羅福惠、嚴昌洪主編：《辛亥革命史資料新編》第 6 冊，武漢：湖北人民出版社 2006 年版，第 237-239 頁。原件藏日本外務省檔案館。

143. 劉揆一：〈漢滿蒙回藏民黨聯絡意見書〉，《民立報》1911 年 3 月 11-12 日。

144. 劉蘇選編：〈五大民族共和聯合會章程〉，《北京檔案史料》1992 年第 1 期。

145. 劉蘇選編：〈五族國民合進會史料〉，《北京檔案史料》1992 年第 2 期。

146. 劉蘇選編：〈平民黨宣言書暨暫行章程〉，《北京檔案史料》1992 年第 3 期。

147. 〈劉廷琛維持禮教之片奏〉，《申報》1911 年 4 月 4 日。

148. 魯格夫爾：〈來函兩封〉，《益世報·邊疆週刊》第 21 期，1939 年 5 月 15 日。

149. 〈論治上海事宜〉，《申報》1872 年 8 月 24 日。

150. 羅剛：〈讀《中國之命運》〉，《中央日報》1943 年 4 月 27 日。

151. 羅家倫：《新民族觀》，重慶：商務印書館 1946 年 2 月初版。

152. 羅家倫：〈中華民族生存之路〉，《大公報》1933 年 2 月 29 日。

153. 羅夢冊：《中國論》，商務印書館 1943 年版。

154. 駱叔和：〈民族復興運動中的中國共產黨問題〉，《新創造》1932 年第 1 卷第 6 期。

155. 呂振羽：《中國民族簡史》，1947 年初版，北京：生活・讀書・新知三聯書店 1950 年增訂版。

156. 馬國賢著、李天綱譯：《清廷十三年 —— 馬國賢在華回憶錄》，上海古籍出版社 2004 年版。

157. 馬鴻逵：〈西北之兩大問題〉，載郭維屏主編：《西北問題研究會會刊》，正中書局 1934 年版，第 6 頁。

158. 馬鴻逵：〈要用信教精神挽救中國民族的淪亡〉，《回教大眾》1938 年創刊號。

159. 馬君武：〈華族祖國歌〉，《復報》第 9 期。

160. 馬天鐸：〈三民主義與回教青年〉，《回教論壇》半月刊第 2 卷第 9 期。

161. 〈滿洲人權之保護者〉，《申報》1912 年 6 月 14 日。

162. 毛起鵁、劉鴻煥合編：《我們的國族》，獨立出版社 1942 年印行。

163. 毛起鵁：〈民族、種族、國族〉，《軍事與政治》1942 年第 2 卷第 5 期。

164. 毛澤東：〈論新階段〉，《解放》週刊第 57 期。

165. 毛澤東：〈新民主主義論〉，《解放》週刊第 98、99 合期，1940 年 2 月 25 日。

166. 《毛澤東選集》第 3 卷，北京：人民出版社 1991 年版。

167. 〈蒙民的願望〉，《大公報》1946 年 11 月 24 日。

168. 〈蒙藏回族慰勞抗戰將士團告全國同胞書〉，《蒙藏月報》1938 年第 2 期。

169. 〈蒙藏會議提案標準〉，《申報》1930 年 1 月 20 日第 6 版「要聞」欄。

170. 蒙藏委員會編印：《蒙藏委員會法規彙編》，1930 年版。

171. 〈蒙旗同胞的責任〉，《中央日報》1939 年 2 月 17 日。

172. 民族問題研究會編：《回回民族問題》，1941 年 4 月 15 日初版。

173. 〈民族英雄〉，《蒙藏旬報》1932 年第 7 卷第 1 期。

174. 〈命令〉，《申報》1915 年 1 月 3 日。

175. 《慕韓文集》，載《民國文集叢刊》第 1 編第 123 冊，台中：文聽閣圖書有限公司 2008 年版。

176. 穆都哩：〈蒙回藏與國會問題〉，《大同報》第 5 號。

177. 〈南京中執委會宣傳部電一〉，《申報》1928 年 10 月 7 日。

178. 歐陽薇：〈一九三六年的中華民族及中學生〉，《一中校刊》1935 年第 3-4 期。

179. 歐陽哲生編：《傅斯年全集》（七），長沙：湖南教育出版社 2003 年版。

180. 潘乃穆、潘乃和編：《潘光旦文集》第 3 卷，北京大學出版社 1995 年版。

181. 裴芷：〈偉大的中華民族〉，《國風》1939 年 9 月第 3 期。

182. 彭明主編：《中國現代史資料選輯》第 5 冊，北京：中國人民大學出版社 1989 年版。

183. 齊思和：〈民族與種族〉，《禹貢》半月刊 1937 年第 7 卷第 1、2、3 合期。

184. 豈凡：〈中華民族和民族英雄〉，《革命空軍》1936 年第 3 卷第 1 期。

185. 錢穆：《國學概論》，北京：商務印書館 1997 年版。

186. 黔首：〈國際法上之國家〉，《二十世紀之支那》第 1 期，1905 年 6 月。

187. 《強學報、時務報》，北京：中華書局 1991 年影印。

188. 喬一凡：《武漢退卻後上蔣委員長書》，中國民生教育學會 1938 年印。

189. 喬一凡：《大中華民國憲法草案補訂案》，重慶市沙坪霸印刷生產合作社 1940 年 3 月代印。

190. 《清德宗實錄》卷 13，北京：中華書局 1986 年影印版。

191. 《清高宗（乾隆）御製詩文全集》第 10 冊，北京：中國人民大學出版社 1993 年版。

192. 《清高宗實錄》卷 1435，北京：中華書局 1986 年影印版。

193. 《清高宗實錄》卷 784，北京：中華書局 1986 年影印版。

194. 《清聖祖聖訓》卷 52，北京：中華書局 1985 年影印版。

195. 《清聖祖實錄》卷 270，北京：中華書局 1985 年影印版。

196. 《清世宗實錄》卷 130，北京：中華書局 1985 年影印版。

197. 〈全美華僑一致為外交奮起〉，《申報》1922 年 1 月 10 日。

198. 〈中國回教救國協會雲南省分會成立宣言〉，《清真鐸報》1939 年新 1 號。

199. 闕名：〈仇一姓不仇一族論〉，《民報》1908 年第 19 號。

200. 闕名：〈中國民族論〉，《湖北學生界》1903 年第 4 期。

201. 榮孟源編：《中國國民黨歷次代表大會及中央全會資料》（上下冊），北京：

光明日報出版社 1985 年版。

202. 芮逸夫：〈中華國族解〉，《人文科學學報》第 1 卷第 2 期，1942 年 12 月。

203. 芮逸夫：〈再論中華國族的支派及其分佈〉，《民族學研究集刊》1946 年第 5 期。

204. 芮逸夫：〈行憲與邊民〉，《邊政公論》1947 年第 6 卷第 3 期。

205. 芮逸夫：〈行憲與邊疆地方自治〉，《邊疆通訊》1948 年第 5 卷第 2-3 期。

206. 芮逸夫主編：《雲五社會科學大辭典》第 10 冊《人類學》，台灣商務印書館 1971 年版。

207. 上海商務印書館編譯所編纂：《大清新法令（1901-1911）》第 1 卷，北京：商務印書館 2010 年版。

208. 上海商務印書館編譯所編纂：《大清新法令（1901-1911）》第 3 卷，北京：商務印書館 2011 年版。

209. 申悅廬：〈中華民族特性論〉，《宗聖學報》第 2 卷第 8 期，1917 年 12 月。原未曾署名，1943 年，該文又重刊於《東方雜誌》第 39 卷第 19 號，署名「申悅廬」。

210. 申悅廬：《行健室文存》，1943 年石門縣立中學印行，1948 年重印。

211. 沈呂巡、馮明珠主編：《百年傳承、走出活路：中華民國外交史料特展》，台北：故宮博物院 2011 年版。

212. 沈明達：〈本國史中補充「民族英雄史實」教材的擬議〉，《浙江教育月刊》1936 年第 1 卷第 5 期，另見《紹中校刊》1936 年第 2 期。

213. 沈勇：〈論漢奸〉（上），《抗議》旬刊 1939 年第 5 期。

214. 沈雲龍主編：《近代中國史料叢刊》初編第 82 輯，台北：文海出版社 1972 年版。

215. 沈雲龍主編：《近代中國史料叢刊續編》第 25 輯，台北：文海出版社 1976 版。

216. 沈宗執：〈大中華民族建設論〉，《新認識月刊》第 3 卷第 2 期。

217. 施瑛：《中國民族史講話》，世界書局 1934 年 11 月版。

218. 〈十一月三日大總統告令〉，《申報》1914 年 11 月 6 日。

219. 史維煥：〈中華民族復興的基礎〉，《時事類編》1939 年第 31 期。

220. 《世宗憲皇帝上諭內閣》卷 56，載《影印文淵閣四庫全書》第 414 冊，台灣商務印書館 1986 年版。

221. 束榮松：〈怎樣編輯中華民族英雄傳記？對於中華民族愛國魂及中華民族英雄故事集之批評和意見〉，《天風》1937 年第 1 期。

222. 宋延庠、蔣子奇、劉祖澤、聶家裕編：《初級中學歷史》（教育部審定），國定小學教科書七家聯合供應處印行，民國 35 年（1946）版。

223. 〈蘇州大會宣言〉，《少年中國》第 4 卷第 8 期。

224. 孫伯睿：〈中華民族的現代性〉，載劉炳藜編：《民族革命文選》，上海前途書局 1933 年 1 月初版。

225. 孫科：〈關於憲草制定之經過及內容之說明〉，載立法院中華民國憲法草案宣傳委員會編：《中華民國憲法草案說明書》，1940 年 7 月，第 161 頁。

226. 孫科：《孫科文集》第 1 冊，台灣商務印書館 1970 年版。

227. 孫繩武：〈第二期抗戰與西北〉，《回民言論》第 1 卷第 6 期。

228. 孫繩武：〈中華民族與回教〉，《回民言論》第 1 卷第 7 期，1939 年 4 月。

229. 孫繩武：〈再論中華民族與回教〉，《回民言論》第 1 卷第 12 期。

230. 孫穎薁：〈二十世紀的民族英雄〉，《遺族校刊》1935 年第 2 卷第 4 期。

231. 孫正容編：《高中新本國史》，世界書局印行 1947 年版。

232. 譚少惠：〈民族英雄的界說〉，《遺族校刊》1935 年第 2 卷第 4 期。

233. 湯志鈞編：《陶成章集》，北京：中華書局 1986 年版。

234. 唐炎：〈我國歷史上民族英雄之題名錄〉，《衡湘學生》1933 年第 6 期。

235. 〈通俗教育會二次開會訓詞〉，《申報》1915 年 11 月 18 日。

236. 汪榮寶編纂、張元濟校訂：（中學堂、師範學堂用）《中國歷史教科書》（本朝史），商務印書館出版，宣統元年（1909）六月初版，三年（1911）四版。

237. 汪少倫：〈中華民族的意義〉，《國是公論》（《國是論衡》）1938 年第 13 期。

238. 王光祈：《少年中國運動》，上海：中華書局 1924 年版。

239. 王健生編：《民族生存》，中國民生學社 1937 年版。

240. 王啟汾：〈中華民族的研究 —— 依據近代學者的成績〉，《光華期刊》1927 年第 1 期。

241. 王晴波編：《楊度集》，長沙：湖南人民出版社 1986 年版。

242. 王慶仁、索文清編：《吳文藻人類學社會學研究文集》，北京：民族出版社 1990 年版。

243. 王栻主編：《嚴復集》，北京：中華書局 1986 年版。

244. 王鐵崖編:《中外舊約章彙編》,北京:生活‧讀書‧新知三聯書店 1957 年版。

245. 王桐齡:《中國民族史》,北平文化學社 1928 年版。

246. 王韋均、孫斌編:《朱家驊先生言論集》,台北:中央研究院近代史研究所 1977 年版。

247. 王曉峰:《民國時期新疆地方憲政研究》,北京:中國政法大學出版社 2013 年版。

248. 王之平:《民族復興之關鍵》,1935 年作者自刊。

249. 衛惠林:〈如何確立三民主義的邊疆民族政策〉,《邊政公論》第 4 卷第 1 期,1945 年 1 月。

250. 烏澤聲:〈大同報序〉,《大同報》第 1 號。

251. 烏澤聲:〈滿漢問題〉,《大同報》第 1 號。

252. 烏澤聲:〈論開國會之利〉,《大同報》第 4 號。

253. 無妄:〈中國存亡問題繫於民族之離合〉,《大公報》1911 年 11 月 19 日。

254. 〈吾人對於民國七年之希望〉,《民國日報》1918 年 1 月 1 日。

255. 吳定良:〈中華民族優秀問題的討論〉,《畢節週刊》1943 年第 10 期。

256. 吳賡恕:《中國民族復興的政策與實施》,青年評論社 1933 年版。

257. 吳貫因:〈五族同化論〉,《庸言》第 1 卷第 8 號、第 9 號。

258. 吳鑒:〈零言碎語 —— 短評三則〉之二「『漢奸』應正名為『華奸』」,《志成月刊》1936 年第 6 期。

259. 吳雷川:〈基督教對於中華民族復興能有甚麼貢獻〉,《真理與生命》1935 年第 9 卷第 2 期。

260. 吳雷川:〈基督教與中國文化〉,上海青年協會書局 1940 年再版。

261. 吳其昌等:《中華民族復興論》,重慶:黃埔出版社 1940 年版。

262. 吳文藻:〈民族與國家〉,《留美學生季報》第 11 卷第 3 號,1927 年 1 月 20 日。

263. 吳文藻:〈論邊疆教育〉,《益世週報》第 2 卷第 10 期,1939 年 3 月 17 日。

264. 吳文藻:〈邊政學發凡〉,《邊政公論》1942 年第 1 卷第 5、6 合期。

265. 吳無忌編:《王國維文集》,北京燕山出版社 1997 年版。

266. 吳研因:〈國歌談〉,《音樂界》第 10 期,1923 年 10 月。

267. 伍子建:《軍人精神改造論》,台山:胥山學會 1938 年版。

268. 《五族國民合進會啟（附簡章）》，1912 年，中國人民大學圖書館藏線裝小冊。

269. 武漢大學中國近代史教研室編：《辛亥革命在湖北史料選輯》，武漢：湖北人民出版社 1981 年版。

270. 希夷：〈本館新屋落成幾紀言〉，《申報》1911 年 7 月 15 日。

271. 熙斌：〈種族同化論〉，《中國同盟會雜誌》第 3 期。

272. 熊十力：《中國歷史講話》，最初於 1938 年在重慶中央陸軍軍官學校石印行世，1940 年由黃埔出版社、正中書局等重版，收入蕭萐父主編：《熊十力全集》第 2 卷，武漢：湖北教育出版社 2001 年版。

273. 夏德渥：《中華六族同胞考說》，1917 年湖北第一監獄石印。北京師範大學圖書館藏 1920 年重版本。

274. 夏新華、胡旭晟整理：《近代中國憲法歷程‧史料薈萃》，北京：中國政法大學出版社 2004 年版。

275. 蕭萐父主編：《熊十力全集》，武漢：湖北教育出版社 2001 年版。

276. 蕭一山：〈中華民族問題〉，《中央週刊》1938 年第 1 卷第 26-27 合期。

277. 擷華書局編：《宣統己酉大政紀》第 16 冊卷 13，載沈雲龍主編：《近代中國史料叢刊續編》第 25 輯，台北：文海出版社 1976 版。

278. 謝康：〈革命文學與中華民族復興運動〉，《新廣西旬報》1927 年第 3 期。

279. 謝康：〈民族學與中華民族的認識〉，《建設研究》1940 年第 3 卷第 3 期。

280. 新疆維吾爾自治區檔案館檔案（政 2-2-620）：《新省民政廳呈報成立憲草研討會情形並附呈提案》，1944 年 5 月 23 日。

281. 〈信陽市民大會情形〉，《申報》1925 年 6 月 18 日。

282. 虛谷：〈「九一八」對中華民族復興上的意義〉，《新新週刊》1938 年第 18 期。

283. 徐虛生（徐旭生自署名）：〈用歷史的觀點對魯格夫爾先生說幾句話〉，《益世報‧邊疆週刊》第 24 期，1939 年 6 月 12 日。

284. 徐用儀：《五千年來中華民族愛國魂》（一名《五千年來中華民族愛國史的觀察》）第 1 卷，天津大公報社 1932 年版。

285. 徐有朋編：《袁大總統書牘彙編》，上海廣益書局 1914 年版。

286. 許可經：《救亡歌曲集》，重慶：個人刊，1937 年 11 月初版。

287. 閻錫山：《復興民族須先復興發展富強文明的原動力》，太原綏靖公署主任辦公處 1936 年版。

288. 楊成志：〈西南邊疆文化建設之三個建議〉，《青年中國季刊》1939 年第 1 期。

289. 楊度：〈金鐵主義說〉，《中國新報》第 1 號。

290. 楊松：〈論民族〉，《解放》週刊第 47 期，1938 年 8 月。

291. 楊筱農：〈伊犁革命回憶錄〉，《天山雜誌》1934 年第 1 卷第 1 期。

292. 楊幼炯：〈我國民族運動之理論與實際〉，《東方雜誌》1929 年第 26 卷第 20 號「民族運動號」。

293. 楊幼炯主編：《中國農村問題》，中國社會科學出版部 1934 年版。

294. 楊周熙：〈中華民族復興的原動力〉，《南大週刊》1926 年第 31 期。

295. 姚江濱：〈論中華民族〉，《民族公論》1940 年第 3 期。

296. 姚薇元：〈中華民族之整個性〉，《邊疆通訊》第 3 卷第 1 期，1945 年 1 月。

297. 〈姚錫光等發起五族國民合進會啟〉，《申報》1912 年 6 月 11-12 日。

298. 葉紹鈞、吳研因、王志瑞等編：《中國的民族》，「中華文庫」，小學第 1 集（高級），1948 年 1 月初版。

299. 倚岡：〈也來談談中華民族復興〉，《南大週刊》1931 年第 105 期。

300. 〈一週間：日本侵華與抗戰情報〉，《青年嚮導》1936 年第 1 卷第 1 期。

301. 佚名：〈回回民族英雄、中華民族英雄馬本齋同志〉，《祖國呼聲》雜誌 1944 年第 2 期。

302. 佚名：〈由表彰民族英雄說到張騫西征〉，《軍事雜誌》1937 年第 104 期。

303. 易君左：《中華民族英雄故事集》，鎮江江南印書館 1933 年印行。

304. 蔭昌：〈中國雄立宇宙間〉，《政府公報》第 1095 號，1915 年 5 月 26 日。

305. 隱青：〈民族精神〉，《東方雜誌》第 16 卷第 12 號，1919 年 12 月 15 日。

306. 大車：〈誰是漢奸〉，《新中國》1938 年第 1 卷第 2 期。

307. 右任：《黃帝功德記》，南京仿古印書局排印 1935 年版。

308. 余國光：〈察哈爾的代表們〉，《中央日報》1946 年 12 月 1 日。

309. 余家菊：〈教會教育問題〉，《少年中國》第 4 卷第 7 期，1923 年陰曆 9 月。

310. 余家菊：〈國家主義概論〉，《新國家》第 1 卷第 8 期，1927 年 8 月。

311. 裕端：〈大同義解〉，《大同報》第 2 號。

312. 〈雜誌啟事一〉，《再生》1932 年第 1 卷第 2 期。

313. 曾今可作詞、周大融作曲：《中華民族的復興》，《江西地方教育》1939 年第

159-160 期合刊。

314. 張大東：《中華民族發展史大綱》，軍訓部西南遊擊幹訓班印 1941 年版。張書 1942 年 9 月又曾在桂林由文化供應社印行，署名「張旭光著」，書名為《中華民族發展史綱》。

315. 張漢光：〈論邊疆文化國族化〉，《邊疆通訊》1947 年第 4 卷第 4 期。

316. 張君勱：〈我們所要說的話〉，《再生》1932 年第 1 卷第 1 期。

317. 張君勱：〈中華民族之立國能力〉，《再生》第 1 卷第 4 期。

318. 張君勱講、王世憲記：〈民族復興運動〉，《再生》第 1 卷第 10 期。

319. 張君勱講、成炳南記：〈中華民族復興之精神的基礎〉，《再生》1934 年第 2 卷第 6-7 期。

320. 張君勱：〈中華新民族性之養成〉，《再生》第 2 卷第 9 期。

321. 張君勱：《國家社會主義》，發行人馮今白，1938 年初版，1939 年三版。

322. 張君勱：《張君勱集》，北京：群言出版社 1993 年版。

323. 張枬、王忍之編：《辛亥革命前十年間時論選集》，北京：生活・讀書・新知三聯書店 1963 年版，1978 年第二次印刷。

324. 張夢九：〈中華民族獨立與國民大學〉，《少年中國》第 4 卷第 11 期。

325. 張難先：《湖北革命知之錄》，載武漢大學中國近代史教研室編：《辛亥革命在湖北史料選輯》，武漢：湖北人民出版社 1981 年版。

326. 張品興主編：《梁啟超全集》第 1 冊，北京出版社 1999 年版。

327. 張其昀撰述、邵元沖校閱：《中國民族志》，商務印書館 1928 年初版，1933 年版。

328. 張其昀：《中國民族志》（新中學文庫），商務印書館 1938 年 7 月初版，1947 年 4 月三版。

329. 張其昀：〈黃帝子孫〉，《妙中月刊》1941 年第 23 期。

330. 張其昀：〈「少數民族」名詞的糾正 —— 並論中國邊疆問題〉，《申報・星期論壇》1946 年 3 月 24 日。

331. 張其昀主編：《蔣總統集》，國防研究院中華大典編印會 1968 年版。

332. 張豈之主編：《五千年血脈 —— 黃帝及黃帝陵史料彙編》，西安：西北大學出版社 1993 年版。

333. 張清雲筆記：〈由西藏返京後的感想 —— 黃專使慕松在蒙藏學校演詞〉，《邊

事研究》第 1 卷第 4 期，1935 年 3 月。

334. 張慰慈：〈民族主義與帝國主義〉，《東方雜誌》第 25 卷第 15 號，1928 年 8 月 10 日。

335. 張聞天（洛甫）：〈中國共產黨十七週年紀念〉，《解放》週刊 1938 年第 43-44 期。

336. 張聞天：〈邊區回民代表大會、回民文化促進會、回救邊區分會同時開幕〉，《新中華報》1940 年 10 月 20 日。

337. 張秀山編：《最新中等音樂教科書》，北平：琉璃廠宣元閣 1913 年版。

338. 〈章炳麟擬國歌〉，《教育部編纂處月刊》第 1 卷第 3 冊，1913 年 4 月。

339. 章開沅、羅福惠、嚴昌洪主編：《辛亥革命史資料新編》，武漢：湖北人民出版社 2006 年版。

340. 趙澍：〈養成民眾的民族觀念和把愛國作為最高道德的建設〉，《民國日報》副刊《覺悟》1925 年 8 月 4 日。

341. 趙玉森：《共和國教科書‧本國史》上冊，商務印書館 1913 年版。

342. 甄克思著、嚴復譯：《社會通詮》，北京：商務印書館 1981 年版。

343. 震東：〈回教民族英雄 —— 左寶貴〉，《綠旗》1939 年第 1 卷第 3 期。

344. 鄭鶴聲：〈近三百年來中華民族融合之趨向〉，《邊政公論》第 3 卷第 2 期。

345. 鄭鶴聲：〈應如何從歷史教學上發揚中華民族之精神〉，《教與學》第 1 卷第 4 期，1935 年 10 月 1 日。

346. 郅志選注：《猛回頭 —— 陳天華 鄒容集》（中國啟蒙思想文庫），瀋陽：遼寧人民出版社 1994 年版。

347. 中共湖北省委黨史資料徵集編研委員會等編：《抗戰初期中共中央長江局》，武漢：湖北人民出版社 1991 年版。

348. 《中共中央關於目前時局與黨的任務的決定》，《解放》週刊第 98-99 期，1940 年 2 月 20 日。

349. 中共中央統戰部編：《民族問題文獻彙編》，北京：中共中央黨校出版社 1991 年版。

350. 中共中央文獻編輯委員會編：《周恩來選集》上卷，北京：人民出版社 1980 年版。

351. 中共中央文獻研究室、中共湖南省委《毛澤東早期文稿》編輯組編：《毛澤東早期文稿》，長沙：湖南出版社 1995 年第 2 版。

352. 中國藏學研究中心等編：《元以來西藏地方與中央政府關係檔案史料彙編》，北京：中國藏學出版社 1994 年版。

353. 〈中國大事記〉，《東方雜誌》第 9 卷第 4 號，1912 年 8 月 1 日。

354. 中國第二歷史檔案館、中國藏學研究中心合編：《九世班禪內地活動及返藏受阻檔案選編》，北京：中國藏學出版社 1992 年版。

355. 中國第二歷史檔案館編：《中國民主社會黨》，北京：檔案出版社 1988 年版。

356. 中國第二歷史檔案館編：《中華民國史檔案資料彙編》，第 5 輯第 2 編政治（三），南京：江蘇古籍出版社 1999 年版。

357. 〈中國共產黨與中華民族〉，《解放日報》1943 年 7 月 1 日社論。

358. 〈中國國籍法草案〉，《東方雜誌》第 6 卷第 2 期，1909 年 2 月。

359. 中國國民黨革命軍事委員會委員長侍從室：《中華民族整個共同的責任》，中國國民黨中央執行委員會宣傳部 1942 年版。

360. 中國國民黨河北省黨部編：《中華民國憲法草案及各方研討意見》（河北黨務叢刊之十五），出版日期不詳。

361. 〈中國回教救國協會四川省萬縣支會宣言〉，《中國回教救國協會會刊》第 1 卷第 2 期。

362. 〈中國回教民眾擁護抗戰〉，《大公報》1937 年 12 月 16 日。

363. 〈中國回民青年戰地服務團近訊〉，《回教論壇》第 2 卷第 10 期。

364. 中國李大釗研究會編註：《李大釗全集》第 1 卷、第 4 卷，北京：人民出版社 2006 年版。

365. 中國李大釗研究會編註：《李大釗文集》，北京：人民出版社 1984 年版，1999 年新版。

366. 中國人民政治協商會議湖南省委員會文史資料研究委員會編：《湖南文史資料選輯》第 1 輯，長沙：湖南人民出版社 1962 年版。

367. 中國社會科學院歷史研究所清史研究室編：《清史資料》第 4 輯，北京：中華書局 1983 年版。

368. 中國社會科學院民族研究所民族問題理論研究室編：《黨的民族政策文獻資料選編》（1922.7-1949.10），1981 年。

369. 中國史學會編：《中國近代史資料叢刊·辛亥革命》（四）（五），上海人民出版社 1957 年版。

370. 〈中國伊斯蘭青年會成立大會宣言〉，《中國回教救國協會會刊》第 1 卷第

9 期。

371. 〈中國移民概數之新調查〉,《申報》1914 年 4 月 29 日。

372. 〈「中國之命運」〉,《中央日報》1943 年 2 月 1 日。

373. 中華:〈元太祖成吉思汗的一生:一個中國民族英雄〉,《和平月刊》1939 年第 6 期。

374. 〈中華民族大同會支部成立紀事〉,《申報》1912 年 6 月 9 日。

375. 〈《中華民族英雄故事集》經已出版、風靡一時〉,《僑務月報》1934 年第 1 卷第 4 期。

376. 中華書局編輯部、李書源整理:《籌辦夷務始末》(同治朝),北京:中華書局 2008 年版。

377. 中山大學歷史系孫中山研究室、廣東省社會科學院歷史研究所、中國社會科學院近代史研究所中華民國史研究室合編:《孫中山全集》第 5、7、9 卷,北京:中華書局 1985 年版、1986 年版。

378. 中央檔案館編:《中共中央文件選集》第 1 冊,北京:中共中央黨校出版社 1989 年版(該社出版該書版本極多,根據所用版本註明,未能統一版本)。

379. 中央檔案館編:《中共中央文件選集》第 9 冊,北京:中共中央黨校出版社 1986 年版。

380. 中央檔案館編:《中共中央文件選集》第 10 冊,北京:中共中央黨校出版社 1991 年版。

381. 〈中央黨部歡宴蒙代表〉,《中央日報》1930 年 6 月 2 日。

382. 〈中央命令:大總統告令〉,《浙江警察雜誌》1914 年第 11 期,第 3-5 頁。

383. 中央統戰部、中央檔案館編:《中共中央抗日民族統一戰線文件選編》(中),北京:檔案出版社 1985 年版。

384. 中央統戰部、中央檔案館編:《中共中央抗日民族統一戰線文件選編》(上、下),北京:檔案出版社 1985、1986 年版。

385. 〈中央文化事業委員會表彰歷代民族英雄〉,《浙江教育》1937 年第 2 卷第 7 期。

386. 〈中央宜確立適當之民族政策〉,《世界日報》1933 年 10 月 27 日。

387. 中央執行委員宣傳部編:〈國旗釋義〉,《中國國民黨週刊》第 42 號,1924 年 10 月 26 日。

388. 鍾毓龍:《(新制)本國史教本》第 1 冊,中華書局 1914 年版。

389. 鍾月秋：《高中本國史》，長沙湘芬書局 1932 年版。

390. 仲實：〈民族大團結〉，《抗戰》1938 年第 61 號。

391. 周彬：〈十個民族英雄：八、鄭和〉，《進修》1939 年第 10 期。

392. 周佛海：《精神建設與民族復興》，上海新生命書局 1935 年版。

393. 周輯熙：〈復興民族之路〉，重慶：獨立出版社 1943 年版。

394. 諸青來：《三民主義商榷》，正誼社 1927 年初版，箴文書局 1930 年再版。

二、今人中文論著和譯著

1. 岸本美緒：〈「中國」和「外國」—— 明清兩代歷史文獻中涉及國家與對外關係的用語〉，載《覆案的歷史：第四屆國際漢學會議論文集》，台北：中央研究院 2013 年版。

2. 敖光旭：〈1920-1930 年代國家主義派之內在文化理路〉，《近代史研究》2006 年第 2 期。

3. 敖光旭：〈1920 年代國內蒙古問題之爭 —— 以中俄交涉最後階段之論爭為中心〉，《近代史研究》2007 年第 4 期。

4. 巴斯蒂：〈中國近代國家觀念溯源 —— 關於伯倫知理《國家論》的翻譯〉，《近代史研究》1997 年第 4 期。

5. 巴斯蒂：〈辛亥革命與 20 世紀中國的民族國家〉，載中國史學會編：《辛亥革命與 20 世紀的中國》（中），北京：中央文獻出版社 2002 年版。

6. 蔡樂蘇、金富軍：〈蔣廷黻外交思想探悉〉，《清華大學學報》2005 年第 1 期。

7. 曹躍明、徐錦中：〈中國近現代民族主義之路〉，《天津社會科學》1996 年第 5 期。

8. 常安：〈「中華民族」入憲有利於維護祖國統一〉，《中國民族報》2009 年 11 月 20 日。

9. 常安：〈中華民族認同與國家建構〉，《湖北民族學院學報》（哲學社會科學版）2010 年第 1 期。

10. 常安：〈清末民初憲政世界中的「五族共和」〉，《北大法律評論》2010 年第 11 卷第 2 輯。

11. 常建華：〈國家認同：清史研究的新視角〉，載中國人民大學清史研究所編：

《「清代政治與國家認同」國際學術研討會論文集》，2010 年。

12. 陳紅梅：〈民國時期回族的自我認同與國家認同〉，《北方民族大學學報》（哲學社會科學版）2010 年第 2 期。

13. 陳理、彭武麟主編：《中國近代民族史研究文選》，北京：社會科學文獻出版社 2013 年版。

14. 陳連開：《中華民族研究初探》，北京：知識出版社 1994 年版。

15. 陳先達：《漫步遐思》，北京：中國青年出版社 1997 年版。

16. 陳先達：《靜園論叢》，北京：中國人民大學出版社 2000 年版。

17. 池田誠編著、中國人民抗日戰爭紀念館編研部譯校：《抗日戰爭與中國民眾 —— 中國的民族主義與民主主義》，北京：求實出版社 1989 年版。

18. 遲雲飛：〈清末最後十年的平滿漢畛域問題〉，載《辛亥革命與 20 世紀的中國》（上），北京：中央文獻出版社 2002 年版。

19. 村田雄二郎：〈孫中山與辛亥革命時期的「五族共和」論〉，《廣東社會科學》2004 年第 5 期。

20. 邱永君：〈「民族」一詞非舶來品〉，《中國民族報》2004 年 2 月 20 日。

21. 丁守和主編：《辛亥革命時期期刊介紹》，北京：人民出版社 1983 年版。

22. 定宜莊、歐立德：〈21 世紀如何書寫中國歷史：「新清史」研究的影響與回應〉，載彭衛主編：《歷史學評論》第 1 卷，北京：社會科學文獻出版社 2013 年版。

23. 杜贊奇著、王憲明譯：《從民族國家拯救歷史：民族主義話語與中國現代史研究》，北京：社會科學文獻出版社 2003 年版。

24. 方素梅：〈從《回部公牘》看民國前期回族人的政治參與活動〉，《民族研究》2010 年第 1 期。

25. 方維規：〈論近代思想史上的「民族」、"nation" 與中國〉，《二十一世紀》2002 年 4 月號。

26. 方維規：〈近代思想史上的「民族」及相關核心概念通考〉，載孫江、陳力衛主編：《亞洲概念史研究》第 2 輯，北京：生活・讀書・新知三聯書店 2014 年版。

27. 費孝通主編：《中華民族多元一體格局》，北京：中央民族學院出版社 1989 年版，1999 年修訂本。

28. 費約翰著，李恭忠、李里峰等譯，劉平校：《喚醒中國：國民革命中的政治、

文化與階級》，北京：生活・讀書・新知三聯書店 2004 年版。

29. 馮客著、楊立華譯：《近代中國之種族觀念》，南京：江蘇人民出版社 1999 年版。

30. 馮天瑜：〈中國近世民族主義的歷史淵源〉，《湖北大學學報》（哲學社會科學版）1994 年第 4 期。

31. 傅樂成：〈傅孟真先生的民族思想〉，載王為松編：《傅斯年印象》，上海：學林出版社 1997 年版。

32. 甘德星：〈康熙遺詔中所見大清皇帝的中國觀〉，載汪榮祖主編：《清帝國性質的再商榷 —— 回應新清史》，中央大學出版中心 2014 年版。

33. 高翠蓮：《清末民國時期中華民族自覺進程研究》，北京：中央民族大學出版社 2007 年版。

34. 高強：《炎黃子孫稱謂的源流與意蘊》，西安：三秦出版社 2006 年版。

35. 高全喜：《立憲時刻：論〈清帝遜位詔書〉》，台北：秀威資訊科技股份有限公司 2012 年版。

36. 葛凱著、黃振萍譯：《製造中國：消費文化與民族國家的創建》，北京大學出版社 2007 年版。

37. 葛兆光：〈宋代「中國」意識的凸顯 —— 關於近世民族主義思想的一個遠源〉，《文史哲》2004 年第 1 期。

38. 葛兆光：《宅茲中國 —— 重建有關「中國」的歷史論述》，北京：中華書局 2011 年版。

39. 耿雲志：〈孫中山民族主義思想的歷史演變〉，《廣東社會科學》2007 年第 1 期。

40. 耿雲志：〈中國近代思想史上的民族主義〉，《史學月刊》2006 年第 6 期。

41. 關志鋼：《新生活運動研究》，深圳海天出版社 1999 年版。

42. 郭成康：〈清朝皇帝的中國觀〉，《清史研究》2005 年第 5 期。

43. 郭雙林、王續添編：《中國近代史讀本》，北京大學出版社 2006 年版。

44. 韓東育：〈日本拆解「宗藩體系」的整體設計與虛實進路 —— 對《中日修好條規》的再認識〉，《近代史研究》2016 年第 6 期。

45. 韓建業：《早期中國：中國文化圈的形成和發展》，上海古籍出版社 2015 年版。

46. 郝時遠：〈中文「民族」一詞源流考辨〉，《民族研究》2004 年第 6 期。

47. 郝時遠：《類族辨物：「民族」與「族群」概念之中西對話》，北京：中國社

會科學出版社 2013 年版。

48. 何志虎：《中國得名與中國觀的歷史嬗變》，西安：三秦出版社 2002 年版。

49. 胡阿祥：《偉哉斯名：「中國」古今稱謂研究》，武漢：湖北教育出版社 2000 年版。

50. 黃愛平：〈清代的帝王廟祭與國家政治文化認同〉，載中國人民大學清史研究所編：《「清代政治與國家認同」國際學術研討會論文集》，2010 年。

51. 黃克武：〈民族主義的再發現：抗戰時期中國朝野對「中華民族」的討論〉，《近代史研究》2016 年第 4 期。

52. 黃敏蘭：《學術救國 —— 知識分子歷史觀與中國政治》，鄭州：河南人民出版社 1995 年版。

53. 黃興濤：〈話「支那」〉，《文史知識》1999 年第 5 期。

54. 黃興濤：〈簡述民國時期國內各民族文化的新交融〉，載《文化史的視野：黃興濤學術自選集》，福州：福建教育出版社 2000 年版。

55. 黃興濤：〈「民族」一詞究竟何時在中文裡出現〉，《浙江學刊》2002 年第 1 期。

56. 黃興濤：〈「中華民族」觀念萌生與形成的歷史考察 —— 兼論辛亥革命與中華民族認同之關係〉，《浙江社會科學》2002 年第 1 期。

57. 黃興濤、劉輝：〈抗戰前後中國共產黨文化「民族性」意識的覺醒及其意義〉，《北京檔案史料》2002 年第 1 期。

58. 黃興濤：〈民族自覺與符號認同：「中華民族」觀念萌生與確立的歷史考察〉，《中國社會科學評論》（香港）2002 年第 1 期創刊號。

59. 黃興濤：〈清末民國時期「中華民族」觀念認同性質論〉，《北京檔案史料》2004 年第 2 期。

60. 黃興濤：〈「国」字漫說〉，《光明日報》2004 年 12 月 21 日。

61. 黃興濤、王峰：〈民國時期「中華民族復興」觀念之歷史考察〉，《中國人民大學學報》2006 年第 3 期。

62. 黃興濤：〈晚清民初現代「文明」和「文化」概念的形成及其歷史實踐〉，《近代史研究》2006 年第 6 期。

63. 黃興濤：〈「話語」分析與中國近代思想文化史研究〉，《歷史研究》2007 年第 3 期。

64. 黃興濤：〈近代中國新名詞的思想史意義發微 —— 兼談對於「一般思想史」之認識〉，《開放時代》2003 年第 4 期。

65. 黃興濤：〈文化史研究的省思〉，《史學史研究》2007 年第 3 期。

66. 黃興濤：〈自省與「他者」：明恩溥與清末民國的民族性改造話語〉，《近代文化研究》2007 年第 1 輯。

67. 黃興濤：〈現代中華民族認同史小議〉，《北京日報》2010 年 4 月 19 日。

68. 黃興濤：〈清末現代「民族」概念形成小考〉，《人文雜誌》2011 年第 4 期。

69. 黃興濤：〈民國各政黨與中華民族復興論〉，《近代史研究》2014 年第 4 期。

70. 即實：〈契丹文字字源舉隅〉，《民族語文》1982 年第 3 期。

71. 蔣紅艷：〈民族復興與新中國建設學會〉，《湖北社會科學》2013 年第 11 期。

72. 金沖及：〈辛亥革命和中國近代民族主義〉，載中國史學會編：《辛亥革命與 20 世紀的中國》（中），北京：中央文獻出版社 2002 年版。

73. 金沖及選編：《辛亥革命研究論文集》，北京：生活‧讀書‧新知三聯書店 2011 年版。

74. 金觀濤、劉青峰：《觀念史研究 —— 中國現代重要政治術語的形成》，香港：中文大學出版社 2008 年版。

75. 柯博文著、馬俊亞譯：《走向「最後關頭」—— 中國民族國家構建中的日本因素（1931-1937）》，北京：社會科學文獻出版社 2004 年版。

76. 雷蒙‧威廉斯著、劉建基譯：《關鍵詞：文化與社會的詞彙》，北京：生活‧讀書‧新知三聯書店 2005 年版。

77. 李國棟：《民國時期的民族問題與民國政府的民族政策研究》，北京：民族出版社 2007 年版。

78. 李濟著，李光謨、李寧編：《中國民族的形成》，南京：江蘇教育出版社 2005 年版。

79. 李列：《民族想像與學術選擇：彝族研究現代學術的建立》，北京：人民出版社 2006 年版。

80. 李喬：〈關於「炎黃子孫」這個詞〉，《北京觀察》2010 年第 7 期。

81. 李文海：〈「振興中華」口號的由來〉，《人民日報》1982 年 4 月 30 日。

82. 李文海主編：《中國近代愛國主義論綱》，北京：中國人民大學出版社 1991 年版。

83. 李文海、耿雲志等：〈「中國近代史上的民族主義」筆談〉，《史學月刊》2006 年第 6 期。

84. 李永倫：〈試析孫中山民族平等的思想〉，《雲南教育學院學報》1996 年第

4 期。

85. 李占榮:〈論「中華民族」入憲〉,《社會科學戰線》2008 年第 10 期。

86. 林同奇:〈「民族」、「民族國家」、「民族主義」的雙重含義 —— 從葛兆光的
《重建「中國」的歷史論述》談起〉,《二十一世紀》2006 年 4 月號(總第 94
期)。

87. 劉超:〈現代中華民族觀念的形成 —— 以清末民國時期中學中國歷史教科書
為中心〉,《安徽史學》2007 年第 5 期。

88. 劉冬梅:〈對民國中學中國史教科書的考察〉,2009 年北京師範大學博士學
位論文。

89. 劉輝:《中國共產黨人的文化自覺:新民主主義文化思想再研究》,北京:中
共黨史出版社 2008 年版。

90. 劉學銚編:《中國歷代邊疆大事年表》,台北:金蘭文化出版社 1979 年版。

91. 劉作忠:〈中國近代國歌小史〉,《尋根》2007 年第 4 期。

92. 呂芳上主編:《蔣中正先生年譜長編》第 6 冊,台北:國史館 2014 年版。

93. 羅志田:〈近代中國民族主義的史學反思〉,載《二十世紀的中國思想與學術
掠影》,廣州:廣東教育出版社 2001 年版。

94. 羅志田:《亂世潛流:民族主義與民國政治》,北京:中國人民大學出版社
2013 年新版。

95. 馬承源:〈何尊銘文初釋〉,《文物》1976 年第 1 期。

96. 馬戎、周星主編:《中華民族凝聚力形成與發展》,北京大學出版社 1999
年版。

97. 馬戎:〈評安東尼·史密斯關於 "nation"(民族)的論述〉,《中國社會科學》
2001 年第 1 期。

98. 馬戎主編:《「中華民族是一個」—— 圍繞 1939 年這一議題的大討論》,北
京:社會科學文獻出版社 2016 年版。

99. 馬玉華:《國民政府對西南少數民族調查之研究(1929-1948)》,昆明:雲南
人民出版社 2006 年版。

100. 繆昌武、陸勇:〈《大清國籍條例》與近代「中國」觀念的重塑〉,《南京社
會科學》2012 年第 4 期。

101. 納日碧力戈:〈民族與民族概念再辨正〉,《民族研究》1995 年第 3 期。

102. 南海:〈傑出的蒙藏研究開拓者 —— 記黃奮生教授〉,載西北民族大學 60 週

年校慶網，資料來源於：

http://www.xbmu.edu.cn/frontContent.action?siteId=1&articleClassId=116&article
Id=232（最後訪問日期：2016 年 6 月 24 日）。

103. 歐立德：〈滿文檔案與「新清史」〉，《故宮學術季刊》2006 年冬第 24 卷第 2 期。

104. 歐立德：〈關於「新清史」的幾個問題〉，載中國人民大學清史研究所編：《「清
代政治與國家認同」國際學術研討會論文集》（上），2010 年。

105. 彭剛：〈歷史地理解思想：對斯金納有關思想史研究的理論反思的考察〉，載
丁耕主編：《甚麼是思想史》，上海人民出版社 2006 年版，第 169-203 頁。

106. 戚學民：《嚴復〈政治講義〉研究》，北京：人民出版社 2014 年版。

107. 瞿林東主編：《歷史文化認同與中國統一多民族國家》，石家莊：河北人民出
版社 2013 年版。

108. 饒懷民：《劉揆一與辛亥革命》，長沙：岳麓書社 2010 年版。

109. 茹瑩：〈漢語「民族」一詞在我國的最早出現〉，《世界民族》2001 年第 6 期。

110. 芮逸夫：《中國民族及其文化論稿》，台北：藝文印書館 1972 年印行。

111. 桑兵：〈辛亥前十年間「漢奸」指稱的轉義與泛用〉，載清華大學人文學院歷
史系、中國社會科學院近代史研究所政治史研究室合編：《「第七屆晚清史研
究國際學術研討會 —— 中國近代制度、思想與人物研究」論文集》（下），
2016 年，第 614-632 頁。

112. 沙培德著、高波譯：《戰爭與革命交織的近代中國》，北京：中國人民大學出
版社 2016 年版。

113. 邵丹：〈故土與邊疆：滿洲民族與國家認同裡的東北〉，《清史研究》2011 年
第 1 期。

114. 沈松僑：〈我以我血薦軒轅：黃帝神話與晚清的國族建構〉，《台灣社會研究
季刊》第 28 期，1997 年 12 月。

115. 沈松僑：〈振大漢之先聲 —— 民族英雄系譜與晚清的國族想像〉，載賀照田
主編：《學術思想評論》第 10 集，長春：吉林人民出版社 2003 年版。

116. 石川禎浩：〈20 世紀初年中國留日學生「黃帝」之再造 —— 排滿、肖像、西
方起源論〉，《清史研究》2005 年第 4 期。

117. 石元康：《從中國文化到現代性：典範轉移？》，北京：生活·讀書·新知三
聯書店 2000 年版。

118. 松本真澄著、魯忠慧譯：《中國民族政策之研究 —— 以清末至 1945 年的「民

族論」為中心》，北京：民族出版社 2003 年版。

119. 宋君榮：〈有關雍正與天主教的幾封信〉，載杜文凱編：《清代西人見聞錄》，
北京：中國人民大學出版社 1985 年版。

120. 孫宏雲：〈汪精衛、梁啟超「革命」論戰的政治學背景〉，《歷史研究》2004
年第 4 期。

121. 孫江：〈連續性與斷裂 —— 清末民初歷史教科書中的黃帝敘述〉，載王笛主
編：《時間・空間・書寫》（「新社會史」第 3 輯），杭州：浙江人民出版社
2006 年版。

122. 孫江、陳力衛主編：《亞洲概念史研究》第 2 輯，北京：生活・讀書・新知
三聯書店 2014 年版。

123. 孫喆：《康雍乾時期輿圖繪製與疆域形成研究》，北京：中國人民大學出版社
2003 年版。

124. 唐仕春：〈綏遠土默特攤差交涉：五族共和下的蒙漢族群互動（1911-1928）〉，
載《中國社會科學院近代史研究所青年學術論壇》（2005 年卷），北京：社
會科學文獻出版社 2006 年版。

125. 陶緒：《晚清民族主義思潮》，北京：人民出版社 1995 年版。

126. 汪暉：《現代中國思想的興起》，北京：生活・讀書・新知三聯書店 2004 年版。

127. 汪榮祖主編：《清帝國性質的再商榷 —— 回應新清史》，台北：遠流出版
2014 年版。

128. 王炳根：〈吳文藻與民國時期「民族問題」論戰〉，《中華讀書報》2013 年 5
月 1 日。

129. 王爾敏：〈清季學會與近代民族主義的形成〉，載《中國近代思想史論》，北
京：社會科學文獻出版社 2003 年版。

130. 王柯：《民族與國家：中國多民族統一國家思想的系譜》，北京：中國社會科
學出版社 2001 年版。

131. 王柯：〈「民族」：一個來自日本的誤會〉，《二十一世紀》2003 年 6 月號（總
第 77 期）。

132. 王柯：〈「漢奸」：想像中的單一民族國家話語〉，《二十一世紀》2004 年 6 月
號（總第 83 期）。

133. 王立新：《美國對華政策與中國民族主義運動》，北京：中國社會科學出版社
2000 年版。

134. 王明珂：〈論攀附：近代炎黃子孫國族建構的古代基礎〉，載《中央研究院歷史語言研究所集刊》第 73 本第 3 份，2002 年 9 月。

135. 王明珂：《華夏邊緣：歷史記憶與族群認同》，北京：社會科學文獻出版社 2006 年版。

136. 王銘銘：〈民族與國家 —— 從吳文藻的早期論述出發〉，《雲南民族學院學報》1999 年第 6 期，2000 年第 1 期續載。

137. 王奇生：《革命與反革命：社會文化視野下的民國政治》，北京：社會科學文獻出版社 2010 年版。

138. 王樹民：〈中華名號溯源〉，《中國歷史地理論叢》1985 年第 1 期。

139. 王憲明：《語言、翻譯與政治：嚴復譯〈社會通詮〉研究》，北京大學出版社 2005 年版。

140. 魏鴻鳴、張謀、馬守正：〈建國五十年來關於民族概念的研究〉，《黑龍江民族叢刊》1999 年第 2 期。

141. 魏萬磊：《20 世紀 30 年代「再生派」學人的民族復興話語》，北京：中國社會科學出版社 2011 年版。

142. 文明超：〈中華民族建構中的政治鬥爭：以中國共產黨為中心〉，2009 年中山大學博士學位論文。

143. 翁獨建：《中國民族關係史綱要》，北京：中國社會科學出版社 2001 年版。

144. 翁賀凱：〈張君勱憲政民主思想的起源 —— 以《穆勒約翰議院政治論》為中心的考察〉，《清華大學學報》（哲學社會科學版）2008 年第 5 期。

145. 吳密：〈「漢奸」考辯〉，《清史研究》2010 年第 4 期。

146. 喜饒尼瑪：《近代藏事研究》，西藏人民出版社和上海書店出版社 2000 年版。

147. 夏明方：〈多重變奏中的災異論與清代王朝認同 —— 以《大義覺迷錄》為中心〉，載中國人民大學清史研究所編：《「清代政治與國家認同」國際學術研討會論文集》，2010 年。

148. 小森陽一著、陳多友譯：《日本近代國語批判》，長春：吉林人民出版社 2003 年版。

149. 小野寺史郎：〈平衡國民性與民族性：清季民初國歌的制定及其爭議〉，《中山大學學報》（社會科學版）2009 年第 1 期。

150. 小野寺史郎著、俊宇譯：《國旗·國歌·國慶：近代中國的國族主義與國家象徵》，北京：社會科學文獻出版社 2014 年版。

151. 謝貴安：〈《清實錄》稿底正副本及滿漢蒙文本形成考論〉，《史學集刊》2008年第 2 期。

152. 徐文珊：《中華民族之研究》，台北：三民書局和中央書局 1969 年版。

153. 徐迅：《民族主義》，北京：中國社會科學出版社 1998 年版。

154. 許紀霖：〈在現代性與民族性之間 ── 現代中國的自由民族主義思想〉，前三節載《社會科學》2005 年第 1 期，第四節載《學海》2005 年第 1 期。

155. 許紀霖：〈作為國族的中華民族何時形成〉，《文史哲》2013 年第 3 期。

156. 許紀霖編：《現代中國思想史論》，上海人民出版社 2014 年版。

157. 許小青：〈1903 年前後新式知識分子的主權意識與民族國家認同〉，《天津社會科學》2002 年第 4 期。

158. 許倬雲：《說中國 ── 一個不斷變化的複雜共同體》，桂林：廣西師範大學出版社 2015 年版。

159. 楊昂：〈清帝《遜位詔書》在中華民族統一上的法律意義〉，《環球法律評論》2011 年第 5 期。

160. 楊國強：《衰世與西法：晚清中國的舊邦新命和社會脫榫》，北京：中華書局 2014 年版。

161. 楊梅：〈「中華民族」概念在民國教科書中如何演變〉，《中華讀書報》2016年 11 月 23 日。

162. 楊念群：《何處是江南：清朝正統觀的確立與士林精神世界的變異》，北京：生活‧讀書‧新知三聯書店 2010 年版。

163. 楊思機：〈指稱與實體：中國「少數民族」的生成與演變（1905-1949）〉，2010 年中山大學博士學位論文。

164. 楊思機：〈「少數民族」概念的產生與早期演變 ── 從 1905 到 1937 年〉，《民族研究》2011 年第 3 期。

165. 楊思機：〈民國時期「邊疆民族」概念的生成與運用〉，《中山大學學報》（社會科學版）2012 年第 6 期。

166. 楊天石、王學莊編著：《南社史長編》，北京：中國人民大學出版社 1995 年版。

167. 楊天石：〈從「排滿革命」到「聯滿革命」〉，《團結報》1988 年 2 月 9 日。

168. 姚大力：〈中國歷史上的民族關係與國家認同〉，《中國學術》2002 年第 4 期。

169. 姚大力、孫靜：〈「滿洲」如何演變為民族 ── 論清中葉前「滿洲」認同的歷史變遷〉，《社會科學》2006 年第 7 期。

170. 姚大力：〈不再說「漢化」的舊故事 —— 可以從「新清史」學習甚麼〉，《東方早報・上海書評》2015 年 4 月 12 日。

171. 葉碧苓：〈九一八事變後中國史學界對日本「滿蒙論」之駁斥 —— 以《東北史綱》第一卷為中心的討論〉，《國史館學術集刊》第 11 期，2006 年 9 月。

172. 尹健次著、武尚清譯：〈近代日本的民族認同〉，《民族譯叢》（京）1994 年第 6 期。

173. 于逢春：〈論中國疆域最終奠定的時空坐標〉，《中國邊疆史地研究》2006 年第 1 期。

174. 于逢春：《時空坐標、形成路徑與奠定：構築中國疆域的文明板塊研究》，哈爾濱：黑龍江教育出版社 2012 年版。

175. 俞旦初：《愛國主義與中國近代史學》，北京：中國社會科學出版社 1996 年版。

176. 俞祖華：〈「中華民族復興」觀念源流考〉，《北京日報》2013 年 12 月 9 日。

177. 俞祖華：《民族主義與中華民族精神的現代轉型》，北京：社會科學文獻出版社 2012 年版。

178. 臧運祜：〈近代中日關係與中國民族主義〉，載鄭大華、鄒小站主編：《中國近代史上的民族主義》，北京：社會科學文獻出版社 2007 年版。

179. 札奇斯欽：《蒙古之今昔》，台北：中華文化出版事業委員會 1955 年版。

180. 張壽安：〈清儒凌廷堪（1755-1809）的正統觀〉，載中國人民大學清史研究所編：《「清代政治與國家認同」國際學術研討會論文集》，2010 年。

181. 張太原：〈建立一個民族的國家：自由主義者眼中的民族主義〉，載鄭大華、鄒小站主編：《中國近代史上的民族主義》，北京：社會科學文獻出版社 2007 年版。

182. 張永江：《清代藩部研究：以政治變遷為中心》，哈爾濱：黑龍江教育出版社 2014 年版。

183. 章開沅：〈排滿與民族運動〉，《近代史研究》1981 年第 3 期。

184. 章清：《清季民國時期的「思想界」》，北京：社會科學文獻出版社 2014 年版。

185. 章永樂：《舊邦新造（1911-1917）》，北京大學出版社 2016 年第 2 版。

186. 趙飛飛、殷昭魯：〈民初國歌的多重符號價值 —— 以《五旗共和歌》為中心的考察〉，《唐都學刊》2014 年第 1 期。

187. 趙剛：〈新清史可以無視史學規範嗎？ —— 評柯嬌燕對清代皇帝中國觀的新說〉，《中國社會科學報》2016 年 10 月 13 日。

188. 趙海霞:〈「纏回」更名「維吾爾」時間考〉,《甘肅民族研究》2011 年第 2 期。

189. 趙永春:〈試論金人的「中國」觀〉,《中國邊疆史地研究》2009 年第 4 期。

190. 趙永春:〈試論遼人的「中國」觀〉,《文史哲》2010 年第 3 期。

191. 鄭大華:《張君勱學術思想評傳》,北京圖書館出版社 1999 年版。

192. 鄭大華、鄒小站主編:《中國近代史上的民族主義》,北京:社會科學文獻出版社 2007 年版。

193. 鄭大華:〈近代「中華民族復興」之觀念形成的歷史考察〉,《教學與研究》2014 年第 4 期。

194. 鄭大華:〈論晚年孫中山「中華民族」觀的演變及其影響〉,《民族研究》2014 年第 2 期。

195. 鄭大華:〈民主革命時期中共的「中華民族」觀念〉,《史學月刊》2014 年第 2 期。

196. 鄭凡等:《傳統民族與現代民族國家 ── 民族社會學論綱》,昆明:雲南大學出版社 1997 年版。

197. 鄭師渠、史革新主編:《歷史視野下的中華民族精神》,廣州:廣東人民出版社 2014 年版。

198. 鄭信哲、周競紅主編:《民族主義思潮與國族建構》,北京:社會科學文獻出版社 2014 年版。

199. 鍾焓:〈非漢文史料中所見「中國」一名及「中國意識」輯考〉,載中國人民大學歷史學院編:《「寫歷史:實踐中的反思」系列會議之二:「差異與當下歷史寫作」國際學術研討會論文集》,2016 年 10 月。

200. 周淑真:《中國青年黨在大陸和台灣》,北京:中國人民大學出版社 1993 年版。

201. 周文玖、張錦鵬:〈關於「中華民族是一個」學術論辯的考察〉,《民族研究》2007 年第 3 期。

202. 朱倫:〈人們共同體的多樣性及其認識論〉,《世界民族》2000 年第 1 期。

203. 莊國土:〈「華僑」一詞名稱考〉,《南洋問題研究》1984 年第 1 期。

204. 莊欽永、周清海:《基督教傳教士與近現代漢語新詞》,新加坡青年書局 2010 年版。

205. 鄒振環:《西方傳教士與晚清西史東漸:以 1815 至 1900 年西方歷史譯著的傳播與影響為中心》,上海古籍出版社 2007 年版。

三、參考和徵引的外文文獻

（一）英文

1. Anthony D. Smith, *National Identity* (London: University of Nevada Press, 1991).

2. Benedict Anderson, *Imagined Communities: Reflections on the Origin and Spread of Nationalism* (London, New York: Verso, Rev. ed., 1991).

3. Brendan Bradshaw and Peter Roberts (eds.) *British Consciousness and Identity: The Making of Britain,1533-1707*(Cambridge University Press, 1998).

4. Ernest Gellner, *Nations and Nationalism* (Oxford: Basil Blackwell, 1983).

5. Frank Dikötter, *The Discourse of Race in Modern China* (Stanford University Press, 1992).

6. Henrietta Harrison, *The Making of the Republican Citizen: Political Ceremonies and Symbols in China, 1911-1929* (Oxford University Press, 2000).

7. Henrietta Harrison, *China: Inventing the Nation* (London: Arnold, co-published in New York by Oxford University Press, 2001).

8. Ping-ti Ho, "In defense of Sinicization:A Rebuttal of Evelyn Rawski's 'Reenvision the Qing'," (1998) *Journal of Asian Studies* 57(1), 123-155.

9. James Patrick Leibold, *Constructing the ZhongHua MinZu: The Frontier and National Questions in Early 20th Century China* (Doctoral Dissertation, University of Southern California, 2002).

10. John Fitzgerald, *Awakening China: Politics, Culture and Class in the Nationalist Revolution* (Stanford University Press,1996).

11. John Livingston Nevius, *China and the Chinese* (New York: Harper and Brothers,1869).

12. Keith Robbins, *Great Britain: Identities, Institutions and the Idea of Britishness Since 1500* (London and New York: Longman,1998).

13. Hung-Ming Ku, *Papers From A Viceroy's Yamen* (Shanghai Mercury Ltd., 1901).

14. Lucian W. Pye, "China: Erratic State, Frustrated Society," (1990) *Foreign Affairs* 69(4).

15. Mark C. Elliott, *Emperor Qianlong: Son of Heaven, Man of the World* (Upper Saddle River, New Jersey: Longman, 2009).

16. Prasenjit Duara, "De-Constructing the Chinese Nation," (1993) *The Australian Journal*

of Chinese Affairs 30.

17. Raymond Williams, *Keywords: A Vocabulary of Culture and Society* (London: Fontana, 1983).

18. Rebecca E. Karl, *Staging the World: Chinese Nationalism at the Turn of the Twentieth Century* (Duke University Press, 2002).

19. Reinhart Koselleck, *The Practice of Conceptual History: Timing History, Spacing Concepts*, trans. by Todd Samuel Presner and Others (Stanford University Press, 2002).

20. Leang-Li T'Ang, *China in Revolt: How A Civilization Became A Nation* (London: Noel Douglas, 1927).

21. Xiaoyuan Liu, *Frontier Passages: Ethnopolitics and the Rise of Chinese Communism,1921-1945* (Stanford University Press, 2004).

22. Gang Zhao, "Reinventing China: Imperial Ideology and the Rise of Modern Chinese National Identity in the Early Twentieth Century," (2006) *Modern China* 32(1), 3-30.

（二）日文

1. 吉澤誠一郎：『愛國主義の創成　ナショナリズムから近代中國をみる』，岩波書店 2003 年版。

2. 神田信夫：「満洲（Manju）国号考」，『清朝史論考』，山川出版社 2005 年版，3-33 頁。

3. 矢野仁一：「満蒙藏は支那本來の領土に非る論」，『外交時報』35 卷 1 號，1922。

4. 中見立夫：『「満蒙問題」の歴史的構図』，東京大學出版會 2013 年版。

5. 外務省編纂：『日本外交文書』明治期，第 4 卷，事項九「清国トノ修好条規通商章程締結二関スル件」，巖南堂書店 1962 年版。

後記

　　書稿總算寫完了。正如「緒論」所述，從 2001 年為參加紀念辛亥革命 90 週年國際學術討論會、首次撰寫有關「中華民族」觀念的論文算起，已經過去整整 15 年。其間，斷斷續續一直在從事有關研究，並發表一些論文，但始終未能出書。非敢言「十年磨一劍」，實在是所研所論關乎甚大，頗感其難。追求全面蒐集資料、系統解決問題之外，復有戒慎之慮，遂不得不一再拖延、以至於今。另外，我向來興趣雜蕪、喜歡多題並究，沒能合理地安排好時間，這也是拙著遲至今日方才得以正式出版的原因。

　　最後交稿之時，正值年關，出版社要完成預定計劃，頻頻催促，自個既須持守信用、又想辭舊迎新，只好毅然捨棄一個原定議題，徹底交賬。

　　交稿之日，反覆重讀《文史通義》，章學誠所謂「史學所以經世，固非空言著述」的名論，竟久縈於心，難以釋懷。然懸鵠「經世」，對於吾輩書生，恐已成過高目標。能選擇一些重要的歷史問題，認真考述其過程，全面揭示其真相，並努力做些誠實的思考，或不妨自我開釋可也。

　　如此放鬆之後，我最先想做的事情，就是真誠感謝那些學術上的同道。他們對我研究這一課題，曾予不同形式的推動幫助。其中，前輩學者有戴逸、張豈之、金沖及、楊天石、程歗、沃斯特（Donald Worster）等先生；學長、學友和同事之中，則有鄧

正來、雷頤、許紀霖、村田雄二郎、緒形康、徐秀麗、方維規、鄭大華、馬克鋒、仲偉民、俞祖華、王續添、朱滸、曹新宇、侯深、曹雯、李少兵、李喬、鄒小站、張永江、于逢春、楊思機、許小青、瞿駿、羅布、寶音朝克圖、丁超等學者。特別是張豈之先生，他老人家對於我的這一研究，長期勉勵、不斷指教，最令我敬佩感動。程歗先生和鄧正來兄對於我早期從事這一課題的研究，亦曾給予寶貴的激勵、鞭策，令我難忘。遺憾的是，他們二位如今均已不在人世，我再也沒有機會請他們給予批評指正了。

在本書的寫作過程中，楊念群、夏明方、孫江、趙剛和郭雙林等幾位仁兄鼓勵尤多、敦促甚力。念群兄很早就將其列入他主編的「新史學・多元對話系列」，且廣告已打出多年，每次見面都不忘催促一番，而每次見我被行政事務纏身，又總要「同情」地給以安慰：「我等你，只要寫下去並給叢書就行。」亦蒙孫江兄不棄，曾將該研究納入其所主持的重大項目「現代中國公共記憶與民族認同研究」之中（批准號：13&ZD191），予以推進。明方、趙剛和雙林等兄，則時常「表揚」我的有關成果，促我「加緊努力」，早日完成。對於他們的情誼，如今我總算可以有所交待了。不過，書稿原擬題目為「民族自覺的思想史」，並未打算僅限於「中華民族」觀念這一題域，而只是想以它作為考察中心而已，但現在所寫內容既多，只好單獨成書。其他原來計劃列入的論文，僅留下〈情感、思想與運動：近代中國民族主義研究檢視〉一篇作為附錄，以供讀者瞭解我的研究思路和相關思考。

我還有一些人類學和民族學界的朋友，如馬戎、蒼銘等，他

們經常和我切磋相關問題，亦當鳴謝。特別是馬戎先生，他為人謙遜、思想活躍，通過其所創設的獨特平台，我曾獲得大量有關民族學界研究的前沿資訊，受到的啟發良多。郝時遠先生亦曾賜書予我，給予指教，至今銘感。至於本書中可能存在的欠妥觀點乃至於認知錯誤，當然與他們和前述其他學者無關，而應由我自己負責。

此外，王峰、陳鵬、李珊、黃娟、張安琪、杜佩紅、李都、朱星星、王倩等學生，或幫助查找整理資料，或幫助核對處理參引文獻。而在出版過程中，香港三聯書店的侯明總編輯和編輯顧瑜女士，不僅容忍了我長時間的拖拉和反覆的修改，還為本書的編校和出版付出了大量的心血。對於他們，我也要一併表示誠摯的謝意。

最後，我還要感謝妻子劉輝一如既往的支持，她在這一課題漫長的研究過程中，曾不斷給予我鼓勵，並經常與我進行討論。

黃興濤

2016 年歲末

作者簡介

　　黃興濤，中國人民大學長江學者特聘教授、學術委員會副秘書長，兼任中國人民大學歷史學院院長、國家清史編纂委員會委員等。長期從事清史、民國史和中國近現代思想文化史研究，是《新史學》集刊召集人之一。著有《「她」字的文化史——女性新代詞的發明與認同研究》、《文化史的追尋：以近世中國為視域》、《文化怪傑辜鴻銘》、《文化史的視野：黃興濤學術自選集》、《中國文化通史·民國卷》（合著）等。主編和聯合主編有《西方的中國形象譯叢》、《文化名門世家叢書》、《明清之際西學文本》、《文化史研究的再出發》（《新史學》第 3 卷）、《西學與清代文化》、《清末民國社會調查與現代社會科學興起》等叢書和著作。主要譯著有《中國人的精神》、《中國人自畫像》、《辜鴻銘文集》等。發表學術論文百餘篇。

三聯學術文庫

叢書策劃編輯	顧　瑜
責任編輯	陳多寶
書籍設計	吳冠曼

書　　名	重塑中華：近代中國「中華民族」觀念研究
著　　者	黃興濤
出　　版	三聯書店（香港）有限公司
	香港北角英皇道 499 號北角工業大廈 20 樓
	Joint Publishing (H.K.) Co., Ltd.
	20/F., North Point Industrial Building,
	499 King's Road, North Point, Hong Kong
香港發行	香港聯合書刊物流有限公司
	香港新界荃灣德士古道 220-248 號 16 樓
版　　次	2017 年 7 月香港第一版第一次印刷
規　　格	大 32 開（140 × 210 mm）616 面
國際書號	ISBN 978-962-04-3820-2

© 2017 Joint Publishing (H.K.) Co., Ltd.

Published in Hong Kong